权威·前沿·原创

皮书系列为

“十二五”“十三五”国家重点图书出版规划项目

中国法院信息化发展报告

No.3（2019）

ANNUAL REPORT ON INFORMATIZATION OF CHINESE COURTS

No.3 (2019)

主　　编／陈　甦　田　禾
执行主编／吕艳滨
副 主 编／胡昌明

社会科学文献出版社
SOCIAL SCIENCES ACADEMIC PRESS (CHINA)

图书在版编目(CIP)数据

中国法院信息化发展报告. No.3，2019 / 陈甦，田禾主编. --北京：社会科学文献出版社，2019.2
（法治蓝皮书）
ISBN 978-7-5201-4281-6

Ⅰ.①中… Ⅱ.①陈… ②田… Ⅲ.①法院-信息管理-研究报告-中国-2019 Ⅳ.①D926.2

中国版本图书馆 CIP 数据核字（2019）第 028279 号

法治蓝皮书
中国法院信息化发展报告 No.3（2019）

主　　编 / 陈　甦　田　禾
执行主编 / 吕艳滨
副 主 编 / 胡昌明

出 版 人 / 谢寿光
项目统筹 / 王　绯　曹长香
责任编辑 / 曹长香

出　　版 / 社会科学文献出版社·社会政法分社（010）59367156
地址：北京市北三环中路甲 29 号院华龙大厦　邮编：100029
网址：www.ssap.com.cn
发　　行 / 市场营销中心（010）59367081　59367083
印　　装 / 天津千鹤文化传播有限公司

规　　格 / 开　本：787mm×1092mm　1/16
印　张：25.75　字　数：386 千字
版　　次 / 2019 年 2 月第 1 版　2019 年 2 月第 1 次印刷
书　　号 / ISBN 978-7-5201-4281-6
定　　价 / 128.00 元

本书如有印装质量问题，请与读者服务中心（010-59367028）联系

《中国法院信息化发展报告》编委会

张春和　张保川　陆　诚　陈　浩　陈　晨
陈明辉　陈育锦　范加庆　茅昉晖　林　雄
林武坛　欧伟艳　罗晓云　周　峰　周冠宇
郑建国　郑道永　屈定武　赵志伟　赵卓君
赵洪印　胡昌明　柯　军　洪　健　洪　梅
洪清波　费文斌　姚晨奕　栗燕杰　夏辰雪
钱　锋　徐　飞　徐福灿　殷坤炙　卿天星
郭金焰　陶炳煜　黄　艳　黄　健　黄晶晶
曹忠明　龚　果　符东杰　梁秉锋　彭思思
董令军　童映光　谢　伟　谢宝红　熊一森
潘　敏

官方微博　@法治蓝皮书（新浪）

官方微信　法治蓝皮书　法治指数

官方小程序　法治指数

主要编撰者简介

主编：陈甦

中国社会科学院学部委员，法学研究所所长、研究员。

主要研究领域：民商法、经济法、物权法、公司法与证券法。

主编：田禾

中国社会科学院国家法治指数研究中心主任，法学研究所研究员。

主要研究领域：刑法学、司法制度、实证法学。

执行主编：吕艳滨

中国社会科学院法学研究所研究员、法治国情调研室主任。

主要研究领域：行政法、信息法、实证法学。

副主编：胡昌明

中国社会科学院法学研究所助理研究员。

主要研究领域：法理学、司法制度、法社会学。

摘　要

2018 年是深化完善人民法院信息化 3.0 版、全面建设智慧法院的开局之年，人民法院把握历史机遇，以改革的魄力和开放的心态推动法院信息化工作与国家命运和时代脉搏同频共振，取得了举世瞩目的成就，智慧法院由初步建成向全面建设迈进。2018 年，中国法院信息化建设在助力司法为民、辅助审判执行和司法管理、服务国家社会等方面取得新进展，智慧法院建设成效显著。在司法为民方面，各级法院积极响应群众关切，坚持服务人民群众，努力创新便民措施，推动电子诉讼的部署应用，全力打造司法公开和网上诉讼平台，不断实现服务便捷化，切实增强人民群众的获得感。在辅助审判方面，各级法院充分运用云计算、大数据等手段，推进审判领域人工智能研发，以“类案推送”为代表的一批智能辅助办案系统被广泛推广应用。此外，法院信息化建设还在助推司法公开、辅助国家决策、促进矛盾纠纷化解方面发挥了积极作用。今后人民法院信息化建设应在明确定位的基础上，以辅助审判执行工作建立长效机制为目标，突破瓶颈，提升数据准确性与联通性，不断强化司法信息安全性，推动“智慧法院”建设持续深入发展。

法治蓝皮书《中国法院信息化发展报告 No. 3（2019）》从辅助审判执行成效、拓宽诉讼服务功能、实现司法监督管理自动化等方面对全国法院信息化现状进行了评估，总结了地方法院信息化建设取得的经验和成绩，并对 2019 年全国法院信息化建设进行了展望。

关键词： 法院信息化　智慧法院建设　司法大数据　第三方评估

目录

Ⅰ 总报告

Ⅱ 评估报告

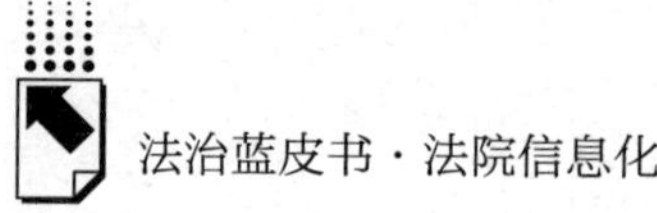

Ⅲ 信息化建设的地方实践

Ⅳ 信息化提高审判质效

Ⅴ 信息化强化审判监督

Ⅵ 信息化助力解决执行难

Ⅶ 信息化促进优质服务

Ⅷ 附录

皮书数据库阅读**使用指南**

总 报 告

General Report

B.1 2018年中国法院信息化发展与2019年展望

中国社会科学院法学研究所法治指数创新工程项目组*

摘　要： 在国家总体战略布局之下，人民法院把握历史机遇，以改革的魄力和开放的心态推动法院信息化工作与国家命运和时代脉搏同频共振，取得了举世瞩目的成就。2018 年，中国法院信息化建设在助力司法为民、辅助审判执行和司法管理、服务国家社会方面再创佳绩，深化和完善人民法院信息化 3.0 版成效显著。同时，重建设轻应用、重技术轻效果、重系统

* 项目组负责人：田禾，中国社会科学院国家法治指数研究中心主任、法学研究所研究员；吕艳滨，中国社会科学院法学研究所研究员、法治国情调研室主任。项目组成员：王小梅、栗燕杰、胡昌明、王祎茗、刘雁鹏、田纯才、米晓敏、洪梅等。执笔人：王祎茗，中国社会科学院法学研究所助理研究员；田禾。江苏省高级人民法院执行指挥中心专职副主任黄涛为本文写作提供了支持。

轻协调、重整体轻细节、重便捷轻安全、重设施轻人才、重速度轻论证等问题制约了人民法院信息化建设的持续深入发展。今后的人民法院信息化建设应在明确定位的基础上，以辅助审判执行工作建立长效机制为目标，突破瓶颈，提升数据准确性和联通性，重视保护司法信息安全，培育复合型人才，注意加强与法学理论界的互动，以期各项工作更进一步，谱写智慧法院新篇章。

关键词： 法院信息化　智慧法院　大数据

序言　国家总体战略布局之下的人民法院信息化建设

党的十八大作出了“走中国特色新型工业化、信息化、城镇化、农业现代化”中国特色的新型“四化”道路，并要求“四化”同步发展。党的十九大贯彻并发展了党的十八大关于信息化的论述，在不同领域的多项任务中都提及信息化建设的重要性。六年来，党中央高度重视网信工作，推动其快速发展并就发展过程中出现的问题及时予以治理，在一系列重大决策、重大举措的引领下，中国的网信事业取得了历史性成就。

国家总体战略布局之下的人民法院信息化建设把握历史机遇，相时而动，同样取得了世人瞩目的成就。科技革命和经济社会发展给审判工作带来全新的挑战，人民法院信息化建设是促进审判体系和审判能力现代化的必然要求，是确保司法公开透明、公正高效的强有力手段，是让人民群众在每一个司法案件中感受到公平正义的必然选择。各级法院主动拥抱现代科技，使信息化建设成为人民法院内部一场深刻的自我革命。

2018 年是改革开放四十周年，人民法院信息化建设过程中彰显的改革魄力与开放心态是司法系统贯彻和落实改革开放政策的杰出代表，始终与国家命运和时代脉搏同频共振是人民法院信息化建设的突出特点。近年来，人民法院深入学习贯彻习近平新时代中国特色社会主义思想和党的十九大精神，领会习近平网络强国战略思想，认真贯彻全国网络安全和信息化工作会议精神，按照中央政法工作会议和第二十一次全国法院工作会议部署，全面总结党的十八大以来人民法院信息化工作，研究部署当前和今后一个时期人民法院网络安全和信息化工作，推动智慧法院由初步形成向全面建设迈进。智慧法院建设全面提速，现代科技与法院工作愈发深度融合，信息时代审判运行新模式正在逐步形成。

党的十九大报告敏锐地指出了目前中国社会主要矛盾转化的新情况，解决“新矛盾”如何破题，人民法院信息化建设需要以自身工作为出发点，给出专属于自己的答案。科技在发展，社会在进步，不变的是建设智慧法院的决心与道路，而这条道路既在脚下，又指向远方，永无止境。

2018 年是深化完善人民法院信息化 3.0 版、全面建设智慧法院的开局之年。2018 年初，最高人民法院网络安全和信息化领导小组确定了 20 项工作目标和 55 项重点工作，全国法院第五次网络安全和信息化工作会议也明确了网络安全方面的目标任务，人民法院信息化建设的发展之路日渐清晰，智慧法院的科学内涵更加明确。在全国各级法院的共同努力下，人民法院信息化 3.0 版的主体框架已经确立，智慧法院的全业务网上办理基本格局已经形成，全流程依法公开基本实现，全方位智能服务的方向已经明确并展现广阔前景，先进信息技术推动法院审判执行方式发生了全局性变革，有力促进了审判体系和审判能力现代化。

在国际影响力方面，中国法院信息化已经在世界上树立了网络覆盖最全、数据存量最大、业务支持最多、公开力度最强、协同范围最广、智能服务最新的样板，为信息时代的世界司法文明建设提供了中国方案，贡献了中国智慧。在中国与葡萄牙语国家最高法院院长会议上，与会各国最高法院高度评价中国法院信息化建设取得的成果，与会国家领导人表示，“互联网 + 司法”是中国法院取得的最伟大的成就之一，中国法院的信息化水平已处于世界领先水平。

一　2018年人民法院信息化新成效

2018 年，全国各级法院坚持体制改革与科技变革相结合，推动大数据、人工智能、区块链等科技创新成果同司法工作深度融合，以电子卷宗为基础全面推进智能化辅助办案，努力攻克以人工智能为标志的一批关键技术，大力推动信息技术在审判、执行、管理、服务等方面的应用，智慧法院由初步建成向全面建设迈进。

（一）信息化助力司法为民

《“十三五”国家信息化规划》将“支持‘智慧法院’建设，推行电子诉讼，建设完善公正司法信息化工程”作为重大任务和重点工程之一，足见电子诉讼在法院信息化工作中占据重要位置。各级法院积极响应群众关切，坚持服务人民群众，努力创新便民措施，推动电子诉讼的部署应用，全力打造司法公开和网上诉讼平台，不断实现服务便捷化，切实增强人民群众的获得感。各级法院设置网上立案、网上缴费、网上证据交换、网上开庭、电子送达等五大电子诉讼标准模块，以最大限度降低当事人的往返奔波成本；成立杭州、广州、北京互联网法院，为网络空间法治化进行有益探索；14 个省市法院试点推行跨域诉讼服务模式，着力解决“异地诉讼难”，部分地区已实现跨域立案。

1. 建设一体化诉讼服务中心

诉讼服务中心是人民法院面向群众、处理纠纷、提供司法服务的窗口，是连接法官与当事人的关节点。传统的诉讼服务对外窗口至多局限于诉讼服务大厅，“一杯水、一副老花镜”的服务水准与人民群众的司法需求和对人民法院工作的要求相去甚远。信息化时代的诉讼服务中心借助科技的力量，新平台与传统的诉讼服务窗口有天壤之别，各级法院正在紧锣密鼓地建设功能完备、使用便捷的一体化诉讼服务中心，一改法院“门难进，法官难找”的旧疾，让老百姓“打官司”不再难。

现代化的诉讼服务中心集诉讼服务大厅、诉讼服务网络、12368 诉讼服务平台三位于一体。全国 95.22% 的法院建成了信息化程度较高的诉讼服务大厅，为当事人提供全方位的诉讼服务；82.67% 的法院开通诉讼服务网，为当事人、律师提供网上预约立案、案件查询、卷宗查阅、电子送达、诉讼指南等服务；77.64% 的法院开通 12368 诉讼服务热线，以电话接入、语音和短信等方式，为社会公众参与诉讼活动提供最为便捷的服务。而且，随着新媒体的广泛应用，已有超过 44% 的法院开通诉讼服务 App 或微信小程序，极大地拓展了为群众提供司法服务的渠道。部分法院创新工作思路，将保全、评估、送达等审判辅助工作提前至诉讼服务中心，为当事人提供更加高效的一站式服务。更有一些地区法院借诉讼服务中心位于纠纷解决前端的特点，搭建多元化纠纷解决平台，充分发挥诉讼服务中心的解纷职能，实现了大量民商事纠纷及时就地解决。信息技术的创新应用在提升诉讼服务中心工作质效方面也发挥了重要作用，如部分法院整合了原有开发的导诉机器人、诉讼服务自助终端、智能导航系统等辅助手段，显著提升了诉讼服务中心的建设水平。

在法院诉讼服务中心信息化建设的基础上，一些法院勇于创新，推进诉讼服务中心一体化建设。陕西省商洛市中级人民法院推动诉讼服务中心建设转型升级，围绕群众诉讼服务需求，通过配置诉讼服务一体机、“商洛小法”机器人（该机器人数据库收录数万个程序法律问题和实体法律问题，法律库中收录了海量法条和数以百万计的案例）、12368 司法服务热线及推荐关注“商洛法院”微信公众号等多种形式，最大限度减少当事人“讼累”，实现线上线下诉讼服务功能互通，将辅助性、事务性、服务性的部分审判工作前移，为群众诉讼、律师履职提供方便，构建人民法院面向社会的多渠道、一站式、综合性诉讼服务。四川省部分基层法院推广 24 小时 ATM 自助立案、机器人回复诉讼问题等，人民群众随时随地进行诉讼、关注诉讼、轻松诉讼。重庆第四中级人民法院研发“诉讼服务一体机”，实现当事人查询案件信息可实时推送给法官，实现“静默化管理”；开通以案例推送为主的微信公众号“无讼之道”，以审判案例推动纠纷多元化解，积极服务乡村振兴。

2. 开发微法院微信小程序

移动互联3.0时代是人与网络全方位互动的时代。当前，社会大众在衣食住行等各个层面，通过作为个人终端的手机即可实现与世界的全方位信息交流与互动。各地法院抓住移动互联3.0时代机遇，坚持问题和需求导向，探索挖掘“互联网+司法”领域的工作潜能，纷纷开发微法院微信小程序。微信小程序构建全流程、轻量级诉讼服务体系，打破时空限制，通过网络技术将诉讼服务从固定场所、固定时间拓展至“随遇接入、即时服务”，实现网上立案、网上缴费、网上庭审、网上阅卷等一站式诉讼服务。微法院小程序利用了信息化手段对诉讼流程进行再造，使流程信息公开上了新的台阶，有利于解决当事人对法院的不信任问题，树立起法院的权威与公信。总之，微法院小程序让司法过程更加透明公正、诉讼服务更加便捷高效。

浙江省高级人民法院以微信小程序系统上线为契机，积极谋划建设移动微法院，力争打造建设集约、服务集聚、数据集中、管理集成的一站式移动诉讼服务体系。最高人民法院信息中心在浙江牵头组建全国联合项目组，开发面向全国法院推广的版本即微法院4.0版。该版本实现了从立案到执行的全流程在线流转，实现了诉讼服务事项跨区域远程办理、跨层级联动办理、跨部门协同办理，切实解决“问累、诉累、跑累”的问题，根据浙江的试用情况，其功能性和稳定性已满足在全省法院推广应用的设计要求、技术要求和实践需求。该程序适用范围广，除刑事案件外，法院收案量90%以上的民商事、行政、执行案件都可适用，可满足办案人员、当事人及其代理人、第三方调解人员等多方用户需求。据宁波市中院立案庭统计，94%的当事人愿意选择使用“移动微法院”，到实体诉讼服务大厅办事的人数明显减少，让群众打官司“最多跑一次，甚至一次不用跑”成为可能。

3. 跨域立案向全域立案的探索

跨域立案是指在不改变案件管辖的前提下，当事人可选择就近法院通过联网的立案系统完成在有管辖权法院的立案事项。跨域立案的最终目标是实现全域立案。所谓全域立案是指，通过利用网络技术，实现立案工作业务网上办理、实时扫描上传、适时登记立案，进而在不同法院实现全域异地立案。2017 年 3 月，最高人民法院在全国试点推行跨域立案诉讼服务，确定北京等 7 家高级人民法院和黑龙江大庆等 7 家中级人民法院作为跨域立案诉讼服务试点法院。截至 2018 年底，全国范围内实现跨域立案的法院已达 1154 家，占全国法院总数的 31.85%。

重庆市第二中级人民法院推进全域立案试点。重庆市第二中级人民法院辖区集大农村、大山区、大库区于一体，各区县交通十分不便，群众诉讼的成本很高。“全域立案服务系统”运行涉及“两地法院、三个阶段”（“两地法院”分为收件法院和管辖法院；“三个阶段”包括诉讼材料的提交和扫描录入阶段，管辖法院的形式审查和法律文书生成阶段，准予登记立案的相关法律文书的反馈生成阶段）。试点期间，当事人在市第二中级人民法院辖区的 9 家基层人民法院及其 42 个人民法庭，均可提交向同级任一人民法院提起诉讼的相关材料，完成基层人民法院的民事诉讼案件异地立案。重庆全域立案试点工作的有序推行，为全国范围内实现全域立案奠定了坚实的基础。

4. 信息化手段解决“送达难”

送达是法院庭审工作之外的一项辅助性工作，但是其意义和重要性不啻审判核心业务。法律文书及时准确送达当事人和其他诉讼参与人不仅是程序正义的必然要求，也关乎实体正义如期、依法实现。长期以来送达工作面临诸多障碍，“送达难”成为困扰法院干警的突出问题，也难以及时保障当事人的合法权益，进而影响群众的司法公正获得感。造成“送达难”的原因，既有距离远、交通不便、地址不准确、法院人手不足等客观因素，也有当事人和其他诉讼参与人隐瞒地址或恶意提供虚假地址以逃避义务等人为因素。传统送达手段对解决“送达难”束手无策，信息化手段为此开出了一剂良方，网络在联通世界的同时也打通了法院与当事人和其他诉讼参与人之间的沟通渠道。电子送达从起步时的短信、邮件送达，发展为依托政府部门联动和商业化大数据平台准确定位的精准送达及微信送达等高阶方式，提高了法院的送达工作效率，使当事人的合法权益能够实现。

福建法院创新开发符合当地特色的送达系统，建立专门的送达团队，通过系统电话录音、上门送达影像回传、诉讼文书自动生成、地图定位等功能，做到送达工作全程信息化。在信息获取方面，福建法院与综治网、公安信息网、三大通讯运营商实现数据共享，最大限度获取受送达人的基本信息，提高受送达人的信息可靠度，从根本上提高送达成功率；在送达方式上，保证送达渠道多样化与穷尽规则，如与邮政物流信息网的对接，实现邮寄送达信息实时更新，并引进物流公司，提高邮寄送达成功率。福建法院还引进公证送达，以市场机制激励的方式，借助送达系统实现送达全过程跟踪，提高送达效率。

信息化手段在解决“送达难”的同时也面临一些必须予以解决的问题，以防范可能出现的法律风险。例如，单纯的电子送达就面临如下问题：第一，怎样确定送达对象就是文书所述的当事人；第二，怎样确定系统所推送的文书信息当事人明确收到。为此，广东省东莞市中级人民法院开发微信送达系统，做出了有益尝试。通过人脸识别技术，将当事人所用的微信号与公安部身份证认证系统进行匹配认证，微信号提取的人脸与公安部身份证号码所记载的人脸相符，即确认该微信；公众号向当事人推送信息后，微信系统会反馈送达成功的信息；另外，在当事人点击查看文件信息时可以反馈当事人已查看信息，双重认证对方当事人已确定收到的状态。根据最高人民法院相关司法解释，电子数据明确进入对方相关系统即为送达，微信送达符合相关要求。

5. 互联网法院开创网上诉讼新模式

随着互联网的普及，除了涵盖衣食住行全部范围的互联网经济无孔不入之外，网络通信、网络社交、网络娱乐……网络与现代人生活的每一方面息息相关，甚至可以说“一切皆由网络，网络即是一切”。随之而来的涉互联网纠纷案件与日俱增，且案件类型不同于以往，呈现新的特性，相应对诉讼规则和审理机制提出了新的需求与挑战，司法机制随“网”而动、因“网”改革势在必行。为探索适应互联网时代潮流的新型诉讼规则、审理机制，为互联网思维下新法律规则的确立积累实践经验，从而推动网络空间治理法治化，2017 年 6 月，十八届中央全面深化改革领导小组第三十六次会议审议通过了《关于设立杭州互联网法院的方案》。互联网法院所采用的先进技术手段打破了时空限制，具有网上立案、在线调解、在线审理等功能，能够全方位提高审判质量效率、节省诉讼成本、减少当事人诉累。按照中央提出的“依法有序、积极稳妥、遵循司法规律、满足群众需求”互联网法院建设的基本原则，电子法院、网络法庭等被进一步推广，互联网法院从一个试点到多点开花，形成了辐射南北的全新科技司法网络。

截至 2018 年 12 月 31 日，一年间杭州互联网法院共受理涉互联网案件 10628 件，已审结 9619 件；已关联当事人的案件 100% 实现在线开庭审理，庭审阶段平均用时 36 分钟，平均审理期限仅 41 天，相较传统审理模式分别节约用时 65.2% 和 25%；审理结果被接受程度高，一审服判息诉率达 98.6%。

杭州互联网法院首战告捷，证明互联网法院的设计思路行得通、走得稳，其经验足以适时向更大范围进行推广。2018 年 7 月 6 日，中央全面深化改革委员会第三次会议审议通过《关于增设北京互联网法院、广州互联网法院的方案》，提出“总结推广‘网上案件网上审理’的新型审理机制，确保公正、高效、便捷处理各类涉互联网纠纷；探索构建适应互联网时代需求的新型诉讼规则；健全完善专业化审判机制，通过依法审理各类新型涉互联网案件，总结提炼法律规则，推动网络空间治理法治化，强化我国在网络空间治理的国际话语权和规则制定权”。方案的提出回应社会司法需求、科学确定管辖范围、健全完善诉讼规则、探索构建统一诉讼平台的总体思路。

2018 年 9 月，北京互联网法院、广州互联网法院相继正式挂牌成立。北京互联网法院致力于打造实用、创新、中立、包容、安全、可控的互联网法院电子诉讼平台，采用全面数字化建设，内外数据互联互通，服务于互联网审判及相关法律制度规则的创新创制，加快推进互联网空间治理的法治化。建设可信电子证据区块链平台“天平链”，解决电子数据信息安全和联合验证、认证等问题。截至 2019 年 1 月 23 日，上链数据 130 余万条，存证材料35万余条，大幅降低维权存证、取证成本。“抖音短视频”起诉“伙拍小视频”信息网络传播纠纷案成为北京互联网法院受理第一案，区块链取证存证技术在司法中的应用获得关注。广州互联网法院的审判团队平均年龄仅36岁，年轻化的审判团队拥有开放的互联网思维和高效运用互联网科技、化解涉网纠纷的能力。除了以案件审理全程在线为基本原则外，广州互联网法院智慧审理平台进一步提升当事人的体验，在科学设计用户界面、在线自动获取相关数据、有效利用当事人碎片时间、电子证据管理等方面锐意创新，实现最终一键立案、一键调解、一键调证、一键审理、一键守护、一键送达的“六个一键”设计目标，为当事人带来极简化诉讼服务体验。截至2018年底，在线接收立案申请2700余件，电子送达成功率达98%。

（二）信息化辅助审判执行和司法管理

各级法院充分运用云计算、大数据等手段，积极推进审判领域人工智能研发，以“法信”为代表的一批智能辅助办案系统被广泛推广应用。

1. 信息化手段提升审判质效

（1）电子卷宗随案同步生成与深度应用

案件卷宗是人民法院司法审判工作的记录，全面记载了案件处理过程的每一个程序步骤，既能够从材料方面推动案件进程的发展，也可由对其所载事项的回溯监督审判流程与实质内容。可以说，卷宗是贯穿人民法院司法工作始终的主线，对审判工作而言意义重大。长期以来，纸质卷宗是卷宗的主要存在形式，对辅助司法工作发挥了重要作用，但随着信息技术的推广应用，几代法院干警习以为常的纸质卷宗的劣势日益凸显，传送不便、容易灭失、难于监管等弊病制约了法院工作质效的提升，同时，在司法公开走向深入、司法大数据运用成为历史潮流的条件下，纸质卷宗已很难适应法院信息化建设的现实需求。《最高人民法院关于全面推进人民法院电子卷宗随案同步生成和深度应用的指导意见》的指引下，各级法院致力于诉讼文件的电子化工作和案件办理系统的同步开发，以求经过文档化、数据化、结构化处理，以电子案卷为抓手，最终实现案件办理、诉讼服务和司法管理自动化、智能化。

2017 年，电子卷宗工作有效推进，但是，电子卷宗工作推进过程中也出现了一些问题和误区。例如，混淆了电子卷宗和电子文件的关系，将纸质卷宗扫描为电子文件仅是卷宗电子化的基础性步骤，只有电子卷宗随案同步生成才能推动案件进程，为法官工作提供技术支持。再如，电子卷宗随案生成系统本身仍处于探索开发阶段，有部分技术问题有待进一步提供解决方案。初级的系统问题如设计上不便于法官调阅，复杂的技术问题如电子卷宗基础上衍生的案件信息自动回填、归档文件一键排序、法律文书辅助生成等功能模块没有得到即时应用，致使信息化手段辅助法官办案提升审判质效的功能没有完全发挥。

2018 年初，最高人民法院总结经验找准问题，适时下发《最高人民法院关于进一步加快推进电子卷宗同步生成和深度应用工作的通知》，电子卷宗同步生成应用工作成为 2018 年法院信息化建设的重点任务，随后在全国各级法院推进有力，并取得了丰硕的成果。2018 年 3 月，全国各地法院确定了电子卷宗随案同步生成和深度应用“三点一线”（省高院、一个中级法院、一个基层法院）的试点法院；4 月底，河北、上海、江苏、浙江、江西、湖南、青海等 7 个地区的电子卷宗试点法院全部完成电子卷宗随案生成工作，并全部实现数据化电子文件、回填案件基本信息、电子卷宗网上阅卷、电子卷宗对外公开等 11 项电子卷宗深度应用功能，截至 2018 年底，已经有 16 个地区的法院达到了这一要求。

在电子卷宗的推进工作中，各地法院锐意创新，不仅满足基本要求，还自主研发，成效卓著。苏州市中级人民法院在全国首创电子卷宗智能标注编目，通过融合运用图文识别、深度学习等先进技术，实现了自动拆分卷宗文件、智能标注文件标题、自动编制卷宗目录等功能。智能标注编目系统的成功上线，不仅大大提升了岗位工作效能，大幅度降低了人力资源成本，更是为电子卷宗“大数据”的建立、盘活、用好奠定必要前提和关键基础。上线实测结果显示，在纸质卷宗及其扫描件可识别性达标情况下，文件拆分及标题标注准确率可达 90% 以上，缩减人工编目时间和岗位工作量可达 80%

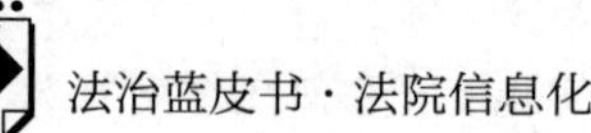

以上。电子卷宗智能标注编目系统于2018年1月在苏州两级法院全面上线并成功运行，智能编目系统已走出苏州，先后在江苏、浙江、安徽、湖北、四川、贵州、海南等地采用集中或单点部署方式落地应用。

（2）智慧审判提质增效

人工智能在社会生活的各个领域得以深度应用，日渐扮演着不可或缺的重要角色，司法领域中人工智能的运用顺应了这股势不可当的历史潮流，是司法工作现代化的必然选择。人民法院信息化建设将人工智能技术应用于司法领域，从法官干警办案的核心需求出发，通过大数据、云计算、人工智能等新兴技术为法官判案提供全面高效的科技力量支持。

基于知识中心，依托知识图谱，北京法院开发"睿法官"系统，采用大数据手段，通过智能机器学习，以各类案件的案情要素为切入点，形成完整的知识体系，为法官提供精准的规范流程引导，自动推送法律法规、案例参考、观点采撷、专题点评、域外集锦、舆情推送等信息，同时具有自动生成裁判文书、统一法律适用的功能。

多地法院开发类案指引系统，依托容纳海量案例的大数据运算，辅助法官实现案件的类案同判目标。目前，类似系统已覆盖民事、刑事领域，对海量裁判文书进行分析、挖掘，对用户输入的案情文本，通过实体识别、语义联想、模式匹配、句法解析、摘要抽取等方法进行解析，并结合海量语料训练法律语言概率模型，提高解析的准确度。以类案的智能推送为依托，将自然语言处理、机器学习等人工智能方法应用于类案匹配领域，加速精准匹配类案。以灵活直观的可视化展现形式为载体，实现判决预警信息的多维表达。2018年1月，中国司法大数据研究推出类案智能推送系统，涵盖案件画像、类案判断、类案推荐排序等业务功能，实现一键"以文搜案"，极大提升搜索效率，目前已经在全国高院推广使用，全部案由的文书推送准确率达到63.7%，民事、刑事十大案由推送准确率超过85%。

（3）移动办公最大程度方便办案

信息技术发展至现今阶段，硬件体积越来越小，众多功能可以在轻巧便携的硬件设备中实现集成，这为需要高效处理繁多审判事务的法官提供了移动办案的便捷途径。河北法院自主研发便携式、简易式数字法庭，系统采用简约化设计，功能模块高度集成。法官的便携设备通过4G无线加密方式，接入法院移动专网，解决了部分边远地区法庭4G网络不通的难题，节约了线路建设资金。同时便携式数字法庭可以和执行指挥系统融合实现图像无线传输，做到了全地形、全地域办公、办案、开庭。便携式数字法庭的应用，将数字化法庭的建设成本降低了80%，加快了数字化法庭的普及速度。2016年3月29日相关法院工作人员登上永兴岛，将三沙群岛法院庭审现场音视频成功传回最高人民法院，这是人民法院信息化服务海洋发展战略的成功尝试，在全国法院信息化建设中具有里程碑的意义。陕西西安灞桥法院推行“口袋云办公”App移动办公。该办案平台具备了人事管理、办公、办案各项功能，特别是可以通过人工智能及大数据分析技术，实现对当事人进行全面分析，对当事人进行跟进、回访，对办案节点进行提醒。

（4）云技术提升数据传输效率

云技术改变了信息存储和传输的传统逻辑，顺应了信息具有的泛在性和弥漫性的特征，同时还让信息的获取更加便利与个性化。云技术在司法工作中的应用在司法大数据汇集和满足每一位法官办理每一个案件的个性化需求之间搭建起了桥梁，消除了数据传输等制约移动办公的最大障碍。

安徽省宣城市中级人民法院开发“桌面云”办案系统，利用服务器上虚拟的个人计算机取代实体的计算机，用户只需要通过电视机顶盒大小的“桌面云”终端和显示器等，输入用户名和密码就能访问个人专属桌面。还可以通过“桌面云”终端，根据工作需要随时通过共享的“桌面云”终端查找自己的资料，真正实现了移动办公，使干警使用起来更加方便和快捷。所有数据存储在总服务器上，能够使云资源分配更加灵活、接入更加安全、行为更加可控，较好地避免了断电数据丢失和信息外泄等现象。桌面云移动办公形成了统一管理、统一调度的云计算工作模式，提高了系统资源的利用率和运行效率。

辽宁省沈阳市皇姑区人民法院开发“云上法庭”系统，按照线上线下相融合的思路进行庭审支撑工具的重塑再造，结合电子卷宗随案同步生成工作，利用智能化庭审支撑系统对庭审材料进行自动化同步展示呈现；集成法信、智审等大数据与智能系统，通过信息推送检索等方式将智能司法资源对接引入法官庭审现场。通过这样一套智能庭审支撑系统让庭审过程更加有序，举证质证更加智能，庭审笔录自动生成，提高了庭审的效率。

2. 信息化手段助力基本解决执行难

2018 年是人民法院“基本解决执行难”战役的决胜之年。执行难问题由来已久，其形成有复杂的社会因素，因此其解决也必将是一项异常艰巨的社会工程。最高人民法院向全国人民庄严承诺“用两到三年时间基本解决执行难”，体现了人民司法的勇气和责任担当。作为解决执行难的核心力量，人民法院迎难而上的底气在很大程度上来源于执行信息化的有力支撑。3 年来法院信息化建设与“基本解决执行难”工作并肩推进，科技的力量让执行工作突破瓶颈，在精细化、集约化、规范化的道路上翻开了崭新的篇章，基本实现了执行全流程信息化，法院工作距离“让人民群众在每一个司法案件中都能感受到公平正义”目标的实现越来越近（见表 1）。

表 1　执行信息化工作 3 年成效

	三级指标	2016 年	2017 年	2018 年
执行	网络执行查控系统覆盖率(%)	97.8	99.66	99.85
	“总对总”累计查询数量(万件)	856.3	2584	2407.53
	“总对总”累计冻结财产数量(亿元)	693.97	1106.98	1831.37
	“总对总”累计扣划财产数量(亿元)	43.32	87.372	166.16
	累计发布被执行人信息数量(人次)	40666448	50077548	58346352
	全国法院公开执行信息数量(人次)	47111697	59671776	70662825

说明：2016 年、2017 年数据为全年数据，2018 年数据截止日期为 2018 年 10 月 31 日。

执行工作是否有效首先取决于领导是否有力，而正确领导决策的作出离不开执行大数据的支撑。各级法院常用的决策分析系统有执行指挥系统、执行管理系统、决策分析辅助系统、执行信息服务平台等，最高人民法院执行质效数据分析平台更是指导全国法院执行工作的“风向标”。平台的数据统计和分析通过直观简洁的图表让执行领导决策层既能够统筹执行工作全局进度，又能细化到每一流程节点对各项执行工作进行精细化管理。

信息化的执行指挥中心是解决执行难的中枢，是集决策分析、执行指挥、执行办案、监督管理的一体化平台，将执行工作统一于计算机系统，是执行工作的信息中心。执行指挥中心的实体化运作走上正轨，中心设备实现集成与集约化，干警配套装备也实现了更新迭代，既实现了执行指挥中心的即时通信，也能及时固定证据，执法过程全程留痕对执行干警形成职业保护。

执行指挥中心可以进行集约化网络查控，网络查控全方位，实现多种财产形式的“一网打尽”。除了此前已经上线运行的“总对总”“点对点”查控系统继续完善外，针对不动产信息分散、异地难于查询的财产查控薄弱环节，2018 年 3 月，最高人民法院与国家发展改革委、原国土资源部联合下发《关于对失信被执行人实施限制不动产交易惩戒措施的通知》，明确提出要建立健全全国信用信息共享平台与国家不动产登记信息平台信息互通共享机制。为抓紧落实这一要求，通过信息化手段实现当事人的合法权益，切实维护司法权威，各级人民法院同国土资源管理部门大力推进“点对总”不动产网络执行查询。目前，北京、天津、石家庄等 45 个城市已经上线“点对总”不动产查询功能。

网上拍卖是利用网络切实维护和实现当事人利益的一大手段，网络使拍卖过程公开透明，压缩了执行拍卖违规操作的空间，在提高财产处置率的同时，也使当事人利益最大化。2018 年，全国法院全面推行网络司法拍卖，着力解决财产变现难题，实现拍卖环节违纪违法“零投诉”，消除了以往拍卖中存在的廉政风险。江苏省扬州市中级人民法院同当地工商行政部门、国土部门和税务部门合作开发司法网拍询价系统，既做到了标的物的高效询价，也即时将结果数据反馈到工商部门的价格系统，为未来更加准确地定价提供大数据来源。这种双向反馈数据用以大数据分析的互利做法值得研究推广。

此外，信息化手段还构建起让失信被执行人“一处失信、处处受限”的联合惩戒体系，“执行天眼”等系统通过云计算的方式精准锁定失信被执行人的行动轨迹，便利查人找物，在打击规避执行方面有效突破；执行管理依托信息化创建新模式，借科技之力将执行权关进“制度铁笼”，执行工作更加精细化、规范化。

信息技术为执行干警和人民群众带来的实益最直观地反映在基本解决执行难的有力推进中。重庆市梁平区人民法院自主研发“执行指挥查控平台”，并配套研发“办案服务 App”和两个“诉讼服务 App”，初步构建起“1+2”的“智慧执行”工作格局。执行指挥查控平台整合案件流程管理、执行案件管理、点对点查询、总对总查询、执行指挥“五大系统”，实时反映办案情况；“办案服务 App”专供执行法官、院庭长、审判管理组织等使用，具备相应人员执行辅助、时限预警、工作提示等功能；诉讼服务 App 具有全流程节点覆盖、全方位智能服务、全天候高效运转等功能，当事人能够24 小时进行案件信息查阅、执行材料传递、监督法院工作等，让整个执行案件流程对当事人完全透明。

3. 信息化手段提升司法管理水平

传统的司法管理主要靠院庭长的人工管理，但随着案件量的增长，案多人少矛盾的日益突出，院庭长事无巨细，监督监管力不从心，每名法官名下动辄成百上千的案件量也令传统管理模式捉襟见肘。这些都使得通过信息化手段进行管理成为必须。

河北法院的“庭审自动巡查系统”将传统的人工巡查转化为系统“一键操作、实时巡查”，运用视频图像识别、音频识别技术，对全省法院庭审活动进行实时全流程自动化检查、监督、统计，确保了“每庭必录、每审必查”。

江西省南昌市中级人民法院开发的司法风险动态防控系统是利用“制度+科技”手段建立的一套智能化内部动态监督系统。该系统实现立审执各环节全覆盖，通过多种方式，充分发挥监督、提醒、教育、规范、惩戒、震慑六大功效，实现对司法风险的事前预警、事中监控、事后处置。

四川省宜宾市中级人民法院在严格落实“让审理者裁判，由裁判者负责”要求的同时，就如何进一步加强院庭长审判管理这一司法改革难点和痛点，创新构建全院全员全程审判监督管理体系，以涉众涉稳、疑难复杂、类案冲突、违法审判等“四类案件”监管为着力点，专门打造“四类案件”智能监管平台，通过信息化技术，指导人民法院探索“四类案件”监管，实现“傻瓜式”操作，将监管需求变为现实可能。

黑龙江法院应用大数据技术，建设了黑龙江法院员额法官监督平台，对黑龙江法院员额法官信息库和大数据案件库的百万级数据进行挖掘，通过模糊查询、自动化匹配、最优化排名等高效算法，精准、实时、自动、批量监督员额法官的办案情况。

安徽省安庆市人民法院开发人民陪审员管理系统以陪审员全生命周期为基础，对陪审员选任、参审、离任各个环节进行管理，既减轻了法院对人民陪审员信息管理的压力，又方便了陪审员参与案件审理。

由上述事例可见，借助信息化手段，司法管理贯彻到审执工作的方方面面，司法工作整体走向规范化。

（三）信息化服务国家社会

1. 信息化助推司法公开

审判流程信息与当事人的切身利益密切相关，但是因其对每一流程节点信息公开的时效性要求较强，对人民法院的司法能力、制度设计、平台搭建等方面都形成了较大的挑战。2018 年 3 月出台的《最高人民法院关于人民法院通过互联网公开审判流程信息的规定》针对网络审判流程信息公开中亟待解决的问题作出了清晰的回应，如明确了审判流程信息公开的对象、范围、方式和程序，并确定了应当公开的四大类二十余项重要审判流程信息。这一司法解释是对运行四年的《最高人民法院审判流程信息公开暂行办法》的修正和完善，标志着审判流程信息公开进入更加规范化的轨道。

随着互联网的迅猛发展，网络已经成为群众表达诉求、舆论监督的形成机制和传播方式，影响着社会生活的方方面面。庭审直播作为新形势下人民法院司法公开的举措，本着以公开促公正的工作思路，大胆进行阳光司法的尝试，降低了解司法的成本，方便群众实现对司法的知情权、监督权。自全国各级法院开展这项工作以来，当事人和网民在家里轻点鼠标就可以看到自己关心的案件庭审全过程，此举取得了很好的社会效果，得到了社会各界及广大网友的赞扬，促进了司法的公开公正。

裁判文书的公开有利于充分实现公众以个案为切入点对司法工作的监督权，将裁判文书公之于众的举措反向促进了裁判文书整体质量的提升。2018年6月最高人民法院印发《关于加强和规范裁判文书释法说理的指导意见》，不能不说与裁判文书公开对司法产品质量提出更高要求有关。同时，大量裁判文书的公开也为学者、研究机构及时掌握司法实践动态进而进行理论研究提供了大数据素材，而高质量的裁判文书公开也在国内外充分展示了中国司法工作的成就与自信。

执行信息的公开可谓司法公开的重中之重。一方面是因为执行信息中的失信被执行人信息关系到除司法案件当事人外更大范围人群的利益；另一方面执行工作目前主要由司法解释予以规范，实体法和程序法关于执行的缺失导致其成为极易滋生不规范行为甚至司法腐败的领域。现阶段的必然选择就是将执行全过程通过公开置于监督之下，阳光是最好的防腐剂。

综上，在信息化手段的大力襄助之下，开放动态透明便民的阳光司法机制业已形成。已经建成的审判流程、庭审活动、裁判文书、执行信息四大公开平台，让司法公开达到前所未有的广度和深度，满足了人民群众的知情权、参与权、表达权和监督权，同时在倒逼法官提升司法能力、弘扬法治精神、讲好中国法治故事等方面发挥了不可替代的作用，在国内外产生广泛而深远的影响。截至2018年12月31日，通过中国庭审公开网直播庭审超过231万件，观看量超过138亿人次。中国裁判文书网公开文书超过6179万份，累计访问量超过213亿人次，用户覆盖210多个国家和地区，已成为全球最大的裁判文书资源库。中国执行信息公开网累计公布执行案件信息4077多万条、被执行人信息5950万条失信被执行人1288万人次，助力建设社会征信体系。同时，在四大公开平台的基础上，全国企业破产重整案件信息网，全国法院减刑、假释、暂予监外执行信息网，中国司法案例网等新型公开平台上线运行，不断满足经济社会发展需求。

2. 大数据辅助党政决策

2018 年，人民法院大数据应用持续推进，提供了大量优质社会公共服务和司法公共产品。人民法院大数据管理和服务平台，围绕经济社会发展大局构建司法社会治理指数、司法公正指数，深刻揭示司法活动与经济社会发展的内在关联，为党委政府决策提供科学参考，为相关单位提供风险评估、预警、分析服务，努力服务经济社会发展。最高人民法院在“6・26”国际禁毒日召开新闻通气会并发布了《毒品犯罪司法大数据专题报告》，组织中国司法大数据研究院先后发布了《电信网络诈骗司法大数据专题报告》《校园暴力司法大数据专题报告》，为防治毒品犯罪、电信网络诈骗犯罪、校园暴力指明了方向。

大数据的应用极大地向前推进了人民法院的各项工作。成都市中级人民法院构建了以案件、法官、当事人和知识库为中心的司法智库大数据中心，并通过开发可视化大数据算法平台，实现法院自主的大数据分析。云南省建设政法跨部门，集立案、侦查、报批捕、起诉、审判、执行、监督于一体的大数据协同办案平台，实现政法跨部门网上业务协同和刑事案件智能辅助证据标准指引。山西省晋中市中级人民法院建设涵盖司法人事、司法政务、司法研究、信息管理、外部数据等六大数据体系的司法大数据中心，以期形成数据采集、汇聚、更新和维护的长效管理机制，并在此基础上开展关联分析、挖掘研判、综合应用、智能服务等高端应用。

3. 借网络推动纠纷化解

中国正处于社会转型期，各类社会矛盾集中凸显，给社会治理带来不小困难。人民法院作为社会矛盾解决的核心部门，深受案件量激增、案多人少矛盾的困扰。在社会矛盾增量一时难以有效控制的前提下，创新矛盾化解方式，及时疏导解决各类纠纷是较为可行的选择。中国共产党历来坚持走群众路线，有化解矛盾的丰富经验，以“发动和依靠群众，坚持矛盾不上交，就地解决，实现捕人少，治安好”为主旨的“枫桥经验”就是其中的典型代表。“枫桥经验”在化解社会矛盾方面的功能并未因时过境迁而削减，在新时代反而具有更加突出的现实意义。早在 2003 年，时任浙江省委书记的习近平同志就作出了坚持发展“枫桥经验”的重要批示。如今，国家治理体系治理能力皆走向现代化，新时期的“枫桥经验”也走出其发源地、走出农村，走向全国、走进城市，成为基层治理、多元化解纠纷的重要抓手。当今所处的时代又是互联网时代，智慧化的网络解纷平台为“枫桥经验”的发扬光大提供了新的机遇。人民法院信息化建设抓住机遇，构建人民法院主导的多元化网络解纷平台，有效化解人案矛盾，发展新时代政法部门的“枫桥经验”。

四川法院创新研发了“矛盾纠纷多元化解一体化平台”，根据当事人选择的案由、案情和证据等信息，预测诉讼、非诉两种解纷方式的时间、金钱成本，评估诉讼的风险，以数据说话，引导当事人理性选择解纷方式。当事人可在线申请调解，调解人员可适时发起在线调解，并及时邀请法官、律师和其他调解人员在线协助，同时该系统还全面对接综治、维稳、调解、仲裁、公证等信息化平台，“一网覆盖”多元解纷主体。

随着机动车保有量的持续增长，道路交通纠纷频发，此类纠纷都进入司法审判阶段，法院不堪重负，相对烦琐、耗时长的诉讼程序也不符合当事人利益原则。河北省正定县人民法院以问题和需求为导向，成立“交通法庭”，掌上微法庭，正定法院的机动车交通事故责任纠纷案件全部转入“交通法庭”微信法庭立案审理，为当事人提供了交通事故责任认定、人民调解、案件立案、司法确认、财产保全、司法鉴定、司法调解、审判执行、保险理赔等“一条龙”服务，并以“一案一调解群”为特色，通过“微调解”提升此类案件的处置效率。

除道路交通纠纷外，城市中的物业纠纷也呈现急速增长趋势。安徽省马鞍山市花山区人民法院创设全国首家物业纠纷诉调对接数字一体化平台。该平台实现全流程一平台办理，集成司法局、住房管理中心、物业纠纷调解中心、物业法庭四大机构多方联动，当事人可线上线下快捷缴纳诉讼费、物业费，大多数问题可以在网络上得到智能回答，各部门联动协作富有成效，大量发生的物业纠纷在诉前阶段得以妥善解决。

二 2018年人民法院信息化建设新问题

尽管2018年人民法院信息化取得不错的成效，但面临的问题也不容忽视。

（一）重建设轻应用

实践中“重建设轻应用”的现象制约了信息化建设效果，相关举措不能有效帮助法官办案，甚至给法官造成额外负担。信息化建设区域不平衡的状况也具有两面性，有可能是工作不到位，也有可能是无需求。例如，一个新开发的系统急于在全国或全省推广，却并不能有效适应各地的特殊情况，建设成果最终只能在一些地方被弃之不用，造成大量资源的闲置浪费。再如，执行信息化要求网络查控需要普遍应用，但在一些经济欠发达地区财产形式多以实物、现金为主，相应的传统查控手段仍然具有优势，网上查控系统建设虽有必要，但其应用不宜以每一个案件都进行线上财产查控作硬性要求，对其点对点查控所能达到水平的评价也可暂不与网络金融业务发达的地区看齐。又如，一些信息化手段的应用目标是服务管理考核，对审执工作没有直接和明显的辅助功能，甚至拖延工作进程，影响法官办案流程的顺利进行。

（二）重技术轻效果

网络司法公开无论是技术本身、系统应用还是制度设计方面仍存在一些不足，影响了公开效果。

在庭审直播过程中，上述三方面的问题表现得非常突出。在技术方面，庭审直播的配套设施要求较高，并不是所有地区的法院都有能力配备最先进的硬件。有的法院反映，直播过程不完整、直播画面不清晰或缺失、直播音量较小或没有的现象时有发生；在应用方面部分法官对直播系统操作不够熟练，还有的法官庭前准备工作不足，对案情不熟悉，庭审中语言不顺畅、不流利，相关程序衔接不到位，甚至脱节，延误审判进程；在制度机制方面，商业化的运营模式让直播费用成为部分法院的沉重负担。一个法庭在某庭审直播常用网站一年的网络使用费用达 3 万元，如果基层法院有 10 个庭审公开法庭，直播费用将达到几十万元，这对基层法院来讲是一笔不小的开支。

流程信息公开的问题也主要存在于应用方面。目前，审判流程信息公开平台普遍存在案件信息录入不完整的问题。信息“铁笼”只能管住笼子里的信息，没有进入的就管不住，对于没有及时网上填录的，不能有效监管。审判流程信息公开优劣的判断标准是看法院是否把流程信息推送出去了，但各地系统均无法抓取这个环节的信息，只知道法官有这个权限、系统有这个功能，但法官是否点击了、系统是否导出了、当事人是否收到了，系统无法判断，更无法监督。此外，审判流程信息管理系统不仅要全面、完整录入案件流程节点信息，还要保证录入信息的准确性，确保系统记录的信息与案件卷宗记载的信息保持一致。否则，线上审判流程信息管理系统就形同虚设，不但不利于当事人及时准确获取案件信息，甚至会使当事人对案件产生误解。

执行信息公开也存在流程节点无法及时准确录入系统的问题。例如，线上查控在线自动触发，系统可以记录可以监督，但线下查控的，如果不及时录入系统便无法监控。其他很多节点都是如此，如果需要依靠录入，那就可能使监控形同摆设。

裁判文书公开亦不例外，且这一问题的产生与办案系统未能与裁判文书公开平台有效衔接有关。例如，裁判文书应在生效后 7 日内上网，但系统无法识别何时生效，更无法监测。这就牵扯到文书是否送达全部当事人，送达回证反馈给法院，法官或书记员要人工录入办案系统，但何时录入受人为因素影响较大，裁判文书何时上传至公开平台也需要人工操作，这就给 7 日内上网的时限设置了双重障碍。部分法院的办案系统尚未实现裁判文书的“一键上网”，还是需要将文书打包上传给平台，在解压缩过程中往往一些文书无法识别，由此形成了一种独特的不上网审批理由——“因技术原因不上网”，这一不上网理由的合法性与正当性存在争议。

（三）重系统轻协调

基本解决执行难战役的顺利推进很大程度上得益于信息化手段在执行工作中的应用，在信息化进程中受益最明显的法院工作也非执行莫属。正因为应用频率高、范围广，执行领域更容易发现信息化建设的一些不足。

首先，“总对总”财产查控系统仍有优化完善空间。2018 年以来最高人民法院针对执行办案、执行查控等系统负荷大问题，协调 39 台服务器，保障执行查控、信用惩戒、执行指挥平台等系统正常运行，优化总对总查控、惩戒系统校验机制，已经极大改善了系统运行，“网络塞车”现象有了明显改善。但部分协助执行单位重视不够、配合不力以及信息化水平不高，导致查控需求反馈迟缓，影响财产查控效率。最高人民法院统计，21 家全国性银行全国全部能够支持查询、冻结、划扣，3890 家地方银行支持查询的有 3885 家，支持冻结的有 3869 家，支持划扣的有 3773 家。但一线干警反映，在线扣划的效果不理想，不少银行未能实现扣划功能，有的银行只支持划扣到本行账户，很多情况下在线冻结与划扣的衔接不畅。另外，对查询机构一键全选，便于执行干警操作，最为理想，但受软硬件限制，“总对总”平台和“点对总”平台目前还无法实现。其次，执行工作中的数据联动共享功能有待加强，最为迫切的需求是法院与公安部门的数据共享、共用。最后，执行工作与全社会的大联动也对信息技术和技术层面之外的因素提出更高要求，特别是对被执行人而言极具威慑力的“联合惩戒”体系亟待建立。

（四）重整体轻细节

2017 年人民法院信息化建设的主体架构就已经搭建，但无论在系统方面还是系统中的数据方面，都存在一些细节方面的问题期待更加细致的解决方案。

系统方面，以人民法院大数据管理和服务平台为例，这是一个跨层级、跨地域、跨系统、跨部门、跨业务的大数据管理和服务平台，承担着数据汇聚、交换共享和分析服务等重任，是司法智能化之源，是“十三五”期间人民法院信息化建设的主要工作。以此平台为主干，又接入涉密内网、法院专网、外部专网、移动专网、互联网“五大网络”，在这“五大网络”上又衍生出涉密办公办案平台、全国法院音视频综合管理调度平台、综合业务平台、全国法院业务和信息服务平台、人民法院对外业务协同平台、移动办公办案平台、全国法院司法公开和为民服务平台等“七大平台”，“七大平台”又林立着30余个系统，每个系统下面还可能存在数目繁杂的子系统。信息系统林立，就可能出现各系统标准不统一、重复录入、数据难共享等问题。

由于系统过于复杂造成的困难在执行实践中为数不少。根据法律规定，人民法院受理企业破产申请后，有关该企业的执行程序应当中止并将已查扣财产移交管理人。而实践中，由于审判和执行案件管理系统缺乏信息交换机制，某企业进入破产程序后，以其为被执行人的案件仍在继续进行，造成实践中大量需要协调执行法院执行回转的问题。再如，由于审判和执行案件系统互为“孤岛”，诉前或诉讼中的保全财产，无法通过办案系统自动与执行案件关联，导致执行案件立案后，如申请执行人未能主动提交保全财产信息，执行法官必须先进行一次网络查询工作，耗时耗力，还有可能造成超标的查封等情况。

数据方面，虽然司法数据报表自动提取一直是法院信息化辅助司法管理的工作重点，该项工作也取得了一定的进展，但还有相当一部分地区法院的数据报表仍然不能脱离人工，由于干警录入系统的数据不准，数据无法使用的实例大量存在。

（五）重便捷轻安全

在诸多创新举措彰显法院信息化建设成效的同时，司法网络安全事件不时出现，成为发展主旋律中不和谐的声音。2018 年 8 月，多地法院感染“勒索病毒”；中国裁判文书网遭受过数以亿计的网络攻击，利用“爬虫技术”抓取裁判文书信息的情况也触目惊心。毫无疑问，网络安全问题已经得到全国各级法院的重视。2018 年 4 月 27 日，在全国法院第五次网络安全和信息化工作会议上，最高人民法院领导明确提出，各级法院要按照《人民法院信息系统安全保障总体建设方案》要求，确保信息化建设与信息安全体系同步发展，建立全国法院年度信息安全检查机制、信息安全应急机制，保障网络安全、数据安全。要增强安全意识、保密意识，强化安全管理和防护，上级法院负责辖区法院的信息安全工作，要统一规划、统一管理，加强统筹指导和安全检查。信息安全问题也是最高人民法院 2018 年重点抓的工作之一。如何在各级法院中有效防范信息安全事件的发生，是需要和系统研发放在同等重要地位的大事。

（六）重设施轻人才

一方面，截至 2018 年底，中国共有 3500 多家法院，每家法院都需要一个技术团队才能支撑信息化系统的日常运维工作。但是在某些基层法院，掌握信息技术的工作人员仅有 1～2 名，日常运维都捉襟见肘，一旦发生故障或类似感染病毒等事故完全不能抵御。此外，法院信息化工作不仅要求工作人员具备计算机网络知识，还应具备一定的法律常识，至少对审执工作业务流程有一定的了解，但由于法院内部尚未建立起对技术人员的法律业务培训机制，既懂技术又懂业务的工作人员可以说是凤毛麟角。总之，法院信息化建设的人才缺口巨大，需得到足够重视。

另一方面，法院信息化建设对技术人员的要求很高，但其待遇与对其的高要求不配套。由于中国的法院信息化走在世界前列，制度和系统设计都没有可以直接“拿来”的模板，需要自主研发；先进的设备需要有计算机专门知识的专业技术人员来操作和维护；无处不在、总是处于变化中的网络风险需要具有足够知识储备且具有终身学习能力的技术人员时刻予以警惕和预防，这些都对在法院中从事信息化工作的技术人员的业务素质提出了较高要求。但现实中存在的问题是，这些法院信息化建设生力军的待遇与其工作强度和能力素质不相匹配，没有任何规范性文件为其明确规定晋升机制和职业保障措施。

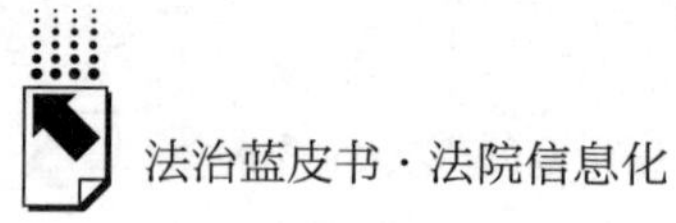

（七）重速度轻论证

以人工智能（AI）在司法领域的应用为例，国务院印发的《新一代人工智能发展规划》提出，中国将围绕包括司法管理在内的社会治理的热点难点问题，促进人工智能技术应用，推动社会治理现代化。人工智能在司法工作中的应用是推进审判体系和审判能力现代化的必由之路。2018 年 5 月涵盖法律知识图谱构建、电子卷宗材料识别、司法行业音视频分析、基于主数据的法律大数据融合、法律大数据画像技术等五大主要功能的智慧法院应用系统以及法律人工智能平台上线运行，人工智能的运用从数个“点”基本贯通至法院审执核心业务全流程，很大程度上提升了司法工作的质效。在切身体会到人工智能带来的工作便利的同时，一部分法官也反映基于人工智能的系统还存在应用层面的缺陷，对审执工作造成了一些负面影响。例如，庭审过程中应用的语音识别技术，其准确性虽然达到了较高程度，但语音识别仅是人工智能收集信息的第一步，其核心步骤还在于语义分析的算法和后续能够达到人机交互的理想境界，而目前的司法应用仅处在语音识别的初级阶段，后续功能尚未产生实效。再如，“同案不同判预警系统”或称“智审辅助量刑裁决系统”对案件性质仍不能精确认定的现象比较普遍，对复杂的案件事实也缺乏全面判断的能力，如此系统所做出的裁决还是需要人工分析核查。当人工智能在司法应用中出现越来越多的问题而司法实践无法处置的时候，令人深省的是应该向何处去寻求解决方案。

三　2019年人民法院信息化建设新趋势

（一）继续明确信息化工作定位

“重建设轻应用”问题的产生根源在于法院信息化工作的定位不准，是以技术为中心还是以业务为中心决定了信息化工作的不同效果。新项目的上马或者新系统的上线应经过技术部门和业务部门（如审管办）的共同论证通过，其通过与否的标准不应单纯是该项技术如何先进，而应是能否服务审执工作，将法官从烦琐的事务性工作中解脱出来，以及在个案中充分考虑每一个诉讼参与人的利益。

信息化相关工作人员眼中不应只有技术，而应明确信息化工作的辅助地位，以法官的业务需求和人民群众的司法需求为先。江苏省苏州市中级人民法院信息化工作以法官需求为出发点，以群众满意为落脚点，在坚持问题导向、需求导向、效果导向的前提下扎实推进“智慧审判苏州模式”的持续发展，升级为更加具有推广价值的“苏州模式—千灯方案”。2018 年苏州中级人民法的电子卷宗智能编目、语音转写全景应用、智慧法庭随讲随用、“左看（中卷）右写”、云柜流转同步跟推、数据采集关口前移等多项创新举措继续领跑全国，这些举措无一例外都是为了提升法官网上办案体验、舒适度、便利度而生，切实做到了节约“人工”、“智能”辅助，而非凭空炒作时尚概念的华而不实之举。智慧法院“苏州模式”的成功秘诀就在于其对信息化工作辅助审判执行的清醒定位和一切工作皆围绕服务审执、服务人民群众的正确方向，这种逻辑起点上的正确抉择应为其他地方所借鉴。

最高人民法院信息中心在研发推广微法院小程序的过程中，先在浙江进行试点，反复论证完善，待时机成熟才向全国推广的步骤安排，正说明了信息化建设的领导者已经认识到以往建设过程中出现的“碎片化”“盆景化”问题，在推进项目时放缓了步调，前期工作越发精细化。这是一个意义非同小可的转变，充分体现了中国法院信息化建设整体趋于成熟、理性、有序。如有可能，应尽量考虑不同法官干警群体的个性化需求，进一步提升系统“友好性”。例如，现有“超期提醒”功能对于熟悉流程节点、熟练运用办案系统的年轻干警而言已经足够，但对于一些年纪稍长的干警来说，“超期预警”功能更加有用。诸如此类的细节完善应是智慧法院建设向精细化发展的必由之路。

（二）突破司法公开之效果瓶颈

互联网为司法公开提供了优质的平台，使法院工作更加阳光透明。但是任何事物发展到一定阶段就会遇到“瓶颈”。司法公开推进过程中面临的技术、应用和制度交织在一起的多重困境恰恰也是法院信息化建设“瓶颈”的集中体现。若要在困境中突围，首先还要从制度入手，在顶层设计上尽量实现逻辑周延。2018 年 12 月印发的《最高人民法院关于进一步深化司法公开的意见》明确了信息公开的范围，但仍较为原则。应在现有司法解释基础上，进一步结合技术手段的运用，明确公开各类司法信息的规范、标准乃至责任。其次，有必要通过宣传、培训，统一各级法院对于公开重要性的认识，并使法官熟练掌握公开技能。最后，要理顺技术、业务衔接机制，只有彻底改变信息技术研发与法院业务办理“两张皮”的现象，法院信息化才能取得更好的效果。

（三）助力长效深入解决执行难

对于执行工作中遇到的一些问题，一些商业化平台的运行经验可供借鉴。例如，在电商平台的网站，数以亿计的用户同时操作，“网络塞车”现象的发生概率却很低。再如，目前一些商业数据平台可以实现一键全选，选择“互联网银行”，则可以实现自动选择“支付宝”“财付通”和“京东金融”。“总对总”查控系统应参考电商平台的建设经验，提升系统承载能力，优化系统设置。

在互联互通方面，仅靠法院的网络系统查人找物功能非常有限，但是公安部门的网控系统已建设多年，相对于法院的系统具有明显的优势，法院应与公安部门对接加快建设网络查控系统；公安部门通过自己的网控平台协助法院查找被执行人的财物，真正实现对失信被执行人财物网络自动化扣押。同理，法院工作与“一行两会”在保险理财产品、证券等方面的网络查询、冻结的合作也需要加快顶层对接。

最后，国家层次的失信被执行人联合惩戒要真正落实执行。“联合惩戒”顾名思义不仅仅是法院一家的工作，还应将相关模块嵌入政府各个职能部门的日常办公系统，与国家放管服改革以及加强事中事后监管同步推进，实现自动识别、自动比对、自动惩戒，以真正实现“联合”，减轻法院执行工作负担，真正举社会之力完成好基本解决执行难这项“社会工程”。

（四）提升数据准确性与联通性

智慧法院仍处于建设阶段，预期目标虽好但未免理想化，开发与实际应用过程中，各个系统还需要在实践的检验中不断打磨与整合，从相对粗糙走向精细化，相应的，系统中的数据也应更加准确，同时实现更大范围的共享，真正发挥司法大数据的功用。

司法实践中出现的问题，如执行系统中不同内容的工作分散在不同的子系统中，而这些子系统由不同的技术公司分别建设。虽然这种分别外包的做法可以有效降低廉政风险，同时也可防止单一主体形成对司法数据的垄断；但其缺陷也非常明显，就是利益所致各自为战，不同子系统之间要么数据不能互通，要么即使互通也时常发生沟通间断、数据丢失等现象。这些问题的出现可能是由于数据接口标准不统一，但也不能排除基于利己目的的人为干扰。应用这样烦琐且不准确的系统无异会让本就困难的执行工作雪上加霜。因此，多地执行干警反映，是否能够通过公开招投标由一家实力雄厚的公司承建全国统一的执行指挥系统，以解决技术层面造成的“执行难”问题。这一建议应当在顶层设计时予以充分考虑，必要时为防范风险可以请第三方监理。浙江微法院小程序的“模块化”设计思路与已有的实践也能够提供有效的经验，即统一数据接口标准，采用便于随时增删的模块化理念，即可有效避免系统多重、数据混乱的问题。

大数据时代，数据质量是决定大数据战略成功与否的关键。司法大数据的采集和应用，要特别防止数据造假、失真和不全面。权宜之计是在无法摆脱人工录入的条件下尽力提升录入质量，但从长远考虑，若获得根治良方还是要依靠信息化手段，加大系统研发力度，确保各流程逻辑关联度提升、系统数据回填和自我校验更加智能。司法大数据再全再准，也只是社会大数据中的一部分，很多时候还需要补充其他领域的相关数据才能够正确捕捉社会问题，因此司法大数据与其他社会数据的互联互通也是法院信息化的应有之义。

（五）严守司法信息安全的红线

最高人民法院在信息化建设“十三五”规划中明确提出，全国法院要建设“五张网、三朵云”，标志着法院信息化建设逐步迈入了大数据时代。数据已经成为法院信息化建设的核心，特别是最近几年，数据开始呈现“数量庞大、种类繁多、价值巨大和传播速度快”等新特点，为我们研究、挖掘有用信息提供了更多重要的数据支持。但是，大数据本身的特点也为其易遭受网络攻击，私密数据被泄露、滥用以及敏感信息被窃取等问题的解决加大了难度。因而研究如何保证法院数据信息安全，解决大数据背景下法院网络信息安全问题和安全发展问题，具有更加重要的意义。必须对大数据的特点进行分析，建立一套适应当前大数据背景的人民法院网络信息安全控制机制，以保障更大效能的大数据功能以及实现更加安全的网络信息控制。

（六）培养并重用复合型人才

鉴于信息化工作人员数量不足、素质参差不齐两方面的问题，应设法为法院信息化工作培养专门复合型人才，也应改革对法院内部专门从事信息化工作的技术人员的管理模式，将其纳入审判辅助人员序列。首先，可以从高校计算机与法律专业设置入手，依照学生兴趣将这两个专业互设主修辅修教学模式，从而将技术与业务交叉培养的程序前置，学生毕业后即已成为法院信息化建设的复合型人才。其次，《最高人民法院关于全面深化人民法院改革的意见——人民法院第四个五年改革纲要（2014～2018）》第48条规定：“健全法官助理、书记员、执行员等审判辅助人员管理制度。科学确定法官与审判辅助人员的数量比例，建立审判辅助人员的正常增补机制，切实减轻法官事务性工作负担。拓宽审判辅助人员的来源渠道，探索以购买社会化服务的方式，优化审判辅助人员结构。”这一规定为信息技术人员的管理提供了两条可能的路径：其一，如延续信息技术人员仍保留在法院系统之内的惯例，则借司法改革审判辅助人员管理改革的契机，将信息技术人员的身份认定、工资待遇、晋升机制与规定中所述三类审判辅助人员统一；其二，如采用购买社会化服务的方式，则将信息技术团队彻底从法院人事管理系统中剥离，依托商业化的运作模式给予其合理待遇。

（七）研究实践与技术良性互动

在以往的评估中，展望法院信息化未来发展方向时我们的关注点在于技术与业务“两张皮”现象，意指信息技术与审执实践活动的沟通障碍以及信息化的操作系统不能满足审判执行业务需求的问题。但随着法学理论界对信息技术在法律领域影响的讨论日盛，无论是法院信息化的建设者、实际应用者还是跟踪监测其效果的第三方评估机构都应将相关法学理论研究置于眼界之内，以防止出现技术、业务、法学研究各自为政的“三张皮”现象。

前述人工智能在司法应用中遭遇困境的问题，法学理论界对人工智能的讨论已全方位展开，相关意见结论直指核心问题，不可置若罔闻。智能化是智慧法院的发展方向，但现阶段还处于探索应用阶段，有不成熟的地方，需要在更高层次上研究，进一步推进应用。法院信息化的建设者应同时听取司法工作者和法学研究者的意见建议，不断反思和改进信息化建设的工作思路，形成法学研究、司法实践和技术革新的良性互动。

评 估 报 告

Assessment Reports

B.2

“智慧法院”第三方评估体系与方法（2018）

中国社会科学院法学研究所法治指数创新工程项目组*

摘　要：　为客观评估全国法院在法院信息化建设中的进展与成效，分析“智慧法院”发展中存在的问题与不足，探索未来的发展方向，中国社会科学院法学研究所法治指数创新工程项目组受最高人民法院委托，对全国法院“智慧法院”情况开展了第三方评估。评估遵循依法依规、客观评价、突出重点和循序渐进的原则，从辅助审判、协助执行、加强

* 项目组负责人：田禾，中国社会科学院国家法治指数研究中心主任、法学研究所研究员；吕艳滨，中国社会科学院法学研究所法治国情调研室主任、研究员。项目组成员：王小梅、栗燕杰、胡昌明、王祎茗、刘雁鹏、田纯才、米晓敏、洪梅等。执笔人：王小梅，中国社会科学院法学研究所副研究员；胡昌明，中国社会科学院法学研究所助理研究员；刘雁鹏，中国社会科学院法学研究所助理研究员；田纯才，中国社会科学院国家法治指数研究中心学术助理；田禾；吕艳滨。

审判管理和服务当事人四个方面，对全国3510家法院的信息化建设水平进行比较全面客观的评价。

关键词： 法院信息化　智慧法院　第三方评估

2018年是人民法院信息化3.0版深化完善、“智慧法院”固本强基的开局之年。一年来，人民法院信息化建设取得显著成效，人民法院信息化建设以《国家信息化发展战略纲要》《“十三五”国家信息化规划》为依据，实现了由被动到主动、由初级到高级、由局部到全面的转变，先进的网络技术正推动法院审判执行方式发生全局性变革，朝着“网络化”“阳光化”“智能化”的智慧法院目标大踏步前进。

一　评估的意义

随着党的十九大报告提出深化司法体制综合配套改革的总体要求，国家对法院信息化建设如何辅助审判执行、如何加强审判管理以及如何提升诉讼服务水平提出了更高的要求。近年来，中国法院围绕全面推进依法治国战略部署，按照“大数据、大格局、大服务”理念，以服务人民群众、服务审判执行、服务司法管理为主线，推进人民法院信息化建设，在推动司法公开、深化司法为民、提升审判质效、规范司法管理方面取得了显著成效。总体来看，中国法院实现了审判执行、司法人事、司法政务、司法研究、信息化和外部数据的集中管理，智慧法院由初步建成向全面建设迈进。

为客观评估全国法院在“智慧法院”建设中的进展与成效，不断提升信息化辅助审判执行、服务当事人的水平，总结人民法院信息化的成就，分析信息化建设中存在的问题与不足，探索未来的发展方向，中国社会科学院国家法治指数研究中心以及中国社会科学院法学研究所法治指数创新工程项目组（以下简称“项目组”）继2017年对法院信息化进行首次评估后，2018年在优化第三方评估指标体系的基础上，继续对全国各地法院智慧法院建设情况进行评估。

对法院信息化应用成效进行科学评价，可以更加全面和深入地了解法院信息化的现状。一是有助于总结法院信息化建设取得的成绩。自1996年最高人民法院召开全国法院通信及计算机工作会议，人民法院信息化工作起步以来，中国法院信息化已经走过了20个年头，法院信息化建设取得了长足进步，从传统案件管理依靠纸质档案、裁判文书依靠油印发展到在线办案、在线公开，有效提高了审判执行效率。通过第三方评估可以对法院信息化建设取得的成绩进行客观总结。二是有助于发现法院信息化建设面临的问题。法院在信息化建设过程中投入了大量的人力、物力、财力，开发了大量的系统和软件，其对服务审判执行、服务审判管理、服务人民群众、服务领导决策等是否起到了切实的作用，还面临哪些问题和困难，都有必要加以研究分析，以更好地推进下一步的工作。三是有助于精确衡量各地法院信息化的发展水平。各地法院立足实际，积极创新，推出了一系列信息化建设成果，由点到面推进了全国法院信息化建设工作，但中国地域辽阔、地区发展不平衡，各地法院信息化建设起步早晚不一、基础差别较大。通过评估可以科学合理地衡量各地在法院信息化方面的发展状况，以推广先进经验，查找滞后原因，促进全国法院信息化建设均衡发展。

二　评估原则

（一）依法依规原则

评估的指标体系设计坚持有法可依、有规可循的原则，即所有指标均有国家和法院内部相关规定、要求、文件等依据或者原则性规定，不随意设置标准、拍脑袋进行评估，做到让评估对象与公众心服口服。近年来，在国家信息化发展战略的指引下，最高人民法院高度重视法院信息化工作，将其作为人民法院工作的重中之重，针对信息化建设发布了一系列文件和规定。因此，评估指标均依据《最高人民法院关于全面深化人民法院改革的意见——人民法院第四个五年改革纲要（2014～2018)》《人民法院信息化建设五年发展规划（2016～2020》《人民法院信息化建设五年发展规划（2018～2022)》《最高人民法院关于加快建设智慧法院的意见》等文件设定。

（二）客观评价原则

第三方评估旨在评价各地法院开展信息化建设工作的成效。为了避免主观性评价，指标没有设定“好”与“坏”这样主观性、随意性较强的判断标准，而是设定客观且具备操作性的评估指标，着眼于法院的信息化建设是否实现了辅助法官审判执行、服务审判管理、提高诉讼服务水平。评估仅根据实际情况对各项评估内容作“是”和“否”的判断，最大限度地减少评估的主观性。

（三）突出重点原则

《人民法院信息化建设五年发展规划（2018～2022)》提出，人民法院信息化的建设目标是促进审判体系和审判能力现代化，形成支持全业务网络办理，全流程审判执行要素依法公开，面向法官、诉讼参与人、社会公众和政务部门提供全方位智能服务的智慧法院。为有针对性地推动法院信息化工作，评估指标主要选择当前对于促进提升法院审判质效、为当事人参与诉讼提供便利以及推动司法审判公开等较为重要的领域作为评估的重点。

（四）循序渐进原则

自 1996 年 5 月至 2015 年底，人民法院基本实现了四级法院专网全覆盖，全国 3500 余家法院已经通过法院专网实现了互联互通。《人民法院信息化建设五年发展规划（2018～2022)》立足全国法院实际发展情况，实现人民法院信息化建设 3.0 版从“总体建成”到“深化完善”两步跃升：

第一步跃升，2017 年底总体建成人民法院信息化 3.0 版；第二步跃升，2020 年底人民法院信息化 3.0 版在全国法院深化完善。这是一个不断发展进步的过程，对于法院信息化的评估也应该循序渐进。本次评估基于法院信息化的实际情况，并兼顾理想状态，设置评估指标，通过此次评估对法院信息化建设进行引导，强化法院信息化建设的规范化和实用性。

三　评估对象及评估方法

（一）评估对象

此次评估对象以全国 3510 家地方各级人民法院为对象，并且在省级人民法院层面予以综合统计，包括 31 家省、自治区、直辖市高级人民法院以及新疆维吾尔自治区高级人民法院生产建设兵团分院（以下统称“高级法院”），共计 32 家，将辖区各中级人民法院、基层人民法院的信息化情况都纳入该地区人民法院的信息化评估。

（二）评估方法

本次评估的统计区间为 2018 年 1 月 1 日至 2018 年 10 月 31 日。在此期间，根据客观评估的原则，项目组采取“内外结合”的方法，借助评估对象的审判管理系统、政务网站等信息化平台获取相关评估数据。在最高人民法院和各高级法院信息化管理部门的支持下，项目组获取了各高级法院审判流程、网上办案、法规推送、电子送达、电子签章、电子卷宗等情况的一手材料及数据。对于“网站建设”和“司法公开”指标，项目组采取了以外部测评为主的评估方法，在法院相关部门和第三方技术公司的支持下，项目组对各评估对象的门户网站建设情况和门户网站及审判流程公开、执行信息公开、庭审公开三大平台公开相关司法信息的情况进行了测评和验证。此外，各高级法院统一汇集和提供了辖区中级人民法院和基层人民法院的审判信息数据，项目组还从各高级法院获取账号，对重点法院和重点指标进行实际验证和记录。

此外，在法院相关部门和第三方技术公司的支持下，项目组对各评估对象网上建设、审务公开、审判公开、执行公开等内容也进行了技术监测和第三方验证。此外，为确保评估的全面性和完整性，部分评估指标所涉及的数据，由各地高级人民法院根据指标体系与项目组需求，从法院内部进行调取。为确保内部调取数据准确、真实，项目组也对部分调取数据真实性、准确性和可靠性进行了甄别、核实，对重点法院和重点指标进行实际验证和记录。

四 评估指标体系

法院信息化的目标是多重的，不仅要助力构建新的审判权运行方式，也要提升便民服务水平、实现司法为民服务，因此，项目组从多个维度设定指标体系，以评估法院信息化的水平和成效。由于法院信息化建设的关键在于应用，只有以建设带动应用、以应用促进建设，才能实现信息化建设的目的，因此，评估的重点不是信息化建设的技术问题，而是应用效果。基于以上认识，本次评估确定了智慧审判、智慧执行、智慧管理和智慧诉讼服务四个维度。另外，指标体系每年都会根据法院信息化发展的特点进行优化和调整。2018 年，智慧审判指标增加了审判提示下的一项三级指标，即“跨部门共享案件信息”指标，其主要考察高级法院与同级检察、司法、保监等部门共享案件信息的能力、互联互通的水平；智慧管理指标增加了办公网络化水平下的一项三级指标，即“静默化管理”指标，其主要考察高级法院在办公过程中静默化监管的功能和应用情况。另外，由于全国法院业务系统单点登录已经完全实现，故删除这一指标。将智慧管理中两项三级指标“法院办公网覆盖率”和“在线办公应用”合并为一项“网上办公水平”。

2018 年，法院信息化指标共设置一级指标 4 项，二级指标 16 项，三级指标 46 项（见表 1）。

（一）智慧审判指标

智慧审判涉及法院的方方面面，本次评估主要着眼于信息化是否便于法官办案，能否减少法官的事务性工作，能否提高案卷流转效率，能否提高法官工作效率，能否减少同案不同判现象和司法瑕疵。该指标包括二级指标 8 项、三级指标 17 项。8 项二级指标分别是案件关联、法规与类案推送、文书辅助生成、卷宗电子化、电子送达、电子签章、审判提示和移动办公办案（见表 1）。

案件关联指标主要考察信息化能否为法官提供在办案件的联系案件信息，即系统能否自动提示案件当事人本院的其他诉讼案件涉案情况以及能够自动提示案件当事人其他法院的其他诉讼案件涉案情况。

法规与类案推送指标主要考察信息化能否为法官提供裁判所依据的法律法规以及类似案件的裁判信息，主要评估系统能否自动推送案件相关的法规条文；在法官办理案件过程中系统是否支持类案的简单推送或者基于案情的全要素匹配类案推送。

文书辅助生成指标主要考察信息化能否自动生成裁判文书及生成自动文书智能化水平的高低等，主要评估系统是否能够按照人民法院民事、刑事、行政等案件相关裁判文书制作规范辅助生成文书模板；是否支持自动生成文书——民事/行政案件的案由、当事人信息、诉讼请求、事实与理由，刑事案件的公诉机关、起诉书案号、被告人信息、被告人前科、辩护人信息、案件基本情况、起诉罪名；是否支持裁判文书自动纠错，是否支持裁判文书上网前敏感信息自动屏蔽；能否实现文书一键智能上网功能，能否自动提取刑事案件法定和酌定量刑情节、自动推送量刑规范化的法律和司法解释、基于大数据分析相似案件量刑幅度，并提供量刑参考范围为法官量刑提供参考等。

卷宗电子化指标主要考察电子卷宗随案生成功能以及电子案卷的深度应用情况，主要评估电子卷宗随卷生成、电子案卷随案生成的比例；系统是否支持电子案卷文档化、数据化、结构化，是否支持法官复制卷宗文字，是否支持通过卷宗提取案件信息并自动回填至办案系统电子卷宗；是否支持业务庭之间、合议庭之间、审委会调阅电子案卷；是否支持不同法院之间调阅电子案卷。

表 1　智慧法院第三方评估指标(2018)

一级指标	二级指标	三级指标
智慧审判	案件关联	案件关联度
	法规与类案推送	法规推送
		类案推送
	文书辅助生成	文书规范生成支持度
		文书内容智能生成
		文书智能上网
		刑事案件量刑规范化辅助
	卷宗电子化	电子卷宗随卷生成
		电子案卷比例
		电子卷宗应用
		法院电子卷宗流转
	电子送达	电子送达内容和方式
	电子签章	电子签章运用情况
	审判提示	审判流程节点提示
		立案提示
		跨部门共享案件信息
	移动办公办案	移动办案水平
智慧执行	网上执行	网上查询系统
		网上冻结、扣划系统
		执行案件流程信息管理覆盖度
		网拍率
	执行指挥中心建设	失信惩戒平台
		执行指挥中心建设及应用
	执行案件关联线索	执行案件线索关联分析
智慧管理	审判大数据分析	数据智能统计与分析
		庭审自动巡查
		案件警示
		人案关联分析
		大数据分析辅助决策
	办公网络化水平	网上办公水平
		静默化管理
		司法管理系统完备度

续表

一级指标	二级指标	三级指标
智慧诉讼服务	司法公开	庭审公开
		审判流程公开
		裁判文书公开
		执行信息公开
	网站建设	链接有效性
		信息更新性
	远程服务	网上立案
		在线缴费
		远程接访
		联系法官、反馈
		网上证据交换
		网上调解
		网上开庭
		智能诉讼引导

电子送达指标主要考察法院电子送达的内容和方式，主要评估系统是否支持电子送达渠道及支持可送达的文书种类等。

电子签章指标主要考察法院电子签章运用的实际情况，主要评估系统是否配备电子签章系统及一定时期内使用电子签章签发文书的比例。

审判提示主要考察信息化能否为法官立案、审判提供必要的提示、提醒功能，减轻法官办案压力，主要评估系统能否根据诉讼法要求向法官提示送达、开庭、保全、解除保全、结案等案件流程节点，能否提示法官自动识别重复立案、特殊身份立案等立案风险，以及考察高院与同级检察、司法、保监等部门是否共享案件信息。

移动办公办案主要考察各地法院远程办公、远程办案的建设水平，评估系统是否支持法院工作人员利用移动终端办公，是否支持法官利用移动终端办案。

（二）智慧执行指标

智慧执行指标设定关注信息化是否提高了法院、法官的执行能力、查控能力，是否提高了执行内外部协同水平，并为基本解决执行难提供实质性的帮助。该指标包括二级指标为3项、三级指标7项，3项二级指标分别是网上执行、执行指挥中心建设和执行案件关联线索。

网上执行主要考察各地法院利用信息化协助执行的力度，包括各法院是否实现网上财产查询、冻结、扣划功能，这些功能在执行工作中使用的频度，对执行工作的支持度，各级法院执行信息管理对法院、人、案件、节点的覆盖程度以及各地的网拍率等。

执行指挥中心建设主要考察各地执行指挥中心实体化建设水平，是否发挥了对执行工作的指挥中心和中枢作用，包括考察各级法院是否建设执行指挥中心并与最高人民法院执行指挥中心连通；是否对执行工作进行监督；高院辖区内中级以上人民法院是否建设执行指挥中心，以及高院是否建设失信惩戒平台实现对失信被执行人的惩戒。

执行案件关联线索主要考察各高级法院能否实现执行案件的关联分析、提示，即各高级法院能否关联展示执行案件的人案物关联关系、识别三角债关系服务执行法官办案等。

（三）智慧管理指标

智慧管理指标设定主要涉及法院信息化能否助力提升审判管理水平和能力，围绕法院审判监督、管理的完备度、自动化办公应用水平、大数据辅助决策能力等内容开展评估。该指标包括二级指标2项、三级指标8项，2项二级指标分别是审判大数据分析和办公网络化水平，8项三级指标分别是数据智能统计与分析、庭审自动巡查、案件警示、人案关联分析、大数据分析辅助决策、网上办公水平、静默化管理和司法管理系统完备度。

数据智能统计与分析主要考察各个法院是否能够实现大数据分析，是否能够从时间、空间等维度分析各类案件、罪名、案由的审判态势；是否能够基于辖区法院案件信息资源，以案件、时间、人员等维度生成统计报表。拥有大数据分析功能的法院，不仅能够助力审判管理，而且还能够辅助社会治理，为党政机关决策提供智力支撑。

庭审自动巡查主要考察高级法院是否能够运用信息化手段对辖区法院庭审活动的规范性、纪律性自动进行巡查，发现纪检的各类风险点，将各种可能出现的风险点消除在萌芽之中。

案件警示主要考察收结案失衡、案件超期等能否自动向院庭长提出警示。法院通过案件警示能够及时对案件数量进行大致判断，方便法院综合预警、及时应对某类案件激增的风险；通过案件超期警示，能够有效地防止案件累积。

人案关联分析主要考察法院是否可以实现人案关联，通过该功能能够基于案件类型、案件复杂度等要素评估法官审判工作量，为解决案多人少矛盾、科学分配案件数量、制定合理的工作绩效考核和激励措施提供基础。

大数据分析辅助决策主要考察案件管理系统是否能够对案件开展数据分析并生成分析报告，通过司法大数据服务法院工作和社会治理。

网上办公水平主要考察法院是否具备公文起草、公文审阅和审批等管理能力，通过网上案件管理系统提高工作效率，将法官从繁重的公文工作中解放出来，专心从事审判执行工作。

静默化管理主要考察高院信息化系统能否在无人状态下继续实施监督管理、数据整理，能否独立开展应用等。

司法管理系统完备度主要考察是否支持人事管理、档案管理、纪检监察、司法装备等业务的信息化管理，是否能够通过信息化手段支持案件档案的信息管理及调阅，支持纪检监察业务网上办理，支持人事业务的网上办理，支持物资装备、国有资产、采购、基建等司法装备的信息化管理。

（四）智慧诉讼服务指标

“智慧诉讼服务”这一指标，围绕法院的信息化系统和手段能否体现司法的公开性和透明度，能否及时、完整、准确地展现法院工作，能否便于诉讼当事人和律师充分行使诉讼权利，立案、庭审是否便利等内容展开评估。该指标包括司法公开、网站建设和远程服务 3 个二级指标，并在这 3 个二级指标下设置了 14 个三级指标。

加强司法公开是落实宪法法律原则、保障人民群众参与司法的重大举措。党的十八大以来，司法公开规范化、制度化、信息化水平显著提升，审判流程公开、庭审活动公开、裁判文书公开、执行信息公开四大平台全面建成运行，开放、动态、透明、便民的阳光司法机制已经基本形成。鉴于近年来司法公开工作的新发展和人民群众的新关切，"司法公开"指标不再面面俱到，而是集中在"庭审公开""审判流程公开""裁判文书公开""执行信息公开"四个主要方面。

法院官方网站和各类专门网站是人民法院司法公开和诉讼服务的重要载体，是信息化条件下人民法院提供优质服务的前提。经过多年的发展积累，尤其是党的十八大以来六年的强力推进，人民法院官方网站和各类专门平台建设已取得重大突破，为人民法院信息化优质服务奠定了基础。"网站建设"指标含"链接有效性"和"信息更新性"两个三级指标，集中在法院信息化应用方面，考察的重点不在于"有"，而在于"用"。

"打造'互联网+'诉讼服务体系"是建设智慧法院的重要目标，也是检验智慧法院建设实际成效的关键指标。有鉴于此，"远程服务"也成为本次评估的重中之重，主要考察各级人民法院在信息化建设和应用中网上立案、在线缴费、远程接访、联系法官/反馈、网上证据交换、网上调解、网上开庭和智能诉讼引导等功能的实现情况。

B.3 中国法院"智慧审判"第三方评估报告（2018）

中国社会科学院法学研究所法治指数创新工程项目组*

摘　要： 近年来，随着人民法院信息化3.0的深化完善，信息化建设对司法审判的辅助作用越来越凸显。为客观评估全国法院在"智慧审判"建设中的进展与成效，分析"智慧审判"发展中存在的问题与不足，探索未来的发展方向，中国社会科学院法学研究所法治指数创新工程项目组受最高人民法院委托，对全国法院"智慧审判"情况开展了第三方评估。评估结果显示，2018年，卷宗电子化随案生成等"智慧审判"的基础性工作扎实推进，法官和司法辅助人员的事务性工作逐步被人工智能所替代，审判系统对法官的辅助功能不断完善，移动办案方兴未艾。与此同时，信息化建设地区发展不平衡、业务与技术"两张皮"现象仍然存在，法院内外部数据的互联互通仍不够顺畅，大数据应用仍有很大空间，信息化建设的理念还需进一步向审判延伸，让信息化真正成为法官办案的好帮手。

关键词： 法院信息化　智慧审判　电子案卷　法治指数　第三方评估

---

* 项目组负责人：田禾，中国社会科学院国家法治指数研究中心主任、法学研究所研究员；吕艳滨，中国社会科学院法学研究所研究员、法治国情调研室主任。项目组成员：王小梅、栗燕杰、胡昌明、王祎茗、刘雁鹏、田纯才、米晓敏、洪梅等。执笔人：胡昌明，中国社会科学院法学研究所助理研究员。

执法办案是法院的第一要务。智慧法院建设首先要考虑的是如何服务法官执法办案。近年来，人民法院收案数量呈现爆炸式增长，审判执行任务日益繁重，社会公众对审判效果的评价日趋多元，案多人少矛盾越来越突出。在现有条件下，不借助信息化手段，难以满足人民群众不断增长的司法需求，无法实现司法的公平正义。近年来，各地法院在“智慧审判”建设方面进行了很多卓有成效的尝试和努力，从北京法院的“睿法官系统”到“上海刑事案件智能辅助办案系统”，从河北、广州等地的智审系统，到浙江的微法院，再从江苏苏州的无纸化网上办案到深圳盐田的“一键归档”，协助法官提供阅览卷宗、文书制作、审批流转、案例参考等服务，在一定程度上提升了审判效率，消解了案件压力。

为客观评估全国法院在“智慧审判”建设中的进展与成效，不断提升信息化辅助审判水平，分析“智慧审判”发展中存在的问题与不足，探索未来的发展方向，中国社会科学院国家法治指数研究中心、中国社会科学院法学研究所法治指数创新工程项目组（以下简称“项目组”）拟定了法院信息化第三方评估指标体系，并将“智慧审判”作为重要部分进行评估。

评估显示，2018 年，全国法院高度重视通过信息化手段提高审判智能化水平，在智慧审判方面卓有成效，有力促进了程序公正与实体公正的统一，有效规范了司法行为，全面提升了审判工作质效。全国法院的智慧审判评估结果如下。

一　基础性工作扎实推进

（一）电子卷宗随案同步生成全面展开

电子卷宗随案同步生成是指各类案件办理过程中收集和产生的诉讼文件能够随时电子化并上传到案件办理系统。电子卷宗随案同步生成能够为法官全流程网上办案、审判管理人员网上精准监管提供智能化服务，是全业务网上办理的基础性工作，是智慧法院建设基础中的基础，将对智慧法院建设起到至关重要的作用。2018 年，从最高人民法院到地方各级法院都把电子案卷随案生成工作作为深化完善“智慧法院”建设的重中之重。

评估显示，2018 年全国法院电子案卷随案生成工作取得实质性进展。截至 2018 年 10 月 31 日，全国受评估法院中 2488 家支持案卷同步生成，实现率达 70.88%，其中，北京、江苏、浙江、安徽、重庆、云南等 23 家高级法院及其辖区法院的电子案卷随案生成实现率达到 100%。从电子案卷生成的数量看，有 15 个省份法院的电子案卷生成比例超过 90%，其中，江苏、江西、山东、四川等 5 省份的电子案卷生成率达到 100%。电子案卷随案生成工作达到最高人民法院编制印发的《最高人民法院关于进一步加快推进电子卷宗随案同步生成和深度应用工作的通知》设定的年度目标和要求。

各地也积极探索电子卷宗随案生成的技术方法，制定相关的规定。广州市中级人民法院推进电子卷宗的过程化扫描，法官可从电子卷宗中提取案件要素，帮助法官准确界定诉讼标的、要件事实、证明对象，为撰写裁判文书提供结果化文本基础。河南省登封市人民法院通过诉讼材料收转系统，运用二维码、手机短信等技术，贯穿案件立案、庭审质证、庭审笔录、文书撰写、结案、归档全过程的材料提交与补充，实现实体诉讼材料顺畅流转，全程电子跟踪管理，为卷宗随案生成提供支撑。

（二）电子卷宗深度应用不断推进

如果说电子卷宗随案同步生成是智慧法院建设的基础，那么电子案卷深度应用则是智慧审判建设的核心内容。电子案卷深度应用旨在经过文档化、数据化、结构化处理，实现案件办理、诉讼服务和司法管理中各类业务应用的自动化、智能化，为全业务网络办理，全流程审判执行要素公开，面向法官、诉讼参与人和政务部门提供全方位智能服务奠定基础。随着电子卷宗随案同步生成应用的深入推进，从当事人到法院立案前的调解环节开始，电子卷宗便会发挥重要作用。

评估显示，2018 年，全国受评估法院中 2164 家支持电子卷宗文字智能识别复用功能，实现率达 61.65%。评估还显示，全国范围内，支持通过电子卷宗提取案件信息并自动回填至办案系统这一功能的法院 1960 家，占比为 55.84%。其中，河北、天津、上海、吉林、重庆、广西等 15 个省份法院实现了这两项功能的 100% 覆盖。实现电子卷宗文字智能识别复用和案卷信息自动回填，是电子卷宗深度应用的基础，全国半数以上法院实现这一功能，表明智慧法院已经逐步从建设向应用迈进。2018 年，江苏法院在全省法院全面推行诉讼材料 OCR 自动识别、信息项智能回填的人工智能技术，为保障数据的全面性、准确性、有效性奠定了坚实的基础。河北法院电子案卷的深度应用实现了“三个一”：一键扫描，减少司法辅助人员扫描上传电子卷宗 80% 以上的工作量；一键回填，减少法官人工录入流程数据 90% 以上的工作量；一键归档，为法院节约 80% 以上的扫描经费。

（三）电子签章技术逐渐普及

电子签章在法院内部应用广泛，电子签章技术在巡回审判、当庭裁判、电子送达、远程庭审等领域的应用有助于法官高效制作、送达裁判文书，极大地方便了群众，提高了审判效率。使用电子签章，调解和撤诉后即可送达调解书和裁定书；当庭宣判的案件，可“立等可取”拿到裁判文书。

评估显示，全国共有 2801 家法院建立了电子签章系统并应用于审判实践中，占 79.80%，同比上升 21.21 个百分点，其中，江苏、北京、湖南、河北、云南五个省份文书的电子签章率达到 100%。电子签章系统配合电子卷宗深度应用、电子送达等功能，在审判中发挥了更大作用。例如，泉州法院的材料收转系统、电子卷宗智能利用系统、法律文书制作系统，完善了电子签章系统，既推进电子卷宗随案同步生成及深度利用，也为送达信息化提供数据化、文档化的材料支撑，整体上推动智慧法院基础实体数据建设的升级改造。电子签章技术还解决了当事人及其代理律师签收电子送达文书困难的问题。

二 事务性工作压力日益缓解

（一）电子送达有法可依

送达是民事诉讼的重要制度之一，及时高效的送达对确保民事诉讼的顺利进行起着积极的作用。在司法实践中，“送达难”的问题始终困扰着人民法院。2012 年修订的新《民事诉讼法》首次将电子送达纳入法院送达方式。最新的司法解释也进一步细化了电子送达的规定，为法官摆脱传统送达方式束缚，加快送达速度和提高法律文书送达效率提供了合法性依据。在该意见指导下，全国不少法院总结传统送达方式的弊端，并结合当事人、法官及法院管理者的需求，自主开发了电子司法送达系统，以提高送达的效率及准确率。

评估显示，目前电子化送达模式已经在全国铺开，全国已经有 2951 家法院开展了电子送达，占全部评估对象的 84.07%，同比提高 8.66 个百分点。其中上海、天津、湖南、河南、吉林、新疆等 25 个省份的辖区法院已经普遍开通了邮件、短信、传真、网站等电子送达方式，支持可送达的文书种类包括起诉书副本、受理通知书、开庭传票、举证通知书等。南昌市高新区人民法院采用一次送达、四种签收方式的电子送达方式，送达法官一次上传诉讼文书到送达系统，网络平台、微信公众号、手机短信、电子邮箱四种平台会同步推送给当事人及其代理人，告知其进行签收，提高了电子送达的成功率。在福建泉州，法院以“网格化 + 司法送达”创新机制，搭建起“网格化统一送达平台”，由熟悉当地民情的网格员配合司法送达员完成协助送达工作，提升送达成功率。同时，泉州的“网格化统一送达平台”实现了跨法院、跨层级应用的统一送达，实现送达事务全程网上办理，当事人送达记录、送达地址全市法院共享管理。法院电子送达的广泛适用，不仅方便了当事人，节约了司法资源，还提高了送达效率。

（二）实现文书一键上网功能

公开裁判文书有助于公众了解和评判法院裁判规则与法律适用尺度，既是生动鲜活的普法形式，有助于引导公众遵守法律、尊崇法治，也是倒逼司法权规范运行的重要方式。中国裁判文书网上线开通后，全国各级法院按照最高人民法院统一要求，将裁判文书发布在全国统一的网站平台上，改变了过去裁判文书分散发布、公开尺度不一、法院裁量权过大、文书查询不方便等状况。但是裁判文书在上网前需要屏蔽一些敏感信息和个人隐私信息，如果都要靠法官、司法辅助人员手动修改，将大幅增加工作量，一些法院针对一线法官审判实践中的需求，开发了裁判文书一键上网功能。例如，河南南阳法院的裁判文书公布系统可以自动对文书中的敏感信息进行技术处理，帮助法官快速完成文书上网前的技术处理工作。这些办案辅助工具的运用能够最大程度减轻法官的事务性工作负担，保证上网裁判文书的质量。评估显示，能够支持上网前屏蔽敏感信息的法院 3216 家，占 91.62%，其中，上海、浙江、贵州、宁夏、新疆等 25 个省份的辖区法院已经普遍实现了该功能。此外，能够支持裁判文书一键上网的法院 2942 家，占 83.82%，其中河南、山东、内蒙古、重庆、海南等 22 个省份的辖区法院已经普遍实现了这一功能。

（三）审判提示功能日趋多样

在案多人少的情况下，法官面临着巨大的工作压力，难免百密一疏，保全不及时、财产续封不到位、审理时间超期、移转上诉超期等风险时刻存在，轻则造成诉讼程序违法，案件被发回重审，重则造成诉讼财产流失，甚至导致法官因失职渎职而被追究责任。为此，法院开发了多种审判提示功能，通过信息化手段保证法官及时裁判、合规履职，减少事务性工作对法官审判核心工作的影响。评估显示，3078 家法院能够自动为法官提供办理案件的送达、开庭、保全、解除保全、结案等流程节点信息，占 87.69%，其中 2452 家支持案件流程节点的自定义配置，占 69.86%。还有的法院开发了立案提示功能，对当事人的立案请求制作“案件画像”，并将分析结果主动推送给立案法官。2579 家法院支持在当事人立案时自动甄别是否存在重复立案等现象，占 73.48%；1388 家法院支持立案阶段识别当事人的特殊身份，如社会知名人士、敏感人物、人大代表、政协委员等，占 39.54%。

此外，在撰写裁判文书过程中法言法语使用不规范、相关数据错漏、文书说理不足等问题也时有发生。为此，一些法院开发了文书自动校对、智能纠错功能，为文书自动纠错提供了可能。通过这一功能可以自动发现裁判文书中的书写错误，如语言使用不规范、判决结果笔误、金额和数量单位写错等情况，也可以帮助司法人员及时发现和纠正逻辑错误、事实证据遗漏、法条引用错误等问题，提高裁判文书质量。同时还可以参照裁判文书模板规范，根据法律实体构成要件和判定规则，自动检查法律实体关系，对说理不充分或者缺少关键情节说理的文书进行预警。评估显示，文书智能纠错功能在全国普及率很高，3201 家法院具有该项功能，占 91.20%，同比提升 10.7 个百分点。其中，湖南、广东、海南、广西、西藏等 23 个省份的辖区法院已经普遍具备了文书智能纠错功能。除了上述的提示功能外，四川法院的当事人身份系统和上海民商事、行政案件智能辅助办案系统的诉讼费缴纳智能提示等也替代法官完成了大量事务性工作。

（四）审判辅助性事务集中管理

法院的信息化建设还促进审判辅助性事务集中管理，为法官剥离了大量的事务性工作。江苏苏州法院在材料收发系统的基础上积极探索将管辖、送达、保全、查询、庭审速录等审判辅助事项剥离出来，改革过去的审判辅助事务分散处理工作模式，将法官助理的部分审判事务和书记员的事务剥离出来，让法官专注于“审”和“判”核心事务，辅助事务交由司法辅助集约服务中心等相应部门进行处理。苏州在全国率先开发了司法辅助集约化服务平台，实现司法辅助事务集约化、专业化管理，法官事务性工作大大减少，提高了审判的质量和效率。在江西，法院设立了“收转发e中心”，将原本分散的诉讼材料登记、扫描、流转、送达工作集中于此，借助信息化支撑手段，通过诉讼材料收转发事务集约化管理模式，实现“收转发”流程智能化管理。同时，把法官接收当事人各类诉讼材料、对外送达各类诉讼文书等事务性工作全面剥离出来，让法官专注于案件审理工作，切实为法官办案“减负”，为当事人参与诉讼“增效”，为审判管理“增质”。

三　审判辅助功能不断完善

（一）查询和推送关联案件

在审判中，法官掌握承办案件的关联案件信息有助于提高送达效率，有效防范虚假诉讼、恶意诉讼，遏制滥诉；在执行中，法官掌握承办案件的关联案件信息则有助于发现被执行人隐匿的财产，加快执行进程，提高执行质效。天津市高级人民法院依托司法大数据开发的关联案件查询系统，提供对案件的关联查询功能，包括流程关联查询、当事人关联查询和信访关联查询等功能，满足法官获取相关案件信息的需求。通过该系统，呈现案件当事人已经打过多少官司、正在打的官司内容等信息，最大限度地避免重复诉讼、恶意诉讼和虚假诉讼的产生。深圳市盐田区人民法院的关联案件推荐系统通过当事人身份证号或组织机构代码证号匹配自动查询案例库，查找出关联案件信息，并主动推送给法官。评估显示，具备自动提示案件当事人本院涉案情况功能的法院有2777家，占79.12%，同比提升18.83个百分点，其中湖南、河北、青海、贵州、新疆、陕西等22个省份的辖区法院已经普遍具备了该项功能。此外，具备了自动提示案件当事人其他法院涉诉情况功能的法院有1973家，占56.21%，18个省份的辖区法院已经普遍具备了该项功能。

（二）推送法规条文及类案信息

向法官智能推送相关法条和类似判决有助于提高裁判效率，最大限度实现同案同判。最高人民法院开发建设并上线“法信”平台，利用信息化手段汇聚法律知识资源和智力成果，满足办案人员在办案过程中对法律、案例、专业知识的精准化需求，办案人员向系统上传新的案件基本信息，系统通过解构和标签化处理，自动推送相关案件和法律法规。上海法院推出的C2J法官办案智能辅助系统，为办案法官快速提供与个案相关、相近的法条与案例，提供关联案件、参考案例、相似案件、法律法规、实用计算工具等方面信息的主动推送服务，并整合智能搜索工具，全方位收集办案相关信息，降低了法官的办案强度，提升了办案质效。河北“智审1.0”系统围绕推得准、推得精、区分类型和允许法官适度介入的目标开发法条与类案推送功能，为河北省法官提供与当前待办案件特征点高度相符的法律法规，以及最为类似的三类公开裁判文书。

评估显示，全国2703家法院具备了法条自动推送功能，占77.01%；2728家法院具备了支持简单类案推送功能，占77.72%；2061家法院具备了全要素匹配的类案推送功能，占58.72%，分别同比提升21.42个、13.05个和16.05个百分点。全国范围内有15个省份的辖区法院已经普遍具备了上述三项功能。

（三）辅助生成司法文书

司法文书写作是司法审判案头工作中耗时最多、负担最重、难度最大的一个环节。如果文书辅助生成仅能够根据最高人民法院的文书样式提供一个静态的模板，由法官根据这个格式具体填充案件内容，那么这样的文书辅助生成智能化水平很低，对于法官撰写裁判文书的辅助十分有限，无法真正减少法官的工作量。近年来，各地法院开发了各种司法文书辅助生成系统，文书辅助生成功能越来越强大，最大限度地减少法官的简单劳动。一是简易案件裁判文书智能生成系统，对道路交通事故纠纷、物业管理、盗窃罪等简易案件裁判文书快速生成，法官在此基础上稍作修改，辅之以电子签章，可以实现当庭送达，从而降低工作强度，提高办案质效。二是程序性文书自动生成系统。依托人工智能技术，全面实现程序性法律文书的一键生成、一键签单、一键签章、一键送达。例如，深圳市盐田区人民法院试行无纸化办案以来，通过电子卷宗系统等自动生成各类程序性文书36991份，通过E键送达平台完成送达4711次（单），提速效果显而易见。三是自动生成普通文书初稿。一些法院通过文书智能编写系统，根据法官编写文书的习惯，运用对案件的相关文书分析与信息智能提取，结合办案系统案件信息比对和提取，按照选择的文书模板自动生成文书初稿，方便法官进一步完善文书。例如，北京法院的“睿法官系统”在结案环节可以自动生成裁判文书，不仅全面覆盖裁判文书类型，对裁判文书中的内容也能够达到100%覆盖，大幅度降低了法官手动修改的工作量。按照大数据平台的统计分析，北京法院“睿法官系统”提供裁判文书模板共713个，提供审理报告模板34个。

本次评估从三个方面评价法院的司法文书辅助生成功能。第一是格式化文书自动生成水平。评估显示，共有1877家法院能够批量生成格式化文书，占53.48%，有22个省份的辖区法院已经普遍具备了该项功能。第二是民事和行政裁判文书辅助生成水平。评估显示，共有2815家法院能够自动生成民事和行政裁判文书的案由、当事人信息、诉讼请求及事实与理由，占80.20%，另有543家法院能够自动生成民事\行政裁判文书的上述部分要素。第三是刑事裁判文书辅助生成水平。评估显示，共有2707家法院能够自动生成刑事裁判文书的公诉机关、起诉书案号、被告人信息、被告人前科、辩护人信息、案件基本情况、起诉罪名等要素，占77.12%，另有680家法院能够自动生成刑事裁判文书的上述部分要素。

（四）裁判结果预测与量刑参考

量刑裁判是法官的核心工作，也始终是法院信息化建设的难点。近年来，各地法院结合大数据资源库、司法要素自动提取等人工智能技术，依托知识图谱，从简单案件开始，逐步尝试对案件走向进行预测，对与预测偏离度较大的裁判结果进行提示，取得了一定成效。上海刑事案件智能辅助办案系统根据在办案件的事实、案件情节等，通过语义识别、人工标注等方式的机器学习，以刑事案件大数据分析为基础，构建量刑深度神经网络模型，为检察院提供量刑建议，为法官提供量刑参考。北京的“睿法官系统”对于民事案件，根据案由的特点，提供不同的智能辅助支持功能。例如：机动车交通事故类案件主要特点在于赔偿项目多、计算复杂，容易出现审理遗漏和计算错误，所以主要提供的辅助功能是智能计算；离婚案件的主要审理难点在于财产分割，查明和分配财产的工作比较繁杂，提供的辅助功能主要是通过建立财产池、分割模型帮助法官审理和判断；民间借贷、买卖合同属于争议场景较为繁多、裁量因素复杂的案件类型，所以提供的主要辅助功能是帮助确定裁判尺度的类案。重庆法院的“E 诉讼”为法官提供“民间借贷本息结算系统”等智能辅助工具，一键生成应还本金和利息，排除不予支持的利息金额、依法应予返还的利息金额，有效提升了裁判文书的制作效率。

项目组对全国法院刑事案件量刑规范化辅助功能的评估发现，能够自动推送量刑规范化的法律和司法解释的法院有 1667 家，占 47.49%；能够自动提取刑事案件法定和酌定量刑情节的法院 1163 家，占 33.13%；能够基于大数据分析相似案件量刑幅度并提供量刑参考范围的法院 1513 家，占 43.10%。北京、江西、青海、安徽、广东、浙江、上海、江苏、广西、贵州等 10 个省份的辖区法院已经普遍具备了上述三项功能。

（五）智能庭审

中央全面深化改革领导小组第二十五次会议审议通过了对法院具有深远影响的重要文件——《关于推进以审判为中心的刑事诉讼制度改革的意见》，要求推进庭审实质化改革，做到“事实查明在法庭、证据认定在法庭、公开宣判在法庭”，庭审将会在中国法治进程中发挥越来越重要的作用。信息化建设也为智能庭审提供了便利。一是语音识别运用于庭审过程。随着语音识别技术的飞速发展，一些法院开始尝试将语音识别技术运用到法庭记录中，以辅助书记员完整、准确地记录庭审全过程。江苏苏州法院在语音识别过程中，基于人工智能和语音大数据的庭审语音智能转写，已实现普通话庭审笔录完整度接近 100%，即使是带有口音的普通话语音识别正确率也能达到90%以上，因书记员输入效率低导致庭审暂停的现象基本消除，法庭调查、法庭辩论等环节庭审流畅度显著提升。庭审时间平均缩短20%～30%，复杂案件庭审时间缩短超过50%，庭审效率明显提升。二是智能证据展示。利用智能语音识别技术改造证据展示平台，庭上直接通过语音就可以找到需要展示的电子卷宗内容。庭审时，相应电子材料能够根据使用者的语音直接展示电子材料。系统根据庭审过程中说话人的指令，检索到电子卷宗中相应的电子材料，并实时显示在各方当事人面前的显示屏上，方便快捷。

除此之外，重庆法院的“E庭审”还通过移动终端庭审直播、网上视频开庭等功能使庭审更加公开透明、司法更加阳光。

四　移动办案方兴未艾

2018年，法院的移动办公办案步入全面实践阶段，法官利用移动微法院、手机App等移动终端使得办案、合议、开庭都不再受时间和空间的限制，巡回审判等得以实现，减轻法官的奔波之苦，同时也打通了服务群众的“最后一公里”。

一是移动微法院逐步推广。2017年10月，浙江省余姚市人民法院在全国法院率先上线基于微信小程序的移动微法院，尝试依托社交平台探索移动电子诉讼新模式。随后在最高人民法院的推动下，移动微法院从基层探索到中、高级人民法院逐步推广。在辅助审判方面，移动微法院推动形成了线上线下融合审理、异步错时审理、当事人自行推动诉讼进程等更加符合网络规律的司法新流程和审判新机制，能够进一步压缩程序性、事务性工作用时，减少法官投入审理的时间，为化解案多人少矛盾找到新的出路。宁波法院运用移动微法院的案件开庭效率提高了11.85%。

二是手机App功能日益强大。除了“移动微法院”之外，一些法院还利用移动专网实现与后台数据对接，将很多办公、办案功能移至手机端，辅助法官实现随时随地掌上办公办案，突破时空限制，满足法官远程办案、远程办公、移动执行的需求。广州市中级人民法院开发的“法官通”手机App，可以随时随地在线阅卷、合议，如合议庭成员可通过“法官通”调阅电子卷宗，实现同时阅卷，解决传统办案模式下“经办人保管卷宗，合议庭成员合议前难以阅卷”的问题；可远程移动合议，解决了“一旦合议庭有成员出差，便不能进行合议”的问题；可根据远程合议的对话记录，自动生成合议笔录文书；所有通过“法官通”手机App形成的诉讼材料均可同步回传到广州中院“审判云平台”自动入卷归档。在线阅卷、在线合议功能广受法官好评，为法官解决了大量实际困难。

评估显示，移动办案、移动办公功能在全国法院越来越普遍，全国法院中2157家支持干警利用移动终端实现查阅资讯、审批公文等移动办公功能，占61.45%，比2017年同期提高8.94个百分点，支持法官利用移动终端实现材料收转、网上立案查询、网上合议、审限提醒等至少其中1项移动办案功能的法院1934家，占55.10%，全国湖南、江西、云南、天津、河南等15个省份的辖区法院已经普遍具备上述两项功能。

五 “智慧审判”展望

得益于信息技术的迅速发展和深度应用，人民法院信息化建设取得了长足进步，对司法审判的辅助作用越来越凸显，但是各地法院信息化建设仍然存在一些问题，信息化整体水平与审判业务快速发展的需求相比还存在较大差距。审判应用系统在“可用”的基础上与“易用”“好用”还有一定的差距，部分应用系统在一定程度上甚至加重了法官负担。为实现《人民法院信息化建设五年发展规划（2018~2022）》的要求，深化完善人民法院信息化3.0版建设，更好地服务于审判、服务于一线法官，各级人民法院还需要从以下几个方面进行努力。

（一）智慧法院建设理念回归审判

法院信息化推进过程中已经开发了大量的系统，并在服务人民群众、服务审判执行、服务管理决策方面发挥了积极的作用，但也必须看到，这些系统应用对于法官审判支持仍有待加强，具体体现为服务于管理监督的多，服务于审判的少；满足领导干部和人民群众的需求多，面向一线法官、司法辅助人员的需求少。这其中固然有辅助审判功能建设难度大、建设周期长、见效慢等缘故，但也存在信息化建设初期重监督、轻审判等因素。然而信息化的系统效用在于发挥司法审判的功能，服务人民群众的司法需求，这也是法院信息化建设的最终目的。今后，智慧法院建设理念应当回归以审判为中心理念，让法院信息化与司法审判活动有机融合，突破信息化建设的难点，让服务审判成为信息化攻坚克难的重点。

（二）消除业务与技术“两张皮”现象

虽然法院在信息化建设过程中投入了大量的人力、物力，开发了大量的审判管理、执行、办公系统，不少信息化系统与业务需求脱节，未能有效满足干警办案、管理的实际需求。这导致信息化的系统效用难以显现，严重影响了法官、司法辅助人员运用信息化工具的热情，司法人员期待的信息查询功能、法条支撑、类案分析等在技术部门开发的审判系统中回应不充分，信息化与审判工作“两张皮”现象突出。改变这一现象需要坚持完善一线法官参与智慧法院建设全过程机制，主动深入审判执行一线调研，由技术部门和精通审判业务的一线法官组成审判系统开发小组，对现有的审判执行系统进行反复研讨和修改。在这个过程中应尽量多地听取各方面意见和建议，掌握各个部门和不同岗位司法人员的信息化需求。论证审判系统各项功能的可行性、必要性，尽可能实现系统设置贴近一线审判工作，服务于一线法官、书记员。

（三）加强“智慧审判”的全国协调发展

从辅助审判的角度看，各级人民法院信息化建设水平取得了很大进展，但地区之间、法院层级之间、不同法院之间的建设和应用水平仍然存在不小差异。先进地区，如江苏、北京、江西等地法院，评估所涉及

的审判辅助功能完成率接近 100%，评估得分超过 90 分的地区有 7 个；相反，有些地方法院囿于人力、物力或者重视程度不足，信息化建设对审判辅助作用不大，有 8 个省份法院的评估得分不足 60 分，最低的只有 30 余分，各地的智慧审判发展还很不平衡。由于全国法院审判建设中面临相似的问题和困境，彼此之间可借鉴性强，一些法院先行先试开发出一些成熟乃至先进的系统和应用程序，可以通过最高人民法院统一规划部署等方式迅速推广到全国，这样既能够有效避免信息化进程中的偏差弯路，也避免了重复建设、节约了大量的研发资金，更能够将成熟的经验做法迅速惠及全国各地法院，促使全国法院智慧审判水平共同提升。

（四）加强法院内外部数据的互联互通

信息化还全方位推动了司法部门之间的业务协同。最高人民法院、最高人民检察院、司法部联合建设了全国减刑假释信息化办案平台。在基本解决执行难过程中，最高人民法院实现与中央政法委、中央纪委、国管局、国资委、财政部、最高人民检察院和公安部等 41 家部门和银行的互联互通；23 家高级法院利用专线或本地政务网络建立与相关部门的点对点或总对总连接，初步满足信息报送、信息共享、执行查控和信用惩戒等业务协同需要。然而，智慧审判的发展还需要进一步打通与法院外部系统，如司法机关、行政机关、快递公司、移动通信公司等平台的数据连接，实现刑事案卷的全面、及时流转，行政案件网上立案、网上答辩、网上提交证据材料以及邮寄、公告等传统送达方式电子化等。

（五）大数据研究和应用仍有很大空间

最高人民法院建成的司法大数据管理和服务平台积累了全世界最丰富的审判信息资源，已经为各级领导和业务部门提供了不少分析服务应用。但在肯定成绩的同时，也还有很大的努力和提升空间，特别是这些丰富的审判信息资源如何减少法官的重复机械劳动，如何对法官的事实甄别、证据认定、裁判说理以及最终作出合乎法律的裁决等方面仍显不足。因此，建议加强大数据的研究和应用，提升大数据研究的系统性、全面性、深刻性、及时性等，以期为审判工作提供更强有力的支持。

（六）继续探索网上审判模式

2017 年 8 月 18 日，在浙江杭州设立全球首家互联网法院，旨在为当事人提供更加便捷、智能的诉讼服务。随后，按照中央提出的“依法有序、积极稳妥、遵循司法规律、满足群众需求”互联网法院建设的基本原则，电子法院、网络法庭等被进一步推广，北京互联网法院、广州互联网法院相继正式挂牌成立，形成了辐射南北的全新科技司法网络。互联网法院所采用的先进技术手段打破了时空限制，具有网上立案、在线调解、在线审理等功能，能够全方位提高审判质效、节省诉讼成本、减少当事人诉累。然而，互联网法院还刚刚起步，互联网法院的管辖范围、网上审理的模式和规则、与线下审理的衔接等还有待进一步探索和规范。

B.4

中国法院"智慧执行"第三方评估报告（2018）

中国社会科学院法学研究所法治指数创新工程项目组*

摘　要：　近年来，随着人民法院信息化3.0建设的不断深化和完善，信息化对提升法院执行质效的作用日益凸显。评估结果显示，2018年，全国法院普遍将执行案件纳入办案系统，避免执行案件体外循环；财产网络查控系统得以不断完善和优化；财产变现难借助信息化得以有效缓解；联合惩戒机制持续发力，有力震慑了失信被执行人；网络新媒体放大了执行公开与宣传效果；移动终端应用开发实现了"掌上执行""指尖执行"。然而，由于功能错位和旧制度的制约，执行信息建设在系统友好性和大数据应用等方面还存在短板，未来应明确执行信息化建设的整体思路，以需求为导向，确立法院信息化建设的服务本位，不断完善系统，建立与信息化发展相适应的制度，提升大数据分析能力，并最终依托信息化建立执行长效机制。

关键词：　法院信息化　智慧法院　执行难　法治指数　第三方评估

---

* 项目组负责人：田禾，中国社会科学院国家法治指数研究中心主任、法学研究所研究员；吕艳滨，中国社会科学院法学研究所研究员、法治国情调研室主任。项目组成员：王小梅、栗燕杰、胡昌明、王袆茗、刘雁鹏、田纯才、米晓敏、洪梅等。执笔人：王小梅，中国社会科学院法学研究所副研究员。本报告在写作过程中吸收了部分执行干警的意见建议，在此一并感谢。

执行与审判是法院工作的两大核心内容，是保障和实现公民权益的重要途径，关乎社会公平正义的实现。然而长期以来，由于社会环境、制度建设等方面的原因，不少生效法律文书得不到执行，严重侵害了胜诉当事人的合法权益，破坏了司法和法律的权威，也对全面依法治国提出了严峻挑战。党的十八届四中全会明确提出，“要切实解决执行难”“依法保障胜诉当事人及时实现权益”。为响应和落实党中央的号召，法院作为对破解执行难负有主体责任的机关，自然责无旁贷，要勇于担当。2016 年两会期间，最高人民法院向全社会作出庄严承诺，“用两到三年时间基本解决执行难问题”。最高人民法院“基本解决执行难”目标的提出，既是全面深化改革、全面依法治国的内在要求，也与国家大数据战略带来的历史机遇和近年来法院信息化发展所奠定的坚实基础密切相关。

最高人民法院前期所开展的执行信息化工作主要有：①建立“总对总”网络执行查控系统；②建立失信被执行人与限制高消费的联合征信与惩戒系统；③确立网络司法拍卖机制；④整合执行公开平台；⑤统一执行办案平台及关键节点流程管理平台；⑥建立全国四级法院互联互通的执行指挥管理平台。以使用上述各类执行系统为核心，最高人民法院推动各级人民法院建立起实体化的执行指挥中心运行体系，努力实现四级法院执行工作的统一管理、统一指挥、统一协调。

在搭建系统平台的基础上，最高人民法院着力推动信息化平台的应用。全国各地法院开拓思路，勇于创新，不断弥补漏洞，优化系统，用信息化提升执行质效。为客观衡量和评价信息化助力全国法院“基本解决执行难”的作用与成效，聚焦和分析信息化发展中存在的问题与不足，探索未来改进和完善的路径，中国社会科学院国家法治指数研究中心、中国社会科学院法学研究所法治指数创新工程项目组（以下简称“项目组”）拟定了法院信息化第三方评估指标体系，并将“智慧执行”作为重要部分进行评估。

评估结果显示，2018 年，全国法院在“基本解决执行难”过程中，高度重视信息化手段，在提高财产查控和处置效率、规范执行行为、提升执行透明度和强制力方面卓有成效。

一　执行管理模式经历重大转变

执行程序节点多，自由裁量空间大，易拖延，难监管。近五年来，全国执行案件数量同比增速高达82.4%，2018年已接近800万件。在这种情况下，传统管理方式已经无法适应执行工作的实际需要。借助现代信息技术进行管理，成为执行管理模式的必然选择，具体就是执行指挥管理平台和统一办案平台两大系统的开发应用，以有效破解法院在管事、管人、管案方面的执行管理难。执行指挥管理平台是基础“管理平台”，负责汇聚各执行业务系统的数据，集案件管理、执行指挥、监督考核、决策分析、服务办案于一体，具备近20项具体管理功能，落实“扁平化、集约化、可视化”管理要求，真正实现“一竿子插到底”。统一办案平台是基础办案数据的“生产平台”，全国四级法院统一在该系统办理执行案件，从执行立案到结案，所有关键节点都可以实现网络监控。

（一）执行流程节点管理

为彻底解决执行案件底数不清、情况不明以及不规范执行的问题，最高人民法院着力打造“数据铁笼”，于2016年底建成了全国四级法院统一的执行办案平台，实现了数据归集，规范了执行办案标准和流程节点，有效监督执行权运行。根据最高人民法院关于执行案件流程节点管理的要求，执行案件流程节点数量已增至近百个，节点管理效果进一步强化。评估结果显示，全国几乎所有法院都实现了执行案件流程节点管理，将执行权关进了“数据铁笼”。

各地法院结合自身实际严格落实最高人民法院节点管控要求。例如，温州中院将重要节点设置为系统结案的前提条件，确保节点录入的完整性。宁波余姚法院通过系统定节点、定人员、定时限、定责任，实现实时监管，系统还会自动生成责任一览表，直观反映不同执行阶段承办人员采取的执行措施和办理时限。台州中院在办案系统中增设了执行风险防控功能，设置了超期查控、违规解除查冻扣、执行款未及时发放等执行风险节点共 27 个，并开通了手机短信警示功能，院庭长、纪检监察部门可直接对执行不规范行为进行及时督办。

特别值得一提的是，为对执行人员现场执行行为进行监督，降低执行风险，外出执行也被纳入节点管理。最高人民法院要求执行人员外出执行时必须使用单兵或执法记录仪，现场执行全程录音录像，完成执行工作后将其存储进办案系统，进行节点管理。

（二）事项委托平台监督

与审判案件相比，执行案件涉及异地执行的情况比较常见，为降低执行成本，最高人民法院明确了事项委托制度。然而，委托事项的落实情况不甚理想，事项搁置、不反馈的现象比较普遍。为扭转局面，最高人民法院于 2017 年 9 月 26 日专门出台了《最高人民法院关于严格规范执行事项委托工作的管理办法（试行）》，要求事项委托一律通过执行指挥管理平台发起、办理、反馈，不再通过线下邮寄材料方式进行。最高人民法院在执行指挥管理平台上开发了人民法院执行事项委托系统，将事项委托纳入系统统一管理，增强各地法院的互助协作。2017 年执行事项委托系统开通之后，最高人民法院对事项委托的办理情况进行监督，并纳入执行质效分析系统，对事项委托期限内办结率、事项委托平均用时进行统计。依托系统，事项委托制度得到较好贯彻和落实，切实提高了异地执行效率，极大地节约了执行资源。

（三）终本案件系统管理

为规范终本结案，最高人民法院于 2016 年出台了《关于严格规范终结本次执行程序的规定（试行）》，对终本结案的实质要件和程序要件作出严格规定。为推动该规定落地，切实防止将原本有财产可供执行的案件纳入终本案件范围，最高人民法院紧紧抓住终本案件合格率这一关键指标，建立完善统一的无财产可供执行案件处置和管理机制。2017 年，依托全国法院四级执行办案系统建立了全国法院终本案件数据库，对全国法院终本案件进行统一动态管理，每六个月自动对终本案件被执行人的财产进行一次网络查询，一旦发现财产立即在系统提示恢复执行。2018 年，还将终本案件的实质和程序要件嵌入执行办案系统中，未完成规定执行行为的，不得以终本方式报结。同时，在执行指挥管理平台上增设了终本不合格案件监管功能，对终本不合格案件进行督办、通报，并纳入质效考核，基本形成了“严把进口、规范管理、畅通出口、有序退出”的终本案件管理机制。

（四）执行信访案件系统管理

执行信访工作是执行工作的“晴雨表”。执行信访工作成效是检测全国各级法院落实“用两到三年时间基本解决执行难”具体工作指标情况的重要参考依据。为科学管理、有效督办全国法院执行申诉信访案件，最高人民法院组织研发了人民法院执行申诉信访案件办理系统，该系统实现了全国四级法院在同一平台、依照同一标准、遵循同一流程办理执行申诉信访案件。各级法院的涉执来信来访均要无差别录入该系统并依照《人民法院执行申诉信访案件系统办理流程规范》按期办结。通过该系统，上级法院能够直接将执行信访案件交办至执行法院，并对辖区信访态势实时把控和进行大数据分析，执行法院则能够对本院执行信访案件当即录入、当即办理，实现了执行申诉信访案件的全程跟踪、全程留痕。该系统的全面落地，实现了执行申诉信访案件件件有回音、件件有落实，提升了人民群众对于人民法院执行工作的获得感。

（五）推进落实“一案一账号”

执行案款管理不仅涉及当事人切身利益实现的效率，同时还关系到司法行政管理工作和廉政问题，不容忽视。2016 年，在最高人民法院与最高人民检察院联合开展执行案款清理工作过程中，北京法院首创了“一案一账号”案款管理制度，使每个案件的执行款都有独立的执行账户，不与其他案件的款项混淆，一目了然，统一监管。浙江、江苏等东部沿海省份也在 2016 年正式启用“一案一账号”系统，执行人员向被执行人发送的执行通知书中载明执行案号、缴款账户等相关信息，方便被执行人缴纳案款。同时，案款进出账信息会自动通过执行办案系统向经办人发送短信息提醒，方便执行人员及时处理发放。福建石狮法院还在建立“一案一账号”执行案款信息管理系统的基础上，实现了由办公室、监察科、执行庭共享执行款项缴付信息，有效监督每一笔款项。

在总结各地法院案款管理经验的基础上，最高人民法院对《关于执行款物管理工作的规定（试行)》进行了修订，明确了执行款物的管理要求，特别提出各地法院都要建立“一案一账号”执行案款管理机制。截至2018年底，全国绝大多数法院实现了“一案一账号”案款管理。

（六）执行舆情系统管理

舆情是反映执行工作质效的“风向标”。最高人民法院与新闻媒体、网站进行合作，研发上线了执行网络舆情监管系统，实时掌握互联网和微博、微信等自媒体提供的舆情线索，并进行网上预警、督办和审核。通过手机“一日三报”将执行舆情线索推送给各高级人民法院执行局局长，要求第一时间对舆情反映情况进行甄别、核查和处理。最高人民法院还制定了舆情内部管理规范，加强跟踪督办。对于舆情反映的应作出明确督办意见的问题，由最高人民法院或高级人民法院通过执行监督程序立案督办，同时，原则上要求相关法院及时向新闻媒体反馈处理结果，将执行工作有效置于媒体和社会的监督之下。

（七）建立互联网应急调度服务平台

执行指挥中心各业务管理系统主要依托法院专网运行，逐步实现了精细化管理且具有较高的安全性，但受网络特有属性制约，执行工作管理扁平化、运行实体化、调度一体化、办案团队化的常态需求无法完全满足。为此，最高人民法院牵头研发执行指挥互联网应急调度服务平台，通过接入所有指挥中心和办案法官，执行办案团队可以随时随地与执行指挥中心互联，切实服务团队办案需求。同时执行指挥中心通过GIS系统即时掌握外出执行法官的办案动态信息，全程留痕，并可根据实际需要对执行现场开展可视化调度指挥、提供辅助信息推送。该系统对全国四级法院执行工作的统一管理、统一指挥、统一协调起到了重要的支撑作用。截至目前，全国约有一半法院选择使用了该系统，收到了积极成效。

二 财产执行模式发生深刻变革

对于民事案件的执行，对被执行人的财产执行是重头戏。财产执行包括查询、控制、变现、案款发放等环节。在“总对总”“点对点”网络查控系统建立之前，要查询被执行人的存款、车辆等财产，执行人员需要到各个银行、车辆管理所等机构现场执行，这种“登门临柜”式执行占用了大量的司法资源。2014 年 12 月 24 日，最高人民法院正式开通了“总对总”网络执行查控系统，用信息化的方式查找被执行人财产。2017 年全国 3000 多家法院已经普遍性、经常性地使用该系统，覆盖面达到 100%。为降低财产变现环节的廉政风险，地方创新司法网络拍卖形式，2016 年，最高人民法院确立了网络司法拍卖优先原则，从 2017 年 1 月 1 日起，在全国范围内推广网络司法拍卖制度。网络查控、网络司法拍卖推行之后，财产执行模式发生了深刻变化，极大地提高了执行效率。

（一）查控系统功能不断优化

目前，法院对被执行人的财产查控主要采取以最高人民法院的“总对总”为主、以地方“点对点”为辅的查控模式。目前，最高人民法院建立的“总对总”网络查控系统，已经与公安部、民政部、自然资源部、交通运输部、中国人民银行、中国银行保险监督管理委员会等 16 家单位和 3900 多家银行业金融机构联网，可以查询被执行人全国范围内的不动产、存款、金融理财产品、船舶、车辆、证券、网络资金等 16 类 25 项信息，基本实现对被执行人主要财产形式和相关信息的有效覆盖，极大提升了执行效率，实现了执行查控方式的根本变革。截至 2018 年 11 月，全国法院通过网络查控系统，为 5960 万案件提供查询冻结服务，共冻结资金 3950 亿元，查询房屋、土地等不动产信息 676 万条，车辆 4949 万辆，证券 1323 亿股，船舶 193 万艘，网络资金 258 亿元。这组数据每天都在快速增长。

网络执行查控系统大大提高了执行效率，执行到位金额逐年上升，更多胜诉当事人的权益得到有效保障，群众的获得感显著增强。

在很多情况下，找到甚至依法控制被执行人，对于发现被执行财产具有重大意义。为破解一些被执行人难找的难题，最高人民法院加大与公安部的合作对接力度，公安网使用终端在最高人民法院执行指挥大厅落户，能够查找到包括被执行人宾馆住宿信息在内的六大类关键信息。地方法院也发挥主观能动性，积极加强与地方公安部门的合作。从 2016 年起，浙江高院与浙江省公安厅建立协作机制，借助公安“追逃网”布控拘留对象。浙江高院通过与省公安厅建立的接口，定时传输布控拘留请求事项，在全省范围内实现公安网络指挥系统布控，由控制地公安通知所在地法院办案交接。实践证明，公安的流动人口登记、特种行业信息、住宿、网吧、交通旅游乃至先进的人脸识别技术等，对解决“人难找”问题起到了“四两拨千斤”的作用。

（二）建立询价评估系统

随着网络拍卖的广泛应用，确定拍卖财产的参考价成为影响网拍效率和透明度的瓶颈性问题，制约着拍卖优势的有效发挥。按照过去有关司法解释的规定，确定拍卖财产的参考价主要依赖传统的委托评估一种方式，往往评估周期长，费用较高，当事人负担重。实践表明，当事人根据自愿原则协议确定参考价，向有关部门定向询价，既快速又无费用负担。特别是随着网络大数据的发展，以大数据方式确定参考价更是便捷快速，成本低廉。为解决确定财产处置参考价这一影响网拍效率和透明度的瓶颈问题，积极回应人民群众的新期待和新要求，最高人民法院在充分调研论证，并总结各地实践经验的基础上，2018 年 8 月，最高人民法院出台了《关于人民法院确定财产处置参考价若干问题的规定》，明确在保留委托评估这一传统确定财产处置参考价方式的基础上，新增了当事人议价、定向询价、网络询价三种确定财产处置参考价的方式。自此，财产评估方式迎来重大变革，将大数据引入评

估定价环节，大大提升执行效率，降低评估成本，促使财产尽快变现，切实高效实现申请人合法权益。江苏、浙江等地法院在全国统一部署前就探索创新，尝试当事人议价、定向询价、网络询价等形式，依托透明的市场价格来估算财产的价值。

（三）网络司法拍卖全面推开

在执行被执行人财产时，直接通过银行账户扣划的案件占比很小，绝大多数案件都要通过网络司法拍卖进行财产变现。根据某执行大省的统计，在金钱给付案件实际到位金额中，通过司法网拍变现被执行人财产的占80.59%，直接以现金方式获得金额的占19.41%。自2017年1月1日起，最高人民法院全面推行网络司法拍卖，2018年，全国3510家法院均实现了网络司法拍卖，除了个别省份之外，司法网拍率达到100%，即所有司法拍卖的案件均实现了网上拍卖。中国执行信息公开网显示，自2017年3月1日网拍系统正式上线至2019年1月12日，全国司法网拍的总量为278758件，总成交金额6167.85亿元，溢价率117.46%，为当事人节省佣金190.60亿元。司法拍卖公开透明度显著提高，有效祛除了权力寻租空间，彻底斩断了利益链条，对形成公开、公平、公正、廉洁的执法环境发挥了重要作用。为方便和吸引更多买家参与司法网拍，提高拍卖成交率，有些地方法院还应用VR全景技术展示拍品，免去了实地看样的麻烦，实现涉诉拍卖财产价值的最大化，最大限度地维护当事人的合法权益。

三　失信惩戒系统作用继续凸显

目前，中国社会诚信体系尚不健全，失信成本较低。这一现象在执行程序中的典型体现，就是被执行人规避执行问题时有发生。有的将自己的存款存到他人名下；有的将企业资金存到个人或关联企业账户；有的跟法院“躲猫猫”“玩失踪”，隐匿行踪；有的通过“假离婚”“假诉讼”“假破产”逃避债务；有的甚至以暴力、煽动群体性事件等手段阻碍、抗拒执行。失信信用惩戒系统的建立，主要就是为解决上述问题。

2013 年，最高人民法院果断推出“失信被执行人名单”制度，也就是老百姓所说的“老赖黑名单”制度，将那些有履行能力而拒不履行、逃避履行的被执行人依法认定为失信被执行人后，列入“黑名单”，进行信用惩戒。人民法院的失信惩戒系统建设紧紧抓住信息化主线，推动更多部门一起对失信被执行人进行联合信用惩戒。

从 2014 年最高人民法院与中央文明办等八个部门签署合作备忘录，到 2016 年推动国家发展改革委牵头、中央 44 家单位签署合作备忘录，再到 2016 年中央全面深化改革领导小组通过、以“两办”名义印发的《关于加快推进失信被执行人信用监督、警示和惩戒机制建设的意见》，对被执行人限制乘坐飞机、高铁，限制担任企业法定代表人及高管，限制旅游、度假等高消费，限制子女就读高收费私立学校等生产和生活非必须消费，并在政府采购、招标投标、行政审批、政府扶持、融资信贷、市场准入、资质认定等方面予以信息化的信用惩戒，其中，“两办”意见涉及 11 类 37 大项 150 项联合惩戒措施，构建起“一处失信、处处受限”的信用惩戒大格局。

一些地方通过向执行联动成员单位开放、共享法院执行案件信息，共建失信惩戒合作机制，变个案联动机制为对所有失信被执行人进行批量联动。贵阳市中院依靠信息化率先在全市范围内将失信被执行人名单嵌入联动单位的工作系统，通过数据对接对失信被执行人的信息实现自动比对、自动拦截、自动监督、自动惩戒。2018 年，福建省失信被执行人联合惩戒平台建设取得突破性进展，省级联动单位已拓展至 100 家，其中有 65 家实现系统对接，35 家实现账号登录，还有 74 个市、县（区）建立了本地区失信被执行人联合惩戒平台，2555 家联动单位参与实施联合惩戒。台州中院将失信被执行人名单导入市信用办数据库，与 26 个市级部门 219 个事项建立信用联合奖惩系统，对失信被执行人的联合惩戒实现自动比对、自动拦截、自动监督、自动惩戒。

截至 2018 年 11 月 30 日，全国法院累计发布失信被执行人名单 1258 万例，通过信用惩戒系统累计限制 1644 万人次购买机票，538 万人次购买动车、高铁票。限制失信被执行人担任企业法定代表人及高管 29 万余人次，300 多万名失信被执行人迫于信用惩戒压力履行了义务。

四 智慧执行建设进一步深化

2016 年，最高人民法院以大数据、云计算、“互联网 +”等信息化理念为指引，提出建设智慧法院的目标。智慧法院具有网络化、阳光化、智能化三个基本特征。在智慧法院建设中，智慧执行建设是十分重要的一环。着眼于“用两到三年时间基本解决执行难”，最高人民法院全面推进执行信息化建设，强调充分利用大数据和人工智能，向法官、诉讼参与人、社会公众和政务部门按需提供智能化服务。各地法院积极响应，大胆探索，形成了一些工作亮点。

（一）执行行为智能启动

由于执行案件流程节点多，即使纳入系统办理，也极为耗时费力。为减少执行人员事务性工作，提高办案效率，缓解“案多人少”矛盾，台州中院自主开发了执行智能辅助系统，嵌入执行案件管理系统，于 2017 年 7 月在全市法院推行使用。该系统自动识别人大代表、政协委员、公职人员等特殊主体身份，自动查询存款、股权、车辆、不动产等被执行人财产，并自动冻结存款，自动提取案件信息生成法律文书，自动完成结案后解封账户、屏蔽失信信息、撤销布控申请等扫尾工作。2018 年，台州法院通过智能系统对 34594 件案件发起自动查询 91427 次，对 8934 件案件自动查封、冻结 34976 次，对 36187 件案件自动生成法律文书，极大提高了办案效率。

（二）执行文书自动生成

相比审判，执行案件在办理过程中产生的法律文书数量较多，且大多是程序性的，格式化程度较高，占用了执行人员相当多的精力。而有些法律文书，如终本裁定书，本应该详细记载执行的过程，向申请人阐明法院采取过的查控手段和执行措施，但是由于人工撰写过于麻烦，就出现终本裁定书内容过于简略的问题。为节约人力成本，提高文书生成效率和质量，一些法院建立执行文书随案生成系统，即对主要法律文书模板进行重新梳理，嵌入执行管理系统，充分运用执行案件信息数据，实现执行裁定书、协助执行通知书以及送达回证、执行决定书等法律文书随案自动生成。

（三）移动终端“微执行”

随着移动终端应用的普及，“掌上执行”“指尖执行”应运而生。2017年10月，余姚法院依托微信小程序开发的移动办案平台——“余姚微法院”率先上线运行。2018年1月，“余姚微法院”在浙江宁波两级法院全面推开，宁波法院被最高人民法院确定为“全国移动电子诉讼试点”。2018年4月1日开始，宁波移动微法院多媒体信息采集与执行案件管理系统数据实现双向交换。作为全国首个实现审判执行全流程覆盖的移动办案诉讼平台，其应用于执行工作的突出优势在于见证式执行。案件进入执行阶段后，申请人可在平台上用语音、图片、视频、定位等方式举报执行线索、查询执行案件进展情况等，甚至“网上”直击执行进程；根据当事人提供的信息，法官能迅速掌握执行线索和案件动态，快速查封被执行人的财产，且在案件受理、财产查控、现场勘查、移送评估拍卖、案款发放、终本告知等多个重要执行节点，通过平台实时传送视频、图片或发送定位进行线上告知，倒逼执行工作规范有据，破除申请人对执行法官的不信任感，有效解决执行中产生的信访问题。

五　“互联网＋”公开效果显著提升

最高人民法院将“强化公开”作为基本解决执行难的首要举措，要求人民法院在执行工作领域贯彻依法公开、主动公开、全面公开、实质公开原则，拓宽执行信息公开范围，确保执行权在阳光下运行。

最高人民法院建成“中国执行信息公开网”作为集约化的执行公开平台，通过与法院专网内的“人民法院执行案件流程信息管理系统”“人民法院被执行人失信惩戒管理系统”“人民法院被执行人限制高消费管理系统”“全国法院询价评估系统”“人民法院网络司法拍卖平台”“人民法院终本案件动态管理系统”等进行系统对接，向当事人和社会提供上述以系统关联信息的“一站式”服务，并与中国裁判文书网、中国庭审直播网进行系统对接，提供“执行文书公开”等服务。

依托执行公开平台，中国法院执行实现了全流程立体公开透明，既有事前公开，又有事中、事后公开；既有过程公开，又有结果公开；既有静态公开，又有动态公开。人民法院主动公开执行信息，通过短信推送、执行信息公开网、执行微信公众号、网络直播等方式公开执行全过程信息，有效解决信息不对称问题。

（一）流程节点精准推送

实践中，申请人对执行工作不满，部分原因是执行过程不公开透明，对于执行案件的办理进展以及法院采取了哪些执行措施不甚清楚。在“案多人少”压力下，执行人员也无法做到与每一个案件的当事人进行充分沟通，因此必须依靠信息化，借助信息化平台，向当事人公开执行节点信息和流程，满足当事人的知情权。在立案阶段，办案系统会生成告知书，内含当事人查询密码和查询地址，当事人凭密码可在全国或地方的司法公开平台上查询案件进展和相关执行节点信息，有的地方还利用移动微法院向当事人推送主要执行节点信息。为减少节点推送人工操作的随意性，增强节点推送的及时性，有些法院用信息化手段提高规范化水平，在执行案件管理系统增加节点自动推送功能，从分案开始将联系方式、财产查控、财产处置、执行款发放、结案等29项重要信息的模板录入系统，只要执行人员完成信息输入，系统第一时间推送至当事人预留的手机号码。

（二）执行文书全文上网

审判、执行的结果最终反映在裁判文书上。公开裁判文书对于法治宣传、法学研究、案例指导、统一裁判标准都具有重要意义，同时也能督促司法人员秉公审判执行、认真撰写裁判文书，对确保司法公正起到重要的监督作用。最高人民法院建立起全球最大的司法文书公开平台——中国裁判文书网，并明确裁判文书以上网为原则、以不上网为例外。截至2019年1月13日，中国裁判文书网上公开的执行文书共计13404804件。另外，为规范和监督终本案件，终结本次执行程序裁定书按要求一律向社会公开。

（三）典型案件网上直播

为营造基本解决执行难的良好社会氛围，让公众了解、理解和支持法院的执行工作，各地法院均选择一些典型的执行案件或集中行动进行网络直播，对被执行人造成强大的舆论压力，让“老赖”无所遁形，部分被执行人迫于压力自动履行义务，同时对社会公众也起到很好的诚信教育作用，收到良好的社会宣传效果。宣传是基本解决执行难的第二战场，宣传有很多形式，如拍摄微电影、公益广告等，拍摄宣传片也的确能够起到一定的宣传作用，然而相比之下，对真实的案例或者执行行动进行网络直播更具有教育意义。公开是最好的宣传，人们对于发生在身边的活生生的案例更容易接受，更有真实感。

六 “智慧执行”的问题与展望

在“互联网+”时代，信息化与执行工作的深度融合，让执行工作更加高效、规范、透明、廉洁。然而，由于功能错位和旧制度的制约，执行信息化建设在系统友好性和大数据应用等方面还存在短板，未来应明确执行信息化建设的整体思路，以需求为导向，确立法院信息化建设的服务本位，不断完善系统，建立与信息化发展相适应的制度，提升大数据分析能力，并最终依托信息化建立执行长效机制。

（一）确立信息化建设的服务本位

最高人民法院研发并上线各项执行管理系统的初衷是满足监督管理的需要，通过信息化手段，加强对执行案件全方位、多环节、多层级的即时跟

踪、管理、监督，解决长期以来大量执行案件难以监管的问题，杜绝执行案件体外循环、抽屉案等违规现象。执行案件各项管理系统的应用，促进了执行办案模式的转变，实现了网上办案、全程留痕，为加强全程监管、促进规范执行提供了技术支撑。由于一些系统在开发时就坚持了管理监督本位，在服务功能上存在局限，很多功能是着眼于为领导和管理部门提供管理上的便利，而导致系统出现节点烦琐、兼容性差、界面不友好等问题，并且系统功能不断更新，也让执行人员无所适从。另外，有些省份是以对接方式使用最高人民法院的执行系统，会出现一定程度的脱节现象，如失信、限高、“总对总”查控等模块均要嵌入最高人民法院的系统使用，会出现数据传输不及时、网络卡顿等现象，影响了执行人员的办案效率，也容易导致相关数据失真。

面对执行办案系统存在的问题，有必要反思一下法院信息化发展的定位，毕竟再完美的系统开发出来是为了使用，人们只有使用该系统，才谈得上监督，因此服务功能应该是第一位的，管理监督功能应该让位于服务功能。只有为用户提供更贴心更好的服务，用户才会使用或者愿意用信息化系统，如果用户不使用或者数据录入不完整、不准确，那么建立在系统数据基础上的监督效果则大打折扣。未来，法院信息化建设应明确服务本位，以办案需求为导向，考虑方便一线执行干警使用，化繁为简，提升信息平台的友好性。在信息化发展的高级阶段，智能化的系统平台呈现在使用者面前的一定是简约的界面，背后有强大的运算和逻辑作支撑。

（二）继续完善全国网络查控系统

信息化的发展存在一个不断迭代和完善的过程。随着系统的不断优化，“总对总”网络查控系统早期存在的反应迟延、反馈速度慢、信息滞后等问题在一定程度上得到缓解，但是仍存在财产覆盖范围有限、部分银行跨行不能在线划拨、部分银行账户余额为 0 不能冻结等问题。未来，应不断提高系统反应速度，扩大财产查控范围，推动联动单位积极履行协助义务。2018 年银行全面上线网络扣划功能，但为防止系统查控出现信息错误，“总对总”查控系统对线上扣划功能设置一个 15 日缓冲期，方便当事人提出异议。未来应在系统稳定、执行人员操作熟练的情况下，尽快缩短甚至取消这个期限，最大程度发挥网络查控的效能。就“找人”而言，目前法院系统在资源与技术缺乏的情况下，单独建立查控人员的系统不现实，而借助公安的布控系统，确实是捷径，公安协控机制在此基础上还可以进一步深化，参照公安自身的协助追逃机制，由事发地公安布控后直接送拘留所办理入拘，再与布控法院取得联系，彻底解决“人难找”的问题。

（三）适应信息化发展革新管理制度

随着执行信息化的迅猛发展，有些旧制度显然与信息化的发展不相适应，由于旧制度的制约，信息化无法充分发挥高效执行的功能。以审批为例，执行案件在办理过程中涉及诸多法定审批事项，随着执行办案系统的日趋完善，系统内已设置多个审批环节，如变更追加、失信、布控、案款发放、文书审批、财产查控等。但现行执行办案规范仍要求将所有的审批流程纸质化并入卷，即执行人员需进行线上线下双重审批。执行办案既要保证程序合法合规，又要确保工作高效便捷，考虑无纸化办公要求，故执行办案过程中的双重审批现象亟须改变。另外，目前最高人民法院虽然出台了事项委托管理办法，开通了委托系统并建立了线上监督机制，但该制度仅解决了异地执行案件中的一部分事项，而且事项搁置、规避反馈的现象仍然存在，大量的执行案件仍需异地执行。因此，仍须修订案件委托执行规范，并借该平台落实监督，彻底解决异地执行难的问题。

（四）借助大数据战略提升执行精准度

虽然目前有些法院建有执行大数据分析系统或被执行人履行能力评估模型，能够辅助追查被执行人财产线索，监测失信被执行人动态，预测执行工作态势，但是总体而言，数据智能关联尚处于起步阶段，执行大数据助力精准执行还有很大的提升空间。评估结果显示，全国能够在执行案件办理过程中为执行法官展示人案物关联关系的法院有 2523 家，占 71.88%；能够识别三角债关系的法院有 2194 家，仅占 62.50%。当然，大数据分析是建立在准确真实的数据基础上，否则将适得其反，误导决策。目前，系统数据在准确性方面还不容乐观。数据不准确，有数据录入的问题，也有不科学的考核指标导致的数据变形。未来，要对系统里的执行数据进行清洗，去伪存真，才能实现对执行大数据这个富矿进行有价值的深度挖掘。

（五）依托信息化建立执行长效机制

用两到三年时间基本解决执行难，可以靠集中执行化解历史积案，可以举全法院之力和靠全国执行干警加班加点夜以继日换来执行质效的提升，然而无论是集中行动还是举全院之力，还是加班加点，都是不可持续的。为防止法院解决执行难反弹或者为切实解决执行难，必须建立执行长效机制。执行长效机制的建立必须凸显执行的“一性三化”，即强制性、规范化、信息化、阳光化，其中信息化又是有效提升强制性、规范化和阳光化的重要保障。唯有信息化，才能将制度规定的程序用流程节点加以固化，并生成标准的文书模板，实现执行规范化，并提高执行效率；唯有信息化，将失信被执行人名单嵌入联动单位的工作流程系统，才能实质性推动执行联动；唯有信息化，才能促进执行案件全程透明，扩大失信曝光面，提升宣传效果。另外，为建立长效机制需要进行制度创新，而有些制度创新也离不开信息化的发展。例如，执行团队化是重要的执行长效机制，符合执行规律，也能化解“案多人少”矛盾，但是该项机制的有效运行一方面对人员素质和配合制度提出较高的要求，另一方面需要基于网络查控结果对执行案件进行繁简分流并对执行流程进行优化。如果基础信息系统不完善，查控系统反馈不及时，会影响执行案件的繁简分流工作机制，进而影响执行团队化改革的顺利进行。

B.5

中国法院“智慧管理”第三方评估报告（2018）

中国社会科学院法学研究所法治指数创新工程项目组*

摘 要： 法院信息化是提高审判管理水平、推动司法改革的重要抓手，是实现司法现代化的必由之路。2018年，中国社会科学院法学研究所法治指数创新工程项目组对全国各级法院智慧审判管理水平开展的第三方评估显示，全国法院在智能化办公、自动巡查、静默化管理、系统完备性、大数据分析等方面亮点纷呈。未来应当在技术应用、数据安全、数据分析等诸多方面持续发力，保障法院信息化建设稳步向前。

关键词： 法院信息化　智慧法院　审判管理　法治指数　第三方评估

当下世界正在经历一场信息化革命，大数据、人工智能、云计算、5G应用等已经出现的技术正逐步改变着人们的生产生活方式。网上购物已经成为绝大多数中国人的消费习惯；网约车和共享单车的出现改变了人们的出行方式；短租平台的出现为旅行落脚增加了更多的选择；自媒体的兴起加快了信息的传递速度，拓宽了信息的传播范围，改变了人们获知信息的习惯；上述技术的应用悄然重塑着社会关系，逐步产生了一套新的秩序。对于信息化，

* 项目组负责人：田禾，中国社会科学院国家法治指数研究中心主任、法学研究所研究员；吕艳滨，中国社会科学院法学研究所研究员、法治国情调研室主任。项目组成员：王小梅、栗燕杰、胡昌明、王祎茗、刘雁鹏、田纯才、米晓敏、洪梅等。执笔人：刘雁鹏，中国社会科学院法学研究所助理研究员。

习近平总书记多次强调："没有信息化就没有现代化"，"面对信息化潮流，只有积极抢占制高点，才能赢得发展先机"。信息化对于司法建设同样产生了深远的影响，不仅为审判管理、执行攻坚提供了重要抓手，同时还为司法改革工作提供了新的思路、方法和举措。可以说，法院信息化建设是实现司法现代化的必由之路，是司法工作发展的"车之两轮、鸟之双翼"。为全面评价人民法院审判管理的信息化建设水平，中国社会科学院国家法治指数中心、中国社会科学院法学研究所法治指数创新工程项目组（以下简称"项目组"）对法院信息化工作连续三年开展了评估，本次评估在原有基础上专门针对信息化建设的各个方面单独进行考察，本文主要是信息化推动审判管理创新方面的评价。评估结果显示，2018 年法院信息化助力审判管理成效显著，其中智能办公水平有所提升，自动巡查普及率明显提高，各级法院管理系统的完备度较高，法院运用数据分析功能稳步推进。

一 智能办公提高工作效率

推广办公智能化、信息化有助于提高工作效率，降低办公成本。从法院外部来说，法院接受上级法院及当地党委政府发来的非涉密文件，均可以实现网上查阅和签收，极大地节约了文件传递的时间成本；从法院内部来看，法院领导网上撰写意见、领导签阅、文件传阅、督办承办等通过网上办公系统可以随时随地办公，法官无须排队等待领导签阅，极大地提高了办公效率；从法院管理来讲，法院领导的部署安排不需要通过办公室人员取纸质文件传递，只需要在办公系统中传阅，并且还可以追踪部署落实情况，问题节点和风险点一目了然，管理更加便捷、更加科学；从办公成本来说，法院通过网上办公系统可以极大地节约纸张和办公耗材，降低各类办公成本。

2018 年，中国法院办公智能化水平较 2017 年有所提升。从法院数量来看，2017 年，有 3027 家法院具备公文起草、审批查阅等办公管理能力，占比达 87.87%。2018 年共 3192 家法院具备了公文起草、审批查阅等办公管理能力，网上办公接近 92.66%。从法院分布来看，全国能够实现网上办公能力的法院已经基本做到了全覆盖，除了兵团法院外所有高级法院都拥有网上办公系统，都能够实现网上办公。从应用范围来看，网上办公系统已经逐步形成全国一张网，打通了全国3000多家法院，网上办公信息可以自由流转。从应用深度来看，网上智能办公的应用水平有了较大提升，已经从原有的网上传递文件升级为集绩效统计、内部监管等功能于一体的强大办公系统。

办公智能化提高了司法效率不言而喻。例如，天津高院行政庭作为试点打造信息化打印室，围绕一组数据跑到底的理念，利用已经录入法综系统的数据，自动生成传票、送达回证和EMS单据、卷皮等，通过打印终端，实现文书、材料自动生成、一键打印。根据天津和平区法院的统计，实施裁判文书自动生成之后，效率大幅提高（见表1）。

表1　天津市和平区法院信息化建设前后工作情况对比

测试内容＼时间	传统手写	利用信息化成果	节约时间	节约时间比例（%）
一、诉讼文书	22分49秒	1分42秒	21分7秒	92.55
二、EMS快递单4张	6分17秒	1分28秒	4分49秒	76.29
三、卷皮2张	3分22秒	43秒	2分39秒	78.71
四、法综填写	1分23秒	28秒	55秒	66.26
共计	33分51秒	4分21秒	29分30秒	87.15

二　自动巡查主动纠查疏漏

司法权威及司法公信极易受到法院整体形象、法官业务水平、司法判决结果等多方面的影响。为维护司法权威，提高司法公信，各地人民法院往往通过巡查的方式发现司法工作中存在的各类疏漏，但传统的巡查工作存在以下问题。首先，无法实时通报。传统巡查会选择固定时间、固定人员专门开展巡查，并就问题进行整理归纳形成报告，再由法院将报告中的内容交由相关的审判执行及管理部门，上述过程需占用大量时间，无法即刻且实时通报。其次，占用人力物力。法院工作繁杂且数量庞大，若要完成法院的巡查工作，势必要抽调多名骨干精英组成工作组，针对法院突出的问题展开工作，这必然会导致法院“案多人少”的矛盾更加尖锐和突出。最后，可能遗漏风险点。由于司法审判管理过程中涉及的风险点较多，人工评查不可能涵盖审判管理的全部，亦不可能对整体情况进行体检，故每年都会选择一项内容进行检查，这样极有可能会遗漏关键的风险点。

自动巡查系统的应用能够有效地解决上述问题，针对海量的风险点和巡查内容，法院纷纷研发相应的系统予以应对。自动巡查系统可以有效发现法官的各类不合法、不合规行为，并及时向相关部门发出警报。自动巡查系统实现了从人工巡查到系统自动巡查的转变，强化了对案件管理的监督力度，严格了审判执行程序。对巡查不规范的行为，除了系统实时提醒之外，还会将数据纳入法官业绩档案，最终成为法院年终考核内容。通过巡查各类不规范的行为已经处于下降趋势。

在被评估的高院及兵团法院中，有 20 家高级法院可以实现庭审自动巡查，占比 62.5%，相比 2017 年提高了 12.5 个百分点。这 20 家高级法院可以有效地运用各类信息化手段对辖区内法院的各类庭审活动的规范性和纪律性进行巡查。河北自主创新研发了审判风险防控系统，面对审判流程海量数据，人工监管难以完成，河北省高级人民法院将历年案件评查中发现的问题界定为 125 个风险点，从信息录入、数据质量、流程完整、资料齐全、程序合法等方面进行自动智能检查，大大提高了数据管控的及时性、准确性、全面性，实现了庞杂繁重的人工管理向信息技术自动化管理的转型。如今对一个地市所有案件的流程检查只需 10 分钟即可完成，大幅节约了管理成本，全面提高了审判管理效率，有效提升了案件质量。

三　静默化管理缓解“案多人少”矛盾

当前部分法院“案多人少”矛盾较为突出，法官为完成审判执行等工作，不得不向科技借生产力。在信息化建设初期，系统不会用、不好用、不能用的现象时有发生，对于不习惯使用信息系统的法官而言，系统不能成为节约办案时间的生产力工具，反而成了一种新的束缚。系统静默化管理部分解决了上述问题。首先，通过静默化管理能够真正解放法官的双手。静默化管理的优势在于，在没有人员操作的情况下仍然能够实现部分系统功能。例如，福建石狮法院通过静默化管理，能够让系统自己查找老赖的银行存款信息，执行法官无须时刻待在电脑旁，只要将老赖的身份证信息复制进表格中提交给系统，系统便会自动开始查询工作。其次，静默化管理能够扩充法院工作时长。法院工作时长一般仅限于工作时间，拥有了静默化管理系统，工作时长被大大延长。无论是案件数量的统计，还是简单的人机互动，抑或是信息查询，都可以通过静默化管理系统实现全天 24 小时工作，极大地延长了法院的工作时长。最后，静默化管理方式能够实现自动监管。静默化管理可以强化审判执行过程中各类流程节点的管控，明确各个环节的办理期限、质量标准以及衔接要求，将监管贯穿于审判执行过程中，确保审判执行在每一个环节都能动态监督。

在被评估的高级法院及兵团法院中，共有 19 家高级法院可以实现静默化管理，约占 59. 38%。通过静默化管理系统，实现了让数据多跑路、让法官少费力，真正让信息化成为法官手中最强大的生产力工具，解决“案多人少”矛盾，让法官专心从事审判执行等工作。

四　管理系统完备度较高

完备的法院管理系统不仅可以为法官判案提供参考，为执行提供便利，为绩效考核提供依据，更可以实现诸多其他功能。除了上述业务之外，完备的法院信息化系统还可以通过信息化手段调取档案，实现网上阅读档案，还可以支持纪检监察业务的网上办理，可以支持人事业务的网上办理，可以支持物资装备、国有资产、采购、基建等司法装备的信息化管理。通过评估发现，有 3080 家法院通过信息化手段支持案件档案的信息管理及调阅，约占全部被评估法院的 89. 40%；有 2086 家法院可以支持纪检监察业务网上办理，约占全部被评估法院的 60. 55%；有 2942 家法院支持人事业务网上办理，约占全部被评估法院的85.4%；有3001家法院支持物资装备、国有资产、采购、基建等司法装备的信息化管理，约占全部被评估法院的87.11%（见表2）。

表2　各评估对象管理系统功能实现情况

评估对象	通过信息化手段支持案件档案的信息管理及调阅	支持纪检监察业务网上办理	支持人事业务网上办理	支持物资装备、国有资产、采购、基建等司法装备的信息化管理
北京法院	√	√	√	√
天津法院	√	√	√	√
河北法院	√	√	√	√
山西法院	√	√	√	√
内蒙古法院	√	√	√	√
辽宁法院	√	√	√	√
吉林法院	√	√	√	√
黑龙江法院	√	√	√	√
上海法院	√	√	√	√
江苏法院	√	√	√	√
浙江法院	√	√	√	√
安徽法院	√	√	√	√
福建法院	√	√	√	√
江西法院	√	√	√	√
山东法院	√	—	√	—
河南法院	√	√	√	√
湖南法院	√	—	√	√
湖北法院	√	√	√	√
广东法院	√	√	√	√
广西法院	—	—	—	√
海南法院	√	√	√	√
重庆法院	√	√	√	√
四川法院	√	√	√	√
贵州法院	—	—	—	—
云南法院	√	—	√	√
西藏法院	√	—	√	√
陕西法院	√	√	√	√
甘肃法院	√	—	√	√
青海法院	√	—	√	√
宁夏法院	√	√	√	√
新疆法院	√	—	√	√
兵团法院	√	√	√	—

五　数据分析功能稳步推进

数据分析是法院信息化建设最重要的应用之一，通过大数据分析既可以保障同案同判，提高审判质量，又可以为党委政府决策提供支撑和依据。2017 年，项目组已经对全国高级法院及兵团法院是否能够进行大数据统计及分析进行了评估。评估结果显示，2017 年已经有 28 家高院（包括兵团法院）可以实现基于辖区法院案件信息资源，以案件、时间、人员等维度生成统计报表，已有 25 家高院（包括兵团法院）能够从时间、空间等维度分析各类案件、罪名、案由的审判态势。经过一年的努力，上述数据有了较大的变化，截至 2018 年底，能够生成统计报表的增至 30 家，能够分析审判态势的法院为 28 家（见表 3）。

表 3　各评估对象数据分析功能实现情况

评估对象	2017 年		2018 年	
	能够基于辖区法院案件信息资源，以案件、时间、人员等维度生成统计报表	能够从时间、空间等维度分析各类案件、罪名、案由的审判态势	能够基于辖区法院案件信息资源，以案件、时间、人员等维度生成统计报表	能够从时间、空间等维度分析各类案件、罪名、案由的审判态势
北京法院	√	√	√	√
天津法院	√	√	√	√
河北法院	√	√	√	√
山西法院	√	—	√	—
内蒙古法院	√	√	√	√
辽宁法院	√	√	√	√
吉林法院	√	√	√	√
黑龙江法院	√	√	√	√
上海法院	√	√	√	√
江苏法院	√	√	√	√
浙江法院	√	√	√	√
安徽法院	√	√	√	√
福建法院	√	√	√	√

续表

评估对象	2017 年		2018 年	
	能够基于辖区法院案件信息资源，以案件、时间、人员等维度生成统计报表	能够从时间、空间等维度分析各类案件、罪名、案由的审判态势	能够基于辖区法院案件信息资源，以案件、时间、人员等维度生成统计报表	能够从时间、空间等维度分析各类案件、罪名、案由的审判态势
江西法院	√	√	√	√
山东法院	√	√	√	√
河南法院	√	√	√	√
湖北法院	√	√	√	√
湖南法院	√	√	√	√
广东法院	√	√	√	√
广西法院	√	√	√	√
海南法院	√	—	√	—
重庆法院	√	√	√	√
四川法院	√	√	√	√
贵州法院	—	—	√	√
云南法院	√	√	√	√
西藏法院	√	√	√	√
陕西法院	√	—	√	√
甘肃法院	—	—	—	—
青海法院	√	√	√	√
宁夏法院	—	—	√	√
新疆法院	—	—	—	—
兵团法院	√	√	√	√

六　中国法院“智慧管理”问题与展望

（一）将提升工作效率作为重中之重

法院信息化建设的初衷是实现审判能力和审判体系现代化，通过推进法院信息化建设，各地纷纷研创提高司法效率和质量的方法，积累了大量有益的经验，为更好地解决“案多人少”矛盾开出了信息化的良方。从部分法院的实践来看，信息化建设在为法官提供案例推送、法律法规分析、自动生成文书等技术支持的同时，能够大幅度提高司法效率和质量。饶是如此，法院的“案多人少”矛盾并没有因此完全化解，部分地区的法官加班加点的情形没有改变，日夜不分的状态没有消除，“九九六式”的工作仍在持续①。法院信息化对于审判管理而言，其本意在于减轻法官的工作负担，让数据服务法官、服务审判、服务执行。理论上讲，随着信息化水平的提升，法官大量工作将会交由系统解决，法官无须再从事烦琐而又浪费时间的报表、统计、整理案卷、考核绩效等事项，而可以专心从事审判执行工作。但从目前法院信息化建设来看，法官繁忙的状态仍然没有改变。从外部来看，部分法院收案量年年攀升，法官压力年年增加，而给法官配备的司法辅助人员却没有增长，中西部偏远地区甚至多年招不到合适的人员；从系统来看，技术与业务之间存在一定的壁垒，部分功能不好用、不能用、不可用的现象仍然存在，经由系统而提升的工作效率适用范围较窄，遇到特殊情况系统仍然无能为力；从法官来看，法官对于信息化的实际操作水平和接受程度仍然不高，导致信息化没有真正为法官减负，反而成为法官的负担。

法院信息化建设仍然需要以解决法官最棘手的问题为第一要务，面对“案多人少”矛盾，信息化建设更应当勇挑重担，进一步简化操作流程，打通技术和业务之间的壁垒，不断升级提高系统的实用性，让系统可用、能用、好用，使每一个法官都愿意使用法院信息化系统，令每一个法院通过信息化管理真正提高工作效率，真正缓解“案多人少”矛盾。

（二）进一步加强配套制度建设

信息化建设为审判管理工作带来了翻天覆地的变化，有的甚至改变了原有的审判管理模式。但现有的法律以及司法解释所针对的仍然是传统技术条

① 所谓“九九六式”的工作，即早上九点上班，晚上九点下班，一周工作六天，多指互联网公司，但在法院系统内部已经出现了“九九六式”工作状态。

件下的司法状况，对法院信息化建设反应比较迟缓，这就导致部分法律及司法解释限制了法院信息化建设。例如，《民事诉讼法》司法解释第259条规定，“经当事人双方同意，可以采用视听传输技术等方式开庭”。但是，如果网上开庭必须经当事人双方同意，就会出现因被告未对是否同意作出回应，原告也无法采取视听传输技术等方式开庭，给原告的诉讼便利性带来阻碍。此外，在司法实践中很多当事人权利义务关系明确的一审普通程序案件和二审案件，证据形式多为电子证据，也适合开展视频庭审。但《民事诉讼法》的司法解释将视频庭审局限在适用简易程序的案件，这就阻碍了法院信息化的进一步发展。建议最高人民法院搜集各地法院反映的各种制度问题，对这些制度问题进行分析研究，并转化为司法解释或提交法律修改意见，完善法律及司法解释，保障法院信息化建设的合法性。

（三）加大成熟技术应用推广力度

法院信息化建设从技术上已经具备了诸多功能，能够帮助法院及法官提高内部管理及审判执行的效能，但评估发现，部分功能的推广停滞不前。例如，2017年约有78.17%的法院可以实现案件警示，2018年该数字并未发生实质性变化。案件警示不仅能够有效避免案件超期，而且还可以对收结案失衡作出预警。之所以某些功能没有明显推广，一方面是由于系统应用推广测试需要时间，未开通案件警示功能的法院可能正在检测中；另一方面，法院未能充分重视该功能，以至于没有及时上线。此外，即便技术已经开始应用，但仍然属于可有可无，否则各地系统填报便不会出错，卷宗扫描便不会漏项，电子卷宗亦不会丢失。法院信息化不仅是司法现代化的重要路径，而且还是提高司法公信力、增强司法权威的必由之路，更是推动司法改革、破解执行难题的最佳选择。不仅是案件警示这一项功能，所有未能达到100%全部应用的功能均应当加快推广速度，拓展普及的深度和广度。对此，应当加强法院信息化建设的评估与考核，强化各级法院充分利用信息化的意识，加强对信息化功能应用的培训，建立与技术公司交流反馈的长效机制，不断提高技术应用的广度与深度。

（四）提高司法数据分析应用能力

法院信息化建设除了能够提升审判能力和实现审判管理现代化转型之外，还可以为政策制定者提供决策依据。自最高人民法院推进法院信息化建设3.0以来，各级法院纷纷建立数据分析系统和数据统计平台，对司法判决进行大数据分析，这对于了解一个地区各种刑事、民事、行政案件的实际情况具有重要参考价值。评估显示，已经有30家高级法院（包括兵团法院）可以实现基于辖区法院案件信息资源，以案件、时间、人员等维度生成统计报表，已有28家高级法院（包括兵团法院）能够从时间、空间等维度分析各类案件、罪名、案由的审判态势。但各地法院数据分析仍然停留在简单的统计层面，很少作出大数据分析并形成报告。很难看到用数据分析结果影响地方立法进程，亦难看到地方法院大数据分析报告辅助党委政府决策。因此，建议强化对司法大数据的应用，进一步挖掘司法大数据的价值，充分发挥司法大数据的作用，能够为立法、司法解释以及政治决断提供依据。

（五）升级审判管理系统安全保障

司法数据分为两类，一类需要法院及时向社会公开，通过司法公开提高司法公信力，提升司法权威；另一类则因法律规定不得向社会公开，如涉及国家安全、个人隐私、商业秘密的案件是不公开审理的。法院内部管理信息、纪检监察、人事业务等相关信息就属于不宜公开的内容。评估发现，司法管理系统的完备性较高，从数据来看，有93.75%的高级法院（含兵团分院）能够通过信息化手段支持案件档案的信息管理及调阅，有71.88%的高级法院（含兵团分院）支持纪检监察业务网上办理，有93.75%的高级法院（含兵团分院）支持人事业务网上办理，有90.63%的高级法院（含兵团分院）支持物资装备、国有资产、采购、基建等司法装备的信息化管理。上述信息有些涉及国家秘密（如纪检监察信息）、有些涉及个人信息（如部分人事信息），如何保障这些信息的安全成为摆在所有法院面前的重要问题。

解决信息安全问题，首先，需要对信息划分等级，不同等级的信息应当适用不同的处置方式。对于应当公开的信息则需早日上网公布，对于应当内部传达的信息则应当通过文件传输系统传递。其次，需要建立科学的管理制度，规定哪些人可以接触哪一类信息，哪些人不能接触哪一类信息，信息传递和接收过程中应当遵循哪些程序和规范。最后，应当提高人员的保密意识。对于法院干警而言，应当加强信息保存和保密的安全性培训，对于外部人员，应当及时签订保密协议。

B.6

中国法院“智慧诉讼服务”第三方评估报告（2018）

中国社会科学院法学研究所法治指数创新工程项目组*

摘　要： 诉讼服务是新时代人民法院坚持以人民为中心发展思想、践行司法为民理念的必然要求。信息化的深入推进为法院优化诉讼服务、提升服务效果提供了机遇和条件。为检验法院信息化拓展诉讼服务的效果，促进优质服务，中国社会科学院法学研究所法治指数创新工程项目组对法院“智慧诉讼服务”情况开展了第三方评估。评估结果显示，信息化条件下法院诉讼服务不断向好，信息化平台建设取得重大进展，司法公开工作进一步深化，但法院远程服务工作仍存在较大进步空间。未来，各级法院应从满足人民群众多元司法需求出发，在人民法院信息化3.0版的基础上，积极回应群众关切，拓展司法为民新渠道，开创诉讼服务新举措，不断提升信息化服务水平。

关键词： 法院信息化　智慧法院　诉讼服务　法治指数　第三方评估

---

* 项目组负责人：田禾，中国社会科学院国家法治指数研究中心主任、法学研究所研究员；吕艳滨，中国社会科学院法学研究所研究员、法治国情调研室主任。项目组成员：王小梅、栗燕杰、胡昌明、王祎茗、刘雁鹏、田纯才、米晓敏、洪梅等。执笔人：田纯才，中国社会科学院国家法治指数研究中心学术助理。

一 评估背景：以人民为中心的智慧法院建设

诉讼服务是指在诉讼法、人民法院组织法等法律框架内，由人民法院系统相关内设机构在诉讼及其前后延伸过程中，对外方便诉讼当事人、律师和社会公众的一整套非裁判工作机制与体系①。近年来，法院信息化的不断发展，为人民法院深化诉讼服务理念、提升诉讼服务能力和水平创造了条件。

诉讼服务理念是人民司法传统的现代性表现与升华。进入 21 世纪，为满足人民群众对司法透明化、规范化、高效率、便利化的诉求，人民法院从思想和理念上重新审视和重视司法的服务性功能和作用，并从北京、天津等地法院系统开始探索及开创与诉讼服务有关的法院工作及运行模式，并从实践的角度提出"诉讼服务"的概念。2009 年 2 月，最高人民法院印发《关于进一步加强司法便民工作的若干意见》，把"诉讼服务"的理念正式确立下来，明确提出"人民法院应当设立立案大厅或诉讼服务中心"。诉讼服务理念是随着法治实践的发展，人民法院对社会主义法治规律和司法功能的认识不断深化的结果。"诉讼服务"蕴含着对审判权与诉权和诉讼主体的关系进行协调的观念，是人民法院践行司法为民的主基调。

党的十八大以来，中国经济社会发展进入新的历史阶段，党和国家事业取得了历史性成就、发生了历史性变革。2013 年 2 月 23 日，习近平总书记在主持十八届中央政治局第四次集体学习时提出，努力让人民群众在每一个司法案件中感受到公平正义，强调"要坚持司法为民，改进司法工作作风，通过热情服务，切实解决好老百姓打官司难问题"，要求"司法工作者要密切联系群众，规范司法行为，加大司法公开力度，回应人民群众对司法公正公开的关注和期待"。党的十九大明确把"以人民为中心"作为新时代坚持和发展中国特色社会主义的基本方略，要求"必须坚持人民主体地位，坚持立党为公、执政为民，践行全心全意为人民服务的根本

① 参见李少平主编《人民法院诉讼服务理论与实践研究》，法律出版社，2015，第 15 页。

宗旨，把党的群众路线贯彻到治国理政全部活动之中”。2018 年 1 月，习近平总书记对政法工作作出重要指示，强调坚持以人民为中心的发展思想，履行好维护国家政治安全、确保社会大局稳定、促进社会公平正义、保障人民安居乐业的任务。中央的部署和要求为新时代做好诉讼服务工作提出了明确目标和方向。

党的十八大以来，最高人民法院深入贯彻实施中央治国理政新理念、新思想、新战略，把法院信息化与司法体制改革作为推动人民法院工作发展的“车之两轮、鸟之双翼”，信息化和司法改革的深入实施和相互促进带动了人民法院诉讼服务的不断拓展和完善。2014 年 11 月，最高人民法院印发《关于进一步做好司法便民利民工作的意见》，提出“建设好、管理好、运用好诉讼服务平台”，“努力为当事人提供‘一站式’和‘全方位’的诉讼服务”。2015 年 2 月，最高人民法院制定的《关于全面深化人民法院改革的意见——人民法院第四个五年改革纲要（2014 ~ 2018）》，把“完善诉讼服务中心制度”“进一步拓展司法为民的广度和深度”作为全面深化人民法院改革的重要内容加以推进。

信息化建设为人民法院拓宽诉讼服务渠道、深化诉讼服务效果、提高诉讼服务质量，提供了机遇。2017 年 4 月，最高人民法院印发的《关于加快建设智慧法院的意见》提出，“建设智慧法院，就是要构建网络化、阳光化、智能化的人民法院信息化体系，支持全业务网上办理，全流程审判执行要素依法公开，面向法官、诉讼参与人、社会公众和政务部门提供全方位智能服务，使信息化切实服务审判执行，让司法更加贴近人民群众，用先进信息技术不断提高各级人民法院的科学管理水平”。2018 年 4 月，最高人民法院网络安全与信息化领导小组 2018 年第一次会议召开，强调“坚持以人民为中心的发展思想，满足人民群众多元司法需求”，提出通过信息化手段不断提高诉讼服务水平，为人民群众提供线上与线下结合、诉讼与调解对接的司法服务，更好地满足人民群众日益增长的美好生活需要。同月，最高人民法院印发《人民法院信息化建设五年发展规划（2018 ~ 2022）》，强调“促进审判体系和审判能力现代化”的发展目标，继续把“坚持服务人民群众、服务审判执行、服务司法管理”作为人民法院信息化建设指导思想的重要内容和主要原则。“三个服务”指导思想的确立，标志着人民法院信息化发展思路更加清晰和成熟，为人民法院拓展诉讼服务及其可持续发展提供了制度保障。

中央有关领导同志多次强调，要把人民高兴不高兴、满意不满意、答应不答应作为检验工作的标准。为检验法院信息化拓展诉讼服务、满足人民群众多样化司法需求的实际效果，中国社会科学院国家法治指数研究中心、中国社会科学院法学研究所法治指数创新工程项目组（以下简称“项目组”）对全国法院信息化拓展诉讼服务情况开展了第三方评估。

二　智慧诉讼服务取得的成就

评估发现，依托法院诉讼服务大厅、诉讼服务网和12368诉讼服务热线“三位一体”诉讼服务平台和律师服务平台，人民法院不断拓展服务当事人、律师和社会公众的渠道和内容，积极提供网上立案、电子送达、庭审直播、文书查询、诉讼档案查询等交互式、全方位、立体化诉讼服务，实现重要信息主动告知、即时查询和有问必复，初步形成线上线下、庭里庭外多样化司法服务能力，让人民群众少跑路、少花钱、少受累，使司法更加贴近人民群众。

（一）诉讼服务中心全面建设

诉讼服务中心是人民法院面向群众、处理纠纷、提供司法服务的窗口，是连接法官与当事人的关节点。信息化时代的诉讼服务中心借助科技的力量，一改法院“门难进，法官难找”的旧疾，让老百姓“打官司”不再难。

现代化的诉讼服务中心实现了诉讼服务大厅、诉讼服务网络、12368诉讼服务平台“三位一体”。全国95.22%的法院建成了信息化程度较高的诉讼服务大厅，为当事人提供全方位的诉讼服务；82.67%的法院开通诉讼服务网，能够为当事人、律师提供网上预约立案、案件查询、卷宗查阅、电子送达、诉讼指南等服务；77.64%的法院开通12368诉讼服务热线，以电话接入、语音和短信等方式，为公众参与诉讼活动提供最为便捷的服务。近年来，随着新媒体的广泛应用，已有44%的法院开通诉讼服务App或微信小程序，极大地拓展了为群众提供司法服务的渠道。部分法院创新工作思路，将保全、评估、送达等审判辅助工作集中到诉讼服务中心，为当事人提供更加高效的一站式服务。更有一些地方法院借诉讼服务中心位于纠纷解决前端的特点，于此搭建多元化纠纷解决平台，充分发挥诉讼服务中心的解纷职能，实现了大量民商事纠纷及时就地解决。信息技术的创新应用在提升诉讼服务中心工作质效方面也发挥了重要作用，如部分法院整合了原有开发的导诉机器人、诉讼服务自助终端、智能导航系统等辅助手段，显著提升了诉讼服务中心的建设水平。

（二）电子诉讼方便群众

电子诉讼是支持当事人、律师和审理法官全部在网上进行立案、证据交换、开庭、审理、执行乃至涉法涉诉信访业务，实现“全业务覆盖、全天时诉讼、全流程公开、全方位融合”的在线诉讼模式。电子诉讼有诸多优势，不仅可突破传统现场办理的时间、空间局限，提供7×24无假日、全天候服务，给当事人带来极大便利，免除奔波之苦，也能最大限度地减少审判执行活动对当事人正常生产、生活的影响。

2018年7月6日，中央全面深化改革委员会第三次会议通过《关于增设北京互联网法院、广州互联网法院的方案》。2018年9月9日，北京互联网法院正式揭牌成立，北京互联网法院电子诉讼平台正式上线。北京互联网法院电子诉讼平台的创建是司法主动适应互联网发展趋势的创新举措，当事人不需要到法院，便可以实现受理、送达、调解、证据交换、庭前准备、庭审、宣判等诉讼环节的网络化办理，还可以随时在线上点播庭审视频，阅读浏览卷宗材料，诉讼流程更加公开透明，司法公信力更强。北京互联网法院电子诉讼平台上线一周，总访问量已达129.6万次，平台注册用户累计1452人/家。其中自然人1395人（律师139人、非律师1256人），法人57家。互联网十强企业旗下品牌或服务均有涉诉，当事人在电子诉讼平台上提交立案申请900件，其中撤回申请383件，已审核223件，待审核294件。在已收到的900件立案申请中，当事人选择同意调解的案件比例为84.4%。

（三）跨域立案减轻诉累

实现网上立案、网上递交材料、网上签收文书、网上信访等功能，有效打破了诉讼活动的时间、空间、地域限制，有利于改变各法院条块分割、各自为战的状况，建立起法院之间横向和纵向系统化、常态化、制度化的协同联动机制，开创跨地域、跨法院、跨层级的诉讼服务新格局，避免当事人往返奔波的诉累。针对“异地诉讼难”问题，全国法院积极探索跨域诉讼（跨域立案）服务模式。2017 年 3 月，最高人民法院决定在全国 14 个省份部分法院试点推行跨域诉讼服务模式。截至 2018 年底，全国已有 1154 家法院实现跨域立案，超过全国法院总数的 32.88%，其中北京、河北、吉林、上海等省份辖区法院已全面实现跨域立案。

2018 年，重庆市第二中级人民法院积极推进全域立案试点。该院辖区集大农村、大山区、大库区于一体，各区县交通十分不便，群众诉讼的成本很高。“全域立案服务系统”运行涉及“两地法院”“三个阶段”（“两地法院”为收件法院和管辖法院；“三个阶段”包括诉讼材料的提交和扫描录入阶段，管辖法院的形式审查和法律文书生成阶段，准予登记立案的相关法律文书的反馈生成阶段）。试点期间，当事人在该院辖区的 9 家人民法院及其 42 个人民法庭，均可提交向同级任一人民法院提起诉讼的相关材料，完成基层人民法院民事诉讼案件的异地立案。重庆全域立案试点工作的有序推行，为全国范围内实现全域立案奠定了坚实的基础。

（四）矛盾纠纷多元化解

随着经济社会的发展，中国进入发展关键期、改革攻坚期、矛盾凸显期，面临的矛盾更加复杂，老问题与新问题交织，不同领域矛盾相互叠加。随着立案登记制的实施，全国法院案件受理量呈现井喷式增长，“案多人少”的矛盾更加突出。信息化的发展和应用为人民法院引导矛盾纠纷多元化解、为当事人提供更精准的法律服务、维护当事人合法权益和社会和谐稳定提供了便利条件。

近年来，河南省登封市人民法院结合大禹以疏治水的精神内核，创新推出了萌发阶段、诉前阶段、诉讼阶段、执行阶段、到位阶段五段连环的“封调禹顺”多元矛盾纠纷化解机制。围绕“封调禹顺”机制的实施和深化，登封法院以线下线上融合机制为依托，汇集多元化解渠道和调解资源于一体，人民群众可采取点将、预约等方式找调解、找援助、找法官，方便群众自主选择矛盾化解方式。申请调解人在调解成功后可选择司法确认流转，速裁法官在收到推送后及时出具司法确认书，用时不超过 1 个工作日；若调解不成功可选择网上立案流转，直接进入网上立案系统，实现诉调无缝对接，让群众只跑一次腿。2018 年以来，80% 的小矛盾化解在诉前，23% 的民事纠纷以此种方式圆满解决。

（五）信息化破解送达难

法律文书能否及时准确送达当事人和其他诉讼参与人不仅是程序正义的要求，也关乎实体正义能否如期、依法实现。长期以来送达工作面临着诸多障碍，“送达难”成为困扰法院干警的突出问题。传统送达手段对解决“送达难”束手无策，信息化手段为此开出了一剂良方，网络在联通世界的同时也打通了法院与当事人和其他诉讼参与人的沟通渠道。电子送达从起步时的短信、邮件送达，发展为依托政府部门联动和商业化大数据平台准确定位的精准送达及微信送达等高阶方式，切实提高了法院的送达工作效率，及时充分地实现当事人的合法权益。

福建法院创新开发符合当地特色的送达系统，打造专门送达团队，通过系统电话录音、上门送达影像回传、诉讼文书自动生成、地图定位等功能，做到送达工作全程信息化。在信息获取方面，福建法院与综治网、公安信息网、三大通信运营商实现数据共享，最大限度地获取受送达人的基本信息，提高受送达人的信息可靠度，从根本上提高送达成功率；在送达方式上，保证送达渠道多样化与穷尽规则，如与 EMS 物流信息网的对接，实现邮寄送达信息实时更新，并引进菜鸟物流，提高邮寄送达成功率。福建法院还引进公证送达，以市场机制激励的方式，借助送达系统实现送达全过程跟踪，提高送达效率。

三 智慧诉讼服务存在的问题

评估发现，在信息化不断拓展人民法院服务广度和深度的同时，随着全面依法治国的不断完善和司法体制改革的不断深入，法院信息化在拓展诉讼服务方面存在的一些问题也暴露出来，集中体现为人民法院诉讼服务不全面、不协调、不均衡，难以满足人民群众对知情全面性、沟通距离感、互动即时性的司法需求。

（一）平台不对接

法院信息化建设初期相对缺乏整体规划和顶层设计，加之一定时期各部门之间缺乏必要的协调，导致诉讼服务平台林立，诉讼服务平台之间不协调、不对接的问题仍然比较严重。《最高人民法院关于全面推进人民法院诉讼服务中心建设的指导意见》实施后，诉讼服务大厅、诉讼服务网、12368诉讼服务热线“三位一体”的诉讼服务中心初步建立，诉讼服务平台之间不协调、不对接的问题有所缓解，但仍存在平台分工不明确、信息重复、数据不统一的问题，影响了服务的精准性和实效性。同时，由于诉讼服务与司法公开都属于信息化“服务人民群众”的内容，诉讼服务“三位一体”平台与司法公开“四大平台”的关系必须处理好。2018 年，法院信息化服务人民群众平台不统一的问题仍未彻底解决，“服务当事人”“服务律师”和“服务社会公众”相对割裂，影响了人民法院诉讼服务的整体效果。

（二）功能不全面

“三位一体”诉讼服务中心提供了丰富的诉讼服务功能，但就服务当事人和服务律师的实际需要而言，仍不够全面。在服务当事人方面，主要体现为电子诉讼系统建设推进缓慢。电子诉讼的核心是支持网上立案、网上缴费、网上证据交换、网上庭审和网上送达，是践行司法为民、提升审判质效的基础性、全局性工作。电子诉讼方式将从源头上改进法院审判体系和提高审判能力，进一步提升司法公信力。当前，电子诉讼在一些地区逐步得到应用和普及，但在全国的推广比较缓慢，有些法院缺乏足够重视，导致推进不力；有些法院受技术条件限制，导致线上线下脱节。目前，全国实现网上开庭功能的法院不足50%，实现网上开庭功能的法院，由于诉讼响应较慢或宣传推广不力等方面的原因，利用率较低。尤其是律师服务系统的建设远不能满足律师执业和参与诉讼活动的需要，制约了法院诉讼服务整体功能的发挥。

（三）应用不深入

各地法院在信息化拓展诉讼服务中普遍存在技术应用不深入的问题，主要表现在两个方面。其一，重技术轻业务。以诉讼服务网建设为例，部分法院仅依靠专门技术人员制作和维护，甚至基本的法律常识性错误都不能被及时发现；由于网站制作维护人员不懂业务流程，当事人在平台上寻求诉讼服务时又不能从门户网站顺畅地与法官取得联系，这样的信息化无法满足人民群众的司法需求。其二，重业务轻服务。一些网站的服务窗口在主页边缘角落位置，不易被发现。这些问题在诉讼服务大厅和12368诉讼服务热线建设中也不同程度地存在，仅依靠法院现有工作人员无法解决这些问题，但过度依赖设计、建设、维护等服务外包又导致信息化系统与审判业务、诉讼服务契合度不足、实用性欠佳，不仅不能为诉讼服务提供技术支持，反而徒增当事人、律师和办案法官负担。

（四）发展不均衡

中国幅员辽阔、情况复杂，各地法院在信息化拓展诉讼服务方面面临不同的形势和任务，虽然近年来各地法院在信息化拓展诉讼服务方面都取得了各具特色的成就，但整体上发展不平衡的情况仍然严重。一是地区发展不平衡，不同地区法院在诉讼服务系统建设和应用方面情况千差万别，给跨域立案等区域协同诉讼服务活动的开展带来了不少阻碍。二是基层法院、派出人民法庭诉讼服务系统建设相对滞后，法院信息化拓展诉讼服务在延伸至“最后一公里”、直接服务基层群众方面还有许多工作要做。这些问题不但影响了服务效果，而且影响了不同层级法院之间的数据交换和协同服务。信息化拓展诉讼服务发展不均衡、不协调，与人民群众对全方位、高质量诉讼服务的需求还存在相当差距，亟须更高水平的整体规划和顶层设计。

四 智慧诉讼服务发展与展望

新时代中国社会主要矛盾已经转化为人民日益增长的美好生活需要和发展不平衡不充分之间的矛盾。未来，信息化服务人民群众司法需求的任务更加艰巨。信息技术迅猛发展，人民群众的司法需求呈现新特点，对知情全面性、沟通零距离、互动即时性都提出了新的要求。要求各级法院在人民法院信息化3.0版建设的基础上，以满足人民群众多元司法需求的大情怀，积极回应群众关切，拓展司法为民新渠道，开创诉讼服务新举措。

（一）以公众为导向，满足人民群众多元化司法需求

法院信息化建设过程中必须全面、切实了解人民群众的多样化司法需求。要持续发展“互联网+诉讼服务”，实现“让信息多跑路、让群众少跑腿”的服务目标，必须学会运用“用户思维”开展诉讼服务工作。诉讼服务的“用户”是人民群众，法院信息化绝不只是法院内部的信息化，而是要面向社会，以司法便民、利民、惠民为目标，搭建与民沟通、为民服务的桥梁，满足人民群众的知情权、表达权、监督权，充分满足人民群众的多元化司法需求。未来，在信息化拓展诉讼服务建设中，必须进一步拓展司法公开的广度和深度，让人民群众切实感受到能公开的信息都已公开；需要为诉讼参与人提供全流程、一体化诉讼服务，减少人民群众诉累，降低诉讼成本；需要建立更加便捷的沟通渠道，更好地接受社会各界监督，使人民群众和法院互动更加及时、全面。

（二）服务与管理并重，开创法院信息化建设新局面

法院信息化建设是一项系统工程，必须坚持服务人民群众、服务审判执

行、服务司法管理并重，提高案件受理、审判、执行、监督各环节的信息化水平。未来，应聚焦“一站式”服务，构建全业务、全流程业务应用平台，切实将服务理念贯穿于智慧法院建设全过程。一是保证审判执行和司法管理各环节衔接的通畅性或设计的精细化，为法官精确办案、法院精细管理和当事人精准服务提供条件。二是进一步推广网上办案和电子卷宗随案同步生成，优化办案系统，提高案件信息准确性，保证当事人的知情权。三是通过人民法院相互协作、诉讼服务流程再造，依托网络平台统一诉讼服务信息系统，打破传统诉讼服务限定地域、限定对象的思维定式，构建起本地服务与跨域服务“同等对待、同一标准”的诉讼服务新模式，方便人民群众就近诉讼。

（三）坚持“大服务”理念，实现服务与公开共同发展

服务当事人、服务律师、服务社会公众是人民法院信息化服务人民群众的主要内容，必须把诉讼服务和司法公开有机结合起来，才能切实实现服务人民群众的“初心”。必须坚持“大服务”理念，遵循“构建开放、动态、透明、便民的阳光司法机制”理念，通过司法公开、诉讼服务、法治宣传、监督建议等信息化渠道，不断满足人民群众日益增长的多元司法需求。建议探索开发集司法公开和诉讼服务于一体的智能服务，实现诉讼服务平台与司法公开四大平台对接，提供诉讼服务效果分析、当事人信用信息、案件胜败诉因素、立法建议、司法建议、社会管理专题、案例研判和信访咨询等诉讼服务和对外司法大数据分析服务，扩大诉讼智能评估服务的案由覆盖范围，持续提升司法公开与诉讼服务的智能程度，并与司法公开、诉讼服务等应用系统实现无缝集成，为人民群众提供更有价值的诉讼服务。

（四）聚焦电子诉讼，构建全流程电子诉讼服务平台

智慧法院是法院信息化建设的方向，电子诉讼是践行司法为民、提升审判质效的基础性、全局性工作。未来，应聚焦电子诉讼，着力构建全流程电子诉讼服务平台。最高人民法院应进一步扩展诉讼服务平台网上立案、网上

缴费、网上证据交换、网上庭审、电子送达等诉讼服务内容，全面覆盖证人、中介机构、第三方机构等所有诉讼参与人。各级法院全面完成诉讼服务系统建设，全面完成律师服务、人民陪审员服务，完善网上立案、网上缴费、网上证据交换、网上庭审、电子送达等基本功能，实现收集用户评价和问题反馈功能。同时，要结合诉讼服务大厅，为人民群众提供“全流程”电子诉讼服务。支撑诉讼服务从信息提供向业务参与转变，从个别流程参与向全流程参与转变，融合线下和线上司法资源，积极参与“互联网+”益民服务行动，实现诉讼服务与其他部门公共服务协同。

信息化建设的地方实践

Local Practice of Court Informatization

B.7 开放包容平台助推互联网法治共同体建设

——北京互联网法院电子诉讼平台

吉罗洪　李　响　吴　娟*

摘　要： 新时代孕育出多元司法新需求，北京互联网法院根据北京市三级法院统一的审判信息资源库，以开放包容、平台中立、数据共享、创新升级、安全可控为理念，创建了全流程、一体化的电子诉讼平台，促进了互联网空间治理的法治化和规范化，有力推动了互联网法治共同体的建立。作为北京智慧法院建设的重要组成部分，该平台的上线运行是更好满足公正司法、司法为民的创新举措。

* 吉罗洪，北京市高级人民法院党组副书记、副院长；李响，北京市高级人民法院信息技术处处长助理；吴娟，北京市高级人民法院信息技术处资源管理科科长。

关键词： 电子诉讼 网上诉讼服务 区块链

依托北京三级法院统一的审判信息资源库，运用大数据、区块链、云计算、人工智能等新兴技术，北京互联网法院创新构建了服务网上诉讼、网上诉讼服务等全流程、一体化的电子诉讼平台。该平台深度融合规则与技术，切实满足了互联网法院线上线下的个性化要求，从申请立案、缴纳诉费、向被告送达应诉答辩到组织证据交换与质证，从庭前准备、开庭审理、案件报结、卷宗归档到上诉，均在网上办理，具有开放包容、平台中立、数据共享、创新升级、安全可控的特征，是辅助法官办案、指引人民群众诉讼、服务数据管理的智慧应用。

一 顺应新形势，创新建设平台历程

党的十九大胜利召开，向全党全国人民发出进入中国特色社会主义新时代、迎接实现中华民族伟大复兴新使命、开启全面建设社会主义现代化国家新征程的伟大号召。对人民法院来说，必须始终把政治坚定作为立身之本，特别是作为首都法院，更要旗帜鲜明地把讲政治摆在首位，习近平新时代中国特色社会主义政法思想深刻解释了新时代政法工作的规律和特点。北京法院在最高人民法院的指导下，坚持以人民为中心的发展思想，面对新形势、新要求，积极应对司法改革，融合前沿科技，统筹规划，创新构建了北京互联网法院电子诉讼平台。

（一）应对司法改革，创新信息化建设

信息系统建设对人民法院工作现代化具有重要推动作用，集数字化、网络化、智能化为一身的法院信息系统建设，有助于法院实现审判体系和审判能力现代化，是深化人民法院司法改革的重要途径。北京互联网法院电子诉讼平台正是北京法院贯彻落实最高人民法院信息化建设战略部署、

为首都智慧法院提供智能服务的重要体现，是对传统审判理念和诉讼模式的重大挑战，是司法主动适应互联网发展大趋势的重大制度创新。根据最高人民法院领导讲话精神，为实现全面贯彻学习习近平新时代中国特色社会主义思想“更进一步”，更好服务首都发展“更进一步”，提高审判质效“更进一步”，推进司法体制改革“更进一步”，贯彻以人民为中心的发展思想“更进一步”，队伍建设“更进一步”，党风廉政建设“更进一步”，推进互联网法院建设发展“更进一步”，北京法院不断拥抱前沿科技，逐步建设智慧法院，以构建开放包容的电子诉讼平台、助推互联网法治共同体的建立。

（二）面对新要求，坚持依法治理网络

近年来，涉网纠纷日益增多且不断升级。因互联网引发的各种新型法律问题不断涌现。以北京市为例，网民比例居全国第一，高新技术企业云集，也是全国互联网发展前景良好的城市之一。经过网络统计，2017 年，北京全市三级法院受理的互联网购物、互联网著作权权属和侵权纠纷、互联网域名纠纷、互联网侵权责任纠纷、服务合同等 11 类互联网案件 34174 件，2018 年 1 月至 8 月审理上述案件 41597 件，同比上升 34. 2%。面对新形势、新要求，北京法院也迎来了新的发展机遇。2018 年 7 月 6 日，中央全面深化改革委员会第三次会议审议通过《关于增设北京互联网法院、广州互联网法院的方案》，北京市高级人民法院认真贯彻中央全面深化改革会议精神，积极落实中央提出的“依法有序、积极稳妥、遵循司法规律、满足群众需求”精神，结合北京本地辖区涉网络纠纷特点，为避免网络空间成为“法外之地”，坚持首善标准，积极探索新型互联网案件诉讼程序和司法规则，完善符合互联网发展规律的工作模式，回应人民群众对互联网时代高效司法的需求，加强互联网与司法工作的深度融合，以“网上案件网上审理”为基本思路，制定《北京互联网法院诉讼指引（试行）》，探索跨时空诉讼，构建了开放包容、平台中立、数据共享、创新升级、安全可控的北京互联网法院电子诉讼平台。

（三）坚持需求导向，持续完善升级

北京市高级人民法院根据一线法官、律师、诉讼参与人的实际需求，于2013年开始统筹逐步建设完成的北京市三级法院统一网上诉讼平台，该平台部署在北京市政务单位使用的互联网云平台上，由北京市高级人民法院统一管理数据。自2013年上线运行，该平台于2014年上线网上立案，于2015年上线网上缴费、网上阅卷，2016年上线多元调解、网上执行，2017年上线网上送达、网上开庭，2018年上线网上材料递交、网上证据交换等功能，已经基本建设完成了全流程网上诉讼平台功能模块。为严格贯彻落实最高人民法院领导提出的提高审判质效"更进一步"，北京法院以互联网审判方式集中审理互联网案件，加强网络意识形态管理，积极回应群众多元司法需求，在深度运用互联网信息技术基础上创新互联网审判机制，科学确定管辖范围，在最高人民法院指导下探索新型互联网案件诉讼程序，健全完善诉讼规则，构建统一诉讼平台，推动网络空间治理法治化和治理能力现代化，在符合等级保护三级标准的北京法院内外网数据安全交换平台的基础保障下，法官在统一平台上处理业务工作，满足审判节点监督、审判质效评估和司法统计等工作要求。

（四）融合新科技，创新建设理念

北京互联网法院电子诉讼平台顺应司法改革趋势，坚持"开放包容、平台中立、数据共享、创新升级、安全可控"的建设理念，以服务当事人为宗旨，以法官审判公正高效为导向，以平台运行中立安全为基础，与电子卷宗、集约送达一体化等平台进行无缝对接，统一司法资源数据库，与北京法院审判信息网实现互联互通、数据共享，实现在PC端、移动端的多渠道应用。提供全流程电子诉讼服务、全流程司法公开服务，最大限度满足多元司法需求。

一是坚持开放包容原则。基于统一数据融合平台，实现数据兼容、技术兼容。开放标准的数据接口，有序接入电子商务企业、网络运营商、

相关行政机关涉案数据，对外互联网实现与互联网公司等数据对接，对内法院专网实现公安、司法、审执数据、司法统计等单位的数据融合。同时，电子诉讼平台与现有网上调解系统、立案系统、审判系统、集约送达一体化系统等无缝对接，纳入已有参阅案例、立案前调解程序、繁简分流与速裁机制等成果，支持调解案件管理、远程视频调解、在线申请司法确认等事项办理，可以实现人民调解、行业调解、律师调解线上线下双轨运行。

二是坚持平台中立、数据共享原则。北京互联网法院电子诉讼平台坚持维护法院中立裁判，方便所有涉网络纠纷相关企业和互联网调解组织对接，逐步打破数据垄断，连接一个个数据孤岛，让司法数据能够充分流通，探索建立互联网审判技术行为规范和信息化建设规则，在保障系统安全、技术中立的同时，提供身份核实、证据提取、信息流转均可在线上完成等功能，进一步形成网络化、立体化、智能化的互联网审判模式，从而实现数据价值，积极推进互联网法治共同体建设。

三是坚持创新升级原则。北京互联网法院电子诉讼平台坚持用户需求为导向，以法官办案需求引导科技创新，立足开放环境，坚持规则透明，吸纳多方参与，促进规则创新，在顺应审判机制创新、诉讼流程再造、诉讼服务优化的审判模式变革基础上，以智能技术提升法官办案质效。加强语音识别、人脸识别、OCR 等成熟技术的深度应用，提供智能庭前检测、远程视频通话、举证质证、笔记书写以及庭审笔录生成和确认等功能，实现当事人诉讼、法官审判、法院管理全方位全流程无纸化智能化诉讼审判服务，及时高效地化解涉网络纠纷。

四是坚持安全可控原则。为确保网络安全、数据安全和平台安全，北京法院细化安全预案，搭建法院和相关机构共同参与的区块链服务平台，提供电子证据固化、知识产权确权、追溯防伪等服务，实现全网检查、全网监督和全网治理，率先以新兴技术为互联网治理创造基础。这是全国首家由法院牵头、联合多家机构成立的联盟链。北京法院有统一资源库，网间数据互联互通，数据和应用自主可控、统一管理，数据与提供技术服务的互联网公司隔离，应用在互联网法院中形成了数据存证、数字资产、智能合约的进阶路线。通过提供电子证据固化、知识产权确权、追溯防伪、电子合同、数字资产等应用，把公平、公正规则通过技术手段嵌入互联网业务，记录全网、全过程、全交易的数据，并且所有数据被全网所有节点共同拥有，从而实现网络空间信息更加透明、行为更加可追溯。

二 嵌入前沿技术，创新审判方式

置身司法改革浪潮，立足科学技术前沿，北京互联网法院电子诉讼平台主动适应互联网发展趋势，创新司法审判模式。

平台采用全面数字化技术建设，成功融合司法与科技，服务于互联网审判及相关法律制度规则的创新创制，确保市场上最具竞争力、最先进的技术嵌入，以其时代感与先进性，输送法律知识、传递司法正能量，加快推进互联网空间治理的法治化，实现互联网审判科技持续创新。

（一）全程网络化，便捷诉讼

当事人不需要到法院，就可以实现案件受理、证据交换、庭审等诉讼环节的网络化办理，足不出户即可完成诉讼。当事人还可以随时在线上点播庭审视频，阅读浏览卷宗材料，实现诉讼流程更加公开、更加透明，司法公信力更强。北京互联网法院电子诉讼平台上线一周，总访问量已达 129.6 万次，平台注册用户累计 1452 人（家）。其中自然人 1395 人（律师 139 人、非律师 1256 人），法人 57 家。互联网十强企业旗下品牌或服务均有涉诉，当事人在电子诉讼平台上提交立案申请 900 件，其中撤回申请 383 件，已审核 223 件，待审核 294 件。在已收到的 900 件立案申请中，当事人选择同意调解案件比例为 84.4%。平台对接公安部的居民身份证认证库，当事人注册登录网上诉讼平台时，需通过人脸识别技术进行实名认证，从而确保诉讼参与人的身份真实性。在起诉、送达等业务环节均采用数字认证“信手书”产品实现电子签名功能，手写签名进行数字认证，确保当事人之间所传递电子诉讼信息的安全性与真实性。同时，电子诉讼平台以语音识别技术自动生成庭审笔录，且在法官闭庭之后可直接在线发起签名、打印功能，实现全流程网络化、全程留痕，有言必录，在一定程度上倒逼法官、当事人更加注重规范自身庭审言行，为庭审规范化探索路径。

（二）提供跨平台同质化服务

北京互联网法院网上电子诉讼平台可以在法院专网和互联网同时运行，分设当事人用户端、法官用户端、法院管理端等多重端口。用户通过不同端口进入，可触及、操控的信息范围有所差异，实现两网多端口信息的有机融合。在互联网门户，提供一站式的北京互联网法院电子诉讼网站，与北京法院审判信息网网站进行互联互通。在跨平台移动门口，不依赖客户端，公众通过手机浏览器从不同渠道均可访问系统，实现同质化的移动服务。

（三）创立24小时“不打烊”诉讼模式

北京互联网法院电子诉讼平台整体适应互联网审判需要，以科技打通现实时空壁垒，实现 24 小时“不打烊”诉讼模式；以科技突破地域边界，打造“没有围墙”的法院；以科技辅助法官办案，成为“法官的智能助理”。在这种模式下，各环节均在该平台上非同步进行，系统自动指引当事人在信息对称情况下非同步完成诉讼。与传统法院只能在上班时间受理案件不同，在互联网法院电子诉讼平台上，当事人可以随时登录系统，利用碎片化时间来递交材料、查询案件进展、联系法官，轻松完成诉讼活动，真正体现司法审判温度、满足人民群众司法诉求、助推网络法治进程。

（四）审理智能化，高效审判

北京互联网法院电子诉讼平台对案件自动进行要素化处理，增加的在线庭审纪律告知、共享功能的应用、电子证据的调取展示、类案推送等功能，切实推动了网上庭审的高效便捷，进一步促进诉讼流程再造、诉讼质效提

升。同时，电子卷宗依托 OCR 识别技术，实现自动归目，最大限度释放司法生产力，有效节约了司法资源，让人民群众在信息化发展中感受到司法的公正、便捷和高效，是服务信息社会的新型司法模式。

一是诉讼风险评估前置。北京互联网法院电子诉讼平台创立诉讼风险评估前置机制，是诉讼服务的重要组成部分。诉讼风险智能评估系统可以根据类似案件的司法大数据分析、法律知识图谱，将当事人案情和对应的风险综合整理成报告。该评估一方面能帮助缺少法律基本常识的当事人避免常见诉讼风险，减少不必要的损失；另一方面也让当事人意识到诉讼也是有风险、有成本的，从而引导当事人选择非诉渠道解决纠纷，促进纠纷多元化解决。同时，支持调解案件管理、远程视频调解、在线申请司法确认等系列功能，实现多元化调解机制与法院诉讼程序无缝对接。在立案申请提交时，采用二维码签名扫描，降低虚假诉讼风险。

二是诉状自动生成。当事人在北京互联网法院电子诉讼平台选择案由，并根据系统自动生成的案情引导问卷作出选择，平台与公安部人口信息、司法局律师信息实现了对接，辅助 OCR 证件识别功能、人脸识别功能，提高信息录入质量与申请效率。通过互动式问答、智能要素分析、交互式内容梳理，辅助当事人生成叙事简洁、条理清晰的格式化诉状，当事人对诉状信息进行预览并确认后即可用于起诉。这种方式给当事人带来良好的诉讼体验，极大便捷了诉讼程序。

三是集约化电子送达。2018 年 9 月 7 日施行的《最高人民法院关于互联网法院审理案件若干问题的规定》第 15 条第 3 款规定，“经告知当事人权利义务，并征得其同意，互联网法院可以电子送达裁判文书”。目前，北京互联网法院电子诉讼平台充分复用集约送达平台信息，实现送达方式全覆盖、送达服务全面化，同时补充收集各网络平台中当事人的送达地址线索、数据服务全市法院，发挥互联网网络治理功能，建立当事人送达地址提前约定机制。2018 年 9 月 27 日，随着当事人展示已签收的调解书，北京互联网法院电子诉讼平台首次以电子送达方式发出的裁判文书正式生效，这是文书智能生成技术在北京互联网法院案件审理中的首次应用。

四是弹屏短信便捷应诉。被告通过弹屏短信等方式收到案件绑定码。北京互联网法院电子诉讼平台发送的弹屏短信是一种区别于普通短信平台的升级版，是一种新型的提醒方式。可以后台操作，可以实现弹屏、可实现杀毒软件拦截。无论手机正在进行怎样的操作，短信都能直接在手机屏幕上弹出来，保证了发送内容的百分百阅读。目前已经与三大运营商对接，可服务全国手机用户。根据此案件绑定码就可进行网上应诉，并在线提交答辩状等材料，平台提供根据当事人答辩事由按照文书模板在线生成答辩状，同时支持扫码上传、签名。

五是提供庭审服务。北京互联网法院电子诉讼平台提供智能庭前检测，引导当事人预置规范化网上庭审环境。主要包括以像头检测、人脸清晰度检测、画质检测、光线测试等为主的当事人环境检测和以功放检测、网速检测、网络稳定、网络丢包等为主的连通性检测以及以麦克风检测、噪音检测、音量检测、语音识别率等为主的语音检测。同时，提供系统在线功能教学服务，对当事人的庭审操作进行指引，保证当事人熟悉网上庭审流程和操作。在庭审程序方面，支持微信小程序在线庭审直接接入，法官在庭审过程中可通过禁言控制、画面控制、视频控制等维持法庭纪律，控制庭审进程。同时，语音识别庭审笔录自动生成、法庭大屏随庭审进程自动加载电子卷宗，多方互动当庭质证和质证留痕。

六是精细化智能辅助。北京互联网法院电子诉讼平台自动采集生成电子卷宗，实现案件材料的统一管理和深度利用。在审判方面，提炼要素化节点及裁判规则并嵌入电子诉讼平台，推行要素式审判及裁判文书自动生成。同时进行重大敏感案/事件办理工作的动态分析和通报，确保重大敏感案/事件全部纳入统一信息平台监督管理，并对各类审判指标数据进行实时汇总。自动联网分析查验当事人主体资格与证据真实性，按照时间维度，梳理案件事实的发生经过和关键信息，并关联到证据，多维数据分析当事人特征与敏感因素，辅助法官进行案情分析，并自动推送同类案件裁判情况，以“智能化”司法数据分析平台注册情况、收案情况、调解情况等信息进行实时公开，更利于实现同案同判，促进司法公正。

三　全流程一体化平台尚须解决的问题

北京互联网法院电子诉讼平台全力打造全流程一体化智能应用，是在新时代背景下，适应司法改革的创新举措，努力在服务当事人、服务法官、服务管理等方面提供支持与决策辅助，凸显了公正司法的要求，满足群众的多元司法需求，有助于提升司法公信力。截至2018年9月26日，北京互联网法院电子诉讼平台总访问量达185万次，注册用户1864人（自然人+法人+非法人组织），共接到网上立案申请2082件，运行平稳。但是，要实现长久的运行目标，还面临很多方面的考验，因为技术的发展、数据的积累、群众的认知都需要时间的检验。

一是需要进一步探索涉网诉讼规则。电子诉讼是顺应司法改革的诉讼服务新方法，在电子诉讼平台发展过程中，出现对传统诉讼规则造成明显冲击的现象，必须对这些问题重新反思、调整，从而定义适应科技发展、符合司法规律的新的诉讼规则。在满足最高人民法院相关司法解释要求的前提下，进一步明确涉网诉讼案件的适用情形，以达到群众对电子诉讼的权威性认可。

二是还需要加强数据整合。审判及司法相关技术有待进一步深度融合，从而形成有机循环。北京法院已经积累了不同类型的海量数据，若这些数据从不同的生产系统中加以整合、贯通，破除数据物理上的孤立，共享数据资源，可实现边际效益递增，有效避免资源浪费。此外，法院外部的数据资源相对较少，应进一步全面开展更宏观层面的数据分析挖掘，实现数据一体化。北京法院司法数据在社会治理方面尚需通过完善而发挥更加强有力的价值。

三是需要进一步推广电子取证应用。法院下一步有必要扩大区块链联盟，对于案件详情、卷宗，区块链存证电子数据作为证据的存证平台，对于很多当事人、公众来说，尚不知晓，因为缺少了传统模式下法官在立案窗口的引导，在线上立案模式下，当事人的诉讼能力有待加强，所以加强这方面的宣传尤为重要。提升诉讼能力需要强化证据意识，可以通过新闻媒体、市场走访等方式传播，增强公众意识，对于涉网案件，优先在电子诉讼平台进行处理。

四　电子诉讼平台的未来展望

北京互联网法院电子诉讼平台利用网络空间实现从立案到结案的全流程诉讼服务，是当前北京法院结合大数据、区块链、云计算、人工智能等新技术的产物，是在高度信息化的基础上对诉讼服务模式的一次创新，已经在数千名法官、当事人、律师等的参与中得到不断验证和完善。推广电子诉讼是坚持公正司法、服务司法为民、建设首都智慧法院的重要举措，下一步，该平台将从数据共享、交互包容、多元服务等角度不断提升和推进。

一是实现数据共享。从一体化的角度进行信息汇集，包括数据资产的汇集、管理和业务智慧成果的汇集、管理，如案件信息系统的资料、内部文书、电子卷宗、办案规范、专题研究成果等。充分利用现有的网络和系统资源，进一步推动与公检法机关和政府等相关部门的数据共享和工作对接。

二是加强交互包容。通过数据治理、感知计算、区块链等手段，按照统一的数据交换标准与司法部共享数据，以区块链技术，保障电子证据具备去中心化、防篡改等特性，在此基础上，对数据资产、业务智慧等多元数据进行融合和关联，进一步推进实现跨地域、跨业务信息共享、业务协同。

三是强化多元服务。打通个案数据、用户行为数据和外部数据的采集，形成数据循环。要按照统一的数据及传输要求，加强与有关国家机关、社会组织及主要电子商务平台的数据交互共享，推动完善互联网纠纷多元化解决机制，促进形成综合治网格局，更好实现涉网风险有效预警、涉网纠纷及时解决。

未来，北京互联网法院电子诉讼平台将以区块链技术为保障，从处理好传统审理模式和现代审理模式的关系、法庭元素和科技元素的关系、司法公开和信息安全保密的关系、智能化建设和办案实际需求的关系入手，切实以办案需求为导向，继续坚持以人民为中心的发展思想，为群众诉讼提供便利，进一步推广“网上案件网上审理”新型审理机制，构建适应互联网时代需求的新型诉讼规则，总结提炼法律规则，推动形成网络化、立体化、智能化的互联网审判模式，坚持推进理念创新、技术创新、机制创新，不断升级完善电子诉讼平台，真正发挥现代科学技术在促进司法公正、提高司法效率、提升办案效果等方面的积极作用，推动网络空间治理法治化。

B.8

法院全业务掌上融合的广州实践

广东省广州市中级人民法院课题组*

摘 要： 广州市中级人民法院深入贯彻中央网络强国战略、“互联网+”行动计划、国家大数据战略等一系列重大决策部署，全面探索“法律+互联网”领域，将移动互联技术与法院业务深度融合，开发“广州微法院”微信小程序和“律师通”“法官通”“移动执行”等手机App软件，打造广州法院全业务掌上融合的移动服务体系，满足各方主体对诉讼服务的需求，助推审判体系和审判能力现代化。该体系实现诉讼业务全流程网上办理，人民群众从“最多跑一次”到“一次不用跑”，减少当事人诉累；为律师提供专业定制的诉讼服务，为律师开展工作提供便利，提升律师群体尊荣感；为法官提供移动办案办公条件，不受时空限制开展工作，实现在线阅卷、在线合议等，提升审判执行质效。

关键词： 法院全业务 掌上融合 “法官通”App “移动执行”App

* 课题组负责人：王勇，广东省广州市中级人民法院党组书记、院长，一级高级法官。课题组成员：张春和、林武坛、黄健、周冠宇、陈育锦、赵卓君、李志明、成杰。执笔人：陈育锦，广东省广州市中级人民法院技术科科长；赵卓君，广东省广州市中级人民法院自动化科科长；李志明，广东省广州市中级人民法院一级法官。

近年来，广州市中级人民法院（以下简称“广州中院”）在推进信息化建设过程中，紧紧抓住移动互联3.0时代机遇，坚持问题和需求导向，全面探索“法律＋互联网”领域，将移动互联领域作为广州智慧法院建设的重点内容，开发启用“广州微法院”微信小程序、“律师通”手机App、“法官通”手机App、“移动执行”手机App等软件，打造广州法院全业务掌上融合的移动服务体系，满足当事人、律师、法官等不同主体的多元需求，有力促进司法过程更加透明公正、诉讼服务更加便捷高效、司法裁判更加公正，提升审判执行工作水平，推动广州法院审判体系和审判能力现代化。

一 法院全业务掌上融合的实施基础

（一）从线下线上到掌上的理念转换

随着信息化浪潮席卷全球，互联网技术迅速渗透到社会生活各个领域，为社会发展注入创新活力的同时，也深刻改变了人们的生活、工作和思维方式。互联网特别是移动互联技术对社会生活的渗透、变革和影响，所有个体、组织都无法置身事外。在这样的背景下，司法机关主动适应时代发展，转变传统观念，以现代技术理念来重构司法流程、提供司法服务，是实现科学发展的必经之路。广州法院深刻认识到移动互联技术发展对司法工作的革命性意义，积极拥抱移动互联技术，将手机App、微信小程序等作为智慧法院建设的重要内容，主动转换工作理念、调整工作思路，在传统线下实体、线上网站取得良好成效时，积极部署向掌上转化，突出便捷易用、功能强大、融合共通等特点，构建法院业务掌上办理的新模式，将诉讼服务从固定场所、固定时间拓展至掌上“随遇接入、即时服务”。通过“广州微法院”微信小程序，可随时随地查看案件进展、查阅电子卷宗，办理立案、缴费等事项。

（二）新时代法院业务各方参与主体对移动互联服务有较大需求

在信息化时代，人民群众越来越习惯通过互联网、手机办理事务，商业、政务等领域的便利体验投射到司法领域，激发法院业务各方参与主体对移动互联服务的极大需求。当事人以往通过实体诉讼服务中心查询、办理相关诉讼业务，网上诉讼服务中心给当事人带来了极大便利，但也存在电脑及网络的局限，在移动互联迅猛发展时代，通过移动互联终端随时随地了解案件进展、办理诉讼业务的需求越来越大，亦是诉讼服务发展趋势。律师是法律职业共同体的重要组成部分，扮演着特殊又重要的角色，除了由当事人授权获得相关诉讼权限外，在提升律师职业尊严、便利律师参与诉讼等方面有越来越多的需求，如利用手机快捷出入法院、手机阅卷，通过电子律师调查令开展调查等。在司法改革背景下，改革的目标是让法官从繁杂的程序性事项中解脱出来，专注“审”与“判”，实现“由审理者裁判，让裁判者负责”的目标。因此，如何在现有信息化建设成果基础上，通过将移动互联技术与法院业务深度融合，为法官设计能够提高效率同时在时间空间上解放法官的移动互联产品是必然选择。

（三）广州法院长期信息化建设提供扎实技术储备

早在2002年，广州中院就紧跟时代技术发展趋势，审时度势确立“向科技要生产力”的理念，以互联网技术为核心开始大规模推进法院各项业务信息化建设，重点推进审判执行、诉讼服务、司法管理等方面建设，推动解决“案多人少”等制约法院科学发展的难题。以2002年开通门户网站为起点，广州中院先后在全国率先启用审判综合业务系统、司法数据分析平台，开通首家人工服务的12368诉讼信息服务平台，建成“智审”辅助裁判系统、“智卷”系统及审务通等手机移动服务平台。经过十几年的建设，广州法院以法院内网、外部专网和互联网三大网系为支撑，实现基础设施建设全面覆盖，基本形成以“互联网+”为技术支撑、以大数据驱动为特点的智慧司法体系。

二　法院全业务掌上融合的实施理念

（一）变“群众跑”为“数据跑”以便利诉讼

诉讼参与人是诉讼活动的重要部分，在推进审判体系和审判能力现代化、落实司法为民的过程中，以信息化建设、智慧法院建设为抓手，打造各类诉讼服务体系，其核心价值取向之一就是便利当事人参与诉讼。通过移动互联实现诉讼业务掌上办理，变“群众跑”为“数据跑”，是创新诉讼服务模式的重要渠道。广州中院在信息化建设过程中，坚持问题和需求导向，紧盯当前科技最新动态，当微信刚推出微信小程序应用时，即敏锐察觉到微信小程序“无须下载安装，用完即走”的特性非常契合法院诉讼服务的需求，及时调整思路将多个手机移动服务平台功能逐步移植，开发“广州微法院”微信小程序，提供超过 20 项诉讼服务，完成定制式服务平台的科学整合，当事人借助小程序可以实现“一次都不用跑”。2018 年 7 月以来每月通过小程序刷脸查案人次均超过 3 万人次，其中 9 月份刷脸查案 34561 人次。2018 年 9 月，小程序的访问总次数为 38854 次，日均访问量 1295 次，是 2017 年 11 月的 2.84 倍。广州中院诉讼服务中心办事窗口日均处理事务量同比大幅降低了 46.6%，诉讼服务水平显著提升。

（二）提高法院审判执行工作效率

人民法院肩负公平正义神圣使命，执法办案是法院第一要务。推进信息化建设、智慧法院建设的首要目标就是服务法官办案，核心问题是如何帮助法官将有限的时间精力集中在“审”与“判”、集中在作出司法裁判上，提升办案质效。在这个思路指导下，广州法院突破时空限制，延伸办案载体，开发“法官通”移动服务平台、网上合议平台和“移动执行”手机 App 等，满足远程办案、远程办公、移动执行、司法安全和应急指挥等具有实时性、时空性要求的工作需求，最大限度地突破时空限制随时办案。在各类办案智能辅助系统的协助下，广州法院克服案件持续增长、“案多人少”加剧的压力，办案质效实现一年一个台阶稳步提升。2017 年，广州两级法院受理各类案件 426144 件、办结 355945 件，法官人均结案 325 件，同比分别上升 15.07%、21.25% 和 49.77%；其中广州中院受理案件 53621 件、办结 49069 件，法官人均结案 233 件，同比分别上升 11.17%、12.93% 和 50.32%，均创历史新高。

（三）深化司法公开接受全方位监督

司法公开是最有效的防腐剂。将司法活动向当事人公开、向社会公开，置于人大监督、社会监督、舆论监督之下，是通过外部力量倒逼法院裁判质量提升的重要手段，达到“以公开促公正”目的。如何让群众以更加便捷的方式获取审判执行信息，监督司法活动，是在司法公开四大平台建设取得较大成效的基础上需要进一步深入思考的问题。移动互联时代的掌上法院模式，以“信息化 + 大数据”为引擎为人民群众了解司法公开信息提供了更加便捷高效的渠道。广州法院牢固树立主动公开、依法公开、全面公开、实质公开理念，不断深化司法公开四大平台建设，借助移动互联技术，将公开渠道从线下、线上搬到掌上，实现随时随地可以查看。“广州微法院”微信小程序具备“刷脸”查案、文书公开、庭审直播、查阅卷宗等各类公开功能 16 项，全方位保障群众的司法知情权、监督权。广州中院庭审直播数量、裁判文书上网数量均居全国各中院首位。

三　法院全业务掌上融合的构建路径

2015 ~2017 年，广州中院先后研发上线“审务通”“律师通”“法官通”及“移动执行”手机 App，专门服务当事人、律师和法官，满足当事人、律师的各类诉讼服务需求，为法官提供移动办案办公服务，大幅提高工作效率。2017 年 9 月，在对当事人、律师需求进行深入分析基础上，广州中院推出“广州微法院”微信小程序，整合“审务通”“律师通”及网上诉讼服务中心等功能，打通不同系统间数据交换对接等障碍，构建起以“广州微法院”微信小程序、“法官通”手机 App、“移动执行”手机 App 等为核心的法院业务掌上融合体系，满足法院业务各方参与主体的多元司法需求，促进司法更加公正高效透明。

（一）诉讼业务全流程掌上办理

1. “刷脸”快速查询审判执行信息

案件办理进展情况是当事人最关心的事项（见表1），“广州微法院”微信小程序1.0版推出“刷脸查案”功能，当事人无须输入案号等案件信息，只需完成身份认证，系统自动识别并加载名下所有案件，直接点击进入案件详情，查阅案件流程信息，掌握案件最新进展。上线首日，案件当事人通过小程序“刷脸查案”瞬时最大数达千余人次。2018 年 1～9 月，广州全市法院新收案件数 324547 件，同比增长 12.48%；同期 12368 诉讼信息服务平台处理各类诉讼事项中，案件查询 74478 项，同比只增长 3.46%。2018 年 7 月以来每月通过刷脸查案人次均超过 3 万人次。从数据可见，通过电话、短信、官网等传统方式查询案件的增速远远低于案件增速，“广州微法院”微信小程序查案功能有效分流了查询事项，每个月通过小程序查询案件进展的人数均超过全市法院 2016 年在实体诉讼服务大厅查询案件进展人数的总和。

表1　广州法院 12368 诉讼信息服务平台处理事项分类

单位：件，%

事项	2013 年	2014 年	2015 年	2016 年	2017 年	总数	占比
案件查询	5335	34663	67190	86142	96870	290200	51.72
执行相关	495	11848	17357	19553	19135	68388	12.19
其他查询	254	5348	15806	17488	14003	52899	9.43
联系人员	579	6747	10222	10060	8110	35718	6.37
二审收案	1128	5505	4000	6425	6231	23289	4.15

续表

事项	2013 年	2014 年	2015 年	2016 年	2017 年	总数	占比
开庭相关	532	4568	5022	5584	4240	19946	3.55
生效证明	994	3186	3186	3583	4277	15226	2.71
材料收转	879	4870	3014	2536	1848	13147	2.34
诉讼指南服务	0	295	584	3713	5082	9674	1.72
费款业务	321	2335	1933	1902	1325	7816	1.39
其他	2239	6237	6803	4648	4904	24831	4.43
汇总	12756	85602	135117	161634	166025	561134	100.00

2. 诉讼业务全流程掌上办理

“广州微法院”微信小程序经过几次迭代升级（见表2），具备23项功能，诉讼流程掌上办理形成完整闭环，意味着当事人参与诉讼可以“一次都不用跑”。一是诉讼环节形成闭环。立案、调解、庭审、执行等流程均可在网上办理，整个诉讼过程完整闭环，真正实现了利用手机完成诉讼（见表3）。二是提供丰富的辅助工具。诉讼指南、费款缴纳、证据网上交换、网上阅卷、律师调查、庭审直播、文书上网等流程均提供对应功能模块，为当事人参与诉讼提供更加高效便捷、功能强大的工具，同时强化对法院工作

表2　“广州微法院”微信小程序迭代升级功能一览

版本	上线时间	新增模块	新增主要功能
1.0	2017 年 9 月	我的案件	案件查询
2.0	2017 年 11 月	微执行	微执行：执行公告，执行指南，失信曝光，执行悬赏，提交线索，拒执案例
3.0	2017 年 11 月	公众服务微诉讼	公众服务：热力导航，开庭公告，旁听指南，12368，文书公开，司法指数 微诉讼：排队取号，诉讼指引，手机立案，费款缴纳，手机阅卷，在线开庭
3.1	2018 年 9 月		公众服务：庭审直播 微诉讼：一卡通，律师调查令，阅卷申请

表3　诉讼全流程网上办理各环节对应功能模块

序号	1	2	3	4	5	6	7
流程	立案	缴费	证据交换	阅卷	调查	调解	庭审
对应功能模块	网上立案	费款缴纳	手机阅卷	手机阅卷	律师调查令	在线开庭	在线开庭
序号	8	9	10	11	12	13	14
流程	庭审直播	宣判	文书公开	申请执行	执行线索	执行悬赏	失信惩戒
对应功能模块	庭审直播	在线开庭	文书公开	网上立案	提交线索	执行悬赏	失信曝光

的监督。三是实现数据安全交互。整合审判业务系统、执行系统、广州审判网系统、12368 诉讼信息服务平台、广州法院大数据分析平台等系统数据，通过光闸安全推送到外网，实现数据整合、交互功能。同时小程序与“法官通”“移动执行”手机 App 无缝对接，法官通过“法官通”手机 App 可以随时办理当事人在小程序中提出的相关申请。

3. 在线阅卷实现证据交换

广州法院大力推进诉讼材料过程化扫描工作，所有诉讼材料均限时进行扫描，并限时向当事人公开，当事人可随时跟踪提供的材料法院收悉情况和流转情况。“广州微法院”微信小程序“手机阅卷”功能对接智能卷宗系统，当事人对自己提交的诉讼材料可随时查看，无须通过法官审核。按照《广州市中级人民法院诉讼材料过程化扫描管理办法（试行）》，对于符合在网上公开、网上交换的材料，如证据材料，法官按照最高人民法院规定和办案工作需要，可以在系统中主动进行授权公开。被法官设置授权公开后，双方当事人都可以在网上查看到该部分材料，证据交换便在网上完成（见图1）。如果当事人提交材料 5 天以后，仍未能通过小程序查看到材料，可以致电 12368 诉讼服务热线进行咨询、投诉，通过当事人监督来实现约束机制。

4. 实现微信远程在线开庭

为减轻当事人诉累，节约时间和金钱成本，在双方当事人及法官同意情况下，普通民商事、刑事案件均可以通过“广州微法院”微信小程序进行

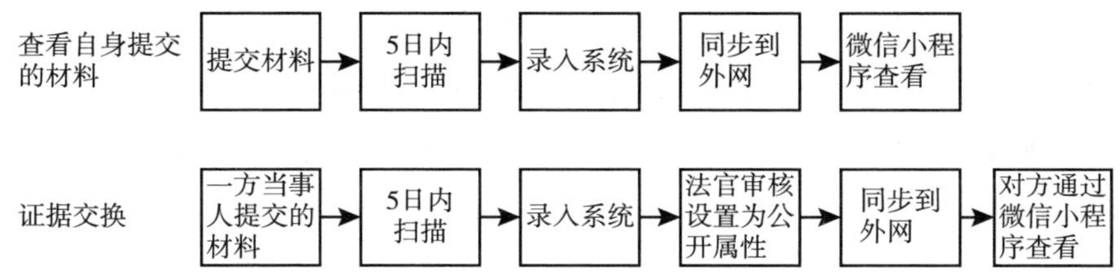

图1　手机阅卷流程

远程开庭，双方当事人无须在场，通过刷脸进入庭审后出现在法庭现场复合画面上，进行证据出示、质证、辩论等诉讼环节，足不出户即可完成调解或者庭审。自2017年12月17日第一次进行远程在线开庭以来，法官对普通民商事案件使用远程在线庭审的态度大为改观，已成为各业务庭的普遍选择。当事人对远程在线开庭给予了高度肯定，认为在线开庭模式值得大力推广。目前，“广州微法院”微信小程序支持三方当事人同时远程在线开庭，且庭审全部录音录像。

（二）为律师提供个性化定制化精准化服务

1. 提交电子材料方便快捷

开设提交代理词等在线提交材料功能，律师可方便将各类电子材料直接发送给法官，系统进行安全转换后自动归入案件电子卷宗，法官可直接在办案系统中查看，无须其他操作。该功能极大便利了律师与法官的沟通联络，打破了两者之间的藩篱，改变提交纸质材料然后手工扫描录入的传统形式，既实现了“群众少跑腿”，又能大幅提高法官工作效率。

2. 律师调查令有效缓解调查取证难问题

为强化律师在民事诉讼中调查取证的职能作用，在小程序上线“律师调查令”功能，对接广州法院律师在线服务平台，律师在经过身份验证后，选择需要申请的案号、输入接受调查人、申请调查事项、上传相关的申请材料，即可提交调查令申请。系统自动向经办法官发送提醒短信，法官通过“法官通”手机App或者审判执行业务系统审核通过后，自动在该申请事项下生成带有电子印章的律师调查令，律师可直接向受调查对象出示电子版调查令调查相关事项。律师使用调查令的情况需在小程序中进行反馈，法官可随时掌握调查令使用情况（见图2）。律师调查令从申请、调查到反馈，全流程均在内部系统留痕。同时，在广州审判网设置调查令验证栏目，接受调查人可在官方网站上验证调查令真伪，有助于消除接受调查人的顾虑，提高调查成功率。

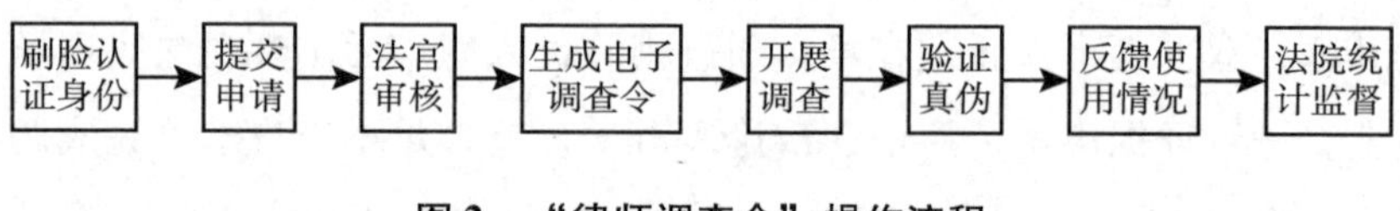

图2 “律师调查令”操作流程

3. 律师一键刷卡进出法院

律师进出法院设置专门通道并且免安检是落实司法为民的重要措施，为律师提供更多方便快捷服务是诉讼服务的重要内容。小程序中“一卡通”功能与后台系统对接，内置广州全市所有登记在册的律师名册，律师通过刷脸识别身份后，选择需要进入的法院即可一键生成二维码。该功能与法院门禁系统对接，律师只需在闸机扫描二维码即可通过，同时安检显示屏中显示该律师的照片、律师执业证号等身份信息，安保人员可以进行二次身份核对。利用该功能，既方便律师快速进入法院办事，又可实现法院人员进出管理需求。

4. 热力导航、在线预约提高办事效率

通过与全市法院智慧庭审系统对接，向社会公众展示全市两级法院案件庭审数量，直观反映每一天各个法院庭审热力，可为社会公众选择旁听、事项办理等提供参考。目前，“广州微法院”微信小程序可在网上提前办理到广州中院进行立案、开具生效证明、材料收转等主要窗口服务的预约排队，节约现场排队等候时间，提高办事效率。

（三）法官掌上办公办案助推审判能力现代化

“法官通”“移动执行”手机App分别于2016年10月、2017年12月上线，是专门服务法官办案的手机 App，利用移动专网实现与后台数据对接，辅助法官实现随时随地掌上办公办案，突破空限制，满足法官远程办案、远程办公、移动执行需求。

1. 随时随地在线阅卷、合议

给每个干警配备了“法官通”手机 App 安全移动终端，支持人脸识别安全登录，解决传统模式下困扰法官办案的问题，提高办案质效。例如，合议庭成员可通过“法官通”调阅电子卷宗，实现同时阅卷，解决传统办案模式下“经办人保管卷宗，合议庭成员合议前难以阅卷”的问题；可远程移动合议，解决了“一旦合议庭有成员出差，便不能进行合议”的问题；可根据远程合议的对话记录，自动生成合议笔录文书；所有通过“法官通”手机 App 形成的诉讼材料均可同步回传到广州中院“审判云平台”自动入卷归档。在线阅卷、合议功能广受法官好评，为法官解决了大量实际困难。

2. 辅助工具提高办案效率

“法官通”手机 App 除具备管理在办案件、调阅电子卷宗、在线合议等核心办案功能，还有视音频取证、语音转写文书等辅助办案功能，安排开庭、申请变更审限、自动生成办案日志、结案报结等审判管理功能，以及答复 12368 咨询、信访管理等管理诉讼事务功能。以往法官在外调查取证时，需要使用相机拍摄，回到法院将相片导入审判系统，并登记相关信息，这种操作容易出错或者遗漏。现在使用手机 App 终端，法官可以直接拍照，现场回传到审判系统，并登记相关信息，极大提高了取证效率。法官在外出办案时，使用法官通 App 语音转写功能，可以快速将自己的所思所想以文字方式记录下来，为裁判文书说理撰写打下基础；使用远程合议功能时，同样可以使用语音转写功能，加快合议进度。广州法院 12368 诉讼信息服务中心每年办理当事人各类诉讼服务咨询、信息超过 16 万件，部分事务需要法官限时处理。在出差、外出办案等情况下，法官通过手机 App 可随时查看、办理 12368 诉讼服务事务，更快更及时地回应当事人需求。

3. “移动执行”App 助力基本解决执行难

“移动执行”手机 App 是全国首个移动执行手机应用，专门服务执行法官办案，提供“我的案件”“文书审批”“结案报结”“期限变更”等常用功能。执行法官可随时通过手机查看电子卷宗，以文字、图片、视频等形式随时生成执行日志并同步回传至后台系统，提高外出执行效率。关联全国法院执行业务系统的25个关键节点，对于节点时限届满及超期的，自动提醒案件经办人，庭局领导可以全面掌握部门执行案件情况，对超限节点予以跟踪催办。庭局领导可以在移动执行App上审批执行业务，执行过程全部留痕，有效加快了执行工作的节奏，为率先基本解决执行难工作提供了又一便捷手段。

4. 移动办公加快行政事务流转

在满足法官办案业务需要的同时，“法官通”手机App还是行政事务小助手。广州中院已实现办公全程信息化，所有行政事务均通过办公内网流转、处理，以往干警只能通过电脑处理，时空上受到限制。遇到外出学习、出差等情况，容易出现干警申请不及时、领导审批不及时等情况，影响工作效率。“法官通”手机App上线启用后，广州中院将内网办公系统功能逐步迁入手机App。例如，干警可以在法官通上查看内网消息公告、查阅办理公文；院、庭领导可以在法官通上进行用车审批、休假审批等等，不再受到时空限制。

四　存在问题和展望

广州法院全业务掌上融合移动服务体系满足了参与诉讼各方主体对诉讼服务的多元需求，节约了大量时间、金钱和人力成本，革新了法院审判运行模式，有效促进审判执行工作水平提升。在深入推进移动服务体系建设过程中，也遇到一些困难和问题。一是推广使用力度不够。微信小程序功能强大、操作方便简单，在智能手机全面普及的今天，理应成为当事人获取诉讼服务、参与诉讼的重要渠道。根据数据反映的情况，尽管通过立案通知书、官方网站、微信公众号、律师协会等方式进行宣传，但与广州法院每年受理四五十万案件量相比，小程序使用量仍较低，仍有较多当事人不知道或者不清楚具体功能等情况。二是需要进一步挖掘完善功能。小程序 23 项主要功能已具备全流程网上办理条件，但在具体功能、操作步骤优化，整体功能整合提升上还需要重新审视，有计划推进“广州微法院”微信小程序迭代更新，使得数据对接交互更加安全快捷、功能更加全面、使用体验更好。审务通手机 App、律师通手机 App 部分功能尚未完全移植到微信小程序上，导致个别情况下需要同时使用两个程序，不够简便高效。三是全业务掌上融合移动服务体系基础条件需进一步完善。如部分基础数据录入不够及时准确，部分案件的节点信息没有及时完整录入系统，部分诉讼材料没有在规定时间内扫描导入审判业务系统，导致当事人查询不到信息等情况。对用户使用习惯需要进一步研究，从而消除群众对利用信息化手段进行诉讼的疑虑，提升群众对“广州微法院”微信小程序的接受程度，同时转变法官观念，提升法官使用移动终端办案办公的积极性。

习近平总书记在 2018 年全国网络安全和信息化工作会议上强调，网信事业发展必须贯彻以人民为中心的发展思想，把增进人民福祉作为信息化发展的出发点和落脚点，让人民群众在信息化发展中有更多获得感、幸福感、安全感。下一步，广州中院将认真贯彻中央部署和上级法院要求，紧紧抓住历史机遇，坚持问题和需求导向，不断优化完善法院全业务掌上融合移动服务体系，为当事人、律师、法官提供更优质的诉讼服务、更便捷有效的工具，推动审判体系和审判能力现代化。一是加强调查研究。扎实开展“深调研”工作，坚持完善一线法官参与智慧法院建设全过程机制，主动深入审判执行一线、社会公众中调研，充分掌握群众需求以及法官办案需求，明确工作方向，确保全业务掌上融合移动服务体系各项功能符合当事人、律师、法官需求。高度关注最新科技发展，主动探索新技术与法院业务融合实践，不断更新理念，用新技术新思路新方法推动全业务掌上融合移动服务体系创新发展。二是强化系统集成、功能优化。科学梳理现有功能内在逻辑，注重不同系统的逻辑关系和交互体验，继续围绕制约审判质效和人民群众满意度的核心要素推进精准研发，对功能模块适当进行增并删减，使功能更加完善，与法院业务融合更加充分，逻辑更加紧密，数据交互更加快速便捷，

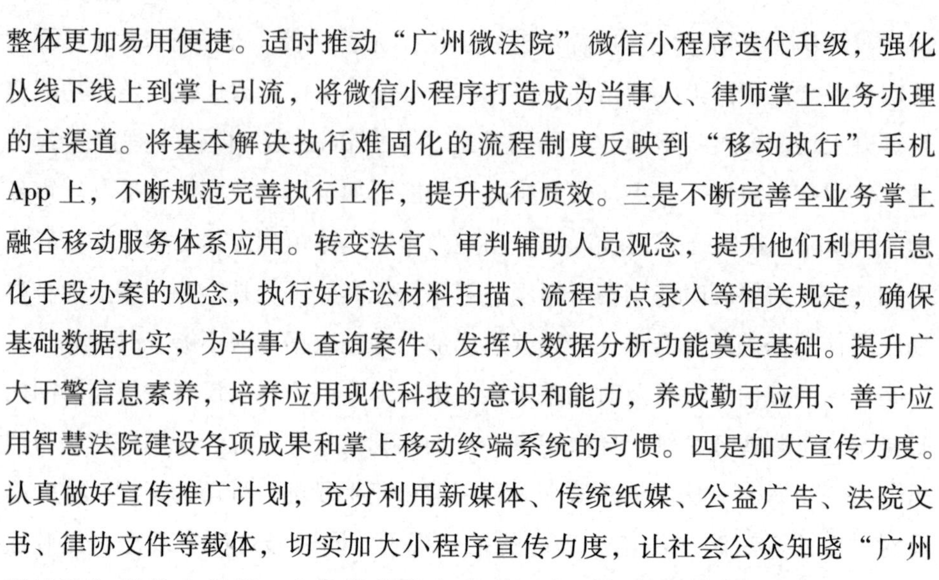

整体更加易用便捷。适时推动“广州微法院”微信小程序迭代升级，强化从线下线上到掌上引流，将微信小程序打造成为当事人、律师掌上业务办理的主渠道。将基本解决执行难固化的流程制度反映到“移动执行”手机App上，不断规范完善执行工作，提升执行质效。三是不断完善全业务掌上融合移动服务体系应用。转变法官、审判辅助人员观念，提升他们利用信息化手段办案的观念，执行好诉讼材料扫描、流程节点录入等相关规定，确保基础数据扎实，为当事人查询案件、发挥大数据分析功能奠定基础。提升广大干警信息素养，培养应用现代科技的意识和能力，养成勤于应用、善于应用智慧法院建设各项成果和掌上移动终端系统的习惯。四是加大宣传力度。认真做好宣传推广计划，充分利用新媒体、传统纸媒、公益广告、法院文书、律协文件等载体，切实加大小程序宣传力度，让社会公众知晓“广州微法院”微信小程序，力争养成当事人利用小程序参与诉讼的习惯。

B.9

登封法院信息化建设的成就与展望

赵洪印*

摘　要： 推动智慧法院建设既是人民法院深化司法改革的重要内容之一，也是全面深化司法改革的重要引擎和强大动力。本文介绍了登封市人民法院信息化建设的情况和效果，分析总结当前人民法院信息化建设面临的传统思维束缚、软硬件设施建设不均衡、技术人才匮乏、信息化技术应用不深入等问题，最后提出完善“智慧法院”建设的建议。

关键词： 法院信息化　辅助办案系统　当事人自主诉讼平台

最高人民法院多次强调，深化司法体制改革与法院信息化建设是法院不断升级的需要，“实现审判体系和审判能力现代化的必由之路，是人民司法事业发展的‘车之双轮、鸟之双翼’”。近年来的实践表明，推动智慧法院建设既是人民法院深化司法改革的重要内容之一，也是全面深化司法改革的重要引擎和强大动力。

一　登封法院信息化建设和应用情况

着眼于审判质效的提升和司法为民的拓展，登封市人民法院在信息化建

* 赵洪印，原河南省登封市人民法院党组书记、院长，现任河南省郑州市中原区人民法院党组书记、院长。

设方面狠下功夫，做到“三便”（即便群众、便法官、便管理）和“三重”（即重公开、重规范、重实效），主动拥抱大数据、人工智能，向科技要司法潜力，信息化建设得到较快发展，信息化网络系统初步形成①。

（一）构建自助平台，方便群众诉讼

除了传统人工智能导诉机器人小白、诉讼服务一体机、诉讼风险评估机、文书自助书写系统等深度应用服务诉讼群众外，登封市人民法院重点推出以下便民“利器”。

“速速保”网上保全一站式。在全省率先创新网上保全新模式，通过与专业保险经纪平台（速速保）的合作，整合人保财险、人保寿险、太平洋保险等多家优质的保险资源，通过与科技公司的合作，打通至法院诉讼服务网接口，提供一键投保、快速风评、一键推送电子保函至人民法院诉讼服务网的服务，诉前、诉中当事人皆可从网上申请诉讼保全服务，保险公司接到申请后便可出具电子保函，通过“速速保”的服务平台推送法院审核后，即采取执保字号实行查封冻结手续，快速完成诉讼保全流程。通过优化立案庭、业务庭、执行局的业务流程，完成一站式网上保全服务，与“五化”执行机制有机结合，实现以保全促调解，以保全促执行，以保全促和解，助力破解执行难。登封市人民法院网上保全率达到62.68%，涉及标的额27796万元。

诉前多元化调解平台。围绕“封调禹顺”机制的实施和深化，以线下线上融合机制为依托，汇集多元化解渠道和调解资源于一体，人民群众可采取点将、预约等方式找调解、找援助、找法官，方便群众矛盾化解方式的自主选择。申请调解人在调解成功后可选择司法确认流转，速裁法官在收到推送后及时出具司法确认书，用时不超过1个工作日；若调解不成功可选择网上立案流转，直接进入网上立案系统，实现诉调无缝对接，让群众只跑一次腿。2018年以来，80%的小矛盾化解在诉前，23%的民事纠纷以此种方式圆满解决。

---

① 翼天福：《河南登封智慧法院建设初见成效》，《人民法院报》2018年4月24日，第4版。

（二）辅助办案模式，方便法官减负

布局并应用“云柜”系统。主要运用于案件立案、庭审质证、庭审笔录、文书撰写、结案、归档全过程材料提交与补充，实现了诉讼材料的流转存取留痕、电子跟踪、安全高效。云柜使用率达 81.26%，平均每日存取 16 次。

上线法庭资源管理系统。由于登封市人民法院法庭资源匮乏，人庭矛盾突出，极易造成内部矛盾。为最大限度提高法庭利用率，根据法官开庭时间智能分析法官开庭习惯，自动排庭，解决法官找庭、等庭的问题。

建立法官办案辅助系统。该系统共含六个子系统，通过法官工作平台，为全体干警提供一个简单、便捷、实用、统一的桌面工作管理平台，帮助干警高效完成各项业务工作；通过法律资源服务系统，向办案法官推送与在办案件相关的法律条款、案由释义、相似案例、理论研究、裁量工具、当事人线索等信息指引，为法官裁判过程中规范法律适用、严格裁判标准、规范自由裁量权提供辅助决策参考依据，帮助法官提高办案质量和效率；通过电子卷宗随案生成及深度应用，实现电子卷宗的目录维护、制作、浏览、导入导出、移送接收和检索等功能，并利用 OCR 技术对诉讼文书进行智能分析，抓取文书中的关键信息自动回填到审判系统中，减少法官的工作量，有效提升案件信息录入的准确度，登封市人民法院电子卷宗随案生成率为 96.84%；通过文书智能编写系统，根据法官编写文书的习惯，运用对案件的相关文书分析与信息智能提取，结合办案系统案件信息比对和提取，按照选择的文书模板自动生成文书初稿，方便法官进一步完善文书，该系统应用率达 93%。系统还提供查阅案件电子卷宗、相似案例推荐、法律法规智能推荐、常用诉讼计算工具等辅助法官进行案件裁判，进而完成审理报告、裁判文书等的编写。通过诉讼材料收转系统，运用二维码、手机短信等技术，贯穿案件立案、庭审质证、庭审笔录、文书撰写、结案、归档全过程的材料提交与补充，实现实体诉讼材料顺畅流转，全程电子跟踪并管理，为卷宗随案生成提供支撑。该系统的有效使用，使法官事务性工作剥离约 40%，书

记员事务性工作减少约50%，案件平均审判效率提高30%左右。

构建一站式综合送达平台。送达难长久期制约司法效率提升，而通过综合送达平台让“数据多跑路，让法官少跑腿”不再是梦想，通过电话送达、电子送达、EMS专邮送达、直接送达、公告送达等方式，实现与最高人民法院12368平台、EMS物流信息系统、《人民法院报》公告系统及支付宝平台等关联对象的对接，提高送达效率，亮剑“送达难”。同时还能实现对送达地址库、送达回证库、当事人送达信用库的有效分析和管理，所有数据还可以对审判进行反哺，进一步提升审判质效。在登封市人民法院，除直接送达、公告送达外，81%的案件通过邮寄送达顺利进行，3%的案件（其中执行案件占比2.66%）通过电话送达完成，5.99%的案件通过电子送达进行。

设置网上法院综合视频平台。在民事案件中，远程法庭能有效服务于远隔两地的诉讼参与人员，避免了当事人的长途奔波，体现了司法为民，提高了工作效率。双方当事人虽身隔千里也可“当庭对峙”。通过实时双向传输图像、语音及数据交互，实现异地展示证据及作证。刑事案件由于登封市看守所拆建，通过远程提讯，实现与看守所网上远程提讯犯人，不用直接提送犯人，缓解了法院押解压力，节约了司法成本，与公诉机关建立专线实现远程出庭，完成案件审理。

完善执行查控系统，布置错峰查询软件。依托执行案件流程管理系统、执行指挥管理平台、案款管理系统三大系统平台建立网络查控系统，引入房产、土地等专线，在郑州市率先实现了银行、车辆、房产、土地、支付宝的快速查询，并在全省率先建立了4G多媒体轨迹追踪系统。2018年底，登封市人民法院又安装错峰查询软件，实现24小时不间断查询，并及时进行提醒，有效避免因某一时段查询法院过多导致网络拥堵无法查询的问题。

（三）优化管理模式，方便审判管理

深度运用审判管理系统，对长期未结案件统计、分析、督促、跟踪，用信息化技术加强审判管理，规范法官行为、规范法官办案、规范审务管理；依托审判数据巡检系统，通过针对时间类和操作类的巡检节点，对关键节点

的催办、预警、冻结，督促法官及时、准确办理案件，同时提供风险分析报告，为领导决策提供参考依据；研发质效评估考核系统，根据法院的考核规则和权重，自动提取质效数据，生成考核结果，能真实反映平常工作质效；配备执行指挥及单兵系统，通过远程视频实时传输，指挥、监控执行行为，实时向指挥中心传输现场画面，为执行决策提供强有力的信息化支撑。2017年，登封市人民法院上线 GIS 可视化系统，精准定位执行员位置，高清观看、回放执行过程，避免消极执行、乱执行行为；建立人民法院案款管理系统。涵盖主流缴费渠道，实现案款全流程线上化，数据实时开放共享，确保案款流转随时留痕、及时监管。

（四）强化阳光司法，注重公开渠道

安装四大信息公开自助查询机，将中国裁判文书公开网、失信被执行人信息公开网、庭审直播及审判流程节点以触屏的形式设置于立案庭，使当事人能够现场查询信息，了解案件流转过程与节点；当事人也可通过“登封市人民法院诉讼服务号”随时查询。截至目前，登封市人民法院裁判文书上网率为 94%。改造 8 个科技法庭，更新换代庭审直播设备，接入中国庭审公开网，实现庭审同步录音录像记录庭审活动，并同步存储随时查看，庭审完成后，还可将录像文件刻录成光盘附卷。

（五）加强行政管理，注重规范有序

应用 OA 办公系统和移动办公办案系统。目前公文流转、会议通知、用车、请假、用印申请、督察督办事项均能通过移动端办理，实现无纸化办公，提高了办公办案效率。运用人财物管理系统。严格固定资产的领用发放详细的等级管理审批，能清楚地看到固定资产每个部门到每个人的当前状态。使用人民陪审员系统。采用“三个随机”选任方式确定陪审员范围，充分体现人民陪审员选任的广泛性和代表性。同时，建立陪审员基本信息库。实现对陪审员信息动态管理、程序规范化管理、标准化管理及数据统计精算化、业绩考核标准化。创建智慧党建平台。通过为党员提供学习平台，

开辟交流园地，加强干警的思想政治建设。与此同时，日常工作通过案件会商系统，实现会议室、个人电脑、移动设备等多方视频沟通，大大提升了会议的稳定性、安全性、可用性，也避免法官因紧急通知来回奔波。通过远程接待系统，实现信访、执行会见、青少年法治教育等业务的网上随时预约，即时接待。

二　登封法院信息化建设和应用成效

审判质效大幅提升。信息化的深度应用，既有效减轻了法官的负担，又大大提升了审判质效和人民群众的司法获得感。以 2018 年前三季度为例：诉讼受理案件量 6234 件，审结 5797 件，结案率 92.99%，服判息诉率 90.41%；发改率 1.12%，同期下降了 0.15 个百分点；上诉及时移转率 94.42%，同期增长了 8.68 个百分点；民事小额速裁程序适用率 58.99%，同期增长 13.58 个百分点。2018 年以来刑事案件平均审理天数 14 天，民事案件平均审理天数 30.3 天，行政案件平均审理天数 59.2 天。

有效促进了公开公正。2018 年 9 月 1 日《最高人民法院关于人民法院通过互联网公开审判流程信息的规定》施行后，通过全方位、多渠道覆盖审判活动全流程、各环节的审判流程信息公开，最大限度满足当事人的知情权、参与权、监督权，变当事人千方百计打听案情为法院主动告知，有效挤压“暗箱操作”空间，倒逼法官严格规范办案、依法公正裁判，进一步增强裁判结果形成过程的正当性，以公开促公正、提公信。利用信息化手段自动分案可以有效地杜绝原来某种程度上存在的当事人挑法官或法官选案件的现象。自 2016 年至今，登封市人民法院共公布上网文书 23696 份，公布开庭信息 9650 件。

通过“互联网+诉讼服务”新形态，提升人民群众的司法获得感。登封市人民法院推出的网上立案、网上保全、网上缴费系统，使当事人和律师在家中就能立案、保全，通过远程视频手段网上开庭，也极大地方便了当事人。例如，李某某诉王某某离婚纠纷一案，由于是身份关系案件，当事人必须出庭，但是王某某常年旅居国外，不便到庭应诉，通过网络送达庭审手续，网上开庭，该纠纷顺利完成开庭、文书送达等程序，同时也方便了双方当事人，免去其长途奔波的辛苦。

为领导科学决策提供了翔实依据。院（庭）领导通过信息网络系统随时掌握本院（庭）的收结案情况，以及每个案件的审理进展情况，强大的统计、查询功能为把握全院（庭）的工作提供了决策支持。上级法院还能通过信息网络系统了解所辖法院的工作情况，指导和监督所辖法院审判工作。登封市人民法院审管办根据本院民事小额诉讼案件平均结案时间13.73天的数据分析报告，将10天作为民事小额诉讼案件考核的标准，对按该标准完成的予以奖励，以促进小额诉讼程序的适用。

三　人民法院信息化建设发展展望

针对法院信息化建设中普遍存在的传统思想束缚、软硬件设施建设不平衡、技术人才匮乏、信息化应用不深入等问题，结合登封市人民法院建设实际，笔者提出几点完善“智慧法院”建设的意见和建议。

一方面，各地法院要加大强制推行信息化操作的力度，通过强制适用让法官从不习惯使用信息化到操作熟练，从被动用到主动用，最后达到审理案件离不开信息化手段，完成法官思想行为的转变。另一方面，针对当事人对信息化手段排斥适用的情况，法院要充分利用律师对当事人的影响力，对律师开展专门的信息化培训，让其熟练掌握网上立案、网上保全、网上交付、网络签收法律文书、网络视频庭审的技巧，让其感受到信息化的便利，然后通过律师慢慢渗透、引导当事人树立信息化理念，让人民群众逐渐适应、养成信息化的思维习惯。

针对软硬件投入不多问题，各地法院应充分利用当地政府的支持，加大信息化建设投入力度。同时应建立大数据中心，打破法院系统内外部壁垒。目前最高人民法院在诉讼服务平台、信息公开平台等对外服务系统上建立了全国性系统，但是出于一些技术或其他方面的原因，基层法院极易因对接不

畅通产生不良效果造成工作上的被动。为避免产生数据碎片化现象，应该统一法院内部的司法管理体制，将行政管理、人事管理和法院绩效管理统一起来，集中各类数据，为法院内部管理、科学决策提供基础。针对目前公检法信息化建设存在“各自为战”的状况，建议由当地政法委牵头，建立健全信息共用共享机制，为信息化建设提供坚强保障，最大限度地发挥信息化的集约效能。针对“失信人执行”系统的问题，进一步扩大信用惩戒系统发挥作用的领域，除和现有的交通运输部门、金融银行系统、房产部门做好对接外，要逐步推进“失信人执行”系统和工商系统、人社部门、税务系统及其他社会诚信网络系统的对接，同时加强失信被执行人信息系统的实时动态调整。

加强信息技术人员引进，信息化的应用离不开信息技术人员的技术支持，建议各个法院设置专门的信息化建设部门，配备技术员，主要负责软硬件的维护，并定期开展软件应用培训，在具体软件使用过程中及时解决各种问题，并对操作软件中的不足进行更新修补，为软件升级、开发提供有效的技术、人员储备。

信息化的应用贯穿于法院审判工作的每一个环节，信息化是否深度应用，从法院层面看，主要体现在电子卷宗的随案生成比例；在法官层面，信息化的深入应用体现在智能文书书写系统的使用，利用电子卷宗抓取案件有效信息、利用类案推送功能保障审理结果的公平性；在管理层面，信息化的深入应用体现在通过大数据分析，发现审判异常现象，及时调整管理、考评方法；在社会层面，信息化的深入应用体现在当事人自主选择网上立案、网上保全，通过网络接受诉讼文书，甚至通过诉讼风险评估了解案件预判情况后主动选择调解或撤诉，自控诉讼风险。智慧法院建设、信息化的深入应用，不是某个人、某个法院能够完成的，需要整个法院系统甚至全社会的共同努力。

信息化提高审判质效

Improving the Quality and Efficiency of Trial through Informatization

B.10
上海民商行政案件智能辅助办案系统调研报告

陆 诚　杨 敏　田 畑*

摘　要： 本文通过对上海民商事、行政案件智能辅助办案系统的建设背景及意义、建设内容与建设过程的介绍，详细阐述了系统的27项基本功能，重点介绍了体现人工智能在司法领域深度应用的六项创新功能。通过对系统运行以来的数据分析，从三个不同方面分析总结了平台取得的应用成效，最后根据实践经验客观分析了系统在基础硬件平台、卷宗扫描规范、使用功能、运行机制等方面存在的不足，对平台的升级建设作了理性思考。

* 陆诚、杨敏、田畑，上海市高级人民法院信息管理处干部。

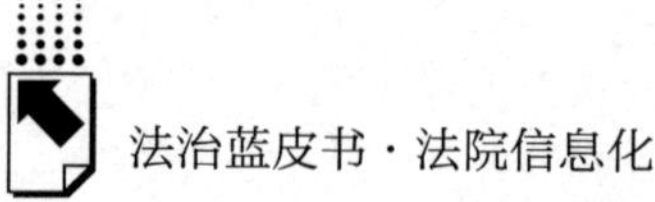

关键词： 人工智能　辅助办案　电子卷宗深度应用

为推进以审判为中心的诉讼制度改革，上海市高级人民法院（以下简称“上海高院”）结合电子卷宗深度应用需求，探索将大数据、人工智能等现代科技融入民商事诉讼活动中，研发了“上海民商事案件智能辅助办案系统”，着力破解民商事、行政案件中存在的办案难题，努力构建人力和科技深度融合的审判运行新模式，大大提升了司法质效和司法公信力。

一　建设背景及意义

为深入贯彻中央有关会议精神，推动互联网、大数据、人工智能等现代科技在司法领域的深度应用，上海高院在全面总结“上海刑事案件智能辅助办案系统”研发经验的基础上，探索将人工智能拓展至民商事、行政案件办理应用中，决定研发“上海民商事、行政案件智能辅助办案系统”，这是上海法院推进司法体制综合配套改革的重要举措。2017 年 8 月 18 日，上海高院召开了研发民商事、行政案件智能辅助办案系统的动员会。2017 年 9 月 30 日，上海高院制定了《上海市高级人民法院关于研发“上海民商事、行政案件智能辅助办案系统”的工作方案》，明确了研发的指导思想、建设原则、总体目标、主要任务。同时，成立专门工作组，建立会议联络制度，开展专题调研，积极推进民商事、行政案件智能辅助办案系统的研发工作。该系统的建设与开发具有四个方面的意义。

1. 确保审判权力规范有序行使

司法责任制改革后，确保审判权力的规范、有序行使，不仅要提升法官素质，更要依靠信息化手段。研发民商事、行政案件智能辅助办案系统，可以实现从起诉、调解、立案到庭审、判决、送达等诉讼各环节的全程网络化、可视化，及时发现审判过程中的不规范因素（比如，通过办案系统对案件争议焦点的智能生成，可以避免法官超越职权不当满足当事人诉求，形成错案），有助于强化立案管理、审限管理、案件质量管理等，推动由“人盯人”“人盯案”管理模式向标准化、规范化、智能化的精准管理模式转变，进一步完善审判监督管理新机制，确保审判权力依法独立公正行使。

2. 确保审判质量、促进适法统一

司法责任制改革后，“让审理者裁判、由裁判者负责”，审判权力交由主审法官、合议庭来行使，适法统一的难度更高，要求也更为迫切。通过研发民商事、行政案件智能辅助办案系统，建立完善民商事、行政案件证据规则指引、办案要件指引及相应数据模型，将办案思路、办案步骤、证据审查判断指引、裁判尺度等嵌入办案系统，并通过类案推送、裁判偏离度提示等智能技术，可以有效解决民商事、行政案件中存在的办案思路不统一、证据审查不全面、自由裁量权行使不规范、裁判结果偏离度过大等问题，有助于提高审判质量，促进适法统一。

3. 有效提高审判效率

“迟来的正义非正义”。研发民商事、行政案件智能辅助办案系统，一方面可以通过系统设置的流程管理、自动提示、审限预警等功能，提醒办案人员及时审结案件，及时兑现当事人的胜诉权益，提高诉讼效率。另一方面，软件系统具有的智能阅卷、法条推送、无争议事实预归纳、争议焦点预归纳、要件式庭审提纲构建、庭审笔录自动生成、文书模型智能匹配、裁判文书智能生成等功能，可以将法官从大量技术性、事务性工作中解脱出来，集中精力从事审判核心事务，大大提升法官的工作效率。

4. 服务司法决策

信息化时代，实证数据是科学决策的重要前提。通过研发民商事、行政案件智能辅助办案系统，可以实时、全面、准确地抓取审判运行态势中的各类案件数据信息，及时发现审判工作中的异常情形，合理预测案件审理的发展趋势，进而为审判管理提供重要的数据支撑，为法院科学决策提供重要的数据参考。

二　建设目标及任务

以“努力让人民群众在每一个司法案件中都感受到公平正义”为总目标，以提高司法公信力为根本尺度，找准互联网、大数据、人工智能等现代科技和民商事、行政案件审判实践的融合点，通过对海量司法数据，民商事、行政办案要件的机器学习、深度挖掘，研发符合民商事、行政案件审判规律，契合一线审判需求，智能化程度高的民商事、行政案件辅助办案系统，切实发挥其在辅助法官采信证据、认定事实、适用法律、公正裁判等方面的重要作用，有效解决民商事、行政案件审判实践中存在的办案思路不统一、证据审查不全面、自由裁量权行使不规范、裁判结果偏离度过大等问题，全面打造民商事、行政案件审判从立案到执行的全流程网上办案系统，提高司法能力和水平，增强人民群众对公平正义的获得感。主要任务如下。

1. 建立完善民商事、行政案件办案要件指引

建立完善民商事案件、行政案件办案要件指引，是研发“上海民商事、行政案件智能辅助办案系统”的核心。在案件审理中，法定构成要件是确定当事人举证责任、明确权利义务关系、正确适用法律、依法作出裁判的基础。紧紧把握构成要件这个根本，根据不同类型案件创建相应的办案要件指引，并转化为机器学习模型，以此作为统领智能辅助办案系统的神经中枢。

根据立案、审判的不同办案阶段，为办案人员提供统一规范、简明易行、数据化、清单式、全流程的办案指引。

遵循诉讼要件审查—固定诉请与抗辩—明确请求权基础—确定争议焦点要件事实证明—要件事实认定—具体法律适用—裁判文书生成等民事案件审理步骤，研究建立民事案件办案要件指引，为法官统一办案思路、确定案件审理方向、规范案件审理流程、降低裁判结果偏离度提供办案指引。

结合行政案件审判经验，从行政行为的执法目的、职权依据、认定事实、行政程序、法律适用等要件出发，研究制定行政案件办案要件指引，进一步明确行政案件审判要件，为法官统一办案思路、确定案件审理方向、规范案件审理流程、降低裁判结果偏离度提供办案指引。

结合上海司法实践，聚焦民事、行政领域常见多发、重要、新类型的案件，在证据规则指引下先选择六类八个案由构建办案要件指引。具体案由如下：民事类，首批选择道路交通损害赔偿纠纷案件；商事类，首批选择股权转让纠纷案件；海商类，首批选择海上、通海水域货物运输合同纠纷案件；金融类，首批选择银行卡纠纷、融资租赁合同纠纷案件；知产类，首批选择信息网络传播权纠纷、计算机软件委托开发合同纠纷案件；行政类，首批选择政府信息公开纠纷案件。

2. 研发“案件智能辅助办案系统”

融合互联网、大数据、人工智能等现代科技手段，将民事、行政案件证据规则指引，民商事、行政案件办案要件指引转化为数据模型，嵌入智能辅助办案系统，由其对证据的合法性、关联性等进行自动审查、提示、把关、监督，对办案要件审查是否完整、齐全进行指引、提示、监督，对整个诉讼流程实行全程可视、全程可控、全程留痕，有效统一民商事、行政案件的审理思路，规范自由裁量权的行使、统一法律适用，提升司法质量、司法效率和司法公信力。

系统主要用于法院办案部门，为民商事、行政案件审理法官提供智能辅助。①建立上海民事、行政案件大数据资源库，包括证据规则、办案要件（包括六类八个案由办案要件等）、电子卷宗、案例（包括《最高人民法院公报》案例、指导性案例，上海法院参考性案例、百例精品案例等）、裁判文书、法律法规司法解释、办案业务文件等子库，为办案提供信息资源支撑和保障。②建立上海民商事、行政案件智能辅助办案系统，运用图文识别（OCR）、自然语言理解（NLP）、智能语音识别、司法实体识别、实体关系分析、司法要素自动抽取等人工智能技术，完成系统研发。

3. 建立系统组织保障机制

建立专业维护团队，建立可视化应用监管平台，通过实时应用监管，确保系统始终处于高效顺畅的运行状态。

（1）加强组织领导

“上海民商事、行政案件智能辅助办案系统”与“上海刑事案件智能辅助办案系统”合称“206 工程”，由上海市高级人民法院主管领导牵头负责。在“206 工程”办公室下设民商事、行政业务组，立案庭、民一庭、民二庭、民三庭、民四庭、民五庭、行政庭等有关业务庭人员参加，负责证据规则指引、办案要件指引研究制定、办案业务指导等。

（2）建立会议联络制度

建立研发“上海民商事、行政案件智能辅助办案系统”会议联络制度，由各法院和上海市高级人民法院各相关业务庭派一名负责人组成，会议联络办公室设在上海市高级人民法院，各相关单位确定一名对口业务部门负责人作为联络员，负责各法院之间的日常联络沟通协调工作，确保研发工作顺利有序推进。

三 建设内容及功能

（一）系统功能

系统功能设计有 27 个项目，主要包括办案要件指引、证据审查判断指引、智能编目、智能阅卷、法条类案推送、案件受理标准审查、诉讼费缴纳智能提示、明确诉请、明确事实与理由、明确抗辩主张、无争议事实预归纳、争议焦点预归纳、证据缺失性校验、证据合规性校验、要件式庭审提纲构建、无争议事实归纳、争议焦点归纳、庭审程序智能提示、庭审无纸化质证、庭审笔录智能生成、合议无纸化示证、评议笔录智能生成、程序性文书智能生成、裁判结果预判断、文书模型智能匹配、裁判文书智能生成、裁判偏离度提示。

（1）办案要件指引

通过构建要件指引的方式，对办案思路、办案步骤予以规范，为法官查明要件事实、正确适用法律、依法作出裁判提供要件式、科学性、实用性的办案要件指引。

（2）证据审查判断指引

对案件当事人及其诉讼代理人提出的诉讼主张所应当提供的证据，人民法院应当调查收集的证据种类、形式要件以及有关举证责任分配、举证认证规则等作出详细规定，为法官办案提供清单式的指引。

（3）智能编目

将扫描后的电子卷宗材料按照统一的目录结构进行自动归档。

（4）智能阅卷

对案件审理中整理、标记和抽取的案件摘要信息进行模块化展示，并在案件办理的关键节点给予必要提示，辅助法官办案。

（5）法条类案推送

根据原被告诉辩对抗后所认定的法律关系，为法官自动推送匹配的实体法律规范、同类案例。根据案件审理进程，为审判程序性环节推送可能涉及的程序性法律规范。

（6）案件受理标准审查

对立案信息进行审查，主要审查内容包括立案条件审查、管辖权审查、主管审查等。

（7）诉讼费缴纳智能提示

通过数据比对，提示法官在庭审前、案件判决前了解当前案件的减免缓情况，并根据情况处理诉讼费的补交、催缴等。

（8）明确诉请

对当事人诉讼请求及其提交的证据材料进行智能识别和信息自动提取、归类、提示，帮助法官及时固定当事人的诉讼请求。

（9）明确事实与理由

对当事人诉讼请求及其提交的证据材料进行智能识别和信息自动提取、

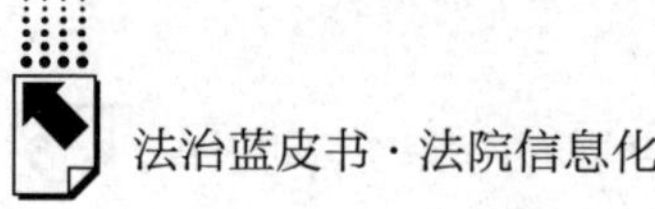

归类、提示，帮助法官及时固定案件事实与理由。

（10）明确抗辩主张

对当事人诉讼请求及其提交的证据材料进行智能识别和信息自动提取、归类、提示，帮助法官及时固定抗辩主张。

（11）无争议事实预归纳

通过大数据学习归纳，构建诉请和抗辩之间的关系，将诉请和事实与理由中未抗辩部分归纳为无争议事实。

（12）争议焦点预归纳

通过人工智能手段进行大数据学习归纳，构建诉请和抗辩之间的关系，将诉请和事实与理由中抗辩部分归纳为争议焦点。

（13）证据缺失性校验

通过要件知识库进行对应的要件证据梳理，找到支持当前诉请和抗辩所需要的证据。在原被告提供的证据清单中作智能匹配，发现缺失性证据遗漏。

（14）证据合规性校验

根据证据审查标准，对于书证、物证等进行证据合规性判断，包括签章、签名、日期、真伪等内容的合规性验证。

（15）要件式庭审提纲构建

支持针对不同案由，以个性化庭审笔录模板为基础，结合诉辩状和证据资料，提取庭审提纲中的核心信息，回填到庭审提纲中，形成庭前的庭审提纲。

（16）无争议事实归纳

在庭审过程中，基于各方发言及当庭质证情况，对无争议事实进行归纳。

（17）争议焦点归纳

在庭审过程中，基于各方发言及当庭质证情况，对争议焦点进行归纳。

（18）庭审程序智能提示

通过梳理庭审过程中涉及的庭审规则，形成庭审规则数据库，对接庭审系统，为庭审环节提供不同流程情况的庭审程序提示。

（19）庭审无纸化质证

在庭审过程中，基于各方的发言，实时调度电子证据，并在终端屏幕上同步显示，主要运用于质证和辩论环节，减少翻阅纸质卷宗带来的不便。

（20）庭审笔录智能生成

将庭审笔录提纲对接到智能语音庭审系统中，智能语音庭审系统完整记录庭审过程中所有人的发言内容，辅助书记员现场人工修正，智能生成庭审笔录。

（21）合议无纸化示证

基于各方的发言，实时调度电子证据，并在终端屏幕上同步显示，主要运用于合议过程对案件介绍和主动调阅电子卷宗过程环节，减少翻阅纸质卷宗带来的不便。

（22）评议笔录智能生成

通过智能语音合议系统完整记录评议过程中所有人的发言内容，辅助书记员现场人工修正，智能生成合议笔录。

（23）程序性文书智能生成

运用文本信息智能提取技术，从电子卷宗中自动识别、抓取有关信息，一键生成案件办理过程中所需的有关文书。

（24）裁判结果预判断

根据案件相关信息、法律要点的裁判指引生成预判。

（25）文书模型智能匹配

根据审理案件特点自动匹配当前案件适用的裁判文书、调解书、裁定书等。

（26）裁判文书智能生成

运用文本信息智能提取等人工智能技术，以系统内置的裁判文书模型为框架，结合不同案由的不同特性，基于庭审笔录和合议笔录的内容进行信息点的智能抽取与回填，智能生成裁判文书。

（27）裁判偏离度提示

根据案件所涉及的法律要点，自动抓取案件重要信息，结合大数据分析得出的类案裁判结果，对草拟的裁判文书判决主文进行偏离度校验及提示，确保类案之间裁判尺度保持一致，推动法律适用统一。

（二）功能亮点

软件系统运用图文识别（OCR）、自然语言理解（NLP）、智能语音识别、司法实体识别、实体关系分析、司法要素自动抽取等人工智能技术，通过对上海法院已积累的民商事、行政案件典型案例、司法信息资源、办案经验，以及上海高院制定的办案要件、证据标准、证据规则和证据模型的机器学习、深度挖掘，实现对个案要件的证据指引、法律指引、裁判指引的智能提示，达到繁简分流、提高审判效率，实现法院审理全程可视、全程可控、全程留痕。

（1）办案要件指引

通过模仿法官人脑的思维逻辑，将法官的办案思路沉淀、固化，梳理出本地化的办案要件脑图，同时将脑图模型嵌入数据化系统中，基于对卷宗材料不断的机器学习，实现对个案要件的证据指引、法律指引、裁判指引、类案指引的智能提示（见图1）。

（2）案件受理标准审查

根据《民事诉讼法》第119条要求，将案件受理标准拆分为四项，任意一项经审查不符合条件的，即审查不通过，不予立案。其中第一项、第二项即原告是与本案有利害关系的公民、法人和其他组织以及有明确的被告，系统与最高人民法院的自然人库和法人库进行对接，以审查当事人身份信息是否真实、当事人的生存状态等，以防止作出“幽灵判决”（即自然人已经死亡或者法人已经注销，法院不知情仍然作出了由其承担法律责任的判决，就存在程序瑕疵了）。再如，第四项是否属于人民法院受理的民事诉讼范围和受诉人民法院管辖，通过在系统中内嵌各法院的管辖范围地图，通过对事故发生地、被告住所地的比对，自动甄别当前案件是否属于该法院的管辖范围。

（3）偏离度分析

机动车交通事故责任纠纷案件（简称“道交案件”）是人民法院民事诉

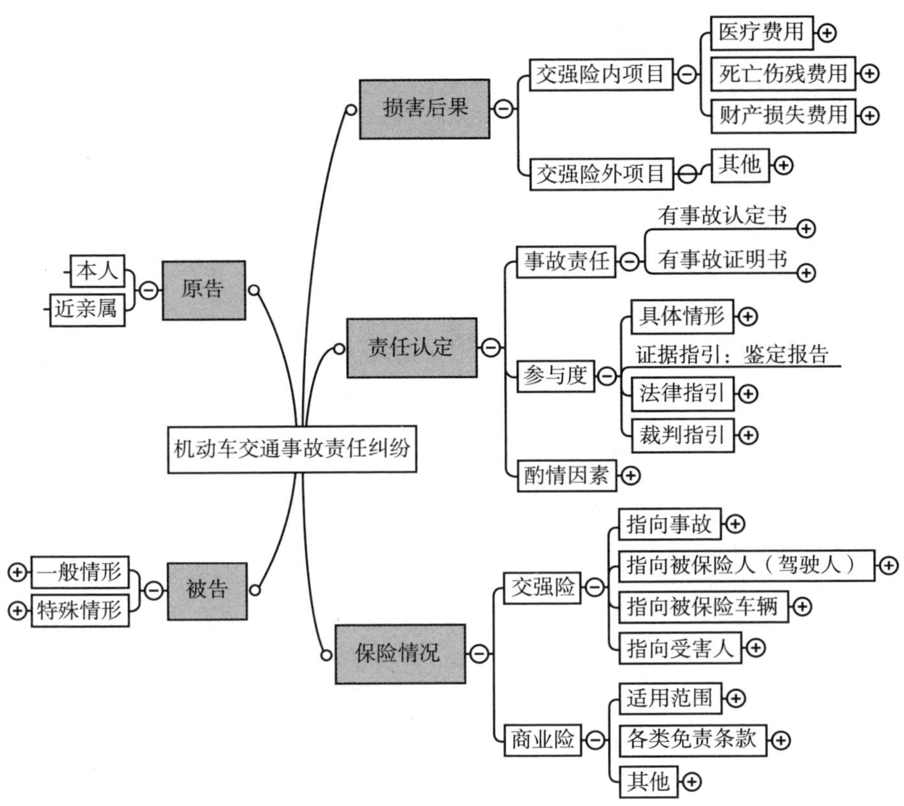

图1　机动车交通事故责任纠纷办案要件

讼业务中的高发类型，占整体案件数量的10%左右，更占侵权类案件的80%以上。上海市辖区范围内，2013~2017年公开裁判文书中，机动车交通事故责任纠纷63497件，其中包括一审案件56407件，二审案件4886件，另有执行案件、再审案件若干。道交案件当中，涉及车损、人身损伤、保险赔偿、隶属关系、责任认定等多项因素，关系复杂、规则繁复，极易出现办案瑕疵，造成诉讼效率和质量降低、上诉比例过高、诉讼当事人满意度较低等问题，系统通过图文识别、自然语言理解等技术，从裁判文书抓取实际裁判结果，自动与裁判指引结果比对，判断裁判结果与指引规则是否偏离，给出裁判结果是否通过校验的结论。根据道交案件特点汇总出23类偏离度分析模型、110个子模型（见表1）。

表1 偏离度分析模型（雇佣关系）

偏离度分析模型名称	偏离度分析子模型名称	偏离度分析模型实现效果
驾驶员系雇佣关系偏离度分析模型	“构成驾驶员系雇佣关系中的个人行为”偏离度分析子模型	校验是否构成雇员（驾驶员）在雇佣关系中从事个人行为（即非雇佣行为）的情形
	“驾驶员系雇佣关系中的个人行为的法律责任”偏离度分析子模型	校验雇员（驾驶员）在雇佣关系中从事个人行为（即非雇佣行为）时雇员需承担的法律责任
	“构成驾驶员系雇佣关系中存在故意或重大过失的雇佣行为”偏离度分析子模型	校验是否构成雇员（驾驶员）在雇佣关系中从事雇佣行为且具有故意或重大过失的情形
	“驾驶员系雇佣关系中存在故意或重大过失的雇佣行为的法律责任”偏离度分析子模型	校验雇员（驾驶员）在雇佣关系中从事雇佣行为，且在其具有故意或重大过失时需与雇主承担的连带法律责任
	“构成驾驶员系雇佣关系中不存在故意或重大过失的雇佣行为”偏离度分析子模型	校验是否构成雇员（驾驶员）在雇佣关系中从事雇佣行为且不具有故意或重大过失的情形
	“驾驶员系雇佣关系中不存在故意或重大过失的雇佣行为的法律责任”偏离度分析子模型	校验雇员（驾驶员）在雇佣关系中从事雇佣行为，且在其不具有故意或重大过失时雇主需承担的法律责任
	“构成驾驶员系用工关系中的个人行为”偏离度分析子模型	校验是否构成工作人员（驾驶员）在用工关系中从事个人行为（即非职务行为）的情形
	“驾驶员系用工关系中的个人行为的法律责任”偏离度分析子模型	校验工作人员（驾驶员）在用工关系中从事个人行为（即非职务行为）时工作人员需承担的法律责任
	“构成驾驶员系用工关系中的职务行为”偏离度分析子模型	校验是否构成工作人员（驾驶员）在用工关系中从事职务行为的情形
	“驾驶员系用工关系中的职务行为的法律责任”偏离度分析子模型	校验工作人员（驾驶员）在用工关系中从事职务行为时用工单位需承担的法律责任

（4）赔偿计算器

以往计算器功能单一，往往只有简单的加减功能，不具备如复杂的道交案件赔偿类计算功能，系统通过对法官合议确认的各项数据的智能抓取，如法官确认的医疗费金额、伤残等级、误工期等，依据本地赔偿规则及赔偿系数，自动计算出各被告应当承担的赔偿金额。并且计算过程自动保存成电子卷宗，一旦案件上诉至二审法院，二审法院也能很清楚地看见一审法官对各项目认定的金额，大大提高了工作效率。

（5）裁判文书智能生成

根据裁判文书模板库，智能填写文书内容（根据前期抓取并且确定的相关内容回填），从而实现简单案件判决书一键生成，复杂案件自动生成裁判模板的功能。系统自动生成的判决书，其中判决书首部即当事人的信息来自于起诉状，原告的诉请及法院确认的事实来自庭审笔录，裁判结果的预生成来自机器根据办案要件图作出的预判断，法条的推送来自办案要件的法律指引。

（6）智能编目

通过图文识别、自然语义理解等语义抽取技术，将扫描的卷宗材料按诉讼日期、案件类别等元素进行语义归纳，系统判断后给出相应的归属目录。人工进行校验和修改，方便后续数据的有序归档和管理，也为法官后期卷宗数据查阅提供便捷的条件。

四　取得的主要成效

2018 年 3 月，上海民商事、行政案件智能辅助办案系统正式试运行，根据区域案件特点选取 3 家基层法院参与试点工作，分别为：上海市普陀区人民法院，道路交通机动车事故责任纠纷案件；上海铁路运输法院，政府信息公开纠纷案件；上海市黄浦区人民法院，信用卡纠纷案件。

截止到 2018 年 8 月，进入系统案件数 3308 件，其中道路交通损害赔偿案件 563 件，银行卡纠纷案件 2702 件，政府信息公开纠纷 43 件；完成 2065 个办案要件整理工作；完成 38. 6 万件案件、1037. 7 万页卷宗的智能编目工作；完成 3460 份卷宗的标注及训练，其中道路交通损害赔偿案件 873 件，股权转让纠纷案件 346 件，海上、通海水域货物运输合同纠纷案件 260 件，银行卡纠纷案件 649 件，融资租赁合同纠纷案件 149 件，信息网络传播权纠纷案件 310 件，计算机软件委托开发合同纠纷案件 302 件，政府信息公开纠纷 572 件；完成 8282 份文书标注；完成 121154 个标签标注。

1. 制定办案要件指引、证据规则指引，解决办案思路不统一、证据审查不全面问题

上海高院围绕民商事、行政案件办案要件这条主线，以大数据、人工智能等新技术为支撑，坚持完整性与阶段性相统一的原则，制定了办案要件、证据规则指引，并将其嵌入数据化的办案程序中，为法官提供统一适用、方便快捷、数据化、清单式的办案指引。看得见、摸得着、可操作，减少了司法任意性，有效统一民商事、行政案件的审理思路。

2. 实现民商事、行政案件审判从立案到执行的全流程网上办案，提升办案效率

全面推进电子卷宗的深度应用，构建覆盖案件办理全流程的网上审判体系，全面支持网上办案，通过图文识别、自然语言理解、机器学习等技术，将电子卷宗文档化、数据化、结构化，辅助法官复用卷宗信息，智能辅助生成过程性文书、裁判文书，大幅度降低办案人员的阅卷以及文书撰写工作量，为法官办理案件提供全面的支持和服务。

3. 解决自由裁量权行使不规范、裁判结果偏离度过大问题

由于法官的经验、知识、能力等均存在差异，自由裁量权的行使难以完全统一，从而出现对相同的法律事实作出不同的裁决，这一现象在民商事审判领域尤为明显。在某些案件的审理中，为有效化解矛盾、平衡当事人利益，往往要在法定限度内对当事人作出判决上的倾斜，一旦拿捏不好个案利益平衡的尺度，就可能造成类案判决结果不协调的情况。通过人工智能以及大数据，构建以办案要件库为中心，以证据指引、法律指引、裁判指引、法条类案指引为一体化的办案模型，自动审查、提示、把关、监督裁判偏离度，提升司法质量、司法效率和司法公信力。

五　存在问题及改进方向

由于时间紧、任务重，上海民商事、行政案件智能辅助办案系统软件开

发和应用中还存在一些问题。一是基础硬件性能支撑不足。卷宗的图文识别、自然语言理解等技术都属于计算机复杂运算及大容量存储范畴，现有可利用 CPU 服务器数量无法满足运算性能、存储性能的要求，导致识别、抽取速度缓慢，不利于系统的应用推广。二是立案卷宗扫描不规范。虽然电子卷宗随案生成系统在全市法院铺开应用，但仍然面临部分卷宗纸质文件分辨率较低、内容模糊、扫歪或者折页、轻微扫歪的情况，尽管系统会通过图像优化处理对图像进行纠正，但如果出现严重扫歪或折页等系统无法纠正的问题，则容易导致识别准确率降低。三是系统功能还有待完善。因目前试点单位覆盖面较窄、裁判主体基数较小，难以反映民商事、行政案件的办理总体情况。四是系统的办案流程还有待规范。目前试点法院法官在案件审理中仍采用“纸质卷宗 + 电子卷宗”并行的审理模式，未完全落实从立案到执行案件全程网上办理，同时由于缺乏有效的监督检查，系统的提示把关未能真正发挥作用，下一步应从以下方面进行改进。

1. 加强基础硬件配套建设

充足的硬件性能保障是系统正常运行、发挥功能作用的基础。下一步应加强各基层法院的硬件配备，采用性能更高、复杂运算处理能力更强的 GPU 服务器以及存储容量更大、IOPS 性能更高的 SAN 存储。满足上海民商事、行政案件智能辅助办案系统的存储、计算性能要求，为推进软件系统的深度应用打好基础。

2. 强化落实电子卷宗随案生成规范

提高电子卷宗的质量，方可挖掘和利用电子卷宗丰富的资源，这是上海民商事、行政案件智能辅助办案系统有效应用的首要环节。通过加强办案人员培训，做到案件收案扫描规范化，建立电子卷宗审核、监管机制，严格把关电子卷宗扫描的文件质量，对缺页、编码不正确、重复扫描、清晰度不高等情况进行追责，确保卷宗质量。

3. 完善软件系统功能

强化基层法院试点工作，深入基层，收集用户需求，建立试用—反馈—调整—完善的系统功能设计机制，形成系统小步快走迭代升级的闭环，保障系统设计功能切实符合一线法官的审判需求。

4. 完善办案流程及保障机制

完善办案流程规范，建立与新办案流程相适应的工作模式，实现办案流程网络化。制定软件系统应用的技术规范与管理办法；健全软件系统的安全保障机制，加强网络安全保障、访问安全保障、数据安全保障和安全监管保障。

B.11

应用信息化思维解决"送达难"问题

——福建法院统一司法送达平台的探索实践

福建省高级人民法院课题组*

摘　要： 为切实解决制约执法办案效率的"送达难"问题，福建法院在推进智慧法院建设中运用信息化思维，坚持共治共享、互联共通的理念，探索建设"福建法院统一司法送达平台"，综合施策，集思广益，统合各地法院创新的送达方式，创新送达工作新模式，构建分工协作、集约高效、规范有序、公开透明的创新型送达机制，积极努力探索破解"送达难"的新路径，开创送达工作新局面。

关键词： 集中送达　取证送达　信息共享　信息化

人民法院司法送达工作是连接诉讼各个环节的桥梁与纽带，不仅关乎司法程序的合法与否、审判流程的推进、当事人诉讼权利的保障，也关乎司法的公信权威乃至社会的文明进步程度，其重要性不言而喻。但随着社会关系的多元复杂化发展，司法案件大幅增加，诉讼文书送达呈现上门送达找人难、邮寄送达效果差、委托送达用时长、公告送达数量大的现状。

* 课题组负责人：郭金焰，福建省高级人民法院网络安全和信息化建设办公室主任。课题组成员：张旭东，福建省高级人民法院网络安全和信息化建设办公室副主任科员；洪清波，福建省泉州市中级人民法院审管办副庭长；池增琴，福建省福清市人民法院行政装备科科员。执笔人：池增琴。

“送达难”与“立案难”“执行难”并称“三难”，成为制约法院审判执行工作的一大瓶颈。在智慧法院建设中，福建省各级人民法院充分利用信息化技术，积极探索创新行之有效的工作方法，送达模式呈现百花齐放、百家争鸣的态势。

一　统一司法送达平台运行机制与特色

福建法院统一司法送达平台是对“互联网+”的创造性运用，是送达领域对“互联网+诉讼服务”的新探索、深应用。平台建成线上线下双轮驱动，将不同法院的送达资源进行高效整合，实现线上办理信息全透明、线下网点全覆盖，不仅解决了传统送达中信息不对称、过程难跟踪等问题，而且受送达人地址、送达情况等数据信息全省法院共享，为法官办案提供智能化服务。

（一）运行机制创新性

1. 送达模式集约化

为顺应经济快速发展、案件数量激增的态势，福建省多地法院采用集约化送达模式，福建省各地法院根据辖区范围、辖区人口数量、案件数量等实际因素，指定专门部门负责送达工作，将繁重的送达工作从审判业务庭中剥离出来，让法官专心审判业务工作。各专门送达机构的设立体现各方面的优势。一是统一配置办公场所、电子设备、外勤车辆等物资，并配备专门的送达人员，节约司法资源，让法官专事审判，同时形成专业化送达队伍，完善分工，便于集中解决送达难问题；二是通过制定统一送达规范与指引，规范优化送达流程，避免不同案件适用的送达标准不统一，方便法官的同时也减轻了当事人的诉累；三是集约化送达方式加快了案件流转的速度，提高了送达效率，明显缩短了案件流转时间，案件的结案率也得到提升。

2. 送达地址约束化

《最高人民法院关于进一步加强民事送达工作的若干意见》中明确规

定：“人民法院应当在登记立案时要求当事人确认送达地址”“同意电子送达的，应当提供并确认接收民事诉讼文书的传真号、电子信箱、微信号等电子送达地址。”福建法院以此为依据，以首次送达为突破点，向当事人提供“送达地址确认书”，增加电子送达地址确认项，告知送达地址不准确、拒不提供送达地址的法律责任，以及该送达地址适用于第一审程序、第二审程序和执行程序，并将信息录入送达系统，作为地址库的资源。同时《最高人民法院关于进一步加强民事送达工作的若干意见》第 8 条也规定了对故意规避、无法确认送达地址的情形，可以电话、微信等方式通知当事人。对被告电话通知送达过程进行录音，在征得被告同意电子送达情形下，后续送达中进行“送达地址确认书”的补签。

3. 协同送达一体化

法院内部协同送达以及法院与外部单位乃至社会群众的协作推进，是福建省各地法院解决“送达难”问题的创新突破。一是法院间协同送达。福建法院统一司法送达平台，实现委托送达信息化，送达材料通过统一送达系统一键推送至受送达法院，受托法院按照送达标准实时办理，由省高级人民法院实时监督。同时实现文书领取异地办理，打通司法为民“最后一公里”。二是网格化多方参与。为打通“查房找人”送达“最后一公里”，福建省法院创新建立利用基层综治网格力量协助司法送达机制。按当前“一村居社区至少一名司法联络员”的标准，司法联络员协助法院开展送达工作，初步形成以乡镇街道为界、以村居社区为点的网格化送达规模。三是探索法院与看守所、监狱间的协作送达。通过实现线上送达文书的传递，缩短法院、看守所、监狱之间的送达时限，提高送达效率，对于羁押超期而延长羁押文书流转未到位等情形具有很好的改善作用，特别是司法拘留这种短期性羁押，对送达文书时效要求较高的司法行为尤其重要。

（二）数据共享常态化

“送达难”的难点在于查人找房难，依托大数据时代，充分运用司法规律和技术规律，切实发挥制度优势和技术优势，实现数据共享常态化，是破解“送达难”的有效途径，也是司法审判工作信息化的发展趋势。

1. 打通与电信运营商的信息壁垒

电话是当前人民群众普遍使用的工具，特别在电话号码实名制施行之后，要充分利用这一优势，加大电话送达的力度。而打通与电信运营商间的数据壁垒，是破解送达过程找人难特别是被告送达难问题的关键。部分法院通过建立法院与通信部门的常态化联系，获取受送达人实名登记的电话号码，部分破解找人难的问题，大大提高送达效率、降低送达工作难度。当前，中国法院诉讼活动通知平台建设工作正在开展，平台将通过数据专线连接基础电信企业系统，更加有效地打通法院与电信运营商间的信息壁垒。

2. 建设企业送达信息共享机制

“企业送达信息共享机制”是福建省平潭综合实验区人民法院与平潭综合实验区市场监督管理局在审判执行工作与市场监管方面的协同创新。人民法院与工商行政管理部门充分运用信息化手段，依托“企业信息共享平台”共享企业信用信息平台数据和司法审判信息，能够有效推进司法和政务数据整合共享。市场监管部门在共享平台提供企业公示信用信息：企业通信地址、电子邮箱、联系方式，企业法定代表人及其联系方式，企业股东股权转让等股权变更信息、股东及其联系方式等。人民法院在共享平台上提供企业涉诉信息：企业涉诉案号、案由、当事人信息、立案时间、结案时间、承办法官。

“企业送达信息共享机制”通过统一司法送达平台复制推广，对于破解“送达难”问题中的企业送达难是一项有效的措施，增进了审判工作与社会信用体系建设的深度融合，为全面构建信息互通、资源共享、优势互补、协作共赢的长效送达工作机制奠定了数据基础。

3. 地址互联共享

地址互联共享实现的是案件流转到送达平台时，可以根据当事人的姓名、身份证号码实现与统一司法送达平台的地址库资源信息的关联，对于查人找物大有裨益。首先是法院层面的地址互联共享。通过信息化手段，实现全省人民法院案件送达地址的互联共享，通过形成地址库的形式，供全省法院共享。当事人普通地址、当事人确认送达地址、当事人电子送达地址、法院推定的送达地址，都可以通过信息化手段建立查询利用的案件关联机制，确保送达地址的互联共享。其次是社会层面的地址互联共享。数据的深入挖掘运用是解决送达难的思路。加强与电商平台、水电公司、房产公司、银行、市场监管等部门的数据交流，多种渠道获取地址信息，通过信息化平台进行集成共享，形成流动的地址库。平台还能够根据一定规则对近期使用或者可信度较高的地址作星级标记，便于送达人员筛选。

4. 与监狱、看守所数据连通

传统的法院、看守所与监狱之间的文书流转以直接送达方式进行，虽然不存在送达地址不明确的问题，但在资源利用与效率问题上明显不足，特别是异地委托送达无法满足时效要求，往往产生羁押超期而换押证未送达到位等问题。运用信息化手段，通过数据互通共享，对提押票、执行通知书、换押证书等法律文书的送达通过线上流转，避免线下送达文书疏漏、周期偏长、效率低下等弊端，对节约司法资源、提高刑事审判工作质效都有重大意义。

（三）送达方式信息化

1. 电子送达

针对证据材料等纸质材料份数、页数较多，需要复印、邮寄的费用高等问题，系统提供将证据材料扫描形成的电子卷宗，提交微信送达。法官需要向受送达人送达证据材料副本时，系统后台将电子文书转换成 PDF 格式，推送到司法送达网，并通过短信告知关注司法送达网微信公众号，以短信随机验证码和手机号码方式接收电子送达材料。当事人浏览签收后，司法送达微信公众号会向系统回馈签收情况，送达人员登记送达结果。同时当事人关注公众号首次签收成功，系统自动绑定当事人个人微信号至关联案件，下次再发送电子文书，通过公众号自动推送微信消息至当事人手机，当事人点击后即可浏览文书，保证后续送达的顺畅性。

2. 电话短信送达

系统结合福建省智慧法院智能化审判辅助服务系统12368语音系统的功能，通过12368统一电话热线外呼的方式通知当事人接收电子送达文书、与当事人确认送达地址、通知开庭日期、通知来院领取文书等。同时通信记录全程留存，以MP3文件形式存储到后台服务器中，并以12368短信系统向当事人手机发送短信通知，系统自动生成送达回证。对于首次送达，还可征求当事人意见，询问是否同意电子送达方式，并记录电子通信方式，以电话录音作为同意电子送达凭证，后续再补签送达地址确认书。

3. 邮寄取证送达

邮寄送达是法定送达方式，为提高邮寄送达的效率，福建法院创新建立邮寄取证送达模式，由邮政速递公司采用派件员的手机取证App，在传统邮寄的方式上叠加服务，要求投递员在投递过程中实时拍照取证回传到送达系统，确保法律文书送达安全、及时、准确，促进邮寄送达业务的稳定持续发展。同时，系统运用信息化手段实现了自动生成快递详单功能，通过对接邮政公司的邮件物流查询系统，法官、书记员可实时查询邮件派送情况，合理推进案件进程。

4. 外勤送达

开发外勤送达专用App，为外勤送达人员外出送达和管理送达任务提供便利，也便于送达取证，改变以往外勤人员拍照取证手动保存电脑的弊端。外勤送达人员配备外出用平板电脑或者手机，通过专用App记录送达现场照片、见证照片、影像后，一键上传送达记录和回执材料，以图片和影像的方式更好地为留置送达提供了证据。

5. 网格送达

送达人员通过内网的送达平台发起网格协助申请给司法联络员，发起的送达内容同步到司法送达网微信公众号，并推送给司法联络员。司法联络员可自行打印送达材料进行送达，或者通过提供当事人线索、拍照取证、指路认人等方式协助送达。司法协助员可通过司法送达公众微信号上传协助内容，包含图片、地址信息等。数据同步工具会将外网网格员提供的线索信息同步到内网送达平台。同时，送达人员可通过司法送达网查看网格员麻点分布图，以及特定案件送达范围内网格协助员的协助范围热力图，了解司法网格协助送达的情况。

6. 公证送达

公证送达模式也是福建法院的创新送达模式，主要采取公证处公证与公证处外包两种模式。流转到公证送达的送达任务，由公证员对送达结果进行确认并作公证登记。依托福建法院统一司法送达平台，还可以将审判辅助性工作进行外包，以市场经营的方式运作，保证了送达工作的效率。适用的业务场景是集中送达模式，公证效力可提高送达效果在法官心中的可信度，也倒逼送达人员提高工作质效。

7. 委托送达

福建法院统一司法送达平台实行委托送达全程在线办理。委托送达功能模块提供线上电子委托和线下邮寄委托两种委托模式。线上委托模式下，送达人可选择受托法院、接收部门以及送达期限，核对确认受送达人的送达地址，在线自动生成委托函，并随同电子送达材料一并发送到受托法院，由受托法院打印后直接送达。送达人还可通过送达记录项下的“线上委托跟踪”查看受托法院实时办理进度，根据受托法院反馈的送达情况，及时确认并登记送达结果。线下邮寄委托送达模式下，送达人将委托送达材料打印、装袋、交寄 EMS，系统自动获取 EMS 的物流详情。

8. 公告送达

公告送达也实现集中信息化在线办理。送达人员可在送达系统选取预设好的公告模板，公告模版后台配置提供系统变量自动抓取功能。配置模板时关键词用系统变量替换，生成公告时自动转换成所需要的值。发起公告送达后，公告直接推送到公告管理系统，并与《人民法院报》等法定公告发布的报刊实行直接对接。公告届满后，系统会自动提醒办案法官和书记员，公告送达已生效。在公告过程中，若通过其他方式送达成功，可撤销公告送达。

9. 文书领取

送达人员与当事人约定来院领取文书后，以派发工单的方式，派发到文书领取窗口岗位，同时电子文书在系统中流转至领取文书岗位。当事人来院后，只要刷二代身份证就可办理领取文书业务。领取文书岗位打印文书，工作人员会通过送达系统采集当事人的送达回证签名和指纹信息。

为方便当事人，推进司法服务社会化，福建法院统一司法送达平台开发异地文书领取功能，当事人不仅可以在案件管辖地法院领取文书，还可领取来访人在福建省其他法院的诉讼文书。

二　应用成效与困境

福建省各地法院集中送达模式的创新与统一司法送达平台的建设，旨在减轻审判部门的事务负担，破解“送达难”问题，提高司法审判质效。目前，统一司法送达平台已在福建省泉州地区两级法院以及部分地区应用，初步运行成效明显。

（一）送达成功率显著提升

借助统一送达系统，实现送达工作全场在线流转。通过电子地址、电话、邮寄等方式向原告送达成功比例多数接近100%；有实名登记手机号码或者关联地址的被告送达成功率也可以达到70%。

（二）送达周期明显缩短

相比通过人工送达、邮寄送达、委托送达等常规耗时低效的送达方式，通过统一司法送达系统送达成功的任务，电话、电子送达方式的送达周期明显较传统要短。泉州市两级法院试运行两个月以来平均每次送达较传统模式节省了20天左右，其中对可能恶意规避送达的当事人平均节省了一个月左右，极大地提高了送达效率。

（三）专人送达优势凸显

系统在泉州地区两级法院试运行两个月，专门送达机构集约式和职业化的送达效能、遍布村居社区的基层组织协作效能得到了全方位发挥。集中送达模式，一方面能让法官更专注于办案，提升审判质效；另一方面也更利于打造专业化送达队伍，加快送达节奏，提高送达效率。通过电子邮箱、电话、短信送达对送达任务先期筛选，邮寄、文印、委托集中办理，借助统一调度车辆人工送达，公告送达兜底，各环节紧密有效衔接，打造专业化送达队伍。

（四）有效推进司法公开

司法送达微信公众号的应用，让当事人可实时了解查看案件送达材料，充分尊重当事人的知情权，是积极推进“全流程公开”的重要举措。

（五）助力司法服务社会化

统一送达平台的全省铺开，可实现全省范围内的文书异地领取，当事人就近法院领取文书，真正做到司法为民。同时以电子送达方式向当事人推送送达材料，更是实现法院服务的“一次不用跑”，是对最高人民法院提出的诉讼服务中心“大服务、大平台、大辐射”职能定位的具体落实和跨区域深化应用。

三 面临的问题

福建法院统一司法送达平台，通过新兴信息技术手段与法院送达工作深度融合，实现送达业务流程创新、管理制度创新、工作模式创新，但在平台初步实施和试运行过程中，也面临不少问题与困难。

一是系统间的对接应用不完善。因为处于新旧法规系统衔接期间，新的审判业务流程系统正在全面推进，统一司法送达系统与审判业务流程系统数据对接仅以基础的单向案件信息对接为基础，电子卷宗的共享尚待完善，而送达系统中积累的数据资源也还没有得到很好应用。不少法院根据审判执行实践需要，对各类法律文书样式进行了个性化改造，也造成实践中法律文书统一标准和规范不够严谨，流转到送达系统要实现信息回填、文书自动生成等功能技术难度加大、效果不够理想。

二是信息孤岛、数据壁垒难打破。“查人找物”难就难在没有信息情报，没有信息情报在于缺乏相关数据支持。无论是当事人居住地、企业住所地，以及日常使用的联系电话、手机号码、社交软件账号等，法院本身拥有的资源都微乎其微，需要借助外力。送达业务涉及的部门广泛，在数据共享问题上难免会面临重重障碍，这些都成为信息化送达推广工作的掣肘。对于政法部门以外的政府部门、企事业单位间的数据壁垒，还需要攻坚克难、增进共识、打造平台、实时联动。

三是观念和机制上的落后是最大藩篱。无论拥有如何先进的信息系统，没有配套的机制改革，终将还是“线上一套、线下一套”。福建省许多法院都在努力创新送达模式，以厦门市翔安区人民法院为例，该院一年案件量达8000多件，以信息化为依托，采取集中送达模式创新，送达中心配备四名内勤送达人员、两名外勤送达人员，就能够满足全院送达任务要求，达到了高质高效的发展效果。但也有相当一部分法院对创新送达模式、接受新兴事物等方面存在认知和信任度不够，主动创新、积极变革的观念还跟不上新时代发展要求，不适应信息化带来的模式转变，不仅没有提高效率，还带来了“数据录入”的负担。

四　深化完善与未来构想

推进统一司法送达平台，既是对国家网络强国战略的积极响应，也是实现“互联网 +”的创造价值。为着力破解“送达难”问题，福建法院在已有的创新探索基础上，进一步拓宽信息化思维，加快推广和完善，积极探索司法送达新实践，一方面有力促进提高法院审判质效，另一方面有效促进司法公开、增强司法公信力、提高司法透明度，努力回应满足人民群众的信息时代新司法需求。

（一）研发高质量的智能送达平台

送达业务与审判管理业务交互频繁，为更好地落实集中送达工作，需要强化统一司法送达平台与其他审判业务平台的数据对接和互联共通。例如，可以实现法官从审判管理系统勾选需要送达的案件材料，以加入购物车的方式向统一送达系统发起送达，送达系统经过一系列送达操作之后及时反馈送达情况，回传送达回证等电子材料进入审判管理系统的电子卷宗，这一系列的交互是审判管理系统和送达平台后期升级完善的需求。

（二）推进高效率的联动协调机制

福建法院统一司法送达平台的建设是信息化送达工作的基础性建设，真正完成平台与机制的完美融合，还需要法院干警熟悉流程与平台功能，各中基层法院形成联动协调机制。一要组织保障。各中基层法院要根据辖区实际情况和案件数量成立集中送达小组，实行集中化送达，最大限度发挥统一送达平台的作用。二要加强协调联动。送达工作涉及业务部门较广，需要各部门直接通力合作，协调联动。由立案庭起带头作用，各业务庭调整心态，勇于面对新兴事物，以提高工作效率。通过拓展协议单位辅助送达，除监狱、看守所外，将检察院、司法局、律师事务所、市场监管局、房管局、银行、国企等纳入信息化送达合作试点，也是送达工作的应有前景。三要注重经验积累。统一司法送达平台的建设是基于全省普遍适用的原则，各地法院可在不断探索创新中总结经验，发挥地方特色作用。在送达工作的统计分析过程中，不断探索创新模式，改进工作机制，为送达工作的实施提供多方位支持。

（三）拓宽高层次的送达领域

由于法律的相对滞后性，为最大限度提升送达效率，需要在现行法律的框架内，合法、合理、科学地就电子、电话、短信送达的范围进行必要的探索与尝试，同时借助信息技术的更新迭代，以技术倒逼机制改进与流程再造。一方面，在法律文书种类上，除法定判决书、调解书、裁定书不能适用电子、电话、短信送达方式，统一司法送达平台可将传票、应诉通知书、证据材料等尽可能多的文书种类纳入信息化手段送达的范畴。而对于简单案件的判决书、裁定书，已经履行完毕的调解书，刑事认罪认罚案件的判决书等文书，在当事人没有异议的情况下，也可尝试运用电子送达的方式，通过司法实践的长期引导，让电子送达成为被普遍接受和认可的送达方式。另一方面，也可利用人工智能、区块链等新兴技术，破解查人找物难等问题。基于区块链技术数据信息保存的功能和区块独一无二的时间戳，建立自然人、法人送达信息汇聚库，搜集社会各界提供的信息，并实现信息的验证和溯源。在上门送达过程中引入人工智能技术，通过语音、人脸等信息技术实时确认送达对象，避免送达错误，也是对规避送达的一种很好的技术防范。

B.12
江西法院诉讼材料“收转发e中心”应用报告

江西省高级人民法院课题组*

摘　要： 为破解人民法院“案多人少”和调卷难等难题，剥离审判辅助性事务，江西法院打造了诉讼材料“收转发e中心”。本文首先介绍了“收转发e中心”的建设背景，以问题为导向，经过实践积累经验，利用信息化手段，实现诉讼材料接收、流转、送达流程再造，将诉讼材料辅助性事务从审判执行工作中完全剥离，构建诉讼材料深度应用的智能化体系架构。重点介绍了“收转发e中心”的“技术+管理”创新模式、应用价值和实际成效，最后对未来发展进行了展望。

关键词： 电子卷宗信息化　审判辅助事务　集约化

为深入贯彻党的十八大和十九大精神，切实落实最高人民法院要求，进一步提升人民法院审判执行信息化水平，深化司法公开力度，促进审判流程再造，破解人民法院“案多人少”矛盾和调卷难等难题，江西法院结合本

---

* 课题组负责人：柯军，江西省高级人民法院党组成员、副院长，二级高级法官。课题组成员：刘晓玲、董令军、姚晨奕、吴勃、匡华。执笔人：匡华，江西省高级人民法院司法技术处处长；杨崇华，江西省高级人民法院司法技术处副处长；吴顺华，江西省高级人民法院司法技术处主任科员。

省实际，围绕司法为民、公正司法的目标，以困扰法官的问题和需求为导向，以电子卷宗随案同步生成和深度应用为主线，打造以诉讼材料“收转发 e 中心”品牌为基础的智慧法院江西模式。“收转发 e 中心”主要借助信息化支撑手段，在各级法院诉讼服务大厅设立诉讼材料接收、流转、送达统一处理中心，实现诉讼材料“收、转、发”事务的全流程集约化、智能化管理。2017 年 10 月 23 日，江西 117 家法院“收转发 e 中心”全部上线运行，实现了全省范围的应用模式全覆盖。

一　建设背景

一是辅助性事务长期困扰办案工作。2017 年，江西法院完成法官员额制改革。在“案多人少”矛盾日益突出的情况下，以员额法官为主的审判团队办案不仅需要完成开庭、合议、文书撰写等审判核心事务，还需要完成卷宗扫描、制作、流转、文书送达等辅助性事务。特别是“送达难”长期困扰法院工作，文书送达工作占用了法官大量的时间和精力，案件审理工作以接收诉讼材料开始，以送达判决书结束，占审判团队工作量的 50% 以上，大量辅助性事务长期困扰办案工作的问题亟待解决。

二是电子卷宗随案生成无法得到保证。2016 年底，江西法院全面开展网上办案工作，推行电子卷宗随案同步生成和深度应用。但在实际应用过程中发现，结构化的网上办案信息能够做到随案填写，而电子卷宗却无法保证随案生成，大部分案件在结案时才进行卷宗制作。究其原因，一方面，电子卷宗制作不是审判内在规律的必经程序，同步的要求很难转化为审判团队的自觉行为，且电子卷宗制作烦琐，需要耗费大量精力，更加剧了随案同步生成的难度；另一方面，电子卷宗的文书为图片格式，未作文档化、数据化、结构化处理，电子卷宗利用价值不高，与纸质卷宗只是存在形式不同，广大法官仍然习惯使用纸质卷宗进行办案。因此，现有电子卷宗机制已无法适应全面网上办案的要求。

三是诉讼材料管理不规范。在现有模式下，当事人诉讼材料接收、材料流转、文书送达工作各地法院做法不一，整个材料管理流程随意性较大，材料流转过程中的材料遗失时有发生，整体流转效率较低。特别是在诉前阶段的材料管理存在盲区，一方面，无法对当事人诉前每一次递交的材料过程进行详细记录，特别是立案登记制实施后，出现立案前多次材料补充情况时因不能全程留痕导致查找原因无从下手，容易造成当事人对法院工作的误解；另一方面，诉讼材料管理不规范，无法为发现问题、提高效率提供数据支撑，优化工作更无从谈起。

四是诉讼服务流程烦琐。2016 年，江西省高级人民法院（以下简称江西高院）启动了全省法院诉讼服务中心信息化达标改造工作，通过一年多的时间，全省各级法院诉讼服务大厅均完善了信息发布、自助查询、自助立案等便民利民终端。但在实际应用过程中发现，诉讼服务信息化设备的使用率不高，通过单纯信息化设备改善诉讼服务的效果不理想。究其原因，律师群体可通过网上诉讼服务办理相关诉讼事务，无须使用现场自助设备；而当事人一般会选择实体的诉讼服务大厅办理诉讼事务，来到法院后，他们希望能够与干警进行面对面的交流；但目前各地法院诉讼服务的事项办理流程各有不同，同时诉讼服务大厅窗口众多，烦琐的诉讼服务流程，给当事人带来了困扰，同时也增加了法院接待人员的工作量。

二　实践探索基础

（一）集约化材料管理模式的实践基础

2011 年，江西法院建设完成了覆盖全省法院的三级专网，标志着江西法院信息化进入专网应用时代。在网络延伸的同时，江西法院同步规划了全省法院统一应用支撑环境，全省三级法院即时通信系统、网站群、司法政务平台、视频会议等一批集中部署应用在全省推开。其中自主研发的司法政务平台，在技术架构上，按照标准统一、目标多元的要求，创新实现了平台集中部署、流程自由配置、界面各具特色的模式供全省各级法院应用，特别是在应用模式上，司法政务平台实现了上下级法院和法院内部行政公文的集约化处理统一技术支撑，规范了流转程序，开创了江西省借助信息化手段集约化处理材料的先河（见图1）。

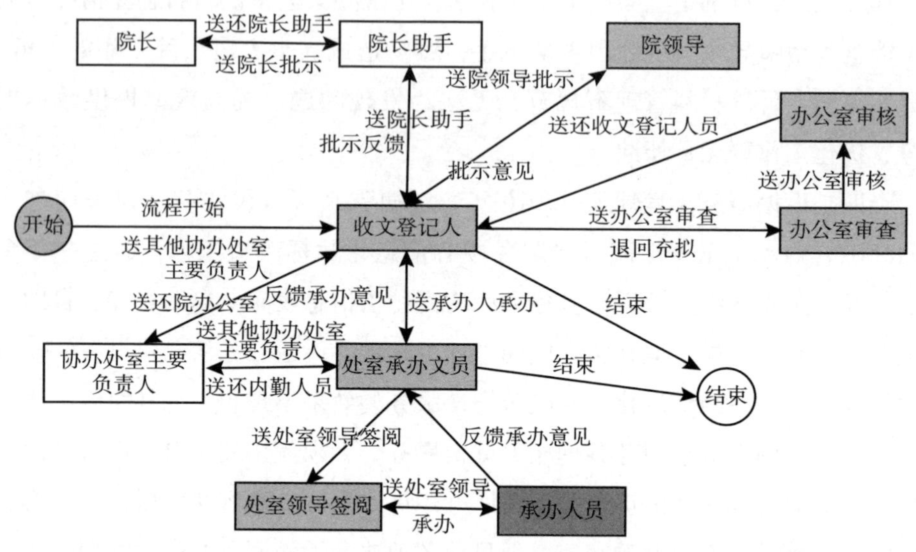

图1　司法政务平台公文流转集约化流程

司法政务平台的应用，实则上是利用信息化支撑手段，对法院行政事务、公文流转进行流程再造，完成了行政事务、公文流转的动态监管、全程留痕，为司法行政事务、行政公文的集约化、智能化管理积累了宝贵经验，尤其是公文归口模式的实践，为日后开展诉讼文书管理流程再造，以及集约化、智能化管理创新进行了实践积累。

（二）审送分离送达模式的实践基础

2015年，南昌高新区法院以实际送达工作中遇到的各类送达问题为导向，探索研发了送达流程管理系统，经过一年多的送达实践，南昌高新区法院通过该平台电子送达成功率达75.6%。

2016年9月，省法院以高新区法院送达平台为基础，完成了全新的司法送达服务平台。该平台在原先的基础上增加了网络公告送达、委托送达，并优化了平台的功能和流程，实现了送达方式全覆盖，送达过程全留痕，送达服务多样化。该平台在各地法院一经推广，反响良好。省法院在全省推广应用过程中，主推南昌青云谱区法院首创的服务外包模式，实现对外送达各类诉讼文书等事务性工作全面剥离，充分利用电子送达的便利性，实现了“审送”分离，由专业化的电子送达团队完成电子送达相关工作，为有效解决“送达难”创造了全新模式，大大减轻了法官工作负担，保证了送达工作效率（见图 2）。

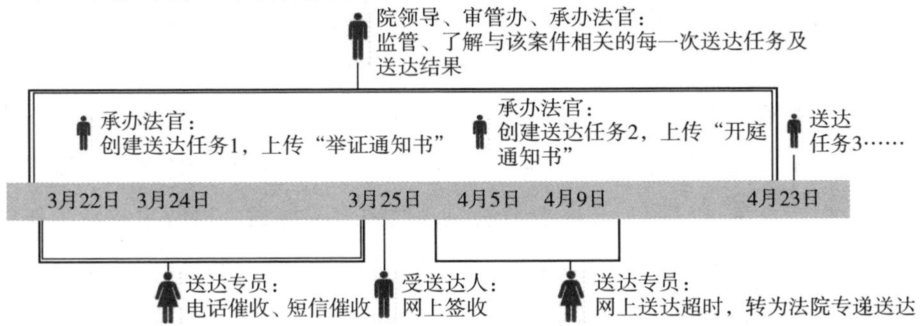

图 2　司法送达服务平台案件送达记录情况

司法送达服务平台的应用，为探索诉讼材料类辅助性事务从审判工作中完全剥离迈出了坚实一步，“审送”分离模式为集约化送达服务趟出了一条新路。

（三）智能材料流转模式的实践基础

2016 年 9 月，为解决江西省高级人民法院新审判综合大楼搬迁后日益凸显的诉讼服务中心与各承办庭室诉讼材料交接的矛盾和困扰，江西高院受物流行业快递取件柜的启发，融入法院业务工作需求，自主研发了诉讼材料智能收转柜，实现了纸质诉讼材料流转的全程留痕和智能交接。诉讼服务中心利用与案件系统对接的智能收转柜网上平台填写诉讼材料交接目录，并将诉讼材料存入智能收转柜，系统自动利用即时通信系统、12368 手机短信系统通知承办人（收

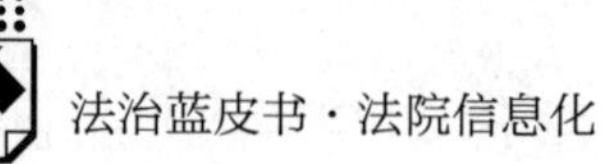

件人）收件，承办人（收件人）可在网络平台或手机 App 中查看收件目录，并支持取件短信、一卡通、二维码三种取件方式，承办人（收件人）在智能收转柜取件后，系统全程记录流程阶段，并同步公开给当事人。

诉讼材料智能收转柜的应用，解决了诉讼服务中心材料交接需预约时间、交接记录无法全程留痕、交接状态无法实时同步当事人带来的各种困扰。虽然诉讼材料智能收转柜设计初衷是解决材料交接问题，但智能材料流转模式的应用，为今后实现案件所有阶段诉讼材料统一归口、智能流转做了充分的前期准备。

三 诉讼材料“收转发 e 中心”发展历程

为贯彻落实最高人民法院《关于全面推进人民法院电子卷宗随案同步生成和深度应用的指导意见》要求，2017 年初，江西高院围绕电子卷宗随案同步生成及深度应用，开展智慧法院江西模式的探索，以解决实际工作中存在的困扰办案法官工作的大量辅助性事务为突破口，结合江西法院司法送达服务平台的资源优势，确定以诉讼材料“收转发 e 中心”为品牌的江西智慧法院建设模式。2017 年 2 月 4～5 日，全省中级法院院长会召开，“收转发 e 中心”的整体思路被写入《全省法院重点工作（征求意见稿）》，征求与会中院院长意见。2 月 7 日，江西高院赴上饶中院调研，拉开了“收转发 e 中心”试点工作部署的序幕。

2017 年 6 月初，省高院“收转发 e 中心”组织了试点成效评估检查，经试点评估，“收转发 e 中心”为法官工作减负减压、智能辅助帮助方面，效果显著。

四 诉讼材料“收转发 e 中心”的模式革新

智慧法院是人民法院依托现代人工智能，支持全业务网上办理、全流程依法公开、全方位智能服务，实现公正司法、司法为民的组织、建设和运行形态。江西法院“收转发 e 中心”是以诉讼材料自动化管理和深度应用为主线的新型组织、建设、运行和管理形态，采用“技术 + 管理”深度融合的实现方式，凝聚了对智慧法院“三全三化”建设目标的实践应用，集中体现了建设江西智慧法院的主要思路。在全省法院诉讼服务中心设立“收转发 e 中心”，将原本分散的诉讼材料登记、扫描、流转、送达工作集中于此，借助信息化支撑手段，通过诉讼材料收转发事务集约化管理模式，实现“收转发”流程智能化管理。字母“e”既表示中心技术上是一个电子化、信息化的平台，同时字母“e”也是中文“一”的谐音，体现集约化特色。

一是“收”的集约化、智能化。对立案阶段材料统一登记管理、前置集中扫描、智能识别回填，从而完成相关立案流程；对审理过程中提交的材料也必须经过“收转发 e 中心”扫描、流转。通过归口管理，确保电子卷宗随案同步生成，当事人提交的任何一份材料均可查阅、可追溯。

二是“转”的集约化、智能化。当事人递交的纸质材料通过智能材料收转柜，实现纸质材料递送、跟踪、签收等全程留痕、智能化流转，完成当事人与业务庭室、立案庭室与承办庭室、各部门之间的材料流转。同时，省高院正在推进上下级法院之间、法院与检察院之间案卷材料的流转向“收转发 e 中心”归口。

三是“发”的集约化、智能化。利用“收转发 e 中心”的送达服务平台实现“审送分离”业务模式，能集约化的送达方式一律集约化管理。送达文书自动推送至送达服务平台，优选电子送达方式，电子送达不成功则按照优先级转换送达方式，自动记录送达过程中所有的节点信息、反馈结果、送达回证、证据材料等，自动生成送达日志和送达报告，返回审判系统、电子卷宗系统并同步公开给当事人。公告送达作为“兜底”送达方式，在充分尊重当事人意愿的基础上，优选网络公告送达。

五　诉讼材料“收转发 e 中心”的体系架构

“收转发 e 中心”不仅包括以收转发流程再造为主线的 3 类收转发应

用，而且还包含了在此主线和基础上、衍生的N种以诉讼材料利用为目的的智能化应用，表现为“3+N”模式的江西智慧法院技术架构。同时，以“收转发e中心”基本功能应用为基础，围绕审判执行核心业务，分别将应用服务范围向前延伸和向后延伸：向前延伸包括司法公开、诉讼服务、跨域材料收转、多元化解等等，向后延伸包括办案智能辅助、审判管理智能辅助、档案管理智能辅助等等，形成以“收转发e中心”为中心的江西智慧法院应用体系。

（一）以诉讼材料交换流程再造为目标的“3”类收转发应用

“收转发e中心”将现有工作中的法官电子卷宗扫描、制作，材料流转和文书送达，三类花费大量时间的事务性工作从法官手中剥离出来，利用智能电子卷宗系统、智能材料交换系统、司法送达服务平台为核心的收转发信息化平台支撑，实现案件立案、审理过程中的诉讼材料电子化流转。

同时，“收转发e中心”将不断深化诉讼材料交换流程再造，拓展收转发的深度和广度。从服务当事人、减轻立案窗口接待负担的角度，将“收转发e中心”平台延伸至网上诉讼系统，当事人或诉讼代理人可自主通过互联网上传相关材料，直接使用“收转发e中心”已具备的前置扫描、OCR识别、智能回填功能等。纸质材料递交，当事人可在网上登记材料目录后，通过快递将纸质材料送至“收转发e中心”，实现纸质材料的递交流程。而且，诉讼材料交换再造还可应用于检察院案卷移交、上下级法院案卷移交等应用场景，不断拓展诉讼材料交换流程再造的覆盖范围。

（二）以诉讼材料利用为核心的“N”种智能化应用

“收转发e中心”保证了所有材料出入口统一规范和电子卷宗的随案同步生成，为以材料为主线的各类智能化应用提供实现可能。利用大数据技术，将诉讼材料进行加工分析，为各类智能化利用提供支撑，直接实现和延伸N种智能化应用。其中，延伸应用分为向前和向后两个方向：向前延伸面向公众、当事人、单位和团体，拓展诉讼材料的生成，内容包括群众e服务（微法院）、跨域立案、网上立案、多元化解 e 平台、分调裁等；向后延伸面向办案法官、审判管理、法院内部，拓展诉讼材料的深度应用，内容包括法官 e 助理、审判 e 管理、档案 e 管理等等（见图 3）。江西法院已经在进行多种应用推广或试点，如利用智能电子卷宗系统，生成个案信息识别包，为语音识别系统提供识别数据库，大大提高姓名、地址或其他重要信息识别成功率；将已识别的案件诉讼材料，进行案情要素分析，智能生成裁判文书；分析诉讼材料相关要素，实现类案推送，同案同判等智能化应用等。

在畅通、完善、优化收转发的基础上，不断丰富各类智能化应用，形成“3＋N”体系的智慧法院江西模式。

图 3　“收转发 e 中心”体系架构

六　诉讼材料“收转发 e 中心”目标要求

江西法院诉讼材料“收转发 e 中心”以审判事务性工作剥离为出发点，以法官实际工作需求为导向，以实现法官工作减负减压、智能化服务，为当事人便捷诉讼服务，规范司法管理为目标，既是目标，也是要求。

（一）为法官办案减负，实现诉讼材料事务性管理流程再造

“收转发 e 中心”将改变以往的法院诉讼材料管理流程，采用集约化管理模式，实现诉讼材料前置扫描、识别、回填，纸质材料流转全程留痕，案件文书集中送达等智能化应用。同时，把法官从接收当事人各类诉讼材料、对外送达各类诉讼文书等事务性工作中全面剥离出来，充分利用电子送达的便利性，实现了“审送”分离，由专业化的电子送达团队完成电子送达相关工作，为有效解决“送达难”创造了全新模式，让法官专注于案件审理工作，切实为法官办案“减负”，为当事人参与诉讼“增效”，为审判管理“提质”。

（二）为法官办案提供智能支撑，实现诉讼材料智能化利用

积极挖掘实际工作需求，围绕诉讼材料智能化利用，探索和尝试各类智能辅助办案系统建设工作。省法院将构建全方位的“收转发 e 中心”信息资源和服务体系，优化完善“收转发 e 中心”智能化材料“主干”功能，开展普遍性、基础性的智能化应用建设工作。各地法院可以此为基础，以需求和问题为导向，因地制宜开展智能化应用探索和尝试工作，为“收转发 e 中心”“添枝加叶”，共同打造“以材料为主线”的智慧法院江西模式。

（三）为当事人提供便捷服务，打造诉讼材料交换新模式

通过“收转发 e 中心”，实现全省法院诉讼服务事务办理统一流程，为当事人提供以“收转发 e 中心”为核心的一站式服务，对每一份诉讼材料全程留痕，并依法公开，最大限度地方便当事人。目前，江西法院“收转发 e 中心”正在跨域立案、跨域材料转送、委托送达等方面进行拓展，研究出台配套的工作机制和流程，推广应用，以达到全省法院范围的材料递交和服务办理“通收通转通发”的应用效果。

（四）有效规范司法行为，加强法院工作管理

“收转发 e 中心”采用“源头”治理，实现所有诉讼材料流转全程留痕，全面推进电子卷宗随案同步生成和深度应用，构建覆盖案件办理全流程的网上审判体系，同时统一归口当事人材料的递交途径，进一步规范了法官与当事人的会见，为法官架起了天然保护屏障，避免了廉政风险，减少了法官的工作困扰，加强了法院工作管理。

七　诉讼材料“收转发 e 中心”应用成效和存在的问题

（一）应用成效

截至 2018 年 9 月 26 日，全省法院“收转发 e 中心”累计接收材料 461878 次，扫描 3886992 页，流转 557132 次，送达 939019 人次，电子送达成功率 31.2%（见表 1）。其中诉前 282420 次，占比 61.15%，诉中 179458 次，占比 38.85%，登记最多的三种材料为证据、起诉书/申请书、起诉类文书，合计占比 31.96%。江西高院机关由于“收转发 e 中心”的上线运行实现了电子卷宗的随案同步生成，至 2017 年 10 月份电子卷宗覆盖率均值在 90% 以上，在最高人民法院发布的高院电子卷宗汇聚工作历次日报中居各高院首位。

表 1　江西全省法院“收转发 e 中心”应用数据统计

地　市	材料接收批次	材料扫描页数	材料流转次数	司法送达人次
省高院	5120	75340	3337	24393
南昌市	61079	840457	52801	167807
九江市	50383	347675	50525	88658
景德镇市	12552	184893	12971	21291
萍乡市	16547	100339	14706	34184

续表

地　　市	材料接收批次	材料扫描页数	材料流转次数	司法送达人次
新余市	20299	96481	12636	26876
鹰潭市	8045	58493	6740	9364
赣州市	110179	680784	102472	206021
宜春市	65318	402662	51718	88029
上饶市	18228	151663	61042	125811
吉安市	47799	493414	44130	75615
抚州市	43809	437005	32372	63572
南　铁	2520	17786	1682	7398

（二）存在的问题

目前，全省法院诉讼材料“收转发 e 中心”整体运行情况良好，在应用过程中历经多次迭代，对用户体验、使用流程进行了优化完善，但“收转发 e 中心”是“技术 + 管理”的融合创新，“收转发 e 中心”的建设任务已初步完成，深度应用工作还任重而道远。当前，“收转发 e 中心”主要面临两个方面的问题。

1. 技术方面：电子卷宗技术革新问题

诉讼材料“收转发 e 中心”平台主要是以电子卷宗为核心的信息化应用，在“收转发 e 中心”应用推广过程中，发现目前的电子卷宗无法适应“收转发 e 中心”应用模式。一是无法实现材料自动归目。“收转发 E 中心”扫描的纸质材料进入电子卷宗时，暂不支持按照目录进行自动归目，需要手工进行目录对应及调整，同时由于目前电子卷宗目录过于烦琐，“收转发 E 中心”工作人员为外包服务人员，无法准确判断材料的归目，造成了归目工作量增加且出现归目错误。二是电子卷宗无法进行归档。目前电子卷宗在使用和功能上，无法自动识别满足电子档案归档要求。不少法院还需要按照档案管理的纸质卷宗归档要求，对纸质卷宗整理后再进行电子化扫描，以完成档案归档，这无疑增加了二次扫描的工作量。

2. 应用方面：应用的深入和拓展问题

虽然江西法院诉讼材料“收转发 e 中心”全省全面上线运行时间不长，但在应用过程中也存在问题。一是应用的深入问题。一些法院或法官对“收转发 e 中心”的实质和内涵理解不深，认为“收转发 e 中心”只是材料的收发中心，思想观念和工作模式没有及时调整，未深入应用“收转发 e 中心”。例如，法官送达文书时，把“收转发 e 中心”当作“收发中心”，在受送达人相关信息都明确的情况下，直接要求“收转发 e 中心”工作人员进行邮寄送达，未按流程先进行电子送达，影响了送达效率的提高。二是应用的拓展问题。“收转发 e 中心”是“3 + N”模式的体系架构，一些法院只停留在“3”类应用现有的程度上，未能很好地发挥“收转发 e 中心”的应用红利，未能拓展收转发应用的广度，延伸至检察机关、监狱、律所、银行等，应从提供服务的角度，完善诉讼材料智能流转的质效，提高“收转发 e 中心”的应用价值。

八　未来展望

江西法院诉讼材料“收转发 e 中心”全面上线后，下一步将围绕“收转发 e 中心”的深度应用，从四方面发力推进江西智慧法院建设深入发展。

（一）应用延展：构建全域诉讼材料智能流转网络

1. 继续深入推广“收转发 e 中心”应用

江西法院诉讼材料“收转发 e 中心”全面上线后，将加大力度推进诉讼材料“收转发 e 中心”应用，对内推广跨域材料接收和送达应用，利用“收转发 e 中心”已集约化材料流转的天然优势，从院内集约化走向全省集约化，“收转发 e 中心”平台的集中部署模式和设计架构，打破行政区划的概念，让任何一家“收转发 e 中心”既服务本地法院，又可为全省所有法院服务，当事人不仅可以完成跨域立案，包括完成审理阶段的跨域材料收转、委托送达等功能，省高院已下发《关于提升全省法院诉讼服务中心信息化建设和应用水平的指导意见》，就相关意见提出明确要求。

下一步，江西法院还将利用物流网络，对接“收转发e中心”，开展全国范围的跨域立案、跨域材料接收工作，当事人可在江西法院审判综合服务网填写相关立案请求和材料递送请求，相关的纸质材料可通过“收转发e中心”协议物流网络递送至相关法院，实现全国范围的网上立案和材料递送需求。

2. 拓宽“收转发e中心”应用广度

为充分发挥“收转发e中心”的应用价值，对外正在研发检察机关、监狱、律所、银行等行业的定制化“收转发e中心”应用，将“收转发e中心”延伸至诉讼需求量大的行业，将OCR识别、智能回填等功能提供给相关诉讼群体使用，方便诉讼，同时减轻“收转发e中心”工作量，从源头上完成电子卷宗的随案生成，形成以“收转发e中心”为纽带的“全域诉讼材料智能流转网络”，利用信息化手段，最大程度地打通与法院诉讼相关的当事人、诉讼代理人的诉讼材料接收、流转、送达渠道。

（二）业务归口：构建诉讼材料集约化的管理体系

江西法院诉讼材料“收转发e中心”实现了当事人材料递交的归口管理，江西高院正在构建诉讼材料集约化的管理体系，推进上下级法院之间、法院与检察院之间案卷材料的流转向“收转发e中心”归口，上诉案件在网上完成案件流程和电子卷宗移交的同时，一审法院统一由本院“收转发e中心”将纸质卷宗寄送或转交至二审法院“收转发e中心”，再按院内流程交由二审法院承办庭室；刑事案件检察院移交案卷时，统一对接法院“收转发e中心”，由“收转发e中心”核对案卷后，存入材料收转柜，递交给承办庭室法官。诉讼材料集约化管理体系的构建，不仅改变了原有上下级法院、检察院与法院之间案卷递交需要预约的传统模式，极大地提高诉讼材料的流转效率，而且使整个材料流转全程留痕，规范了工作管理。

（三）智能辅助：提供多方位立体化辅助服务应用

围绕服务审判执行目标，以“收转发 e 中心”为基础，江西法院正在拓展以诉讼材料为主线的智能化应用，打造“法官 e 助理”平台。“法官 e 助理”是在“收转发 e 中心”平台实现电子卷宗随案同步生成的基础上，开展电子卷宗深度应用，是“收转发 e 中心”体系架构的完善。该平台采用大数据和人工智能技术，开展电子卷宗的深度分析，是法官智能辅助办案的综合能力平台，平台具有三方面特点。一是主动推送。基于案件事实、争议焦点、法律适用类脑智能推理，深挖法律知识资源和海量案件潜力，平台自动抓取案件信息数据，主动向法官分析案件争议焦点，推送类案和知识服务，无须法官被动搜索资源。二是场景推送。围绕法官办案全流程进行场景式推送，根据案件进展阶段、文书材料变化等，实现不同阶段推送不同内容。三是个性化推送。可由法官全程参与推送服务，提供标签、笔记等自定义功能，并根据法官使用习惯、使用痕迹等数据，进行二次机器学习，使智能推送结果充分体现每位法官的个性智慧，满足办案人员对法律、案例、专业知识的精准化需求，促进法官类案同判和量刑规范化。“法官 e 助理”开展电子卷宗深度应用，为法官提供全方位立体化辅助服务应用，注重应用体验，强调应用成效。

（四）管理提升：为审判执行质效和诉讼服务提供大数据分析

“收转发 e 中心”完成了诉讼材料流转的全程留痕，积累了大量诉讼材料收转发应用数据，研发了江西法院收转发应用大数据平台，对收转发应用用量进行分析，分材料接收、材料流转、文书送达三类专题二十余个项目，并可从各级法院维度对收转发应用数据进行分析。例如，文书送达专题中，截至 2018 年 9 月 26 日，全省法院电子送达占全部送达的 31.2%，成功率 75.57%（被告占比 29.02%），代理人签收占比 41.82%，有 38.21% 的电子送达是通过微信签收的，平均成功送达时间 0.92 天，较邮寄送达快 11.92 倍。分析结果为文书送达工作的改进提供了数据抓手，为提升管理提供了科学依据，较以往送达工作靠简单调研和推断得出结论，更加科学、客观、可信。下一步还将加大对收转发应用数据的统计分析，以需求和问题为导向，生成专题分析报告，为管理提升提供科学决策。

江西法院诉讼材料“收转发 e 中心”首创了电子卷宗随案生成的一揽子解决方案，得到了一线办案法院的高度认可，得到了最高人民法院的高度评价，江西法院将继续优化和完善“收转发 e 中心”体系架构，深入推进收转发应用。以材料为中心的江西智慧法院建设模式正在逐步形成，“收转发 e 中心”将不断进行收案立案融合、跨域立案融合、电子卷宗融合、材料转接融合、送达服务融合等各类革新，并以此为基础，逐步探索实现提供类案推送、同案预警等各类智能化服务，为智慧法院诉讼材料利用探索了一条新路径。

B.13

无纸化办案的“苏州模式—千灯方案”

“智慧审判”千灯方案课题组*

摘　要： 江苏省苏州法院围绕建设人民法院信息化3.0版“智慧法院”的目标，以服务人民群众、服务审判执行、服务司法管理为主线，在“电子卷宗+全景语音+智能服务”为主要内容的“智慧审判苏州模式”基础上，在苏州昆山市人民法院千灯法庭进行试点，抓好电子卷宗随案同步生成和智能编目等基础工作，创新开发智能中间库，以非核心审判事务、审判辅助事务集约化管理和社会化外包为机制保障，推动审判流程再造，实现了无纸化网上办案，形成可复制、易推广的智慧审判一体化解决“苏州模式—千灯方案”。

关键词： 电子卷宗　智能编目　智能中间库　无纸化办案

江苏省昆山市人民法院以贯彻最高人民法院领导关于智慧审判苏州模式的重要批示为契机，认真落实最高人民法院和江苏省高级人民法院关于信息化建设和智慧法院建设的工作要求，在“智慧审判苏州模式”基础上，在所辖千灯法庭进行试点，狠抓电子卷宗随案同步生成、智能编目基础工作，

---

* 课题组负责人：韦炜，江苏省昆山市人民法院党组书记、院长。课题组成员：熊一森，江苏省苏州市中级人民法院办公室副主任；徐福灿，江苏省昆山市人民法院千灯法庭庭长；郑建国，南京通达海信息技术有限公司总经理；赵志伟，科大讯飞股份有限公司副总裁；洪健，苏州德启智能科技有限公司总经理；林雄，北京享云科技有限责任公司总经理。

创新开发智能中间库，以非核心审判事务、审判辅助事务集约化管理和社会化外包为机制保障，推动审判流程再造，实现无纸化网上办案，形成了可复制、易推广的智慧审判一体化解决“苏州模式—千灯方案”。

一　推行背景：破解影响审判质效提高的各项掣肘

近年来，一方面随着社会经济的快速发展和人民群众的法治意识全方位提升，以及立案登记制的全面落实，全国法院受理案件快速增长；另一方面，员额制改革重新确定了法官员额，法官人数进一步减少，法院案多人少的压力进一步加剧。面对井喷式增长的案件数量，法院现有的审判体系、审判能力和信息化软硬件配置已经很难与人民群众日益增长的司法需求相适应。在苏南地区收案数量大幅上升、人案矛盾日益突出的情况下，通过加强信息化与审判工作深度融合，切实提升审判效率和优化审判管理成为推进司法为民、公正司法、司法公开的重要途径。

从苏州两级法院的情况看，制约审判效率的最主要因素有以下方面。一是审判压力过大。司法责任制改革以来，法官审判自主性、自决性增强的同时，司法责任也随之加重，加之收案数量节节攀升，结案任务异常繁重。以昆山市人民法院为例，该院 2015 年、2016 年、2017 年案件受理数分别为 32228 件、36307 件、42618 件，结案数分别为 26284 件、30363 件、35493 件，而该院仅有员额法官 78 名。为了给法官减负，让法官专注于“审”和“判”，该院通过组建新型审判团队、繁简分流、辅助事务集约化管理和服务外包等有益探索切实减轻了法官的审判压力。但是依靠人力和制度压降案件数量的提升空间有限，只有通过互联网、云计算、大数据等信息科技在司法领域的深度应用，才可以实现无纸化网上办案，通过充分利用司法大数据的优势，实现类案推送、诉讼事项模块化，以智能化的方式为法官减负。二是电子卷宗的应用水平有待提高。电子卷宗随案同步生成和深度应用工作对于推进智慧法院建设具有基础性、决定性和全局性的意义，在智慧审判苏州模式下，辖区各基层法院均进行了探索和实践，但尚未充分发挥促进法官网上办案的优势，在“智能化”应用上尚未发挥应有作用。三是强化审判管理的内在需求。落实司法责任制，既要确立法官办案主体地位，做到谁办案谁负责，又要与时俱进创新监管方式，确保放权不放任、监督不缺位。运用现代科技手段，创新监管方式，提高监管水平，成为推进司法改革的内在需求和必然结果。院庭长管法官、法官管书记员的传统审判管理模式严重影响了审判质效的提升，监管手段和监管方式的落后，造成了监管的滞后，依托信息化科技手段，加强案件流程管理和节点控制，实现从立案到归档全程网络监控，真正让审判权在阳光下运行，确保放权不放任。四是辅助人员工作效率仍待提高。员额法官能否高效、优质地开展工作往往取决于司法辅助人员的质量和数量，为法官配备合格称职的辅助人员，让其专注于审判核心事务，也是法官员额制改革的内在逻辑。以信息化建设为抓手，提高辅助人员的工作效率成为加强队伍管理考核和提升工作积极性的重要支撑。

二　现实路径：“苏州模式—千灯方案”无纸化办案实践

无纸化网上办案，是指从立案、审理、裁判到结案归档等各环节业务均依托法院案件管理系统、法院诉讼材料收发系统（以下简称收发系统）等平台实行网上办理，电子卷宗随办案进程同步生成网上流转，办案人员在网上签收、网上阅览、网上审批、网上处理，纸质卷宗交智能中间库保管，不再流转直至归档，办案全过程网上留痕（见图1）。

（一）工作流程

千灯法庭创新成立了立案材料收发窗口、司法辅助集约服务中心和智能中间库，即“一窗口一中心一中间库”。立案材料收发窗口办理材料预

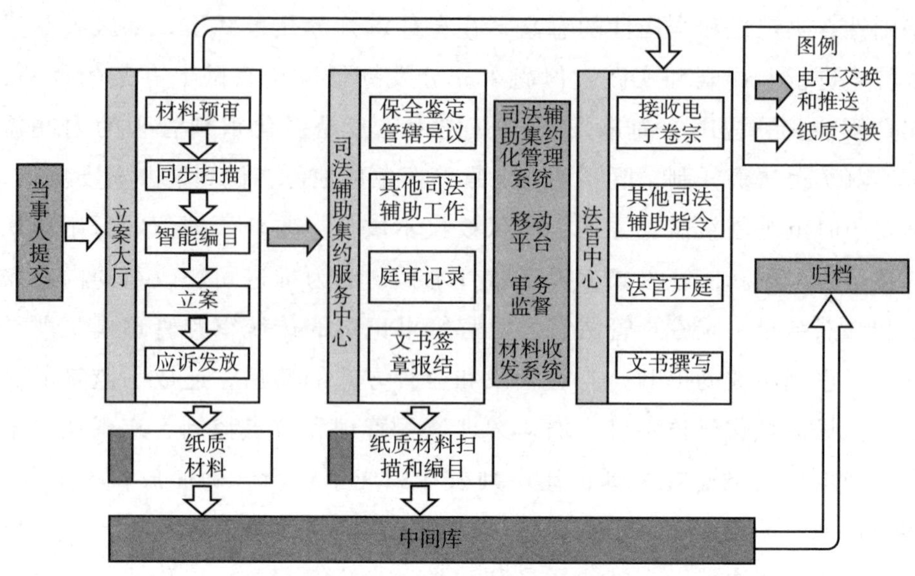

图1　“千灯方案”运行模式

审、同步扫描、智能编目以及立案等工作，同时由一名司法辅助中心派驻人员负责全庭首次开庭排期、发放应诉。司法辅助集约服务中心集中全庭辅助人员负责保全鉴定、管辖异议、庭审记录、文书签章报结及其他司法辅助事务。智能中间库在无纸化办案过程中承担纸质卷宗的保存、借阅、归档整理等功能，同时负责案件审理过程中开庭材料、法律文书的扫描挂接工作。

1. 立案环节

立案材料收发窗口接收当事人递交的诉讼材料，由外包人员进行扫描并智能编目，生成材料明细树状图和二维码清单，将电子材料推送给立案人员进行审核立案后，信息自动回填形成收案登记表、案件受理通知书等立案材料，当事人现场签字确认并交费后，立案成功。电子卷宗同时推送给法官，纸质卷宗材料通过智能云柜流转归入智能中间库保管。

2. 庭前准备环节

法官通过材料收发系统签收电子卷宗，在阅卷过程中，根据材料树状目录，能够准确定位浏览相关当事人信息、证据材料。法官与集约服务中心工作人员通过材料收发系统同步传递、接收案件进展信息，服务中心人员接收信息后及时完成相应的辅助工作，并通过系统反馈法官。同时，法官通过材料收发系统进行实时监督，并可通过司法辅助集约化管理系统及时发出指令，进行催督办。上述流程产生的纸质卷宗材料均通过智能云柜转交中间库管理员扫描挂接，归入中间库。

3. 开庭环节

在庭审中，合议庭成员与诉讼参与人均可通过席位上的显示器同步阅览电子卷宗材料以及庭审记录。法庭配备语音转写系统，利用智能语音技术将庭审参加人员的语音同步转换成文字笔录。质证时，运用“随讲随翻”电子质证系统，语音唤醒、实时调取和同步显示文档、图像、音视频等电子证据材料，进行可视化电子质证。庭审过程中，运用“随讲随查”法条检索系统，根据语音自动检索、实时查询涉案法律法规。庭审环节产生的所有纸质卷宗材料均通过智能云柜系统转交中间库管理员扫描挂接，归入中间库。

4. 文书制作环节

在电子卷宗同步扫描随案生成的前提下，利用苏州市中级人民法院开发的“左看右写”“类案推送”以及昆山市人民法院研发的“文书一键生成”三大技术提高文书制作效率和质量。“左看右写”方便法官撰写文书时查阅、调取证据材料笔录，并可以直接将电子卷宗内容复制使用，避免内容错误；“类案推送”协助法官归纳争议焦点、研判案情，有利于统一裁判尺度；“文书一键生成”缩短法官裁判文书制作时间，对于简单案件的办理效率提升尤其明显。

5. 结案归档环节

法官制作裁判文书并签章后，发送指令给集约服务中心事务专员，由专员领取纸质文书进行对外送达、案件报结等相应辅助工作，工作完成后交中间库工作人员扫描挂接入库。待案件生效，则由中间库工作人员整理卷宗，交法官签字审核后按规定归档，纸质材料移出中间库归档。

6. 上诉移送环节

当事人上诉的，立案窗口在收到上诉状后将纸质材料通过智能云柜移交给集约服务中心，法官通过材料收发系统获知上诉信息，确认后通过司法辅助集约化管理系统派送任务给服务中心的事务专员，由事务专员对上诉事务进行处理，法官进行事中监督。中间库管理员在规定的期限内整理卷宗归档，通知法官审核后确定上诉卷宗的移送。

（二）应用系统

1. 智能标注编目系统

最高人民法院下发的《电子卷宗随案同步生成和深度应用技术要求》明确提出："各地法院可根据法官阅卷习惯制定电子卷宗阅卷目录规则，根据电子档案要求制定归档目录规则。电子卷宗管理模块或系统应当能够利用图像识别、机器学习等技术，根据阅卷目录规则和归档目录规则，实现电子卷宗自动排版、归类和归档。"最高人民法院强调，电子卷宗编制要实现能够快速定位浏览卷宗。这些要求指明了编制卷宗目录的重要性并提供了实现编目的技术性指导意见。

苏州市中级人民法院紧紧围绕提升法官阅卷体验这一核心目标，通过综合运用文本识别、图形识别、深度学习、自然语言处理等技术，实现对电子卷宗的智能分类、自动编目，包括自动拆分卷宗文件、智能标注文件标题、快速人工校验等功能。最终达到自动、快速拆分电子卷宗文件以及准确、详细标注电子卷宗目录的目的。

智能标注编目系统的主要功能，一是拆分文件，按照实际用途将当事人、代理人等提交的卷宗拆分成独立的文件，如起诉状、授权委托书等；二是为拆分后的文件进行标注、编目，帮助法官快速搜索定位电子卷宗、实现语音唤醒等深度应用。其中的主要技术应用如下。

（1）使用自动纠偏校正图片方向

自动纠偏包含两类：按文字方向进行旋转、对页面内容进行小角度微调使得查阅更方便、识别更准确。

（2）运用图像预处理技术提高图片质量

通过运用图像预处理技术对扫描图片进行降噪、去污、去印章等操作，提高图片质量，提升标注编目的准确率。

（3）利用深度学习等技术实现文件准确拆分

利用深度学习和图像识别等技术建立文件拆分模型，使用最新扫描的卷宗及历史档案进行充分训练。经实测对扫描卷宗的拆分准确率可达到95%以上，理论值可到100%。

（4）利用图像识别技术标注制式证照类卷宗

通过深度学习技术训练识别制式证照，智能标注编目系统可通过图像特征准确识别出证照的类型，并进一步提取出相关信息进行标注。比如，营业执照被编目为：营业执照—公司名称，身份证被编目为：身份证—姓名。

（5）利用版面分析技术标注编目标准文本类卷宗

使用版面分析技术处理非证件类的文字性卷宗，如合同、申请书等，自动识别其页首、文字位置、标题及可能的关联文号，编目为：标题—文号。

（6）综合利用多种技术标注编目照片证据类卷宗

照片证据，可提取照片中文字标注作为说明，编目为：照片—文字标注，如照片—交通事故现场。

聊天记录、短信记录等，通过图像识别、文字识别等直接按类型编目为聊天记录、短信记录等。

（7）“人工智能＋人工校对”的人机耦合、“科学技术＋合理工作机制”确保编目百分百准确率

人工智能工具提供自动标注编目，可大大提高编目的工作效率，减少人力，节约成本，但受制于技术本身的局限性以及卷宗材料本身可识别性影响，其准确率不可能达到100%；通过“人工智能＋人工校对”的人机耦合，在实现提高工作效能的同时，确保编目的准确率达到100%；人工校对的结果自动反馈到深度学习框架，通过对新样本的不断学习，应对不断出现的新材料，持续提升智能标注编目工作的准确率。

电子卷宗智能标注编目系统从法官办案习惯出发，智能提取每份材料标题设置为文件名，并自动归入“证据材料”和“法律文书”两类树状目录下，实现对电子卷宗的智能分类、自动编目，包括自动拆分卷宗文件、智能标注文件标题、快速人工校验、自动按序编码等功能，破解了以往电子卷宗证据材料杂乱无序、名称不全、不便调阅利用等难题，不仅大幅度降低了人力资源成本，大幅度提升了岗位工作效能，而且为电子卷宗的深度应用包括“随讲随翻”电子质证系统实时语音唤醒证据展示、诉讼材料全文检索、“左看右写”文书制作、电子档案一键生成等奠定了基础，人民法院电子卷宗随案同步生成和深度应用的智能化程度也因此得以进一步提升。

苏州市中级人民法院进一步以非核心审判事务、审判辅助事务集约化管理和社会化外包为机制保障，资源配置科学化为理念，主动承担起领头羊的责任，为基层一线分忧解难，率先在全国建设第一个两级法院数据加工工场，将全市 11 家法院的编目工作集中至苏州中院加工。从试运行的实践看，整个编目标准统一，编目的质量进一步提升。经过改革，既保障了效率，又减轻了各基层法院的经费负担，全年节省经费预计超过 200 万元。

2. 电子卷宗智能服务系统

电子卷宗智能服务系统是采集案件办理过程中产生的诉讼材料，经过数字化、文档化处理并进行深度分析和挖掘，形成可利用的电子化数据，为法官立案、庭审质证、庭审笔录、文书撰写、结案、归档等办案流程提供全方位的支持和服务，大幅度提升法官办案水平和效率；同时为流程公开、网上阅卷、网上送达等后续深度利用奠定基础（见图 2）。

系统按照最高人民法院电子卷宗随案同步生成及深度应用要求，为法官的日常办案提供辅助支持，主要功能如下。①卷宗收集：支持电子文档、图像、音频、视频等电子文件采集，纸质案卷材料可通过扫描、OCR 智能识别转化为可复制的电子文档。②卷宗管理：以全新的编目方式管理卷宗材料，按材料来源、业务节点等分类展示，通过卷宗导图辅助法官办案。③卷宗利用：快速方便的目录检索、全文检索功能，使得电子卷宗网上流转、

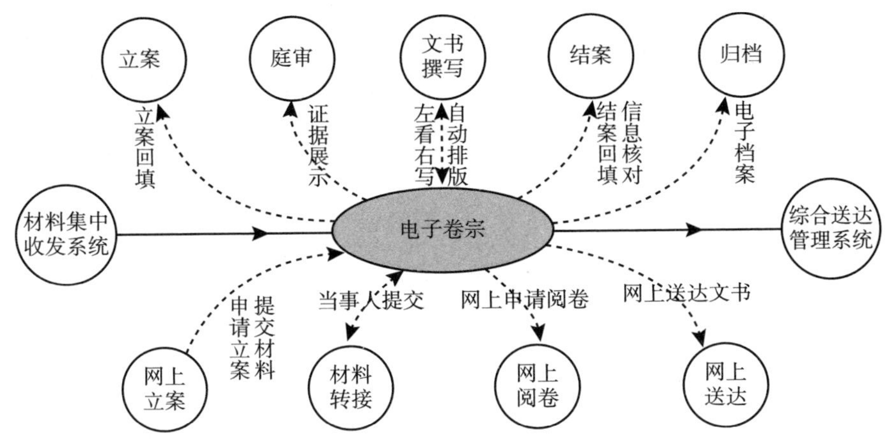

图2　电子卷宗智能服务系统运行模式

共享及阅卷批注时更加高效，为办案法官、合议庭成员、审委会委员等网上阅卷提供辅助支持和服务。④卷宗归档：按照《人民法院电子诉讼档案管理暂行办法》（法〔2013〕283号）要求，将电子卷宗转化为电子档案，材料归档时自动编目，确保归档时电子卷宗与纸质卷宗一致。⑤文书撰写：采用宽屏显示器，开启法律文书“左看右写”新模式，可自动生成法律文书框架，并直接复制、粘贴、关联卷宗材料，为法官撰写法律文书提供便利。⑥文书签批：提供文书的网上审批、电子签章、提交文印等文书签批服务。⑦文书自动排版：提供法律文书的自动排版功能，为法官撰写文书提供规范、高效的服务支持。⑧要素信息回填和核对：利用语义分析技术对诉讼材料要素进行分析，自动提取当事人、代理人、诉求等要素信息并自动回填或比对，避免法官重复录入工作，提高数据质量。⑨诉讼服务支持：为当事人或案件代理人提供网上阅卷、证据交换、网上送达、材料转接等诉讼服务支持。⑩数字庭审支持：将案件基本信息、证据材料等信息直接推送给科技庭审系统等，为庭审利用电子卷宗质证提供支持，保障庭审过程的高效、公开与公正。⑪语音转写支持：将案件基本信息、电子卷宗材料等信息生成个案识别包，为庭审语音转写提供支持，提高语音识别准确率。

该系统具有以下特点。①全过程随案同步，系统采集当事人提交的纸质材料信息，形成可利用的电子化数据，为后续深度应用奠定基础。②全业务智能服务，系统通过对证据材料、庭审、合议等审判活动笔录的智能分析，自动生成案件流程节点信息，推动审判流程从“管理”向“服务”转变。③全流程深度利用，在案件收案立案、案件办理、结案归档等阶段，系统自动对电子卷宗进行图文识别及要素智能提取，精准化推送案件特征要素，为法官高效办案提供辅助支持。

3. 材料收发系统

材料集中收发系统立足于破解“案多人少”难题，减轻电子卷宗随案同步给办案法官带来的工作负担，由专职工作人员负责材料的数字化处理，落实责任到人，跟踪材料到案，统一出口和归口，为诉讼材料向电子卷宗的转变以及诉讼材料的有序收发奠定基础。系统实现了电子卷宗的集中采集管理，包括接收材料、材料转递、材料扫描、送达材料、材料识别等常用功能。

材料收发系统是纸质材料随案扫描生成电子卷宗流转的基础系统，在昆山市人民法院千灯法庭，该系统连接着法官与司法辅助集约中心、纸质材料与电子卷宗，实时完成双向沟通，全程留痕。从立案的诉讼材料收发中心到审理过程中的智能中间库，纸质材料均在24小时内扫描并通过材料收发系统挂接案管系统，为无纸化办案提供基础保障。

4. 纸质文档智能管理云平台——云柜系统

为解决电子卷宗随案同步生成和诉讼材料集中收发、采集所带来的纸质材料集中流转问题，克服传统“人对人”材料传递方式的弊端，2016年9月，苏州市中级人民法院运用互联网、云计算、物联网等信息处理技术，在全国首创了“纸质文档智能管理云平台——云柜系统”，有效构建起全方位、数字化的纸质文档智能电子管理体系。昆山市人民法院千灯法庭在充分运用该系统的基础上，构建以司法辅助集约服务中心为“纽带”的云柜系统与智能中间库纸质卷宗的线下快速流转。

该系统具有以下特点。①按需集成，全面拓展。“云柜系统”是一套智能化软硬件集成终端产品，以云上虚拟柜为核心，按需集成智能实体柜等多个子系统，通过物联互通方式，提供纸质文档智能电子管理整体解决方案。“诉讼材料中转云平台”作为“云柜”的一个子系统，主要用于诉讼材料收发中心与各业务部门之间的材料流转，可实现法院纸质文档的智能化电子管理。②安全管控、全程留痕。作为电子卷宗随案同步生成系统配套设施，“诉讼材料中转云平台”启用后，每一份纸质诉讼材料均以“法官或书记员—云柜—集中扫描—邮政—当事人或律师”正、反方向的路径进行双向流转。系统对每一份纸质材料统一自动编码，该二维码跟随该份诉讼材料流转全程。而且，在云柜存取诉讼材料时，需持该二维码和工作人员的IC卡或者人脸进行同步认证，做到纸质材料“跟事又跟人”。该系统对进入云柜的每一份诉讼材料进行电子跟踪，全程留痕，并形成包括存件号、存取件人、文件名、取件地址以及流转详情在内的完整流转档案，确保了诉讼材料流转的安全，有效解决了传统流转方式中材料易遗失、查找难和保管责任不清等问题。③移动互联、智能高效。“云柜系统”改变了传统纸质诉讼材料“人对人”的流转方式，采用“人机对话”流转模式，为送件人和收件人均提供了一个便捷安全的收件方式和场所，有效解决了传统流转方式中经常出现的“找不到人”“他人不便收取”“多次送达”等原因导致的流转迟滞问题。该系统还通过手机“掌上云柜”和云柜App的有机结合，方便派件人和收件人通过手机“掌上云柜”对诉讼材料进行动态查询，并进一步做到流程推送，不受时间和空间的限制。开发虚拟云柜“面对面”流转、指派他人代取件、消息即时通知等实用功能，既方便多种流转需求，又加快流转进程。

5. 司法辅助集约化管理系统

为整合司法资源，优化管理，苏州市中级人民法院和昆山市人民法院在材料收发系统的基础上积极探索将管辖、送达、保全、查询、庭审速录等审判辅助事项剥离出来，改革过去审判辅助事务分散处理的工作模式，将法官助理的部分非核心审判事务和书记员的事务剥离出来，让法官专注于“审”和“判”核心事务，辅助事务交由司法辅助集约服务中心等相应部门进行处理，全国率先开发了司法辅助集约化服务平台，实现司法辅助事务集约化、专业化管理，法官事务性工作大大减少，提高效率和质量。

在昆山市人民法院千灯法庭，司法辅助事务均通过司法辅助集约化管理系统统一进行流转管理，该系统成为无纸化办案的指令发送、院庭长监管、责任倒查机制的载体，系统在诸如文书制作、二次开庭、保全鉴定等事项上设置期限预警，对于规定时间内未启动下一流程的案件提醒法官及时办理，同时推送至院庭长系统。该系统有利于院庭长把握案件办理的关键环节，便于对案件的流程监督，及时介入期限预警案件，制约法官程序性权力，确保审限内案件有序流转。

6. 电子质证随讲随翻系统

苏州市中级人民法院围绕庭审效率提高这一影响审判效率的最主要因素之一，在全国首创“随讲随翻”电子质证系统（见图 3），革新传统庭审举证、质证方式，做到庭审活动无纸化。

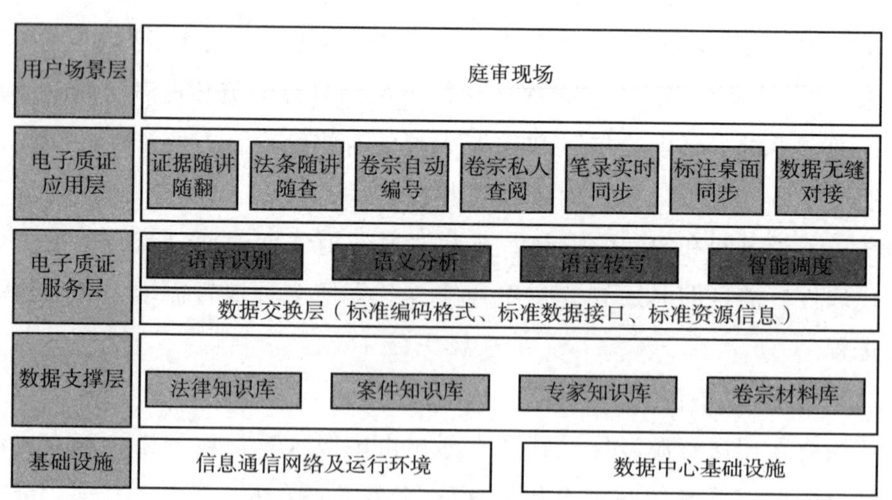

图 3　电子质证系统逻辑架构

该系统采用"能力集中，分庭部署"的模式，基于法院专网构建统一的语音支撑平台，提供并发语音识别服务、语义分析、语音唤醒、语音文本存储等基础支撑服务，在此基础上构建电子质证系统，通过在每个法庭的书记员电脑和法官以及原被告电脑部署软硬件设备来实现服务的调用，并且系统提供针对法院工作专门定制的电子卷宗庭审过程深度应用，法律法规随查随用。可以为提升审判效率、促进审判公正提供强有力的技术支撑。

该系统具有以下特点。①投屏显示。点击开启投屏，摘要笔录区域同步投屏到大屏幕和各个法官、当事人电脑。客户端左屏展示笔录，右屏展示证据，可同时执行多种质证操作。投屏端支持右侧切换，运营人员可根据法院需要在后台配置当前模式为视频模式或文本模式，文本模式下将庭审过程笔录进行实时同步，法官可以实时查看书记员的笔录操作，也可以切换到视频流同步查看书记员的电脑屏幕，从而掌控整个法庭节奏。②法律条文随讲随查。质证中法官针对案情随时查阅法条，法条通过语音唤醒的方式实时展示在屏幕左下方，点击最大化法条可以在证据展示区域进一步查阅，实现对法律条款随讲随查。③电子卷宗自动编号。对接卷宗系统自动对案件资料进行编号，系统可通过自动识别庭审中说话人的特定指令，准确检索到电子卷宗中相应的文档、图像、音视频等电子证据并实时调取、同步显示在各方显示屏上。④证据材料私人查阅。实现庭审过程中文档、图像、音视频等电子证据材料的实时调取、同步显示和电子举证、质证。庭审过程中，当法官或者当事人提到证据，且符合调度规则，则调取证据进行展示，实现对证据的随讲随翻。质证过程中，庭审各方可自主查看相关卷宗内容而不影响他人操作。⑤电子白板标注同步。质证中法官和当事人对证据进行标注，实现了角色分类标注，提升各方用户体验。举证方、质证方语音唤醒展示证据后，均可在显示屏上对展示的证据进行打点标记和标记擦除等操作。

系统彻底摆脱了传统纸质材料举证、质证的烦琐过程，提升庭审质量，革新了传统庭审的举证和质证方式，有效解决书记员、法官、原被告席的多方需求，力求逐步做到庭审活动无纸化，显著提高庭审效率。

三　保障机制：实现电子卷宗同步扫描和即时运转

（一）电子卷宗随案同步生成

诉讼材料是办案的基础，将纸质的诉讼材料转化为电子卷宗是法院信息化建设的基础。电子卷宗同步生成的关键，是要求做到案件材料随到随录、实时扫描。千灯法庭在立案窗口设立诉讼材料集中收发中心，以购买社会服务的方式通过专业化公司人员使用诉讼材料收发系统完成诉讼材料统一收取、同步扫描、OCR 识别、智能编目，将纸质诉讼材料同步转换为可复制、可读取的电子卷宗，完成立案、结案信息自动回填和程序性格式文书的自动生成等一系列工作。立案完成后，电子卷宗在网上办案系统中流转，纸质卷宗则通过智慧审判云柜系统转送至智能中间库保管。法官通过手机云柜 App 随时掌握纸质诉讼材料的流转信息，实现纸质诉讼材料流转的及时、安全和全程跟踪留痕。千灯法庭还通过设立在智能中间库的扫描编码专员，即诉讼材料收转第二中心，及时扫描处理办案过程中收集和形成的证据材料、庭审笔录、裁判文书等，以确保电子卷宗的完整性。为规范诉讼材料的集中收发、同步扫描和及时流转工作，昆山市人民法院先后出台了《诉讼材料集中收发、扫描工作规定（试行）》《诉讼材料集中收发、扫描操作流程（试行）》《云柜使用管理工作规则（试行）》《诉讼服务中心服务外包人员管理考核暂行办法》等系列配套制度，明确规定电子卷宗的生成、应用、质量等，为无纸化办案有效运行提供了制度保障。千灯法庭在苏州市中级人民法院“4 个工作小时”基础上根据基层法院的情况创立“3 个 24 小时”工作机制，即“新收材料 24 小时内扫描上网、卷宗材料 24 小时内扫描流转，裁判文书 24 小时内扫描送出”，确保整个诉讼过程中产生的纸质材料均在 24 小时内形成电子卷宗，确保电子卷宗与纸质卷宗完全同步。

（二）辅助事务集约化管理

目前千灯法庭共有法官 4 人、法官助理 1 人、书记员 8 人、服务外包人员 2 人。为合理配置审判资源，改革过去审判辅助事务分散处理的工作模式，成立“一窗口一中心一中间库”，将材料收发、立案、庭审排期、送达、保全、调查取证、委托评估、案件报结、卷宗装订归档等辅助事务剥离，交由窗口、集约中心和中间库统一集中办理，实行定岗定人定责、内部集约化管理。窗口设材料预审员、立案专员、扫描编码专员和应诉发放专员各 1 人。集约服务中心下设庭审书记员 3 人、法官助理 1 人、签章报结专员 1 名。中间库设管理员、扫描编码专员各 1 人。法官助理负责管辖权异议、保全、鉴定等事务兼集约服务中心管理员。法官与辅助人员之间的指令发放和监督均通过司法辅助集约化管理系统、材料收发系统等来完成。为进一步剥离审判辅助事务，千灯法庭还通过购买社会服务向外部借力，聘请 2 名专业外包服务公司人员入驻，统一集约开展纸质卷宗材料随案扫描、电子卷宗编目、质检以及卷宗归档等事务工作。

（三）纸质卷宗智能保管

诉讼材料扫描入网后，为确保纸质卷宗在结案归档前集中管理、安全储存，千灯法庭依托物联网、大数据和信息技术，与科技公司共同设计、研发全国法院首个纸质卷宗管理智能中间库（柜）。智能中间库设置主柜 1 台，附柜 8 台。主柜装有智能终端系统及信息显示主屏、识别摄像头、触控一体机等硬件设施，附柜为可视化玻璃柜配备信息状态电子屏、文件盒。所有卷宗入库、卷宗补充、卷宗借阅、卷宗归还和卷宗归档流转记录全程网上留痕，承办法官可通过消息中心查询、追溯纸质卷宗流转记录，清晰掌握卷宗流转每个节点的状态。纸质卷宗自始在中间库暂存直至归档，不再流转。

纸质卷宗智能中间库建设，是在人民法院深入推进电子卷宗随案同步生成和深度应用工作，以行政事务集约化、辅助事务外包化、办案无纸化为特点的智慧审判模式下应运而生的，主要用于内部纸质卷宗在结案前的有序管理和全程电子化追踪、追溯。智能中间库解决审判工作电子化、纸质卷宗传统人工管理薄弱的问题，通过物联网技术、信息技术、大数据和软硬件技术的融合应用，实现纸质卷宗在结案归档前的统一有序管理、有效追踪、安全储存。通过纸质卷宗智能中间归档管理系统结合司法辅助集约服务系统，实现扫码无缝应用对接，为法官深度应用电子卷宗提供数据支撑。

四　深度整合：智慧审判“苏州模式”向纵深发展

基于电子卷宗随案同步生成及深度应用要求，围绕如何为法官的日常工作提供辅助支持，苏州市中级人民法院先后建设了诉讼材料收发管理系统以及智能辅助办案系统、庭审及办公语音识别系统、诉讼材料中转云平台、数字庭审电子质证系统，这些系统以审判流程管理系统为主线进行了深度融合。体现在以下几个方面。①收案立案的融合。利用图文识别、语义分析等技术对诉讼材料进行分析，自动提取当事人、代理人、诉求等信息，推送到立案环节并自动回填，避免了立案人员的重复录入工作。②数字庭审的融合。案件基本信息、证据材料等信息直接推送给科技庭审系统、庭审及办公语音识别系统生成个性化案件要素信息、卷宗信息识别包，保障庭审过程的高效、公开与公正。③文书撰写的融合。采用宽屏显示器，开启法律文书“左看右写”新模式，可直接利用、关联已经图文识别后的电子卷宗，为法官撰写法律文书提供了便利。④材料转接的融合。结合诉讼材料中转云平台，实现了纸质材料与电子卷宗在诉讼材料收发中心与业务部门之间的高效、同步转接。⑤电子卷宗的融合。所有诉讼材料经收发中心同步数字化后，在法官办案系统电子卷宗中予以体现，结合流程节点自动生成的法律文书，为合议庭成员、审委会委员等网上阅卷提供全程支持和服务。⑥报结案件的融合。报结案件时，可基于案件裁判文书进行分析，将缺乏的信息自动回填到结案登记页面上，实现了案件信息的比对及完善，提高了业务数据的质量。

“千灯方案”是智慧审判苏州模式下“电子卷宗+语音识别”一体化集成解决方案的成功实践。

五 取得成效：审判质效得到大幅提升

（一）全方位智能服务，有效提升办案质效

昆山市人民法院千灯法庭通过对电子卷宗的技术加工、深度分析和挖掘，实现对办案全流程的支持和服务，大幅度提升法官办案水平和效率。“千灯方案”立足审判一线法官的办公办案需求，借力信息化手段，依托“智慧审判苏州模式”“5+3八大信息系统平台”，大力推进法官办案智能化辅助系统建设，推动对电子卷宗的深度应用，上线运行“电子卷宗智能标注编目”“法条检索随讲随查”系统，创新开发“纸质卷宗智能保管”系统，丰富了“智慧审判苏州模式”的内涵。

为适应法官办案习惯，将卷宗材料按照当事人提交、法院提取进行智能编目，同时通过思维导图直观展现全案材料，方便法官快速熟悉案情进行审理。为法官审理阅卷提供系统批阅功能和强大的检索功能，提供卷宗材料的目录检索、全文检索、阅卷笔记检索等方便了法官审理。在开庭审理时，引入人工智能语音识别功能，与科技法庭系统互联互通，实现了庭审语音同步转化为文字，自动生成庭审笔录，大大提高庭审记录速度和完整性；通过深度融合，实现了语音唤醒、实时调取电子证据，“随讲随翻”可视化质证，提升举证、质证效率；使用“随讲随查”法条检索系统，实现了庭审中法律条文的实时语音查询，有效避免法条检索难、法律解释不统一等问题。在制作法律文书时实现“左看右写”，方便法官复制、粘贴、关联电子卷宗材料，法官亦可直接口述法律文书使用语音转写成文，提高编写效率。对于案情相对简单的，诸如道路交通事故损害赔偿纠纷等案件，利用自主开发的裁判文书一键生成系统，智能提取电子卷宗

信息，一键生成裁判文书，大幅度降低法官案头工作量，缩短了文书制作时间。同时，智慧审判系统通过提取电子卷宗的信息数据归纳案件主要事实和争议焦点，实现了智能推送类似案例以及相关法律法规，以供法官参考。在结案后，系统自动对诉讼材料进行编排，形成完整的电子卷宗，通过一键归档功能，自动转化生成符合最高人民法院规范要求的电子档案。目前智慧审判系统已和全省法院审判管理系统、科技法庭系统、审委会会议系统实现互联互通，广泛应用于立案、庭审、合议庭评议、审委会讨论案件、法官制作裁判文书、送达、归档等各个环节，实现了应用多维覆盖，为法官办案提供全方位技术支持和智能化服务。2018 年 4 ~ 10 月，千灯法庭共收案 1422 件，结案 1297 件，人均月结案 44.5 件，同比上升 40.1%，平均审理周期缩短 6.6 天，审判质效有了较大提升。

（二）全业务网上办理，助推监管同步化精细化

传统的办案模式是诉讼材料线下制作、审判执行过程均在系统外运行，院庭长对法官和书记员、法官对书记员是单向管理，无法形成有效的双向沟通机制和相互督促关系，管理效率低下，不规范、不透明、不及时等现象时有发生。电子卷宗同步生成及无纸化网上办案突破了传统办案模式，每一起案件从立案到分案、送达保全、庭审合议、制作文书、结案归档等各个环节均在线上运行，每一步办理均在网上实时体现，均在办案系统中留存，实现办案全流程自动控制、全流程保真留痕。在“千灯方案”中，法官将辅助事务通过线上下派至司法辅助集约服务中心后，可以随时进行催督办。服务中心完成交办事务后，需通知法官及时启动下一个流程。法官、服务中心不及时完成流程的，系统会提醒院庭长介入管理。院庭长也可以利用系统主动、实时、动态监管案件办理情况，有效地严格控制办案超期等现象，开展网上评查，提高审判管理质量与效率。无纸化网上办案的推行，促使千灯法庭将传统的院庭长管法官、法官管书记员的单向管理模式转变为法官与司法辅助集约服务中心相互协作和监督、院庭长负责流程监管的管理模式。院庭长的审判管理方式也由以往的对部分案件的事后监督转变为对全部案件的全

流程、全方位监管。该新型审判管理模式，实现了案件办理全过程可掌控、节点可查询、进程可预期，既可避免催督办滞后、拖延办案情况的发生，也能解决放权后监管难的问题，提升管理监督的科学化、精细化水平。网上办案不仅提高了审判活动规范化水平、促进审判公正，还提高了司法公开工作水平，进而对法官的审判活动形成倒逼机制，杜绝“体外循环”。每个审判流程节点均能及时生成电子卷宗，并同步推送至司法公开平台，使得整个审判流程公开透明，既极大方便了当事人、社会公众查阅，也使法院工作能够更好地接受群众的监督。

（三）全庭集约化管理，革新审判团队模式

解决“人案矛盾”，不仅要借助于信息化手段，更要推动现有审判资源的结构性调整和转型升级。社会高度发展必然是精细分工，让专业的人做专业的事才能发挥最大效能。“千灯方案”以人工智能、网络技术对应的信息化作为工具，将以往分散处理、平行运转、线状管理的审判辅助事务提取出来，采取“合并同类项”的方式交由司法辅助集约服务中心统一集中办理，实行“因岗设人、专人专责”和流水线作业，最大限度地减少重复劳动，实现“1 + 1 > 2”，同时引入社会服务，将纸质材料扫描、电子卷宗编目、质检以及卷宗装订归档等程序性事务外包给有相应资质的扫描公司，进一步释放人力资源，提升司法效能。通过剥离审判辅助事务交由专人办理，把法官从繁杂的审判辅助事务中解放出来，专注于“审、判、写”。同时，也促进了审判辅助事务实现专业化、高效化和集约化。“千灯方案”一改传统“法官 + 法官助理 + 书记员”的团队审判模式，推动形成了“多个法官 + 法官助理”共享一个辅助事务服务团队的扁平化审判团队架构，最大限度发挥了审判资源的利用效果。改革后，传统书记员角色不再存在，部分书记员转换为法官助理，部分书记员转入服务中心从事辅助事务。司法辅助事务集约化、专业化管理后，推进了人员分类管理，法官事务性工作减少 50% 以上，法官主体地位更加凸显，保障了司法责任制的有效落实，对办案工作起到减负增量作用。

六 未来展望：引领“智慧法院”建设发展浪潮

科技发展日新月异，智慧法院建设永远在路上。面对“互联网+”的时代浪潮，苏州法院将紧紧围绕人民法院信息化3.0版的任务目标，聚焦全业务网上办理、全流程依法公开、全方位智能服务，把握网络化、阳光化、智能化的特征，以更加超前的思维，更加宽广的视野，继续深入推进智慧法院建设，不断助推审判现代化，实现正义加速度，努力让人民群众在每一个司法案件中感受到公平正义。

下一步，苏州两级法院将不断融入法官智慧推进信息化与业务深度融合，继续探索运用人工智能技术，在已有的智能服务基础上，不断融入法官的审判经验和审判智慧，提供个性化、定制化的智能辅助服务，为“智慧法院”建设提供强有力的技术支撑与保障。一是扩展诉讼材料收发中心的职能。目前苏州两级法院数据加工工场已经初具雏形，效果卓然。随着电子卷宗的深度应用，建议诉讼材料收发中心把所有案件诉讼材料纳入有效管理范畴，扩展收发中心的职能，向管理职能转变，使诉讼材料收发中心成为材料的数字化加工中心、智能分析中心，进一步提升集约化水平。二是拓宽电子卷宗同步生成渠道。诉讼材料收发中心只是电子卷宗同步数字化的渠道之一，可以拓宽电子卷宗同步生成的渠道，实现跨部门、跨行业的电子卷宗实时流转与共享，如与公安、检察院、律师事务所等，避免重复录入。努力构建诉讼材料收发中心以“材料收发、智能识别分析为主，数字化加工为辅”的工作模式。三是寻求软硬件结合支撑的方案。云柜系统和智能中间库都是软硬件结合支撑的成功案例，基于此，苏州法院探索软硬件结合的智能化解决方案，和技术公司合作推出全国第一台基于法院内网的诉讼材料数字加工机器人“速讼宝”，还将基于“互联网+”推出机器人“速讼易”，全面解决纸质材料转化为数字材料的“人力”问题。四是扩大电子卷宗深度应用的范围。提升数据应用能力，以数据为核心，以数据为手段，从无纸化形式全面迈向数字化实质，从以审判执行系统服务为主的B2B全面进入为法官服务的B2C，为智慧法院提出另一种创新思路。五是探索电子卷宗向电子档案自动转换的途径。进一步提升电子卷宗和电子档案的综合管理水平，按照《人民法院电子诉讼档案管理暂行办法》的要求规范管理电子卷宗随案同步生成，在生成、归档环节智能把关，为将电子卷宗转换为电子档案创造条件，真正实现和纸质卷宗同步一键归档。六是不断增强安全保障。苏州两级法院始终将网络安全工作放在信息化工作的第一位，并重视支持国产化替代，将以国产数据库重建数据备份系统，全面优化数据安全保护措施，以区块链技术建设电子卷宗流转及存储防篡改系统。

B.14

盐田法院单轨制全流程无纸化办案新模式

广东省深圳市盐田区人民法院课题组*

摘　要： 随着电子卷宗随案同步生成应用的深入推进，全国多家法院已经实现了网上办案。然而，由于多数法院采取电子卷宗与纸质卷宗并行的“双轨”运行模式，电子卷宗随案同步生成系统对于提高审判质效的功效并未彻底发挥。深圳市盐田区人民法院在推进电子卷宗随案同步生成系统深度应用的过程中，在思维方式、审判效率、监督手段、档案管理和服务路径五个方面实现了对单轨制网上办案瓶颈的突破，构建与新模式相配套的网络体系，并坚持制度先行出台相关制度规定，从而实现了单轨制全流程无纸化办案模式，为加快推进以“三全三化”为特征的智慧法院建设提供了鲜活的实践样板。

关键词： 法院信息化　单轨制　随案同步生成　无纸化

“没有信息化就没有现代化”，信息化是实现人民法院服务便捷化、审判智能化、执行高效化、管理科学化、公开常态化、决策精准化的基石，不

---

* 课题组负责人：杨爽，广东省深圳市盐田区人民法院党组书记、院长。课题组成员：张明军、黄晶晶、何宇婷。执笔人：杨爽；黄晶晶，广东省深圳市盐田区人民法院研究室主任；何宇婷，广东省深圳市盐田区人民法院研究室法官助理。

断加快法院信息化建设才能满足人民群众日益增长的司法需求。法官职业化改革后，法官更加趋向专业化、精英化，人案矛盾将更加突出，加强信息化建设成为新一轮科技浪潮中促进司法工作可持续发展的必然选择。如今，智慧法院 3.0 版已基本建立，随着电子卷宗随案同步生成应用的深入推进，全国多家法院已经实现了网上办案，然而，由于多数法院采取电子卷宗与纸质卷宗并行的“双轨”运行模式，电子卷宗随案同步生成系统的功效并未彻底发挥，实现从“双轨”向“单轨”转变仍有一系列信息技术和体制机制的难题需要破解。

深圳市盐田区人民法院（以下简称“盐田法院”）在推进电子卷宗随案同步生成深度应用的过程中，进一步深化信息化建设应用成果，从制约单轨制网上办案的各项瓶颈着手，切实解决一线办案人员对无纸化办案的实际应用需求，推进现代科技与司法规律深度融合。自 2018 年 5 月 18 日起在民商事、行政和执行案件范围内试行单轨制全流程无纸化办案，并在大胆实行、日渐完善的过程中，逐步形成了较为完善成熟的无纸化办案机制。

一　无纸化办案：电子卷宗随案同步生成深度应用之必然与瓶颈

所谓无纸化办案，是指办案人员在案件办理过程中，从立案、审理、合议、裁判至结案、归档等办案各环节业务均实行网上办理，电子卷宗材料随办案进程同步网上流转，纸质卷宗材料不再流转，办案过程全程网上留痕，是与原来依赖纸质卷宗材料进行审判截然不同的一种新型司法工作模式。司法作为纠纷解决的重要途径和最后防线，其与互联网技术的碰撞、交融不可避免且必须直面，在互联网技术已普遍应用于生产生活的新时代背景下，实行全流程无纸化办案新模式，不仅是提高司法审判现代化水平，也是满足人民群众司法新需求的必然。然而，尽管互联网技术日益发达，但仍存在制约电子卷宗随案同步生成深度应用、实现全流程无纸化办案的瓶颈。

（一）实行单轨制全流程无纸化办案新模式之必然

1. 现实需求

随着法治的日臻完善和社会经济的快速发展，加上立案登记制的实施，各类诉讼案件急剧增加。以深圳法院为例，2016 年、2017 年，深圳两级法院受理和结案数量再创历史新高，分别达 32 万件和 23 万件、44 万件和 37 万件，连续两年收案和结案数增幅达到 25% 以上，2017 年全市法院法官人均结案数达全国法院平均水平的 3 倍以上。以盐田法院为例，实行行政案件集中管辖改革以来，2017 年受理案件数已是 2015 年的 2. 73 倍，单纯增加人手和工时已不能满足持续增长的案件数量对司法生产力的需求。

在传统的办案模式下，以纸质卷宗作为办案的主要载体，办案人员通常要在流转、查找和翻阅纸质卷宗中耗费大量的时间，各类简单却又不得不重复进行的程序性事务每日损耗大量的时间。同时，由于纸质诉讼材料的实体限制，难以实现法官、法官助理、合议庭成员、审判管理部门对案件信息的瞬时共享。加之纸质诉讼材料的传输所需时间长，线下质证与线下庭审过程也更为烦琐。如何大幅缩短各办案环节的衔接耗时，以数字处理技术取代大量的人工重复劳作，让办案人员有更多的精力投入司法办案本身，无纸化办案呼之欲出。

2. 政策支持

加快法院信息化建设，是当前人民法院的一项重要任务和使命，最高人民法院相继发布《人民法院信息化建设五年发展规划（2016 ~ 2020）》《人民法院信息化建设五年发展规划（2018 ~ 2022）》《人民法院信息化标准》《最高人民法院关于加快建设法院的意见》等文件，指出要结合各地信息化建设发展实际，各级人民法院主动作为，务实有序推进建设；坚持融合共享、高效智能，充分扩展各类业务应用线上服务能力，建立线上线下有效对接机制，提升法院业务应用、各级法院和法院内外之间的融合贯通、互动服务效能，按需提供各类职能服务应用；坚持创新驱动、安全发展，加强前沿技术和关键技术研究，紧密结合审判执行工作实际，推进技术转移和转化应用。

除此之外，广东省高级人民法院和深圳中级人民法院也相继出台了《广东法院信息化建设五年发展规划（2016～2020）》《深圳法院信息化建设三年规划（2017～2019）》等，对法院信息化建设予以大力支持，鼓励盐田法院先行先试、积极探索，加快推动了法院信息化建设的步伐，为实现单轨制全流程无纸化办案提供了契机。

3. 信息技术的发展

以互联网技术普及与广泛应用为代表的现代信息技术的深入发展，使人类社会生活的方方面面都带有着“电子化”的印记。在信息化大背景下，法院信息化绝不可游离在外，成为“信息孤岛”。通过人民法院长期以来在法院信息化方面的建设，法院已在立案、质证、庭审等方面具备一定的信息化能力。

在立案方面，各级人民法院积极建设诉讼服务大厅、诉讼服务网、12368诉讼服务热线，构建面向各类社会公众的多渠道、一站式、综合性“三位一体”诉讼服务中心。当事人可以在诉讼服务中心的电脑上进行网上立案，缩短等待时间。在质证方面，多地法院已开通网上质证途径，双方当事人上传证据后，就可在网上平台进行证据交换，查看证据并提出质疑，在正式的庭审阶段，法官仅对双方有异议的证据进行法庭质证，大大简化庭审过程，提高审判效率。在庭审方面，网上审判也已成为现实。双方当事人不必到法院，可直接通过互联网参加诉讼。网上庭审、证据展示、法庭调查、法庭辩论、最后陈述、笔录签收等庭审流程各环节全部网上进行。人民法院信息化的现有基础，为实现单轨制全流程无纸化办案提供了技术可行性。

（二）实行全流程无纸化办案新模式之瓶颈

在推进法院信息化建设过程中无纸化办案模式由来已久，但长期以来，各地法院推行的是“双轨制”以及“阶段性”的无纸化办案模式，即在办案过程中，纸质卷宗与电子卷宗并行，且是在某个或某些阶段，关注的仅是单一阶段或者众多单一阶段的集合，具有明显的纸质卷宗依赖性及板块式特征。如此一来，虽在一定程度上便利了人民群众进行诉讼，但也变相增加了办案人员的工作负担。因为此种模式并未摒弃传统的纸质诉讼模式，而是在原有模式上增加了在无纸化办案系统留痕的工作量。为何从“双轨”至“单轨”难以逾越？究其原因，是受制于难以对全部的纸质诉讼材料进行科学的数字化处理，即无法将纸质诉讼材料转化成可供办案人员全程便捷利用的电子诉讼材料，以及现有技术难以将各办案环节信息化成果流畅地衔接。

1. 如何实现诉讼材料数字化

对诉讼材料进行扫描已经是全国法院一项普及的工作，然而，传统的办案模式下扫描的目的只是将纸质材料转化成可以归档的数字图像而已，既不能抓取其中的信息，也不能进行任何阅卷处理，无序的排列也使扫描后的材料在诉讼过程中几无利用价值。要满足数字化审判的需求，首先要有数字化审判的“原料”，即能够将所有的纸质材料转化为可以精准识别、信息抓取、精确查找、全程利用的数字材料，方可为全流程无纸化办案奠定坚实的基础。

2. 如何实现电子诉讼材料的自动排序

由于经扫描后的电子诉讼材料缺乏采集命名、自动挂接技术，纸质诉讼材料经扫描后所形成的扫描图像散乱分布于系统中，当法官等办案人员有查阅相关诉讼材料信息需要时，面临难觅该电子诉讼材料踪迹之窘境，无法满足办案人员在各办案环节中随取随用的查阅需求。扫描后的材料若不能随案同步生成电子档案，皆不能避免在归档前二次扫描，仍是增加办案人员的负担。

3. 如何实现信息数字化全流程利用

传统办案模式下，扫描后的诉讼材料由于未转化为可利用的数字材料，法官亦依赖于纸质卷宗，扫描材料除了用于电子归档，难有其他用途。实现单轨制全流程无纸化办案，而非仅部分环节网上办案，所面临的难题即如何解决电子诉讼材料在立案、审理、合议、裁判至结案、归档等办案各环节中全流程使用的问题，以及如何将已有的网上立案、网上质证及网上庭审信息化技术巧妙地衔接，从而形成具有综合性和系统性的电子诉讼模式。

4. 如何提升电子诉讼材料的应用体验

在“双轨制”无纸化办案模式下，部分纸质诉讼材料并未转化为数字化模式，且纸质诉讼材料经扫描后所呈现的仅仅是单一图像，文字材料只是简单地从线下搬到线上，只能阅读而不能被利用，无法减少不必要的重复工作，难以实现扫描图像的文字可复制、大小可缩放、内容可检索、可标记等功能。加之由于部分信息数据未被录入系统，数据采集不全面，办案人员往往还需线下查找纸质诉讼材料，在无纸化办案系统中手动录入相关信息，电子诉讼材料的实用性有待提高。

以上瓶颈因素是实现单轨制全流程无纸化办案模式必须直面且应着重解决的技术难题。为实现单轨制全流程无纸化办案模式，盐田法院在上级法院的指导下，充分发挥特区法院的优势，积极探索寻求突破瓶颈的举措。

二　探寻与突破：构建单轨制全流程无纸化办案模式的路径

（一）“五大突破”促使无纸化办案闭环形成

为准确把握信息化建设需求，真正实现现代科学技术与司法工作的深度融合，盐田法院以 JEC［法官（Judge）+法院工程师（Engineer）+科技公司（Company）］模式推进电子卷宗随案同步生成深度应用，大胆运用跨界思维，以法官体验为主线进行系统研发与流程设计，实现了“五大突破”，最终促使单轨制全流程无纸化办案闭环形成。

1. 思维方式的突破

在系统研发的过程中，由法官引领系统研发的“头脑风暴”，解决技术瓶颈。在全国率先创立“数字中心”，“数字中心”是传统纸质诉讼材料扫描服务的“升级版”，在将扫描标准前移的前提下，将商品管理的条形码技术应用于扫描材料管理，同时融入人工命名，解决了扫描材料同时与归档目录、阅卷目录精准挂接的难题，也为电子卷宗自动分页、分册的技术难题提供了解决方案，从根本上避免了二次扫描，真正实现“一次扫描、全程使用、一键归档”。

2. 审判效率的突破

提升审判效率是信息化建设的终极目的之一，无纸化办案实现了异时异地合议、远程开庭，提升了合议效率，审理更便捷；开庭时审判席、当事人席可同步浏览证据材料，提升了庭审效率，传阅更安全；通过对信息的自动抓取回填功能，提升了文书撰写效率，撰写更省时。

3. 监督手段的突破

无纸化办案使审判活动从线下移至线上，审判行为全程原始留痕，不可覆盖、不可删改，流程更透明，监督更有力；裁判更智能，过去需要法官自行查询案例法条，现通过抓取关键词即可自动推送法条及类案，助力“同案同判”，实现裁判尺度统一。

4. 档案管理的突破

创新纸质诉讼材料的保管和归档方式，在全国率先创立“文书驿站”，用于诉讼过程中纸质材料的中转保管，纸质材料原则上不流转给法官和法官助理，将分散保管转变为集中统一保管，解决了原始材料保管责任不清、主体分散、可能遗失以及线上留痕失真的问题，使得责任更清晰、主体更统一、保管更安全；将以纸质档案为归档标准转变为以电子档案为归档标准，节省了整理卷宗的时间，避免了纸质材料二次扫描的资源浪费。

5. 服务路径的突破

打通与法院外部系统如速递公司、互联网公司、门户网站、移动通信等平台的数据连接，实现邮寄、公告等传统送达方式电子化；结合行政案件集中管辖，打通了法院与行政机关办公的数据连接，研发全国第一个网上行政诉讼服务平台“法智云端”，实现行政案件网上立案、网上答辩、网上提交证据材料；建设了“法院丰巢系统”，用于当事人自助提交诉讼材料，进一步拓展服务当事人诉讼的路径；二审法官可在办案系统中直接查阅一审卷宗，大幅减缩上诉案件的审理周期。

（二）四项机制保障无纸化办案有效运行

为保障无纸化办案有效运行，确保电子卷宗材料能有效代替纸质卷宗材料，盐田法院坚持制度先行，经过长时间认真准备、周密调研，出台了以《全流程网上办案工作规程（试行）》为核心，以《电子诉讼档案管理暂行办法》《纸质诉讼档案管理暂行办法》《纸质卷宗材料保管及借阅暂行办法》《案件材料同步扫描及流转工作规程（试行）》等四个文件为配套的“1 + 4”相关制度规定，建立了四项工作机制。

1. 纸质诉讼材料同步电子化机制

严格规定将电子诉讼材料或当事人提交的纸质诉讼材料扫描为电子材料的上传时限、工作要求，明确办案人员对材料审核的职责。《案件材料同步扫描及流转工作规程（试行）》第 2 条规定，“案件材料扫描遵循实时扫描、随时扫描和过程扫描的原则，及时将办案过程中形成的纸质材料扫描进入电子卷宗系统”，确保电子卷宗中的电子材料及时、准确、完整。

2. 纸质卷宗材料集中保管机制

实施无纸化办案后，对于在诉讼过程中确实需要暂时保管的纸质诉讼材料，盐田法院依据《纸质卷宗材料保管及借阅暂行办法》第 4 条，“本院实行纸质卷宗材料集中统一保管制度，安排专门的场所和人员负责集中统一保管纸质卷宗材料，实现纸质案卷材料妥善保管、分类储存、定位查找以及按需查阅”，对相关纸质卷宗材料进行保管。

3. 电子卷宗材料分段核查机制

根据诉讼过程中不同办案人员在不同阶段接收各类材料的情况，通过制度规定，明确立案人员、法官助理、承办法官及档案管理人员，严格核查不同阶段上传的电子诉讼材料的真实性、准确性，保证电子诉讼材料的真实性，确保电子诉讼材料能完全满足庭审需求，符合归档标准。

4. 电子诉讼档案随案生成机制

《案件材料同步扫描及流转工作规程（试行）》第 3 条第 2 款规定，“办

案人员在其他办案系统中形成的电子材料主要通过系统导入方式随案同步进入电子卷宗系统”，通过对电子诉讼材料采集命名、分类、挂接等进行技术规范，无论是扫描上传的材料，还是法院在办案系统中制作的法律文书以及即时生成的各类笔录，随时进入办案系统。案件办理完结后，可以根据系统设置的归档目录顺序，自动排序，法官助理比对核实后，自动编排电子页码，自动转化为电子诉讼档案，法官助理耗费大量时间整理纸质卷宗提交归档的情况将不复存在。

三　实践与成效：以无纸化办案为核心构建功能齐全的智慧审判体系

（一）配套建设无纸化审判软硬件网络体系

以机制建设为保障、各信息化系统功能研发为基础，2018 年 5 月 18 日，盐田法院率先在民商事、行政和执行案件范围内试行单轨制全流程无纸化办案。无论是从法院内部流程还是与当事人及其他部门的联络，无纸化办案所涉及的环节繁多，一个办案系统远不能解决所有的问题。为真正实现“全业务网络办理”，盐田法院研究确定了“1 +4”信息化重点建设项目，即在研发电子卷宗随案同步生成系统的基础上，依托全省法院综合业务系统，推进建设“法智云端”网上行政诉讼服务中心，同步研发智能辅助办案、微信送达等重点建设项目，并与执行办案系统、多元化解平台、司法专邮 E 键送达平台、审判管理平台以及其余政府机构平台等逐步实现数据对接，构建功能齐全、流水操作的无纸化办案平台，在提高审判效率的同时亦强化便民诉讼，设立了“数字中心”和“文书驿站”，确保电子材料及时、准确、完整，数据信息可全程利用，实现纸质卷宗材料的分类储存、定位查找以及按需借阅，提供硬件上的全面保障；同步建设“法院丰巢系统”，用于当事人自助提交诉讼材料，提高人民群众在法院信息化建设中的获得感。

（二）五项优势彰显单轨制全流程无纸化办案成效

1. 办案人员科学减负

在新兴信息技术的支持下，法官可以更多地借助新兴技术手段，用大数据理念和方法办理审判执行业务。如今，电子卷宗成为法官办案的主要载体，所有办案流程网上运行，办案人员在网上签收、浏览案卷；法官可以在办案系统内对电子卷宗材料按需查阅、个性编制，与办案人员共享阅卷笔录，案件信息传输于指尖完成。实现了法律法规、类案文书的智能推送，统一裁判标准，助力“类案类判”；通过 E 键送达系统一键完成邮寄送达，无须人工收件送邮；电子卷宗随案同步生成，案件办结后所有材料自动转化为电子档案、自动编码分册，无须增加二次操作，极大地提升了电子案卷归档的效率和准确率。试行单轨制全程无纸化办案以来，盐田法院已完成电子归档 1033 宗，节约传统归档时间约 1200 工时。可以说，建立在无纸化基础上的智能化审判将成为法官的另一名“助理”，以“数字大脑”保障案件质量，减少失误。

2. 审判执行提速增效

通过办案系统对电子诉讼材料信息的自动、准确抓取，程序性文书可 100% 自动生成，复杂法律文书辅助撰写，节省文书撰写时间；依托电子卷宗系统，开庭时审判席、当事人席皆可浏览证据材料，庭审快捷安全；可以异时异地合议，远程开庭，上级法院直接查阅上诉案件电子卷宗，简单案件直接网上处理，打破时间空间对审判活动的限制；围绕最高人民法院执行指挥系统的执行联动机制，网上进行指挥部署、财产查控、流程审批、划款支付、失信公示；查控前置，自动进行执行案件繁简甄别和分流，加快执行进度；推进跨行业信息共享和业务协同，助力攻坚执行难。试行无纸化办案以来，盐田法院已通过电子卷宗系统等自动生成各类程序性文书 36991 份，通过 E 键送达平台完成送达 4711 次（单），提速效果显而易见。

3. 司法行为更趋规范

在无纸化办案模式下，所有案件办理过程网上操作，各类诉讼材料实时上传到办案系统，法官对电子卷宗进行的浏览、批注，制作、修改、签发的文书，以及送达、上诉、归档等各个办案环节，在案件办结后均被“封存”，审判痕迹真实客观，办案过程公开透明；同时通过程序设置，办案人员必须严格依法依规依次完成审判流程，否则无法进行结案操作，倒逼办案人员规范司法行为。通过档案智能管理技术和规范要求，诉讼中的纸质材料提交及保管主体更统一，责任更明晰，保管更安全。

4. 审判监管精准高效

在审判活动全程留痕的基础上，逐步由人工监管转变为智能监管、事后监控转变为实时监控、粗放监督转变为精准监督，推动审判管理监督从微观的个案向宏观的全院、全员、全过程的案件质量效率监管转变，实现了对审判流程智能记录跟踪、提示催办、预警冻结，提高了监督实效；同时根据审判权运行机制和司法责任制的相关规定在系统中设置监管范围，院庭长依规履行监督职责，强化院庭长对审判流程、审判态势的智能化监管以及监督管理行为全程留痕。另外，在案件信息资源进行有效存储、科学分类的基础上，也为深入分析、运用大数据服务司法决策提供了条件，司法决策更加科学、准确、快速。

5. 诉讼服务优化升级

建立了以诉讼平台为核心的数据网络，为当事人、诉讼参与人和律师参与诉讼提供线上服务，减轻人民群众诉累。当事人可网上申请立案、网上接收程序性法律文书、远程视频庭审，审判流程主动告知、即时查询，形成线上线下多样化的诉讼服务格局，优化诉讼体验，提升诉讼服务水平。

盐田法院试行无纸化办案四个多月以来，立案 4107 宗，无纸化流转案件 4107 宗，扫描材料共计 339436 页，因外出调查、取证等审判工作需要借出纸质卷宗 43 宗。

四　思索与展望：单轨制全流程无纸化办案新模式建设的未来构想

深圳市盐田法院率先实现单轨制全流程无纸化办案，是以信息化为核心的“智慧法院”建设取得阶段性成果的体现。法院信息化建设任重而道远，信息化的整体水平与人民群众日益增长的司法需求相比仍存在较大差异。“智慧法院”建设不是简单的审判 + 技术或审判 + 网络，而是涉及法院组织、建设、运行和管理形态的全面变革。

（一）坚持顶层设计与地方探索相结合

法院信息化建设需要顶层设计与地方探索相结合，形成统一部署、上下联动的四级法院网络体系。顶层设计为设想初衷切实落地，后续工作有条不紊运行提供了坚实保障，有效避免了前进中的偏差弯路，确保信息化建设优质高效。盐田法院将继续坚持在最高人民法院的统一规划部署下，充分发挥地方改革创新精神，准确把握和结合法院工作特点，完善单轨制全流程无纸化办案模式，加快推进法院信息化建设。

（二）助力司法大数据的发展与完善

不论是司法管理还是审判辅助，信息化建设带来的司法大数据发挥着愈发重要的作用。单轨制全流程无纸化办案模式实现办案各环节业务均依托办案系统实行网上办理，将线下的数据移至线上，审判全流程数字化将有助于司法大数据的发展与完善，可以更有效地了解审判管理的各种情况。但目前信息孤岛现象仍然存在，无论是法院系统内部还是法院系统外部都存在数据无法彻底互联互通的问题。为此，应在全流程无纸化办案的基础上建设大数据分析和应用平台，整合数据资源，实现海量存储、科学分类、多元检索，为化解矛盾纠纷、助力社会治理夯实基础。

（三）加强立法与相关制度机制配套设施建设

在国家信息化战略以及法院信息化改革的推动下，新型诉讼模式在实践中得到了快速发展，但全流程无纸化办案模式面临合法性难题。在新型诉讼模式发展过程中，相关的改革探索并非毫无法律依据，而是出现不同的合法性来源以及立法的相对滞后，从而在整体上面临合法性不足难题。这个难题是改革中不可避免的，如何在法律的框架下进行改革是单轨制全流程无纸化办案模式建设必须考虑的问题，如缺乏系统化的法律依据对网上办案的适用进行正式的认可和规制、经过扫描处理后的电子材料的证据效力以及电子签名的效力与既有法律规定的冲突问题等。无纸化办案模式实践的调整对象业已存在，客观存在的实践难题对立法的需求，存在立法上的可规制性共同构成了中国针对新型诉讼模式立法的必要性基础，加强相关制度机制配套建设刻不容缓。

推动信息化工作进一步深度融合审判规律，高度支持司法审判、诉讼服务和司法管理，促进法院信息化建设由浅层向深层治理推进，是单轨制全流程无纸化办案模式建设必须思考和解决的问题。虽然这一模式的构建及成熟可能困难重重，但只要以促进实现审判体系和审判能力现代化为目标，持续推进信息化建设转型升级，加强相关制度机制配套设施建设，为人民群众提供更加阳光透明的司法产品，必能为人民法院实现智慧审判、智慧执行、智慧服务、智慧管理提供更多的实践方案。

信息化强化审判监督

Strengthening Trial Supervision through Informatization

B.15
河北法院庭审自动巡查系统建设调研报告

李建立*

摘　要： 为强化对审判权的全程监督，河北省高级人民法院对加强法官队伍管理，降低违法违纪等行为进行了调研。本文阐述了“庭审自动巡查系统”建设的必要性，通过科技法庭的“每庭必录”配合智能巡查的“每审必查”，把过去需要大量人工巡查简化为“一键操作”“实时巡查”，通过无缝隙、不间断的管理手段，实现对庭审活动和庭审设备的智能化评查监督，对庭审过程进行全方位的监督核查，大大提高了巡查的效率和质量，倒逼法官庭审行为规范化，使司法公正成为看得到的公正，提升司法公信力。

* 李建立，河北省高级人民法院审判监督三庭庭长、信息化建设办公室主任。

关键词： 审判监督　庭审管理　自动巡查

科技强院是人民法院的必经之路。河北省高级人民法院紧紧抓住历史机遇，认真贯彻落实创新驱动战略、网络强国战略、“互联网+”行动计划和新一代人工智能发展规划，加快建设智慧法院，以促进信息技术与审判工作深度融合为抓手，促进司法公开、规范司法管理，有力促进了审判体系和审判能力现代化，推动了人民法院审判执行方式的全局性变革。

随着河北各级法院多媒体数字法庭系统的建立，庭审的全过程可以如实记录，依托法院信息网络，实现上下级法院间的信息快捷高效传递，不受地域局限的司法资源共享。但庭审的公开透明化，要求法院强化对案件审理和审判执行的监督力度。

河北省高级人民法院以问题为导向，对如何进一步加强庭审管理和审判程序与庭审纪律的核查监督进行了调研，建设了庭审自动巡查系统，对河北全省法院庭审活动实现无时无刻、无死角检查监督，自动检查案件是否采用了数字庭审方式、是否执行了每庭必录的要求、是否按照排期时间准时开庭等。对庭审中每个不规范行为，如缺席、迟到、早退、非正常离席、接打手机、着装不规范等，自动截屏、录像、生成巡查日志，实时反馈给本人、院庭领导，并纳入绩效考核，极大地推动了庭审规范化建设，帮助审判人员规范了自己的行为，提高审判工作的透明度，从根本上杜绝人为的主观随意性，使审判工作始终保持其应有的客观性和中立性，从源头上防治司法腐败，确保司法公正。

一　庭审活动的监督困境

2014年，最高人民法院提出推进司法公开，法院庭审要向社会进行公开。在这个过程中，河北省高级人民法院发现很多法官在开庭时不注意庭审纪律，如缺席、迟到、早退、非法离席、接打手机、着装不规范等，如果此类行为予以庭审公开，有损法官形象和声誉。目前，河北省各级法院实现了数字法庭的全覆盖，这些数字法庭日均庭审案件1000余件，庭审的监督工作，需要法院审判管理相关人员通过法庭旁听、法庭安防监控观察等方式进行监督核查。法院建设科技法庭后，通过数字庭审直播系统进行核查，但都是限于人工核查手段，受审判管理人员数量的限制，无法做到每庭必查。人工监督的弊端还在于无法全面监督，尤其是上级法院对下级法院庭审的纪律核查，更存在地理距离、监控网络上传、庭审数量大等障碍，而且上级人员对基层法院无法连续核查，核查时只能看到有所准备的状态，无法获知平时的情况。同时，人工模式大大消耗了法院人力资源、增加费用成本，很显然单纯使用人力已无法实现每案全程监督。

为解决这个问题，河北省高级人民法院以问题为导向，用信息化、智能化手段把它“管住”。通过审判业务管理系统和科技法庭系统的配合，利用视频图像识别、音频识别技术，通过科技法庭的“每庭必录”配合智能巡查的“每审必查”，对科技法庭直播的庭审实况或已经庭审结束案件的庭审录像进行点播回溯，对庭审过程进行自动化巡查、监督、统计，提供智能化的庭审自动巡查功能。在降低法院审判监督人员工作强度的基础上，扩大监督巡查的覆盖面，帮助审判人员规范自己的行为，加强上级监督、规范案件审理，促进上下级法院审判业务管理，为上级机关提供辅助决策分析数据，规范办案人员的职务行为，在公众面前维护司法人员的形象，将文明、严谨、规范的庭审作风意识内化于法官和干警的心灵深处，增强广大干警文明礼貌的庭审意识，自觉在审判实践中维护法院的司法形象权威，维护司法审判的严肃与公正。

二　庭审自动巡查系统的主要亮点

（一）促进司法公开

为贯彻落实审判公开原则，扩大法制宣传效果，2010年，最高人民法院印发《关于人民法院直播录播庭审活动的规定》，规范人民法院庭审直播、录播活动；为进一步深化司法公开，依托现代信息技术，打造阳光司法工程，增进公众对司法的了解、信赖和监督，2013 年，最高人民法院印发《关于推进司法公开三大平台建设的若干意见》，指出人民法院应当加强科技法庭建设，对庭审活动全程进行同步录音录像，做到“每庭必录”。

庭审记录是人民法院法庭活动的记载，具有诉讼证据的性质，是人民法院对案件作出裁判的重要基础。“每庭必录”要求庭审中的每一个细节都被记录下来，法官不仅要注意自己的言行举止，还要认真做好庭前准备工作，既能规范庭审秩序，又能起到固定证据的作用，提高案件的审判质量。

为加强庭审工作管理，规范法官的庭审行为，促进审判人员不断提高业务能力，杜绝庭审不规范行为发生，庭审自动巡查系统的排期核查功能能够自动检查案件是否采用了数字庭审方式、是否执行了每庭必录要求、是否按照排期时间准时开庭等，有力促进了司法公开全面推开。

1. 程序规范

首先，在规范执行方面，主要是指排期执行的情况，包括但不限于以下内容。①排期时安排的是数字法庭，是否执行了每庭必录？是否是数字法庭，核查系统应该通过接口从配套系统自动获取，或者采用其他手动配置的方式。②是否按照排期准时开始？可以设定一个时间段，偏差在时间段内，都算准时。③是否在原定法庭开庭？是否更改了法庭？

其次，在规范填写方面，主要核查案件的排期信息是否填写规范、标准。主要核查的项目包括但不限于以下内容。①审判人员的人数填写是否符合要求，审判人员的人数都是基数，是 1、3、5、7 都有可能，其他都是不规范的。1 个表示独任审判，3、5、7 是合议庭，必须是单数。人数的核查又可能有几种情况，一种是直接检查排期，通过排期的人数或者是否独任（如果排期里有）来判断是否填写规范。比如，排期里填写 2 个审判人员是不合格的，如果是独任，填写 3 个人也是不合格的。另外就是与实际情况对比，数字法庭的排期如果没有依据标准，往往信息与审判流程的基准排期不一致，这时候通过比较就能发现审判流程里的基准排期是否填写规范。还有就是通过与图像实际识别的人数比对，如填写了 1，结果核查实际来了 3 个法官，也是填写不规范。第一种情况上报“审判人员人数填写不规范”，后面两种情况上报“审判人员人数填写不规范，与实际开庭不符”。②审判人员、书记员的姓名应该是汉字，如果填写了英文或数字，名字填写方式不合格，上报“审判人员姓名填写不规范”。核查是否填写了案件诉讼参与方的姓名（民事案件是原告和被告），如果信息空缺，也是不合格，上报“未填写当事人基本信息”。

以上两种排期填写不规范类核查，统一汇总到一个表格中，不需要每项独立上报。这个检测结果在开庭后，上面的检测项都做完后上报一次即可。

未排期开庭方面，主要是检测审判流程系统中未建排期、临时开庭的情况。包括但不限于以下内容：与统一排期对比，没有排期就开庭的都属于未排期开庭；检出此类行为上报“未排期开庭”，开庭检出后上报一次即可。

2. 笔录核查

庭审笔录又称法庭笔录或审判笔录，是法院裁判案件不可缺少的书面材料，反映的是案件审理的整个过程，是法院依法作出裁决的重要依据，也是日后进行审判监督的重要材料，其重要作用和意义显而易见。庭审笔录应当客观、真实、及时、准确地反映庭审的全部活动。但有的书记员制作庭审笔录的能力不强，错、别、漏字严重，法庭笔录格式不规范、不统一。

笔录核查的基础是有标准的排期以及配置好的关键词或词组来作比较，核查的方法就是把笔录文档同标准的排期内容以及配置好的关键词进行匹配、比对。

预先配置的关键词或词组，是根据规范的笔录格式流程进行设置，当然案件类型不同，笔录格式规范也就不同。所以预先配置的关键词或词组，是按照案件类型来分的。根据关键词或词组，从笔录文档中匹配提取对应的词组，来判断笔录中是否记录了该词组。

（1）笔录文件存在性

本项主要核查笔录文件是否存在以及笔录文件存在内容是否为空；要核查笔录内容，得先核查笔录文件是否存在，以及是否不为空。

（2）笔录和排期信息不一致

这类主要核查笔录文档中关于案件的信息同排期信息是否一致，包括但不限于以下的内容（见表1）。

表1　案件信息同排期信息是否一致的核查情况

序号	功能点	描述	备注
1	时间	◇比对笔录中记录的时间和排期中的时间是否一致	
2	地点	◇比对笔录中记录的地点和排期中的地点是否一致	
3	审判组织成员	◇比对笔录中记录的审判组织成员：审判长、审判员、人民陪审员和排期中是否一致	
4	书记员	◇描述同上，书记员是否一致	
5	案由	◇描述同上，案由是否一致	
6	案号	◇描述同上，案号是否一致	
7	审理法院	◇描述同上，审理法院是否一致	
8	当事人信息	◇描述同上，当事人信息是否一致	
9	当事单位与组织	◇描述同上，当事单位与组织是否一致	
10	代理人信息	◇描述同上，代理人信息是否一致	
11	代理单位信息	◇描述同上，代理单位信息是否一致	

笔录和排期信息不一致核查，统一汇总到一个表格中，不需要每项独立上报。这个检测结果在开庭后，上面的检测项都做完后上报一次即可。

（3）未执行标准庭审规范

庭审流程中有一部分是相对固定的程序化内容，如庭前准备时宣布案由、案件来源，宣布合议庭组成人员和诉讼参与人名单、当事人享有的诉讼权利、宣布法庭调查结束，进行法庭辩论、出示证据的程序等。笔录都会对庭审流程进行记录。

这类主要核查笔录文档的记录是否有标准的庭审规范流程，包括但不限于以下内容（见表2）。

表2　笔录文档记录是否执行标准庭审规范的核查情况

序号	功能点	描述	备注
1	宣读法庭纪律	◇核查笔录中记录的是否有“宣读法庭纪律”信息点	
2	宣布开庭	◇核查笔录中记录的是否有“宣布开庭”信息点	
3	法庭调查	◇核查笔录中记录的是否有“法庭调查”信息点	
4	法庭陈述	◇核查笔录中记录的是否有“法庭陈述”信息点	
5	法庭辩论	◇核查笔录中记录的是否有“法庭辩论”信息点	
6	宣读上诉状	◇核查笔录中记录的是否有“宣读上诉状”信息点	
7	宣读答辩状	◇核查笔录中记录的是否有“宣读答辩状”信息点	
8	最后陈述	◇核查笔录中记录的是否有“最后陈述”信息点	
9	法庭调解	◇核查笔录中记录的是否有“法庭调解”信息点	

未执行标准庭审规范核查，统一汇总到一个表格中，这个检测结果在开庭后，上面的检测项都做完后上报一次即可。

（4）笔录问答记录不完整

庭审过程中都会有审判长发问、当事人回答的情况，书记员在笔录中也会相应地记录下来。一般庭审过程中的问答，很多是程序化固定的内容，因此可以根据固定的问答记录来判断笔录的问答记录情况。

这类主要核查笔录文档中记录的是否有标准的庭审规范流程，包括但不限于以下内容（见表3）。

表3　笔录问答记录是否执行标准庭审规范的核查情况

序号	功能点		描述	备注
	问题	回答		
1	是否公开审理	是/否/公开	◇核查笔录中记录的是否有此问题和对应的回答	
2	是否申请回避	需要/不需要/申请/不申请	◇核查笔录中记录的是否有此问题和对应的回答	
3	对庭审有无异议	有/没有/无	◇核查笔录中记录的是否有此问题和对应的回答	
4	出庭人员有无异议	有/没有/无	◇同上	
5	有无补充	有/没有/无	◇同上	

续表

序号	功能点		描述	备注
	问题	回答		
6	是否收到	收到/没收到	◇同上	
7	是否有证人出庭	有/没有	◇同上	
8	是否还有新的辩论意见	有/没有	◇同上	
9	是否同意调解	同意/不同意	◇同上	

笔录问答记录不完整核查，统一汇总到一个表格中，在开庭后，上面的检测项都做完上报一次即可。

（二）严守庭审纪律

审判法庭是人民法院代表国家依法审理各类案件的专门场所，庭审是实现司法正义的重要途径，法官庭前准备充分，庭上举止得体、用语严谨规范，法庭组织有序，是充分保障当事人及其他诉讼参与人诉讼权利、切实维护法院和司法人员良好形象、彰显司法权威的必然要求。但是，在庭审过程中，缺席、迟到、早退、非法离席、接打手机、着装不规范等不规范的行为时有发生，通过庭审自动巡查系统，可以自动截屏、录像、生成巡查日志，实时反馈给本人、院庭领导，并自动列入法官业绩档案。

1. 人员缺席检测

通过对审判席区域（也叫法台区域）核查，可以是一个独立法台画面，也可以是复合画面——一个具体的矩形区域（分割画面的一部分），能够对区域内的法官和书记员进行数量、位置等智能判断，最终发现是否有人数不够（缺席）、书记员是否缺席等情况，并上报相应的结果。由于迟到和缺席不同，人员缺席在庭审结束前上报，或者设定为开庭多长时间后就可以上报等。

2. 迟到、早退和非正常离席检测

这类核查可以发生在庭审的整个过程中，所以这类行为的核查也是贯穿整个庭审。

与人员缺席一样，主要是对审判席区域的核查，能够对区域内的人员（法官/书记员）离开自己的位置或进入自己的位置进行检测，这要求对每个席位的法官/书记员实现独立识别，如要区分书记员入座、离座等。根据自由设定的迟到和早退的时间范围，如开庭后 5 分钟内不算迟到等。非正常离席的时间也可以设定，如离开 10 分钟以上才算非正常离席等，核查系统在检测出迟到、早退或非正常离席后，及时上报相应的结果，用户在相应的页面上就可以看到这些行为以及相关照片和检出时间。

3. 接打电话检测

在庭审中是禁止审判人员庭审时接打电话的，通过检测法庭区域，智能判断法官或书记员有无接打电话的行为，检测到该行为，将该行为画面和行为持续时间一同上报。

4. 喝水检测

如果饮用水不是作为证据需要在法庭上出示的话，是不允许被带进法庭的，也就是说，庭审时无论是法官、律师、检察官，还是其他的出庭人员，甚至是旁听人员，是不允许在法庭庭审时喝水的。但在实际庭审中，依然能看到法官或书记员喝水的现象，通过检测法庭区域，看法官或书记员有无喝水的行为，检测到该行为，上报喝水行为，随截图一同上报。

5. 抽烟检测

法官以及书记员是不得在审判席上吸烟的。本项检测的目的就是看法官以及书记员行为是否符合法官行为规范，庭审过程中，看法官或书记员有无抽烟的行为，检测到该行为，上报抽烟行为，随截图一同上报。

6. 长期低头检测

庭审过程中，法官和书记员是不允许长期低头的，因为这很可能是在玩手机或打瞌睡，这在法庭上是不允许的。在检测区域看法官或书记员有无长期低头的行为，如果检测到，上报长期低头行为，同时配截图画面。这个长时间段是可以根据法院要求来自行配置的。

目前，除了对法官违规行为进行判断外，还可以延伸到对法官庭审发言的一些语义判断，包括是否宣读开庭纪律、核对当事人身份、宣读当事人的权利义务、提炼争议焦点、组织讨论等。这些必不可少的法定程序新一代巡查系统都可以判断出来。

（三）狠抓庭审督查

加强庭审活动的监督和考核，将庭审过程录音录像作为完善庭审记录的方式，是规范法官庭审行为的一项重要举措，纳入法官以及部门绩效考评内容。所有案件的庭审，本院院领导、审管办、监察科甚至上级法院通过法院内部网络实时观看庭审直播过程或抽查庭审录像，以庭审录像为依据，开展优秀示范庭审评比活动，对不规范的庭审定期进行通报，促进办案人员自觉注意自己的言行，提升语言规范、行为端庄水平，并按法定程序有条不紊地进行庭审，使法庭记录方式更加完善，庭审活动更加规范，有利于树立人民法院公开透明、敢于接受监督的形象，不断提升法官庭审驾驭水平。

传统人工庭审质量评查工作费时费力，通过庭审自动巡查系统应用，变人工评查为系统自动化巡查，系统根据一些筛选条件，通过一键操作，实现违规庭审信息、违规类型、违规截图、违规时间的自动提取，自动生成报表，可下载、删除、搜索，可支持在线编辑、在线审核、在线存储，实现报告永久存储，防止报告丢失。同时能够从辖区法院、违规庭审承办人等角度进行违规数量统计，并可在违规统计柱状图上直接连接至违规视频，方便操作。系统每日巡查的数据，经由人工审核后，推送至系统首页，通过违规类型、地图气泡、辖区法院列表互相联动，动态展示数据，实现了庭审违规行为的直观展示。

庭审自动巡查系统可以做到每案必评，在很大程度上减少了相关工作人员的工作内容，大大加强了管理部门的监督管理工作，提高了工作效率。通过对庭审实况的实时检查和事后巡查，实现无时无刻无死角监督，法官自我规范意识显著提高。仅需配备 1 名后台管理人员，即可实现对所有庭审案件进行智能化巡查，实现对庭审中每个不规范行为自动截屏、录像、生成巡查日志，无时无刻无死角监督，把大量“人盯人、人盯案”的监督方式简化为“一键操作”，给庭审活动安装上一双“法眼”，实现了审判管理的智能化，大大提升了法官形象和司法公信力。

（四）加强绩效管理

庭审核查系统可以对庭审进行自动评查打分，系统结合图像核查子系统、音频核查子系统、笔录核查子系统，以及排期核查的数据，通过一定的庭审评查标准的逻辑规则对庭审进行自动打分，然后对打分情况进行立体化统计分析，多维度展示庭审评查的质量趋势，为领导决策提供依据，辅助法官的绩效考核。通过对问题事项和巡查结果自动截屏、录像、生成巡查日志，实时反馈，自动记入法官业绩档案，法官自我规范意识显著提升。

三　主要成效

庭审自动巡查系统通过数字法庭综合管理平台直接获取全省已接入数字法庭的庭审直播或点播的图像与声音，以及案件排期信息，自动对庭审过程进行识别、监督，并将核查结果提交审判管理人员确认，自动对核查出的问题进行统计，出具按法院、行政管理庭、审判人员等的统计结果与图表分析。河北省高级人民法院使用庭审自动巡查系统取得了以下几方面的成效。

1. 大幅度降低人力成本

庭审自动巡查系统只需法院配备 1 名管理人员，负责核查结果的确认以及系统的维护等，节约了以前全天巡查开庭案件的人力成本，以及高级法院对下辖法院实地考核的抽查成本。

2. 提高数字法庭使用率

庭审自动巡查系统对是否使用数字法庭开庭、是否开启庭审录制、是否按照排期开庭进行核查，督促各级法院从传统庭审向数字庭审模式转变。河北省各级法院使用数字法庭审理的案件，通过系统对庭审画面质量、声音质量的核查，督促各级法院对数字法庭系统推进改建完善工作。河北各级法院现已实现数字法庭全覆盖，基本达到逢案必录的要求。

3. 强化排期信息规范性

庭审自动巡查系统可对排期信息进行核查。此类核查有效督促了法院人员在立案阶段规范地填写案件信息，同时促进审判流程系统和数字法庭系统的不断改进。

4. 提升庭审过程纪律性

河北省各级法院现在已实现对直播案件同时自动化巡查，对于庭审过程中迟到早退等违纪行为，庭审自动巡查系统可以及时告知审判管理人员，经确认后将存在的问题传送到庭审现场，提醒相关人员予以纠正，大大提升了庭审行为的规范性。另外，系统利用每天闲时实现点播案件核查，并将核查结果以自定义核查报告的形式，反馈给高级法院领导。

5. 协助庭审管理，提供考核依据

通过庭审自动巡查系统，河北省高级人民法院现已能够查看各个法院各类不规范行为的统计分析结果。针对频发的不规范行为，系统自动结合相关数据，深度挖掘原因，为高级法院对该法院进行有针对性的指导提供依据，以便从根源上杜绝不规范行为的发生。

针对核查出的违规行为，每月形成核查报告，高级法院以月通报的形式向各中级法院、基层法院进行通告，加大了核查处罚力度，各法院违规行为已呈下降趋势。

庭审自动巡查系统还可以针对某一位法官的所有庭审案件进行核查，其核查报告将作为法官考核的依据之一，达到加大法官庭审表现考核力度、规范办案人员职务行为、提升司法机关形象的目的。

四　部署情况

河北省高级人民法院庭审自动巡查系统部署方式采用分级部署模式，在高级法院和中级法院建立两级平台。因为高级法院面向河北全省的法院，庭审数量过于庞大，完全由高级法院部署庭审自动巡查系统，作为全面性核查，对二级、三级专网的带宽要求和核查系统的建设规模都存在较多困难。

所以，河北省高级人民法院的庭审核查系统部署基于数字法庭综合管理平台获取各法院的庭审排期信息和音视频流，可以对中级法院和基层法院进行随机抽查性的核查，以核对下级法院的核查结果偏差。

河北各中级法院同时部署整套核查系统，依托数字法庭后台管理系统、审判流程管理系统进行数据对接，获取庭审排期和音视频数据，从而对庭审排期、庭审音视频进行识别分析核查，可核查中级法院及下辖基层法院。上级法院核查系统在核查本院庭审的同时，汇总各级法院核查系统的核查记录，进行统计分析。这一模式对法院的三级专网带宽要求不高，只做数据汇总。

此种部署方式方便高级法院对河北省各法院进行专项核查或随机抽查，全面真实了解全省法院庭审情况，加大高级法院的核查监督力度，方便调整核查和考核方案。

五　结语

近年来，河北省高级人民法院以打造网络、阳光、智能法院为目标，大力推进信息化建设，在满足人民群众多元司法需求、强化司法管理、提高案件质效等方面发挥了不可估量的作用。“庭审自动巡查系统”是河北省高级人民法院在全国法院第五次网络安全和信息化工作会议中展示的信息化建设成果，强有力地解决法院监管中“监管人手不够，监督范围太广”等长期困扰上级法院的棘手问题。通过自动检索识别能力，对全省法院每天 1000 个左右的庭审实现无时无刻无死角检查监督，对是否采用了数字庭审方式、是否执行了每庭必录要求、是否按照排期时间准时开庭等，且对庭审中每个不规范行为如缺席、迟到、早退、非正常离席、接打手机、着装不规范等，都能自动抓取截屏、录像、生成巡查日志，实时反馈给本人、院庭领导，同时记录存档，作为法官、书记员业绩考核的依据。更令人称奇的是，只需一个人即可管理该系统，实现对辖区内法院的全部庭审质量进行评查。

“庭审行为无小事，细微之处见作风”，强有力的措施规范了庭审活动，使得广大法官庭审责任意识有了明显提高，为审判质效提升奠定了坚实的基础。当然，河北省高级人民法院也看到，庭审自动巡查系统还有很多需要改善的地方。比如：如何保障网络安全、如何维护网络设施，避免借口“设备已损坏”来逃避监管的现象发生；如何进一步提高庭审中使用普通话的检测率；如何进一步核查庭审过程中法官使用法槌是否规范；如何进一步通过音频识别技术对开庭流程、规定用语进行核查等。随着大数据、人工智能、云计算等新一代技术的不断发展，河北省高级人民法院将继续深入推进智慧法院建设，进一步提高法官素质，树立良好的司法形象，规范庭审行为，维护司法审判的严肃与公正。

B.16

南京法院新型审判权运行监督管理平台实践报告

江苏省南京市中级人民法院课题组*

摘 要： 司法责任制的核心要义就是“让审理者裁判、由裁判者负责”，即“放权”与“监督”两大主题。就审判监督而言，目前主要有四大方面的监督体系，包括诉讼监督、司法公开监督、外部监督、法院内部监督。其中，受改革影响较大的主要是法院内部监督，特别是去行政化后，院庭长如何开展审判监督管理的问题。本文提出的方案根据司法责任制改革要求，以新型审判权运行监督管理平台建设为核心，依托信息化手段和大数据分析，整合上级法院和南京市中级人民法院现有的各项内部监督管理机制，将审判权运行监督管理落实到软件平台操作，使其系统化、规范化、流程化、可视化、实时留痕，以便进一步改进和加强对审判权的监督制约，保障审判权依法独立公正行使。

关键词： 审判权运行　监督管理　信息化建设　司法责任制

---

* 课题组负责人：陈晨，江苏省南京市中级人民法院党组成员、审判委员会专职委员。课题组成员：费文斌，江苏省南京市中级人民法院技术处（筹）负责人；茅昉晖，江苏省南京市中级人民法院监察室副主任；丁丽，江苏省南京市中级人民法院审判管理办公室副主任。

一 报告背景

南京市中级人民法院下辖11个区法院、22个人民法庭，另辖南京铁路运输法院；江宁经济技术开发区法院已获批设立，正在筹建。南京市人民法院将信息化手段应用于执法办案工作始于1994年，至今已经过二十余年的实践和探索。近年来，“智慧法院”的星星之火在最高人民法院的统一部署下，在全国法院形成了燎原之势。在这个大背景下，江苏省南京市中级人民法院院党组始终坚持，信息化建设必须以解决问题为导向，满足需求为宗旨，深化应用为常态，不搞噱头，不赶潮流，对外要让群众参与诉讼更加方便、快捷，对内要切实减轻法官负担、提高办案质效。2018年1~8月，南京市全市法院受理各类案件203721件，办结147934件，同比分别上升12.55%和24.05%；江苏省南京市中级人民法院受理各类案件25507件，办结19418件，同比分别上升10%和13.17%。南京市全市法院员额法官人均结案191件，其中基层法院员额法官人均结案222件，市法院员额法官人均结案99件。

（一）南京法院司法责任制改革实践

司法责任制改革是全面深化司法体制改革的基础，是必须牢牢牵住的“牛鼻子”。江苏省南京市中级人民法院自2014年即以完善审判权运行机制为抓手，积极开展司法责任制改革探索，并下发了一系列文件①。

自2015年4月江苏省南京市中级人民法院被确定为司法体制改革试点单位以来，在市委领导、上级法院的监督指导下，按照中央和省、市委关于司法体制改革的各项要求，稳妥推进首批入额法官遴选，打牢司法责任制改

① 2014年2月下发《关于完善审判权运行机制的实施意见（试行）》，2015年3月下发《关于建立执行团队工作机制的方案》《关于审判委员会讨论案件范围的若干规定（试行）》《关于院长、副院长、审判委员会专职委员、庭长、其他审判委员会委员审理案件的若干规定（试行）》《关于加强案件审限管理的若干意见（试行）》。

革基础，按照“让审理者裁判，由裁判者负责”要求，厘清权力清单，突出法官主体地位，加强权力监督。下发了一系列文件①，不断创新完善工作机制，确保司法责任制深入、全面、不留死角落实到位，进一步巩固改革成效，有效提升司法公信力。2017 年 12 月，江苏省南京市中级人民法院《打造多层次监督闭环确保责任制有序运行》入选《人民法院司法改革案例选编（二)》。

（二）建立新型审判权运行监督管理平台的总体思路

2014 年底，江苏省南京市中级人民法院对前期改革情况进行总结，形成《南京市中级人民法院审判权运行机制改革中期评估报告》。其中，针对调研过程中发现的类案不同判现象较明显、发回重审案件数量增幅较大、审判委员会讨论案件数量不降反升等现象，院领导指示，司法去行政化并非意味着让审判权“裸奔”，而是在尊重审判权独立行使的前提下将其纳入有效的监督制约，“放权而不放任”。其后，江苏省南京市中级人民法院先后制定完善了一系列配套制度措施，搭建了新型审判权运行监督管理的体系框架。但实践中，有的院庭长、法官对文件不清楚、不理解、不会用，导致规定未能落到实处。如何充分利用大数据和信息技术手段，将规章制度系统化、规范化、流程化、可视化，使对审判权运行的监督管理操作性强、全程留痕，是近年来江苏省南京市中级人民法院信息化建设的重点关注课题之一。

2018 年 3 月，江苏省南京市中级人民法院被省法院确定为 2018 年全省法院重点信息化项目“新型审判权运行监督管理平台”的试点单位。以此为契机，江苏省南京市中级人民法院对现有涉及审判权监督管理的文件规定

① 2016 年 1 月，下发《关于改进分案工作的若干规定（试行)》《专业法官会议工作规则（试行)》《合议庭工作规则（试行)》，2016 年 2 月下发《关于完善审判管理与监督职责的规定（试行)》《案件质量监督评查工作实施办法（试行)》，2016 年 8 月下发《司法体制改革试点过渡期法官定岗定责实施办法（试行)》，2016 年 10 月下发《入额法官双向选择定岗实施方案》，2017 年 3 月下发《关于贯彻落实〈关于全省法院全面落实司法责任制实施意见（试行)〉的通知》，2017 年 5 月下发《法官审判绩效考核办法（试行)》。

及系统软件进行了梳理和整合，为开发可视化综合监督管理平台打下基础。一是明确监督主体，划清职责权限。根据行使监督权的主体和监督层级的不同，分为微观管理（个案节点管控及流程监督）、中观管理（业务部门监督、专业机构监督）、宏观管理（审委会决策监督）三大部分内容。二是完善监督体系，形成监督合力。员额法官、审判团队和合议庭加强自我管理、相互监督；院庭长把握分管部门审判流程、审理进度、案件质效等情况；审判管理部门注重分析审判质效数据、研判运行态势、加强案件质量评查；审务督查、监察部门对审判执行环节的廉政风险点加强评估、预防、督察；合理限定审委会讨论案件范围，加强审判经验总结和审判事务的宏观决策等。三是改进监督方式，细化监督内容。改变过去依靠人工审查、手工统计、经验管理、逐案审批的传统监督管理方式，借用信息化和大数据技术，建立精细化、标准化、智能化的审判管理监督机制。以电子卷宗随案生成和覆盖案件办理全流程的网上办案体系为基础，以实时智能化审判全流程监督管理为保障，以全程留痕为要求，实现节点可查询、进程可监控、风险可预估、全程可追溯。打造“新型审判权运行监督管理平台”，其架构和功能示意见图1。

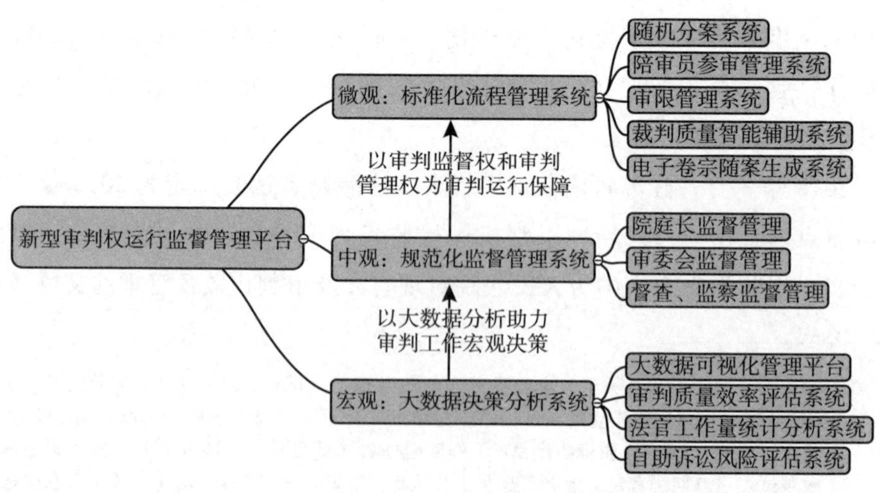

图1　新型审判权运行监督管理平台架构

二　微观：标准化流程管理系统

2013 年 5 月，江苏省南京市中级人民法院制定《南京市中级人民法院审判流程管理规定（试行）》，根据不同的案件类型，将审判流程划分为 24 种标准流程，其中最复杂的案件有 67 个节点，最简单的案件也有 8 个节点，从立案分案、庭前送达、开庭审理、案件讨论、文书制作、案件报结、执行查控、财产处置到上诉移送、卷宗归档等，全面推行网上办案、实时留痕，使执法办案的每个环节都纳入可查可控范围，以程序监督和节点管理为内容，以工作帮助、任务提醒、程序催告和责任追究为手段，对案件审判、执行过程进行动态管理。之后江苏省南京市中级人民法院就其中部分重要节点作了进一步细节设计和功能完善。

（一）随机分案系统

为进一步完善案件质量，实现内部监督制约机制，提高办案时效和优化案件管理，2015 年 4 月，江苏省南京市中级人民法院下发《关于进一步深化立案公开工作的通知》，2016 年 1 月下发《关于改进分案工作的若干规定（试行）》，2017 年 5 月下发《关于调整分案规则的通知》《关于进一步完善院庭长分案工作机制的实施办法（试行）》，根据司法责任制改革的推进情况，不断调整完善随机分案工作系统。系统随机分案是将案件直接分配到某一个法官名下，自动确定办案法官，承办人员在自己的办案系统内可以直接看到分配到名下的案件，从而减少了案件的流转环节，提高了办案效率。实一是办案制度更加严密。系统随机分案制度改变了以往由立案部门分案、业务部门定案转变为运用系统软件进行分案，最大限度地减少分案环节人为因素的影响，从源头上减少了人情案和关系案、金钱案的发生，防止了办案过程中的不规范行为。二是在统一业务系统应用过程中有效避免承办人互相推诿、挑选案件的现象，减少承办人对手动分案的不满。还可以限制部门负责人或内勤任意、随意分案情况的发生，尽量减少“人为因素”引发的不必要麻烦，促使案件分配工作更加科学、规范、合理。三是统一业务应用系统发挥的功能将进一步扩大、完善，同时规范了司法行为，极大地方便了案件的管理、查询和应用，促进了科学规范。

在随机分案过程中南京市中级人民法院始终坚持三个方面。一是坚持随机分案为主。建立与绩效考核相适应的分案工作机制，根据各业务部门的管辖案件分工和法官的分案系数，由立案庭按照填平原则随机分配到各员额法官，以充分调动一线法官的办案积极性，有效提升审判质量、效率、效果。二是分案调整定期公开。因特殊情况需要调整合议庭审理的案件、批量案件、承办法官回避或存在其他不便审理情形的案件等，庭长可以根据流程申请调整和安排案件分配，并在业务部门内部进行公示。三是落实院庭长办理疑难复杂案件。上级法院发回重审的案件，由立案庭直接分配给原审案件承办部门的分管院领导办理；社会关注度高、矛盾复杂尖锐、典型性、新类型案件以及在法律适用方面具有普遍指导意义的案件，由立案庭直接分配给院庭长办理；法官收到案件后 15 日内，认为案件重大、疑难、复杂的，需要院庭长参与办案的，可以调整由院庭长承办或担任审判长参与办理；批量案件属于疑难复杂或新类型案件的，可以由院庭长首先办理第一件。

（二）陪审员参审管理系统

人民陪审员制度是推进司法民主，畅通人民群众依法参与、监督审判工作的重要渠道。人民陪审员制度有利于人民陪审员发挥“监督员”作用，提高案件审判质量。人民陪审员不仅与审判员“同审同权”，而且在参与审判过程中，人民陪审员可以发现审判程序和实体处理的问题或法官办案中的不廉洁行为，有权及时向院党组和纪检监察部门反映，有效发挥了监督员的作用。

2015 年 4 月，江苏省南京市中级人民法院和南京市鼓楼区人民法院被确定为全国首批人民陪审员改革试点法院。2015 年 9 月，江苏省南京市中级人民法院下发《人民陪审员参加合议庭审判工作实施办法》，10 月启用人民陪审员参审管理系统。一是落实专人管理。2017 年 10 月，设立人民陪审员自我管理办公室，在审判管理办公室指导下开展工作，专门负责随机摇号确定参审人员，定期统计案件参审情况、陪审员履职情况、发放参审补助、收集意见建议等。二是确保实质参审。有效对接案件信息管理系统，在开庭排期、文书签发、结案评价各环节加入陪审员模块，并建立了短信通知、专业参审、自动错时参审和自动统计参审时间等功能，实现了陪审员参审工作信息化。三是确保均衡参审。合理设定陪审员参审案件数量的上限，对已经参审过一次的陪审员和已经通知无正当理由不履行参审职责的陪审员实行第一轮次的摇号屏蔽，需等待下一轮次的参审机会，保证陪审员的平等参审权，避免出现“驻庭陪审员”和“陪审员专业户”等问题。南京市保障人民陪审员均衡参审、陪审工作信息化管理等做法，在最高人民法院领导向全国人大常委会所作的《关于人民陪审员制度改革试点情况的中期报告》中得到点名肯定。

（三）审限管理系统

审限制度是中国诉讼法中一项独具特色的效率管理制度，对规范司法权运行、提高诉讼效率、提升司法公信力具有重要意义。然而，司法实践中审限制度的落实情况并不尽如人意，案件超审限，特别是“隐性”超审限，已经成为制约审判质效、影响司法权威的重要因素。为加强案件审限管理，根据诉讼法及上级法院有关规定，江苏省南京市中级人民法院先后出台了《关于加强案件审限管理的若干意见（试行）》（2015 年 3 月）、《关于网上办理基层法院向市法院申请延长审限事项的通知》（2016 年 2 月）、《关于调整民商事案件延长审限和延期开庭工作流程的通知》（2018 年 6 月），将影响审限管理的重要环节以技术手段加以巩固。一是强化办案节点管理，通过绿色、黄色、红色分别显示正常、预警、违规，对超流程节点的案件进行系统锁定，要求法官说明原因并及时跟进。二是完善审限辅助提示功能。研发“鉴定案件立案、结案审限自动变更”“管辖权异议案件移卷、退卷审限自动变更”“关联案件结案提示”等功能，防止暂停审限案件不及时办理恢复，导致隐形超审限。三是严格审限变更审批，申请延长案件审限的，须在审限届满前 15 日内说明具体原因，引入相关证明材料，提起网上审批。2018 年 1 ~ 8 月共审查 64880 件审限变更手续。四是提高基层法院审限报批效率。研发跨法院审限变更流程，基层法院向市法院申请延长审限的，一律在网上办理，提高审批效率、节约工作成本、实现用权留痕。2018 年 1 ~ 8 月共审查 13799 件跨法院审限变更手续。

（四）裁判质量智能辅助系统

江苏省南京市中级人民法院高度重视裁判质量管理，近年来根据审判执行工作的需要不断在办案系统中添加、完善功能措施，力争以数据分析智能辅助促办案实体公正。一是关联案件查询系统，以当事人名称为关键字进行搜索，查询其在南京市全市两级法院的涉诉涉执情况，分析研判与本案的牵连关系，有效防范虚假诉讼、恶意诉讼。二是参阅案例和法规推送系统，对法律适用存疑的案件，根据法官指令，自动对上级法院、兄弟法院已经生效的类似案件进行搜索、比对，避免裁判结果冲突。三是简易案件裁判文书智能生成系统，对道路交通事故纠纷、物业管理、盗窃罪等简易案件裁判文书快速生成，法官在此基础上稍作修改，辅之以电子签章，就可以实现当庭送达，从而减轻工作强度，提高办案质效。四是文书自动纠错系统，实现文书智能校对服务，帮助司法人员及时发现和纠正逻辑错误、事实证据遗漏、法条引用错误等问题，提高裁判文书质量。五是同案不同判预警系统，通过案件法律要素特征，推荐全省范围内相似案例数据，自动分析相似案例中地区差异、法律适用、争议焦点和证据引用情况，规范法官自由裁量权，避免裁判结果冲突。据省法院通报，2017 年江苏省南京市中级人民法院一审案件（3954 件）在全省中院中数量最多，比排名第 2 位的中院（1554 件）多 154.44%。但江苏省南京市中级人民法院一审判决案件被上级法院改判发回重审率在全省中院中最低（2.68%），比排名第 2 位的中院（2.94%）低 0.26 个百分点，比排名末位的中院（22.99%）低 20.31 个百分点。

（五）电子卷宗随案生成系统

2014 年 10 月，江苏省南京市中级人民法院、江苏省南京市鼓楼区法院、江苏省南京市高淳区法院试行案件卷宗同步数字化管理。2015 年 1 月起，在南京市两级法院全面实行。电子卷宗随案同步生成是推动网上办案的基础性工作，对支持和保障全流程网上办案、服务审判管理和司法决策、提高审判质效、确保司法公正、提升司法公信力具有十分重要的意义。只有做到电子卷宗百分之百随案同步生成，才能使信息化真正覆盖审判执行的各个环节、节点和各个岗位、人员，才能支持所有案件的全流程网上办理。辅助法官办案、促进审判管理、增强法院透明度，提升法院智能化、现代化水平。为进一步推动电子卷宗的深度应用，江苏省南京市中级人民法院先后下发《南京市中级人民法院案件卷宗同步数字化管理暂行规定》《关于全面开展案件卷宗同步数字化推进工作的通知》《关于进一步明确网上办案、案件卷宗同步数字化各环节工作职责的通知》，各职能部门按照时间节点要求，对纸质卷宗进行同步数字化处理并录入案件信息管理系统，推动实现事务性文书模板和电子签章可自动生成的尽量自动生成。形成与纸质卷宗对应、一致的电子影像卷宗，便于办案过程中的进一步利用，以及司法监督、司法公开工作的开展。

2018 年 3 月，江苏省南京市中级人民法院作为江苏省高级人民法院试点法院开始建立诉讼案件正卷同步公开平台。现阶段已经制定了规范的操作流程和相关管理办法，后期将进一步修改优化软件功能，完成诉讼案件正卷外网同步公开建设工作。通过正卷同步公开能够实现审判流程全程、实质性公开，加强对审判活动的监督，同时加强电子卷宗随案同步生成的及时性、完整性和规范性，方便群众及时查看案件信息、调阅卷宗。

三　中观：规范化监督管理系统

健康的审判权运行机制应当以审判权为核心，以审判监督权和审判管理

权为保障，在尊重审判权独立行使的前提下将其纳入有效的监督制约，以防止权力滥用和腐败，损害司法公正。江苏省南京市中级人民法院针对不同审判监督管理主体的职权特点，以信息化手段设置相应功能软件，确保监督留痕、规范有序，以促进司法责任制落到实处。

（一）院庭长监督管理

院庭长的审判监督管理职责主要体现为对分管业务部门相关程序性事项的审核批准、审判工作的综合性指导、审判质量效率的管理监督，以及排除不良因素对审判活动的干扰等。江苏省南京市中级人民法院针对院庭长监督管理的重点，在既有的院庭长程序性审批的基础上，研发了几项新的功能。

1. 长期未结案动态管理系统

研发长期未结案动态管理系统，自动导出分管部门的长期未结案明细，并对长期未结案承办人、案由、条线分布，长期未结案原因、审理时间及审限变更情况等进行可视化展示。以另案为审理依据的，同步关联另案信息；因鉴定评估暂停审限的，同步显示鉴定案件流程等。院庭长可发起长期未结案催办流程，要求合议庭报送案件进展、预计结案时间等信息，防止案件久拖不决。2018 年 3 月，江苏省南京市中级人民法院下发《关于在全市法院开展“审判质效提升年”活动的实施方案》，其中对案件审限管理及长期未结案清理工作提出明确要求。8 月底，南京市全市法院 12 个月以上长期未结案 2027 件，比 3 月底减少 25.42%，取得初步成效。

2. “四类案件”监督管理系统

对于《最高人民法院关于完善人民法院司法责任制的若干意见》规定的“四类案件”（涉及群体性纠纷可能影响社会稳定的案件、疑难复杂且在社会上有重大影响的案件、与南京市中级人民院或者上级法院的类案裁判可能发生冲突的案件、有关单位或者个人反映法官有违法审判行为的案件），院庭长可将其标注“四类案件”列入单独模块进行跟踪管理，发起“个案监督”流程。院庭长对个案监督可采取查阅卷宗、旁听庭审、审核审理报告、要求合议庭在规定期限内报告案件进展和评议结果等方式进行，合议庭需在流程中予以反馈回复，全程留痕、永久保存。

3. 线上专业法官会议系统

2016 年 1 月，江苏省南京市中级人民法院发布《专业法官会议工作规则（试行）》，对专业法官会议的功能定位、会议类别、议事范围、参加人员、组织形式、结果应用等进行了规定。线上专业法官会议系统将专业法官会议讨论案件的发起、排期登记、通知、资料上传、卷宗浏览、记录、评议、语音转写等实行流程化管理，并设置了合议庭复议结论与专业法官会议建议比对、院庭长监管意见等页面，提升专业法官会议研究疑难复杂法律问题、提升咨询建议的实效。经过两年多的实践探索，目前江苏省南京市中级人民法院各业务部门专业法官会议均实现常态化运行，充分发挥了专业法官会议作为法官咨询建议机构及院庭长职能监督平台等功能作用，同时也确保审判委员会着重在审判经验总结和司法政策指引等方面发挥职能作用。

4. 发改案件关联评查系统

针对近年来中院发改基层法院案件数量较多的情况，为促进南京市全市法院各业务条线案件审判质量的整体提升，切实统一裁判尺度和裁判标准，江苏省南京市中级人民法院研发发改案件关联评查系统，完善发改案件关联登记、分配、通知、反馈、评议、讨论、运用等工作环节，与专业法官会议、审委会、同案不同判预警等系统实时对接，强化条线裁判质量管理。对于评查中发现的问题，各审判业务部门应当及时向基层法院反馈情况，指出问题，切实指导。2018 年 1 ~6 月，基层法院一审判决案件被改判发回重审率为 3.08%，比 1 ~3 月一审判决案件被改判发回重审率降低 0.95 个百分点。

5. 院庭长办案统计系统

坚持入额院庭长办案常态化、规范化、制度化，对院庭长办案情况以专门系统进行管理并定期统计、通报、公示，充分发挥院庭长办案的示范带头作用。2018 年 1 ~6 月，南京市中级人民法院院庭长承办办结各类案件 46670 件，占南京市全市法院结案总数的 45.44%；南京市中级人民法院院庭长参审办结（含担任承办人、审判长、合议庭成员）各类案件56267件，占南京市全市法院结案总数的54.79%。

（二）审委会监督管理

审委会作为人民法院最高审判组织和审判管理机构，在司法体制改革过程中占有重要地位和作用。自审判委员会办公室成立以来，江苏省南京市中级人民法院先后出台了一系列配套规章制度、工作规范等，包括《审判委员会工作规则（试行）》《关于建立审判委员会集体学习制度的若干规定》《关于审判委员会发布通报的规定》《审判委员会决议落实情况督办工作暂行办法》《审判委员会委员回避暂行办法》《关于审判委员会讨论案件范围的若干规定（试行）》等，有力推进了审委会运行机制改革进程。

为促进审委会职能发挥，江苏省南京市中级人民法院研发了数字化审委会管理系统。一是落实审委会讨论案件过滤机制。审委会讨论案件一律网上提交，范围严格限制在法律规定必须经过审委会讨论的案件和在法律适用方面存在争议的疑难复杂案件，并应先行提交专业法官会议进行讨论。2018年1~8月，南京市全市法院99.45%的审结案件均由合议庭自行定案。通过减少讨论案件数量，充分发挥审委会在统一裁判标准、总结审判经验、讨论审判工作重大事项等方面的宏观指导职能。二是严格把控审委会流程规范。提交审委会讨论的案件和事项，必须提前一周提出申请，并提交类案裁判检索报告。承办人汇报时，需制作PPT，简明扼要列出案件或事项来源、人物关系、诉讼过程、合议庭认定的事实、法律争议焦点、合议庭观点、合议庭处理意见及法律依据等，避免照本宣科。三是积极推进审委会民主决策。审委会委员应提前阅卷和观看庭审录音录像，促进审委会讨论案件从传统的“汇报制”到“（书面）审理制”的转变。如果审委会对案件处理形成不同意见，则由审委会秘书发起电子投票流程，采用无记名表决方式形成决议，避免出现少数领导“一言堂”的局面，保障决策民主。

（三）督查、监察监督管理

案件质量的好坏，直接影响着案件当事人是否服判息诉、人民群众是否认同裁判结果。江苏省南京市中级人民法院通过庭审规范自动巡查、违规操作及时拦截、办案风险实时提示，警示法官将“案结事了”作为执法办案的最高境界来考量，内化于心、外化于行，用心完成好审判活动过程中的每一项工作。

司法作风数字化巡查。运用数字法庭庭审核查系统，在开庭时，法官、书记员如果存在迟到、早退、非正常离席、开庭人数不对、着装不规范、接打电话、使用不文明用语等行为的，系统将自动识别，并通过短信发送给法官、纪律检查人员进行提醒，同时记录存档，作为法官、书记员业绩考核的依据。

信访投诉、督查督办系统。完善案件信访投诉、督查督办、纪检监察规范化、流程化管理，并与案件信息管理系统实时对接、数据共享。落实追责机制，明确追责方法、程序和责任轻重，将故意枉法裁判、重大过失造成错案与一般性工作差错、办案瑕疵予以区分，使责任追究更加科学合理。支持、保护公正办案的法官不受失信、无理当事人的诬陷攻击，为干警营造优良的司法环境。

四　宏观：大数据决策分析系统

2004 年 10 月，江苏省南京市中级人民法院在全省率先成立审判管理办公室开展综合性审判管理工作，并于 2007 年 2 月获得机构编制。十余年来，江苏省南京市中级人民法院逐步形成了以专门审判管理机构为枢纽、各审判业务部门为主体，院庭长监督管理与合议庭自我管理相结合，宏观决策、条线统筹、个案辅助环环相扣的一体化审判管理体系，逐步建立完善了以机制构建、指标监控、数据通报、专项评查、业绩考评及成果转化等为主要手段的多层次、多途径运行模式，在法院审判执行工作中的“规范、保障、促进、服务”作用日益明显。近年来，江苏省南京市中级人民法院审判管理工作在信息化建设上狠下功夫，不断提高审判管理的现代化、科学化、规范化水平，依靠大数据分析和整体运行态势研判，助力南京市全市法院审判执行工作宏观决策。

（一）大数据可视化管理平台

依托高院的司法大数据集中管理平台，建设兼具数据监测、分析挖掘和数据可视化多层次功能的大数据可视化管理平台，汇集南京市全市法院审判、执行数据信息；利用可视化技术，实现数据集中、实时展示、历史分析、趋势预判、质效分析等。支撑管理决策，为审判执行业务、信息化等工作服务。通过数据采集、数据治理、数据展示，具体呈现审判执行态势、审判管理、执行管理、司法公开、庭审监控等内容。在大数据可视化管理平台的基础上，江苏省南京市中级人民法院坚持收结存案、长期未结案分析月度通报、审判运行态势半年通报、特殊及异常态势及时报告制度，定期研判南京市全市法院及各业务部门、各审判条线、各审级、各典型类案的运行态势，指出问题、分析原因、提出建议。2018 年 1 ~ 8 月，江苏省南京市中级人民法院已发布审管工作通报 69 期、执行工作通报 66 期。

（二）审判质量效率评估系统

江苏省南京市中级人民法院自 2007 年起研发南京市全市法院审判质量效率评估系统，并根据审判执行工作需要逐渐升级完善到 3.0 版。设置各类数据自动生成功能，建立决策分析系统，加强对海量审判质效信息的“大数据”存储处理和分析研判，实时准确掌握审判运行态势、特点和规律，以数为鉴，察不足、防隐患。坚持重点审判质效指标分析评估制度，在尊重司法规律的基础上，让质效评估回归“体检表”“风向标”的本位功能。针对评估结果反映的一审服判息诉率相对较低、申请再审率同比较高、12 个月以上未结案增加较多、个别单位收案数据异动等情况，及时对江苏省南京市中级人民法院上诉、申请再审、再审改发、涉诉信访、长期未结等案件进行专项分析，2018 年 1 ~8 月向院党组提交专题报告十余篇，为院党组预判案件形势、谋划执法办案、实施监督管理提供决策辅助，保障审判执行工作持续推进，审判质量效率稳步提升。

（三）法官工作量统计分析系统

为科学测算法官员额、评价法官工作业绩、确定员额法官岗位配置，江苏省南京市中级人民法院于 2015 年 5 月出台了《全市法院审判工作量权重评估办法（试行）》，研发“南京法院审判工作量评估”软件，经过反复调研、测试、修改、完善，于 11 月正式上线试运行。该系统建立案件权重系数和评价指标体系，实现对辖区内各法院、各业务部门、各办案法官审判工作量的测算、检索、对比、分析。以该系统为基础，江苏省南京市中级人民法院 2017 年 5 月下发《法官审判绩效考核办法（试行）》，坚持审判绩效考核与法官等级和职务脱钩，以业绩为主，综合考量办案工作量、审判质量、审判效率、审判效果、司法技能、司法调研、司法廉洁等方面，用大数据考核质量、效率、效果，用比较法分配奖金、调配人员、评先选优，优化资源配置，激发办案活力。

（四）自助诉讼风险评估系统

近年来，南京市全市法院受理案件数持续增长。2018 年 1 ~8 月，南京市全市法院受理各类案件 203721 件，比改革前（2014 年）1 ~8 月受理案件数量（110641 件）多 84. 13%。为推动矛盾纠纷化解，促进诉讼案件有效分流，江苏省南京市中级人民法院研发了自助诉讼风险评估系统。当事人到法院诉讼前，可以将自己的起诉状输入系统，系统利用后台司法大数据分析和人工智能分析引擎，为用户提供智能案由识别、法律要素补充、参考案例推荐和诉讼风险评估。给当事人提供类案推送、诉讼风险分析、诉讼结果预判，预测用户当前案件所需要的时间和费用成本，与其他解决纠纷途径进行比较，引导用户选择其他渠道解决问题，促进多元化纠纷调解。

五 小结

司法体制改革和信息化建设是人民法院发展的“车之两轮、鸟之双翼”，推动大数据、云计算、人工智能与人民法院工作深度融合，加快智慧法院建设，向信息化要战斗力是司法体制综合配套改革的重要内容。江苏省南京市中级人民法院在建设新型审判运行监督管理平台的过程中，主要有三个方面的理念和特点。

一是坚持以解决问题为导向。党的十九大报告中明确指出：“深化司法体制综合配套改革，全面落实司法责任制，努力让人民群众在每一个司法案件中感受到公平正义。”如何应对放权之后可能出现的同案不同判、案件质量滑坡、监督管理弱化、廉政风险等隐患，以及随着改革推进不断研究解决新情况、新问题，就是江苏省南京市中级人民法院建立新型审判权运行监督管理平台的初衷。经过设计、整合、完善，建立标准化流程管理系统为法官办理个案提供指引，建立规范化监督管理系统使院庭长、审委会和有关专业机构敢于放权、敢于管理、善于管理、有序管理，建立大数据决策分析系统变粗放监督为精准研判，通过全方位的监督，让法官在依法独立审判的同时，又必须严格遵循诉讼程序、行为规范和工作纪律。

二是坚持以满足需求为宗旨。新型审判运行监督管理平台建立之前，江苏省南京市中级人民法院关于审判监督管理的信息化项目散见于案件信息管理系统、执行系统、审判质效评估系统、审判工作量评估系统、督办系统、监察系统、涉诉信访系统、分析研判系统等，但这些项目相对独立，使用者在操作过程中要打开多个软件、多次登录才能完成操作，因而使用不便。新型审判运行监督管理平台对涉及监督管理职能权限的各个系统进行了整合，实现“一次登录、多点使用”。平台针对不同的使用主体，配置了相应的权限功能，及时将新的文件精神转化为操作系统，如“四类案件”监管系统、专业法官会议系统、数字化审委会系统等；及时将新的试点项目落实到位，如陪审员参审管理系统、同案不同判预警系统等；及时将新的工作要求进行可视化展示，如长期未结案动态管理系统、发改案件关联评查系统、院庭长办案统计系统等，根据审判执行工作实践的需求不断改进完善。

三是坚持以深度应用为常态。建设是前提，应用是目的，应用深度决定信息化建设的效果。在新型审判权运行监督管理平台建设过程中，江苏省南京市中级人民法院建立了“前期调研—设计研发—宣传推广—培训教学—意见反馈”一整套工作机制，最大限度地打破设计者与使用者之间的屏障，对使用过程中存在问题、操作不便之处不断加以改进，让系统真正能用、有用、好用，被各层级使用主体认可和接受，确保平台在应用广度、深度等方面有效推进，防止信息化建设成为数据服务商的“独角戏”，实现信息系统从管理型向服务型转变。

当前，智慧法院建设坚持公正、正义和权威的基本理念，在各个领域不断改进、注重服务、坚持创新。信息技术和大数据不断融入和深刻影响法院工作的方方面面，实现信息化和法院工作的深度融合是大势所趋。南京市中级人民法院将进一步紧密结合工作实际，加强信息化应用创新，努力补齐短板，用创新驱动发展、破解司法难题，努力实现法院信息化再造和转型，服务司法体制综合配套改革，切实发挥现代信息技术对服务审判执行、服务人民群众、服务司法管理、服务国家治理的重要保障作用。

B.17

江门法院立审执衔接系统建设调研报告

广东省江门市中级人民法院课题组*

摘　要：　江门法院立足于审判管理需求与信息化建设深度融合的发展要求，针对当前审判执行工作中存在的一、二审衔接和审判、执行衔接时间长、监督管理不到位等问题，探索开发了立审执衔接系统。通过该系统的一、二审对接平台和审执对接平台，基本实现了区域内案件审判、执行全流程的节点管理和自动监管，为进一步提升审判、执行工作质效，减轻当事人诉累提供了技术支撑。

关键词：　立审执衔接　流程重建　节点控制　司法为民

最高人民法院指出，司法改革和信息化建设作为人民法院的深刻变革，已经成为人民法院工作发展的“车之两轮、鸟之双翼”。随着司法体制改革不断向纵深推进，以司法改革需求引领智慧法院建设，以信息化为司法改革提供科技支撑，以信息化重塑审判执行流程，实现在线实时管理，更好地服务法官办案、服务群众诉讼、服务司法决策，促进审判质量效率的提升，已

* 课题组负责人：陈明辉，广东省江门市中级人民法院党组书记、院长。课题组成员：梁秉锋，广东省江门市中级人民法院党组成员、副院长；彭思思，广东省江门市中级人民法院审判管理办公室副主任；罗晓云，广东省江门市中级人民法院审判管理办公室助理审判员；龚果，广东省江门市中级人民法院审判管理办公室科员。

成为智慧法院建设的立足点和着力点。针对目前存在的一、二审案件和审判、执行案件在质量管理平台或系统上相互独立、衔接融合不深导致案件流程管理存在真空等问题，为规范诉讼关键节点管理，广东省江门市中级人民法院（以下简称江门法院）研发了立审执衔接系统，通过该系统的一、二审对接平台和审执对接平台实现了案件在一、二审和执行全流程的监控和管理，有效提高了审判执行管理质量，减轻了人民群众的诉累。该系统自2018 年 9 月初推行以来运行良好，成效初步显现。

一　建设背景

（一）问题背景

1. 衔接时间较长，影响整体诉讼效率和司法形象

目前，《民事诉讼法》《最高人民法院关于人民法院执行工作若干问题的规定》等法律法规对一、二审衔接和审判、执行衔接的各环节时间已有较为明确的规定，但部分环节的规定仍存在一定空白，导致在审判实践中一、二审衔接时间比法律规定的对接时间更长，往往出现超过限定时间仍未启动二审程序的情况，造成当事人递交上诉状后长时间未能启动二审程序的事实，相当部分上诉案件从递交上诉状到二审正式立案耗费时间不少于 45 天，并不符合人民群众对司法效率的预期。而在执行工作中，大部分案件均需要胜诉当事人申请才启动执行程序，不利于快速兑现其诉讼结果和权益，造成了审判执行衔接时间长，影响了整体诉讼效率和司法形象。

2. 当事人诉累较重，影响人民群众的司法体验

《民事诉讼法》《最高人民法院关于人民法院执行工作若干问题的规定》等法律法规对执行案件实行以当事人申请为主、法院主动执行为例外的立案原则，将法院主动执行的案件明确限定为具有给付赡养费、扶养费、抚育费内容的案件类型。与法院主动执行相比，现行的申请执行机制，当事人申请

执行需要约见法官开具“案件生效证明”，提供申请执行书、生效法律文书副本、身份证明等材料，办理委托手续，到法院申请立案，提供被执行人身份及其财产基本状况等，当事人需到法院1~3次才能正式立案执行。以最高人民法院强调的法院主动执行要求看，当事人申请执行诉累较重，无形中影响了人民群众的司法体验。而群众的这些诉累实际上可通过扩大法院主动执行的案件范围得到有效解决。

3. 现有的流程衔接管理不规范，监督力度不够

《民事诉讼法》等法律虽对一、二审衔接的大部分节点作了时间限制，但在审判管理实践中，现有的管理平台对一、二审案件和执行案件存在分开管理、互不连接的壁垒现象，对案件的诉讼和执行未能形成链条式全程系统自动监控管理，对一、二审之间和审判、执行之间造成不必要的割裂，影响了审判执行工作的整体效率。江门法院在审判管理实践中发现，原有系统对案件一审结案后、二审立案前这一区间的移交上诉状、送达文书、报送卷宗等环节管理监督力度不够，缺乏节点提醒、自动监控等有效措施。

（二）政策背景

1. 助力解决执行难的现实需要

解决执行难，依法保障胜诉当事人及时实现权益是党的十八届四中全会提出的一项重要任务。“用两到三年时间基本解决执行难”是最高人民法院在十二届全国人大四次会议上作出的庄严承诺，不仅是对法院司法体制改革成效的一次检验，更是人民群众对法院工作的殷切期望，不仅关乎胜诉当事人的合法权益能否及时兑现，更关乎司法的权威和公信力。解决执行难是一项系统性工程，不仅需要用足法院内力、聚合其他单位外力，更需要智能助力，通过改善工作方式方法，提高执行整体效率，从而减轻当事人和法院干警负担。审执对接平台正是基于通过主动执行减轻当事人和干警执行案件负担，提高执行工作整体效率，助力解决执行难的现实需要而开发并投入使用。

2. 审判管理与信息化建设深度融合的结果

通过信息化建设进一步推动法院工作转型升级，促进审判体系和审判能力现代化，满足人民群众对法院审判管理、诉讼服务、司法公开等工作日益增长的需求，是人民法院未来五年信息化建设的主要目标。最高人民法院指出：进一步深化司法体制改革，加强信息化建设，在科学准确分析审判执行工作运行态势基础上，分类施策、精准管理，不断提升审判质效，推动新时代人民法院工作实现新发展。基于为审判工作插上现代科技翅膀的要求，面对一、二审对接和审执对接中存在的监管不到位、协调配合机制不健全等问题，立审执衔接系统是审判管理与信息化建设深度融合的必然结果。

二　功能介绍

（一）系统功能设计

江门法院立审执衔接系统是法院办案系统的一个扩展，充分利用现有的案件数据，对全市两级法院诉讼子环节进一步细化和跟踪，方便一线法官办理案件、跟踪材料，同时也方便审判管理部门监督案件流程的进度和节点，进一步提高办案效率和质量。该系统按照“一个系统两个平台”的设计思路，将“一、二审对接平台”和“审执对接平台”合并到系统中应用，并与最高人民法院的执行系统和广东省的综合业务系统数据兼容对接，实现数据信息的智能解析和自动回填。此外，系统提供了文书模板一键生成、案件节点锁定和解锁、流程跟踪、信息查询、短信推送以及统计分析等办案辅助功能（见图1）。

1. 技术原则

系统从实用性、安全可靠性、兼容性、开放性和可扩展性等五个方面进行设计。

实用性是设计的出发点和归宿点，以实际需求为导向，在对用户现有工作和操作习惯充分调研的基础上，提供实用、操作简单方便的业务应用平

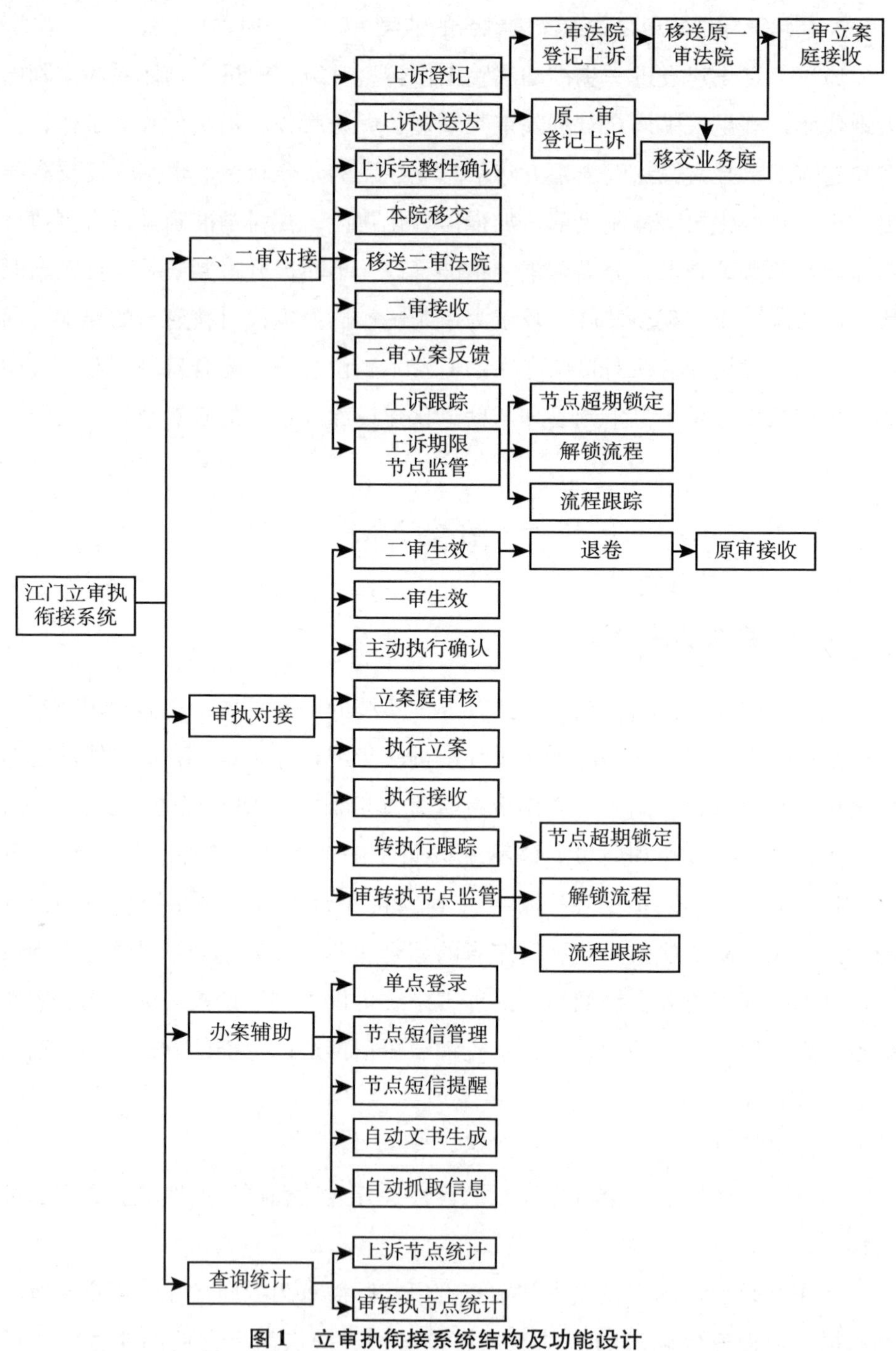

图1　立审执衔接系统结构及功能设计

台。

安全可靠性与现有系统安全管理体系一致，严格限定使用者访问权限和操作权限，并具备良好的抵抗外部各种冲击的能力。

兼容性要求系统必须兼容最高人民法院和省法院开发的业务系统，能和不同的操作系统和技术平台接口进行对接，具有较高的移植性和兼容性。

开放性要求在系统的设计和开发过程中，广泛采用国际通用的标准和协议，如 TCP/IP 协议、J2EE 标准、XML 技术等，保证系统的开放性和通用性。

可扩展性体现在系统适应现行的管理模式和目前的网络状况，按照最高人民法院和省法院下发的技术标准，采用业界的主流技术和开放式系统，以适应今后技术的发展和系统软硬件升级要求。

2. 功能结构

系统共分为“一、二审对接”“审执对接”“办案辅助”“查询统计”四大子系统。

“一、二审对接”主要管理上诉案件信息和材料，解决诉讼材料跨院移动时不能及时跟踪材料接收进度的问题。系统通过设置材料移动过程各环节节点信息，让法院人员及时跟踪一、二审案件材料移送情况，全面掌握上诉情况，提高上诉案件受理效率。该子系统主要功能有上诉登记、上诉状送达、上诉完整性确认、本院移交、移动二审法院、二审接收、二审立案反馈、上诉跟踪、上诉期限节点监管等模块，其中上诉期限节点监管模块包含节点超期锁定、解锁流程、流程跟踪等子模块。

“审执对接”主要实现主动执行，实时记录审判转执行案件情况，方便群众案件审理结束后有执行内容的案件能够更快进入执行程序，不用专门到法院再申请一次执行，按照“最多跑一次”的目标，让群众尽可能少跑路、少花钱、少受累，提升法院便民服务水平。该子系统主要功能有二审生效、一审生效、主动执行确认、立案庭审核、执行立案、执行接收、转执行跟踪、审转执节点监管等模块。其中审转执节点监管模块包含节点超期锁定、解锁流程、流程跟踪等子模块。

办案辅助实现单点登录，即提供统一的用户登录接口，通过该系统全市法院工作人员可依权限自动登录所有法院在用的办公办案系统，不需要输入各个不同系统的用户名和密码，也不需要在各系统之间来回切换。系统提供表格自动生成、各类文书模板、录入信息自动抓取、节点短信管理、节点短信提醒、审批流程、线上线下同步操作等基础功能，辅助法官办案。

查询统计提供流程跟踪，包括各个节点的操作人员、时间、状态、期限等信息全程留痕，每个节点的锁定和解锁次数统计，移交接收材料件数等都可以在系统上进行查询，方便数据统计。

3. 安全设计

基于系统安全方面的考虑，采用分级权限管理、数据传输加密、敏感信息控制及加密处理、日志记录和审计等措施确保信息安全。

首先，分级权限管理。系统由网络登录验证、数据库登录验证、系统使用验证三级组成。采用分级权限管理控制用户权限，根据用户的工作部门、工作性质授予相应的权限。

其次，数据传输加密。对数据交换实行统一管理、集中监控和安全审计，有效防止对系统数据库的非法操作。对传输过程中的数据采用加密算法进行加密，防止数据在传输过程中被拦截和篡改，主要采用网络加密传输、数据库加密传输和系统数据加密相结合的技术。

再次，敏感信息控制及加密处理。与外围系统进行数据交互时，严格限制只有发起人及其审批领导才能看到具体信息。对于系统中的用户存款等敏感信息，采用加密的形式存储。

最后，日志记录和审计。采用应用程序、操作系统、数据库等多级日志，对每个用户的每次操作作全程的日志记录和审计。

（二）具体流程说明

1. 一、二审对接平台流程

一、二审对接平台主要规范基层法院作为一审法院、市中院作为二审法院的情形。

（1）上诉人向一审法院递交上诉材料业务流程（见图2）。一审法院诉讼服务中心接收上诉人的上诉材料，在平台上登记后，将材料移送给业务庭。业务庭接到诉讼服务中心移送的上诉材料后，在送达后填写送达登记，完成上诉材料完整性确认，将上诉材料移交给本院立案庭。立案庭接到业务庭的移送函和上诉材料后，审核移交材料，如材料完整需移交材料至市中院立案庭，如材料不完整需退回至业务庭重新补充资料，业务庭补充完整材料后按照上述流程重新流转。

二审法院立案庭接收一审法院立案庭移送的上诉材料后，经审核如材料完整立案，如材料不完整退回至一审法院立案庭。

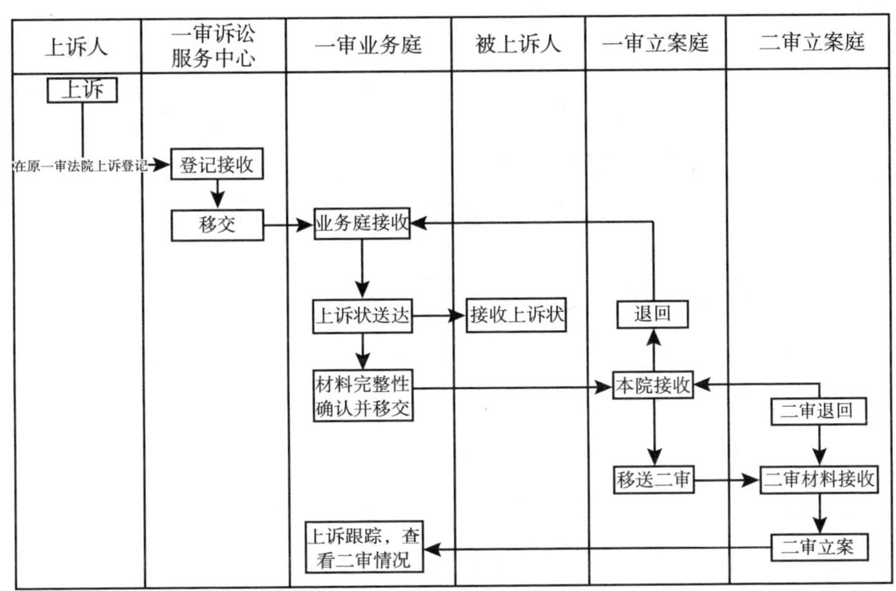

图2　上诉人向一审法院递交上诉材料业务流程

（2）上诉人向二审法院递交上诉材料业务流程（见图3）。二审法院立案庭接收上诉人的上诉材料，在平台上登记后需将材料移送给一审法院诉讼服务中心。

一审法院诉讼服务中心接收二审法院移送的上诉材料后转交给业务庭。业务庭接收诉讼服务中心移送的上诉材料后，按照上诉人递交上诉材料至一

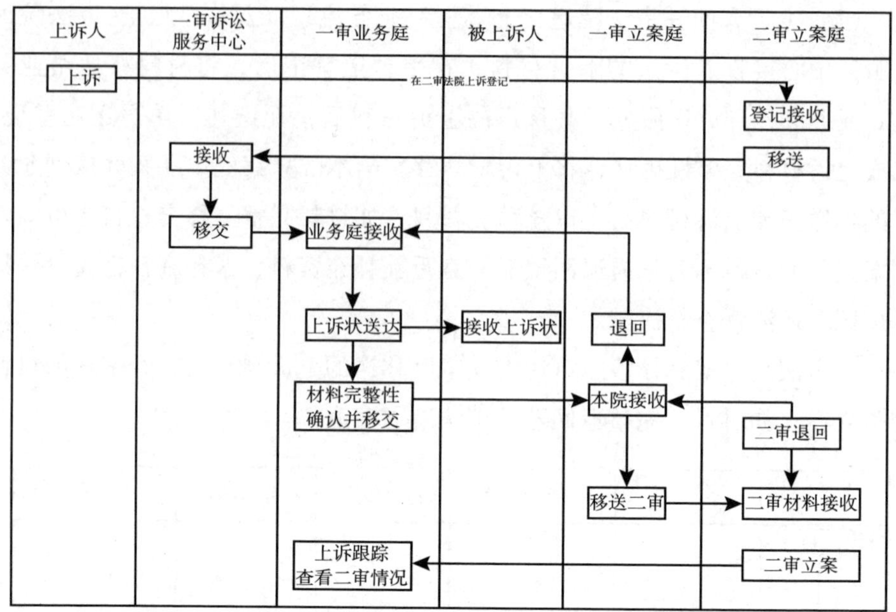

图 3　上诉人向二审法院递交上诉材料业务流程

审法院的业务庭的处置流程处理。

2. 审执对接平台流程

（1）一审生效案件转主动执行业务流程（见图 4）。本流程中的一审生效案件是指两级法院作为一审法院的情形。

立案庭在立案前指导当事人签署“同意主动执行服务确认书”“诉讼风险告知书”，并提交其他相关材料，作为当事人申请主动执行的依据。

业务庭在案件生效后由承办法官或辅助人员点击确认是否启动主动执行程序，启动主动执行程序的，需将案卷材料移送至立案庭，不启动主动执行的，则结束该流程。结案后需在省高院的综合业务系统录入生效日期，系统自动同步该生效日期到“审执对接平台”。

立案庭接收业务庭案卷材料后，审核材料是否完整，若审核通过进入全国执行系统立案并同步在“审执对接平台”录入案号，平台其他案件信息自动从全国执行系统获取，同时将材料移送至执行局；若审核不通过将材料

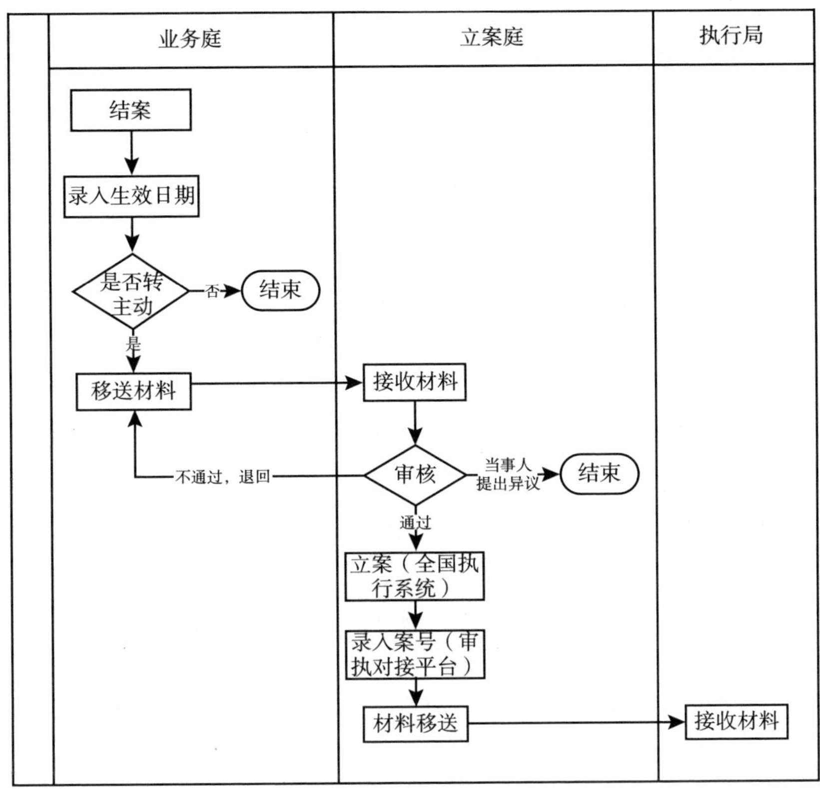

图4　一审生效案件转主动执行业务流程

退回业务庭；若当事人主动提出不转执行则结束流程。

（2）二审生效案件转主动执行业务流程（见图5）。本流程中的一审法院是指市基层法院作为一审法院的情形，二审法院是指市中院作为二审法院的情形。

二审法院业务庭结案后在全省综合业务系统录入生效日期，系统自动同步该生效日期到“审执对接平台”，同时退卷至立案庭。立案庭接收业务庭案卷材料后退卷至一审法院立案庭或机要室。

一审法院立案庭或机要室接收二审法院立案庭案卷材料后移送至业务庭。业务庭接收立案庭（或机要室）案卷材料，承办法官判断是否转主动

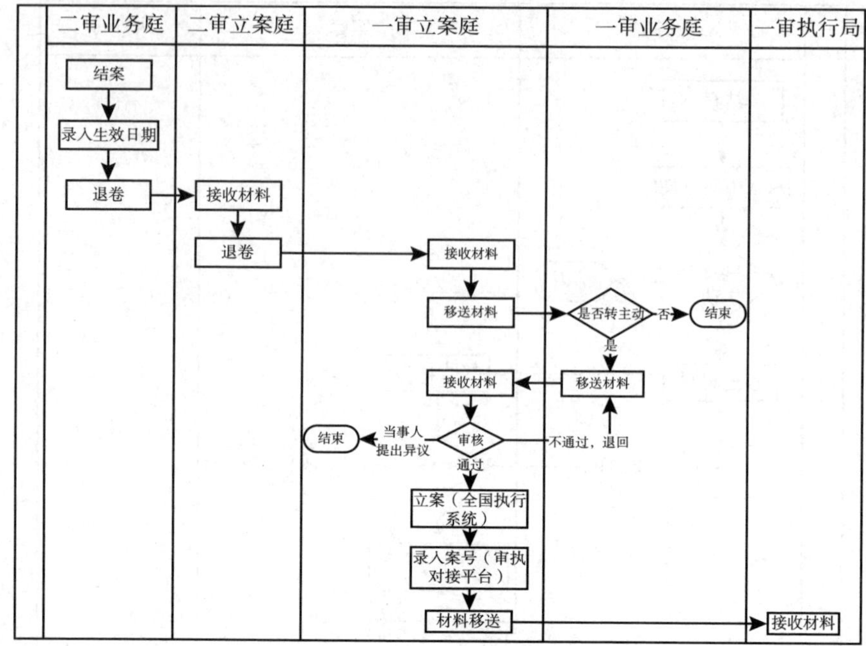

图5　二审生效案件转主动执行业务流程

执行，判断转主动执行需将案卷材料移送至立案庭，不转主动执行案件则结束流程。立案庭接收业务庭案卷材料，审核材料完整性，若审核通过进入全国执行系统立案并同步在“审执对接平台”录入案号，平台其他案件信息自动从执行系统获取，同时将材料移送至执行局；若审核不通过将材料退回业务庭；若当事人主动提出不转执行则结束流程。执行局接收立案庭案卷材料。

（三）功能介绍

1. 节点设置

“一、二审对接平台”共设置一审法院上诉登记、诉讼服务中心转业务庭、业务庭接收、上诉状送达登记、上诉缴费和材料完整性确认、上诉材料移交、本院移交接收、移送二审登记、二审材料接收反馈、二审法院上诉登记、一审法院接收二审法院移送上诉材料等 11 个节点，“审执对接平台”共设置录入生效日期、业务庭退卷、立案庭退卷和移送材料、业务庭转主动执行、业务庭移送材料、立案庭审核材料、立案庭立案和移送材料等 8 个节点。

每个节点均规定了天数限制，如遇公告送达等情况可申请延长天数，当超出期限时，系统自动锁定该节点。解锁由被锁定人发起解锁申请，经部门负责人审批同意，转审管办负责人审批同意可解锁。

2. 流程跟踪

“一、二审对接平台”流程跟踪提供案件上诉跟踪功能，通过上诉跟踪可查看案件上诉接收材料各节点情况，法院可跟踪上诉材料情况，跟踪各节点期限是否正常。“审执对接平台”流程跟踪可查看跟踪所有案件流转进度。

3. 节点查询统计

“一、二审对接平台”提供上诉信息查询功能，中院可查询全辖区上诉信息，基层法院可查询本院所有的上诉信息。提供各上诉节点统计功能，包括各节点状态的上诉数量、各节点超期数。

“审执对接平台”通过案号查询案件基本信息、当事人信息、结案情况，方便法官或书记员核对和查询案件信息。提供生效登记转执行统计功能，如生效转执行案件数、主动执行数、转强制执行数。

4. 短信推送

“一、二审对接平台”上诉材料已移交二审法院，二审法院立案时，“审执对接平台”主动执行立案时，系统会自动推送消息给当事人或律师。其余节点可勾选是否发送短信通知当事人，短信内容可自动提取模板内容再由法官修改后推送。

5. 文书自动生成

系统提供各类文书模板供全市法院参考，如“同意主动执行服务确认书”“诉讼风险告知书”等，统一由当事人在立案时填写；在完整性确认后，需根据案件信息和上诉信息制作文书，分别是报送民事（刑事、行政）上诉函、案件二审立案呈报表等。

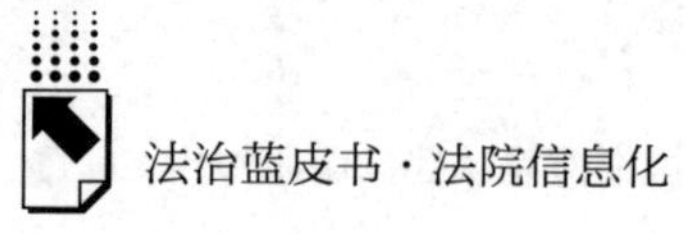

三 应用成效

（一）加快诉讼材料的流转速度，提高群众满意度

立审执衔接系统的一、二审对接平台自 2018 年 9 月 5 日开始正式上线运行至 2018 年 11 月 5 日，江门市两级法院共使用该系统处理 923 宗上诉案件的流转程序，已成功向二审法院移送案件 741 件，其平均移送时间与该系统投入运行前相比有所缩短，诉讼材料的跨院移送效率得到了提升。随着诉讼材料流转速度的加快，一起诉讼从一审立案到最终进行执行程序的时间长度亦有所缩短，进一步满足了人民群众对于司法审判效率提升日益增长的需求。

（二）实现审执工作的无缝衔接，减少当事人讼累

立审执衔接系统的审执对接平台自 2018 年 9 月 5 日开始运行至 2018 年 11 月 5 日，共自动立案受理执行案件 862 件。该系统平台正式运行后，案件当事人无须另行申请，由作出生效裁判文书的法院主动将生效裁判文书及案卷退回执行法院并由执行法院根据当事人的意愿直接对生效裁判文书作出执行立案的处理，为案件当事人提供了“足不出户”即能“坐享其成”的便捷服务体验，真正落实了让信息数据多跑路、群众少跑腿的司法为民新理念。

（三）实现阳光办案全覆盖，提高司法公信力

在诉讼案件的跨院流转期间以及从案件生效到转入主动执行程序期间，立审执衔接系统会将部分关键节点以及工作进度通过短信方式发送到案件当事人的手机上，改变了以往“上诉案件长期失联”的状况，使当事人能即时了解诉讼案件的跨院流转进度，积极为外部监督开通“快车道”，增进公众对司法的了解和信赖，对提升司法公信力具有积极意义。

（四）填补诉讼节点管理漏洞，完善审判流程管理体系

通过立审执衔接系统的运行，将诉讼案件一审程序结案后至二审立案前以及裁判生效后至进入执行程序前的期间统统纳入信息化管理，并对此期间的每一环节给予明确的工作指引，填补现行法律规定和内部管理规范的空白；对当事人影响巨大的环节进行节点设计，给人民法院的司法工作全程戴上“紧箍咒”，为破解程序监管的难题、实现诉讼案件的全程自动化管理提供有益探索，更使人民法院的审判流程管理体系进一步趋于完善。

（五）打破数据壁垒，提高系统数据的应用转化率

随着各级法院对智慧法院建设工作的重视以及工作力度的不断加强，各级法院在不同领域均开发了不同的业务系统，但系统之间并不能直接兼容，系统内的数据成为一座座“孤岛”，不利于法院工作人员对数据的综合运用。通过立审执衔接系统，成功连通广东省三级法院统一使用的广东省法院综合业务系统与全国四级法院统一使用的人民法院执行案件流程信息管理系统，定期同步交互系统之间的数据，使数据“孤岛”连为一片，便于司法统计人员更全面地收集、分析各类数据，为法院各项审判执行工作的科学决策提供有力支撑。

（六）实现“系统管案”不留白，助力司法廉政建设

一审程序以及二审程序均已实现了“系统监管”，且在广东省法院综合业务系统中全程留痕，但在立审执衔接系统运行前，诉讼案件在一审结束后至二审立案前的阶段一直处于“人管”甚至是“无人管”状态。通过立审执衔接系统与广东省法院综合业务系统的连通，诉讼案件在一审结案后立即进入立审执衔接系统的监管中，实现了诉讼案件全程“系统监管”，杜绝了拖延移送等不作为和消极行为，同时挤压了利用人情、关系拖延诉讼进度的操作空间，助力法院的廉政建设。

四　存在问题与展望

（一）存在的问题

1. 系统功能有待进一步完善

由于立审执衔接系统开发时间短、涵括内容多、缺乏同类型系统平台参考、投入使用时间短等，系统功能开发和应用仍存在一定的问题有待解决。一是系统功能尚未全部到位，系统的文书模板等部分功能仍在逐步开发完善，与系统开发设想仍有一定差距。二是系统功能的应用效果有待进一步检测。由于系统投入使用只有 2 个月，进入一、二审对接平台和审执对接平台流程管理的案件数量较少，统计样本只占江门法院年均收案数的 2.29%，难以真正反映系统应用后对审判执行整体工作质效的影响，更多的系统成效有待时间检验。

2. 现行法律法规存在一定滞后性，系统部分流程节点缺乏文件依据

在审执对接平台使用中，江门法院执行案件实行以法院主动执行为主、当事人申请执行为辅的原则，但《民事诉讼法》《最高人民法院关于人民法院执行工作若干问题的规定》等法律法规对执行案件实行以当事人申请为主、法院主动执行为例外的原则，将法院主动执行的案件限定为具有给付赡养费、扶养费、抚育费内容的案件类型；同时，审判与执行衔接之间的节点时限也缺乏文件依据，给立审执衔接系统的建设和推广造成一定困扰。

3. 部分干警对系统的认识存在一定偏差，理念未能及时转变

目前，立审执系统处于开始投入使用阶段，部分干警对一、二审和审执对接节点管理的作用和意义认识不足，认为审执对接平台确立的以法院主动执行为主、当事人申请执行为辅的原则无形中增加了法院执行工作的工作量，执行案件将大幅提升，对平台的持续推广使用存在一定的畏难心理。但实际上，原有的以申请执行为主的立案机制规定的是当事人在案件生效并过

履行期后的两年内，均有权向法院申请立案执行，法院主动执行和当事人申请执行只是在执行立案时间上存在差异，执行案件的总量并未出现变化，反而积极意义很大，既树立了法院的诉讼服务理念，降低了人民群众的诉讼成本，又提高了公信力。

（二）发展展望

人民法院信息化建设是一个以审判执行工作需求为实体，信息技术为载体的循序渐进、不断深化的过程。立审执衔接系统虽然已开始投入使用，但在大数据应用和智能服务等方面仍存在较大的提升空间，在后续的建设中应以促进审判体系和审判能力现代化为目标，逐步提升系统应用成效。

1. 完善系统整体功能

加快落实系统的办案辅助、查询统计等功能建设，进一步发挥送达、查询、统计等辅助性功能作用，尤其是推进电子卷宗随案同步生成、送达平台和卷宗智能流转签收管理系统建设，实现对诉讼材料送达和卷宗流转的实时跟踪、即时反馈，进一步提高诉讼材料送达和卷宗流转效率，发挥辅助功能对提升整体效率的促进作用。构建系统应用效果评估机制，定期收集干警对系统的意见建议，深化系统与审判执行工作实际的融合，逐步完善系统建设。

2. 完善系统保障机制

制定系统的使用规范和管理办法，细化明确各环节节点的逾期处理方式和后果，为系统推广使用提供制度支撑，拓展系统应用广度和深度。进一步加强系统使用培训，加深办案人员对系统的认识，提高系统利用率。进一步完善系统的安全保障机制，加强系统网络安全、数据安全保障和安全监管，对数据实现分级、分层防护，确保系统安全稳定运行。

3. 完善数据对接和资源整合

逐步全面实现立审执衔接系统与现有的审判业务系统、执行业务系统、诉讼服务平台、电子档案管理平台、信息化办公系统等各类应用系统和平台的数据互联互通，进一步打破系统、平台之间的数据壁垒，构建全业务、全流程管理和服务系统，实现业务联动，提升法官办案效率，提高信息化建设在服务人民群众、服务审判执行、服务司法管理、服务廉洁司法等方面的水平。

信息化助力解决执行难

Overcoming Enforcement Difficulties through Informatization

B.18 佛山法院“智慧执行”助力基本解决执行难调研报告

广东省佛山市中级人民法院课题组*

摘　要： 近年来，佛山法院紧紧围绕最高人民法院提出的“用两到三年时间基本解决执行难”工作目标，坚持以执行信息化促执行高效化、规范化，深度融合现代信息技术与执行工作，深化大数据应用分析，推动形成以互联网财产查控、大数据财产处置、联动型执行惩戒和智能化执行规范等为核心的智慧执行体系，全力破解查人找物、财产处置、信用惩戒、执行监督等难题，促使执行质效显著提升、执行行为更加规范、

* 课题组负责人：郑道永，广东省佛山市中级人民法院党组成员、副院长、执行局局长。课题组成员：许义华、何志楠、潘敏、屈定武、李易轩、张斌。执笔人：潘敏，广东省佛山市中级人民法院研究室法官助理；李易轩，广东省佛山市中级人民法院执行局法官助理；屈定武，广东省佛山市南海区人民法院执行局法官助理。

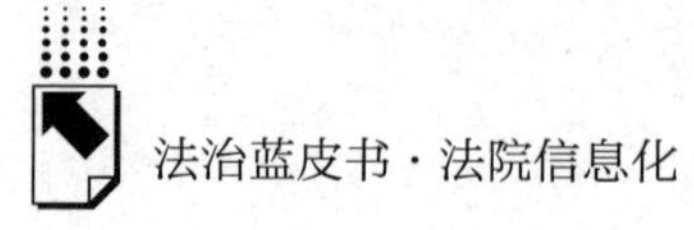

社会诚信基石更加稳固、综合治理大格局更加完备，基本解决执行难工作不断取得新进展。

关键词： 智慧执行　信息化　大数据　物联网　基本解决执行难

法律的生命在于实施，裁判的权威在于执行。作为司法程序的关键环节，执行工作不仅关系到胜诉当事人合法权益的及时兑现，也关系到社会诚信体系的健全完善。长期以来，受体制机制不健全、公民诚信意识淡薄、市场主体风险防范意识欠缺等因素影响，执行难成为困扰人民法院工作的一大顽症。随着2016年最高人民法院“用两到三年时间基本解决执行难”目标的提出，人民法院执行工作迎来前所未有的重大机遇，也面临不断攻坚克难的艰巨挑战。

当前，互联网、大数据、云计算等新兴网络技术日益成为引领经济社会发展的驱动力量，智慧城市、智慧社会等不断重塑着社会生产生活的结构和面貌。最高人民法院多次强调，全面深化司法改革、全面推进信息化建设，是实现审判体系和审判能力现代化的必由之路，是人民司法事业发展的“车之两轮、鸟之双翼”。执行信息化是人民法院信息化建设的重要组成部分，也是破解执行难题的利器。近年来，佛山法院牢牢把握信息化发展带来的历史机遇，大力推进大数据、云计算、物联网等现代信息技术在执行领域的广泛应用，构建起网络化、阳光化、智能化智慧执行体系，有力推动基本解决执行难不断取得新进展。

一　动因：重塑执行工作模式的客观需要

对于执行难问题，中央和最高人民法院多次发文，十分重视。1999年，中共中央下发《中共中央关于转发〈中共最高人民法院党组关于解决人民法院“执行难”问题的报告〉的通知》（中发〔1999〕11号），将执行难概括为四难，即被执行人难找、被执行人财产难查、协助执行人难求、被执行财产难处分；2016 年，最高人民法院《关于落实“用两到三年时间基本解决执行难问题”的工作纲要》中提出，基本解决执行难的目标，在于实现“四个基本解决”。执行难虽然有复杂的成因和多种表现形式，但仍然集中于查人找物、财产处置、失信惩戒、执行监督等四个方面。

（一）被执行人难找、被执行财产难查

查人找物是执行工作的第一步，也是影响执行到位情况的关键因素。执行过程中，受当事人诉讼保全意识不强、财产查询能力不足、财产申报制度强制作用有限、被执行人规避执行愈发隐蔽等因素影响，申请执行人往往无法提供准确有效的财产线索，对人民法院查人找物的能力提出了越来越高的要求。但传统以登门临柜、人工查询为主的执行工作模式不仅效率低下，而且效果不佳，难以为继。特别是有的被执行人败诉后隐匿行踪或“举家蒸发”，执行文书难以送达，强制措施难以实施；有的被执行人将自己的存款存到他人名下，或将企业资金存到个人账户中；有的甚至通过“假离婚”“假诉讼”“假破产”逃避债务；对于被执行人名下的车辆，法院只是查封了档案，但缺乏实际的扣押措施，无法进入财产处置程序等，人民法院的查控手段和方式亟待全面革新。

（二）被执行财产难以处置

对依法查封、扣押的被执行财产，人民法院不仅应当及时、高效处置，还应最大限度地实现其价值，以全面保障各方当事人的合法利益。但传统的财产处置模式存在耗时长、佣金高、价格低等弊端，债务清偿率普遍不高，极易引发申请执行人、被执行人的不满和投诉。被执行财产的处置不仅要经过保管、评估、拍卖等阶段，还需要摇珠选定评估拍卖机构、发布相关信息、支付中介费用等程序，平均耗时达半年以上。由于财产处

置程序难以有效监管，容易滋生暗箱操作、权力寻租等问题，司法廉洁风险较高。

（三）失信被执行人信用惩戒难以见效

成熟完善的社会信用体系，是基本解决执行难的有效保障，也是破解执行难题的长效机制。但中国的社会诚信体系建设起步较晚，自然人破产制度尚未确立，社会成员信用记录缺失，导致被执行人失信成本较低，难以实现联合惩戒的效果。另外，联合失信惩戒是一项协同性、系统性和长期性工程，需要社会各方力量深度参与、一体推进。目前，各地的联合失信惩戒机制还存在诸如信息分散、精准度不高、联动作用发挥不够等亟待完善之处，联动工作格局有待进一步拓展深化。

（四）执行工作流程难以监管

传统的执行监督往往采取人盯人的方式进行，监管成本高，执行质量管控也不理想，执行信访投诉率居高不下。尤其是对于一些重大疑难复杂或长期未结、当事人反映强烈的案件，主要依赖执行法官的情况汇报，被动、单向性监督特征明显，无法对执行工作节点和具体流程逐一检查和精准督导，消极执行、选择性执行、乱执行等不规范现象难以杜绝；由于缺乏可视化系统和远程指挥系统的技术支持，不能实时了解执行现场情况，既不利于现场监督，也无法开展应急处理工作；执行基础数据依靠人工统计，精确度不高，碎片化特征明显，无法深度挖掘利用，对执行法官的绩效考核和质效评估相对粗放。

二　突破：构建全流程智慧执行体系

围绕制约执行工作最核心的四个难题，佛山法院在市区两级党委政府的大力支持下，坚持遵循“以执行信息化促执行高效化、规范化”的工作思路，不断融合现代信息技术与执行工作，深化大数据应用分析，推动形成互联网财产查控、大数据财产处置、联动型执行惩戒和智能化执行规范等智慧执行系统，构建起“机构全建立、部门全联动、网络全覆盖、监管全留痕”的智慧执行新格局。

（一）建设信息化查控平台，解决查人找物难题

1. 建设财产查控网和智能泊车系统，铺设财产查控高速通道

2014 年，最高人民法院“总对总”网络执行查控系统开通，有效提高了执行工作质效，推动了执行工作模式向信息化、智能化方向变革。但同时，受客观条件限制，“总对总”网络执行查控系统还存在财产形式覆盖范围有限、查控扣一体化应用不足等问题。2013 年，佛山法院在佛山市市委、市委政法委的领导下，联动公安、经信等 20 多个部门开发建设佛山财产查控网。目前，该系统作为“总对总”查控系统的有效补充，在全省范围内率先实现了“三个全覆盖”。一是协执单位全覆盖，全市 67 家协执单位（含外资银行）全部上线，协助查控已成为协执单位工作常态。财产查控系统不仅服务全市执行工作，而且与“总对总”系统对接，实现了更大范围的数据共享。二是查控扣环节全覆盖。财产查控网与执行流程管理系统对接，执行人员通过在办案件即可对被执行人财产实行查询、冻结、查封、扣划、解封，相关协助执行请求由执行指挥中心汇总打包、统一数据格式后集中发送至各协执单位，协执单位一般当天、至迟次日即将协助执行情况反馈至执行流程管理系统。三是主要财产形式全覆盖。财产查控系统不仅覆盖不动产、车辆、银行存款等财产类型，还与阿里巴巴、财付通、京东等网络运营商进行对接，执行大数据应用还可以自动归集抓取与被执行人有关的农村股份分红、土地承包经营权、房屋交易、政府采购等隐含财产信息，基本实现对被执行人财产“一网打尽”。

由于被执行人名下的车辆难以实际控制，“查封易扣押难”成为车辆处置的最大难题。佛山法院一方面加强和公安部门的联动，由公安部门通过道路出入口、视频监控、治安卡口、车辆年检、路面执勤执法等渠道，协助扣押车辆；另一方面，充分利用车辆停泊平台数据全、准、新的特点，开发智

能泊车系统。执行指挥中心统一将待扣押车辆信息发送至智能泊车平台并录入系统，当目标车辆进入停车场后，系统立即触发警报，自动将车牌号码、进入时间、所在地点、入场照片等信息反馈至执行指挥中心，执行指挥中心即调度执行人员前往停车场对目标车辆进行扣押，并对被执行人采取控制措施。

2. 建设执行大数据应用和综治网格云图，网络找人有迹可循

随着网络查控系统的推进，人民法院财产查控的能力有了很大提升，但被执行人难以查找等问题仍有待解决。为破解这一难题，佛山法院开发建设了执行大数据应用系统和综治网格云图平台。

执行大数据应用系统以地方数据统筹局相关信息数据为基础，深度挖掘各执行联动部门的“沉睡”数据，推动形成人员身份信息、单位机构信息、资产信息、人脉关系信息等四类信息数据中心。该系统通过被执行人姓名、身份证号码、电话号码等信息，关联查找被执行人亲属、同事、熟人或者有利益关系的人，建立被执行人人脉关系图，为核实被执行人身份、查找被执行人下落、精准实施失信联合惩戒提供了“一站式”基础信息。

综治网格云图依托地方综合治理云平台，与执行指挥中心对接，为查找被执行人提供了强大的数据支撑和组织保障。一是数据叠加，信息共享。综合治理指挥中心将被执行人身份信息、财产处置信息、执行悬赏信息等叠加到综合治理网格地图，并关联人口信息数据库、不动产信息数据库、网格员数据库，与网格员日常巡查使用移动终端“社管通 App”联通，实现对被执行人身份、户籍、居住、亲属、财产、对应村居网格员等信息“一图展示”，不仅丰富了执行综治网格信息，也为提升基层综治决策能力提供了可视化数据参考。二是数据交互，实时更新。综合治理指挥中心与执行指挥中心在线对被执行人信息进行动态管理更新。网格员在实施协助执行及日常巡查中发现被执行人下落的，可通过移动终端及时反馈至被执行人网格管理云图。通过多方实时联动共享，使被执行人的信息描图更加精准。三是数据指挥，同步调度。在开展大型执行行动中，执行指挥中心通过云图平台向综合

治理指挥中心调取执行现场周围广角监控视频，与现场执行单兵设备、线下网格员见证执行等互补，实现现场、远程两级同步指挥，执行过程全程、全方位监控。

（二）建设大数据财产处置平台，破解财产处置难题

1. 引入二手房(车)评估系统，提速财产评估程序

在财产查控和拍卖已实现网络化、信息化的情况下，传统的财产评估方式成为制约财产变现效率的最大短板。为解决房产评估难、评估慢的问题，佛山法院与市地税部门签订共享合作备忘录，引入佛山地税专线，对接税收一体化系统，实现全市范围内的商品房在线评估，评估结果即时反馈。由于该评估价格是地税部门为防止税款流失，通过市场大数据计算出的二手房交易保留价，以该保留价为拍卖底价，不会损害当事人利益，也节省了评估费用。为解决车辆评估难的问题，佛山法院与保险公司、汽车协会等平台共享数据优势，建立二手车快速评估系统，通过在线询价、输入条件选项即当场显示评估结果，零费用零佣金，不仅节省司法资源，也大幅提升了财产处置效率。引入该系统后，二手房评估周期从以往的 30 天缩短至 7 天以内，二手车评估周期从以往的 15 天缩短至 3 天以内。

2. 引入社会化服务平台，提速财产拍卖程序

对于已评估财产，佛山法院及时发布到网络平台进行线上拍卖。同时，在线下创新引入社会服务，涵盖开锁、保管、展示、交接等环节，并与金融机构建立协作机制，率先引入“司法拍卖贷”服务，解决竞买人因资金压力影响房屋成交率和成交价格的问题，全链条提速司法拍卖程序；还与服务公司签订战略合作协议，围绕“互联网 + 仓储物流”“互联网 + 数据服务”“互联网 + 司法拍卖”辅助服务深化合作，利用大数据系统提供的标的物上拍前材料准备、流程梳理、上拍协助、引领评估、现场勘查、标的物日常维护、引领看样和仓储服务等全流程服务，有效解决了异地财产变现难问题。

（三）建设联动型社会诚信体系，解决失信惩戒难题

1. 织密失信惩戒网络，扩大覆盖范围

佛山法院坚持以系统化、信息化和技术化手段，不断扩大失信联合惩戒的覆盖范围。其一，充分利用现有平台公布和通报失信被执行人信息，向全社会发出失信被执行人的信用警示。2017 年至 2018 年上半年，全市法院共公布失信被执行人 49987 名，限制高消费 67743 人次。其二，紧紧依靠市委政法委的支持和领导，主动加强与市发展改革委、税务局、工商局等 10 余个执行联动单位的业务对接，共同发布《佛山市贯彻执行〈“构建诚信惩戒失信”合作备忘录〉的实施细则》，进一步压缩失信被执行人的活动空间。根据该细则，失信被执行人名单通过佛山法院执行指挥中心、执行大数据平台，以网络对接的方式推送至各联动单位，联动单位将其嵌入本部门管理、审批及工作系统，使失信被执行人在土地工程交易、招投标、工商税务评级、融资借贷等 42 项具体事项办理中受到限制，覆盖失信被执行人出行、高消费等 30 多个生活、经营环节，达到“一处失信、处处受限”的惩戒效果。

2. 共享失信惩戒信息，实现精准惩戒

互联网时代，信息传播往往以单个个体为源头，逐步发展为由多个个体或平台共同推进形成规模化效应。联合信用惩戒必须善于向各类社会网络信息传播平台借力，共同推进惩戒的规模化、精准化。佛山法院充分挖掘热门 App 用户阅读规模大、覆盖面广等特点，利用人工智能分发和精准地图弹窗技术，定期将敦促自动履行、发布失信、羁押惩戒等执行信息精准推送至失信被执行人的工作圈、生活圈和朋友圈，向社会公众提示交易风险，推动形成共同打击失信的社会氛围；充分利用电信运营商用户覆盖范围广、使用频次高等特点，对失信被执行人设置失信语音提示彩铃，让失信被执行人在社会上“无处藏身”，倒逼其主动履行生效法律文书确定的义务。

（四）建设智能化执行监督体系，解决规范执行难题

1. 依托流转融平台和物联互通平台，强化执行财产监督

传统的执行监督体系以法官为中心，对执行财产的监管不足，存在一定的风险隐患。为实现执行财产追踪、管理和监控的网络化、流程化、可视化，佛山法院依托执行案件流程管理系统，研发建设执行财产流转融平台和物联互通平台。

执行财产流转融平台重点解决线上查控财产的实时监督问题，可提醒督促承办法官及时处置执行财产，为破解消极执行、选择性执行等监管难题提供了有益经验。该平台将执行案件流程管理系统中所涉及的财产名称、类型、权利状态等数据同步集成，并按承办法官和庭局领导的工作需求区分为“我的财产”和“全院财产”两个模块。“我的财产”督促法官及时处置。该模块以清单方式集中展示了法官正在处置或待处置的所有执行财产的数量、类型及进展，法官可以将执行财产甄别为无须执行和可执行两种状态：对无须执行财产，按照无须执行的理由进行分类登记；对可执行财产，按照财产类型或财产状态进行过滤，并实时更新处置进度，还可以根据财产动态回溯至具体案件。该模块还融入了最高人民法院关于执行案件 37 个主要流程节点的时限要求，对于财产控制、处置等行为接近或超出办理期限的，自动以内部邮件和手机短信的方式提醒案件承办人，并同步发送至庭局领导督促催办。“全院财产”注重整体质效分析。该模块可以显示全院的财产处置数量及节点数据，并对各部门、各法官的财产处置情况进行统计和节点效率分析，为庭局领导实时监督办案、合理分配工作任务、建立符合规律的绩效考核机制提供了基础数据。

物联互通平台利用智能仓储和物联网技术，建立起执行财产集中管理智能化和一体化平台，实现执行财产的实时可查、可视、可追踪，有效解决了传统监管模式下可能存在的执行财产被截留、挪用、调换、遗失等难题。该平台与执行案件流程管理系统对接，并根据执行财产的特性分为院内智能仓库管理和院外财产监管两个子系统。智能仓库管理系统适用于金银珠宝、字

画等占地小、价值大的执行财产，主要通过财产出入库状态标记和管理权限控制实现线下财物的线上监管。入库时，法官通过 RFID 电子标签配对技术为执行财产贴上“身份证”，电子标签对执行财产唯一标识，财产保管信息自动关联至执行案件流程管理系统供承办法官查阅；出库时，法官在系统中登记确认后方可领取执行财产，门禁系统对出库财产进行智能识别和校对，识别失败即自动发出声光告警。

院外财产监管系统适用于车辆、机器设备、成品、半成品等宜采用院外固定场所集中管理的执行财产。其原理在于运用窄带物联网、GIS、GPS、视频识别、传感器等技术，实现执行财产的实时定位、轨迹跟踪、越界告警等功能。一是地图智能追踪。由第三方运营管理的每一件执行财产均内置带有芯片的“物联网封条”，监控设备利用 GIS 技术在地图中呈现监控财产图标，触碰财产图标将自动关联展示院外监管财物信息和案件详情，实现了执行财产追踪一张图。二是智能监控告警。系统对所有监控设备的异常情况进行综合管理维护，对执行财产发生异常变动、监控运营设施出现意外等情况，及时向承办法官、庭局领导、运营管理人员发送预设告警信息，提醒及时跟进处理。三是智能回溯管理。执行财产监管动态同步关联至执行案件流程管理系统并以地图、视频等可视化方式呈现，系统支持精确查询历史告警记录以及产生告警的原因和解决情况，为进一步改进和规范系统应用提供技术支持。

2. 依托可视化数据分析平台，强化执行质效监督

近年来，为切实提升执行案件的办理质效和管理水平，有效破解消极执行、规避执行等难题，人民法院先后开发了执行办案、财产查控、失信被执行人名单信息公布与查询等多个系统。但各个系统互联互通的程度不高，信息壁垒客观上存在，影响了执行办案数据的深度融合和开发利用。为充分整合、深度挖掘执行大数据，全方位、多维度展现全市法院执行工作动态，佛山法院研发了执行可视化数据分析平台。

一是业务模块高度集成。该平台整合了现有的主要执行业务系统数据，具备数据统计、质效分析、动态监控等功能，涵盖了实时动态、汇总动态、

节点动态、期限预警、执行未结、终本案件、失信公开、执行变现、执行监督、查控动态、案款动态、执行质效、考核指标等13个具体模块，并通过曲线、图表、柱状图等方式展现全市法院执行工作的各类数据信息。

二是数据展现深度融合。可视化数据分析平台采用OLAP、实时采集等技术汇总全市法院执行工作数据，并自动按照统计口径和范围划分为日、月、季度和年度数据。在数据实时动态更新的基础上，还可以通过全貌数据下钻到详细的基础数据，如执行未结模块中，可以根据超期未结案件数据直接回溯至具体案件、所在法院及承办法官，并进行提醒和督办，实现数据采集和统计的精准化、高效化；直观展示数据，根据不同数据的特性和要求，使用与之对应的可视化组件形式，如汇总动态模块中，执行到位趋势、执行标的分布、执行案由分布等数据分别采用曲线图、柱状图和饼图形式呈现，使数据展现更具生动性和冲击力。

三是质效追踪便捷智能。可视化数据分析平台通过执行质效评估体系的基础配置，从执行流程、执行动态、执行状态、执行效率、执行效果、执行协调等方面，对全市两级法院以及法院各部门、各法官的执行质效情况进行综合评价，为执行案件质量内部管控和执行工作科学决策提供数据支持。通过数据采集，平台可对一定区间内各个执行法官的实际执行率、终本案件合格率、执行信访案件办结率、执行结案率等重要指标数据进行统计分析，并展示各指标数据的纵向同比情况，以及同部门执行法官的整体质效排名，有效促进了执行工作绩效考核的科学化、精准化。

3. 依托执行指挥系统，强化执行行为监督

与审判工作相比，执行工作具有外勤类事务多、执行现场对抗性强等显著特点，加之受时空条件限制，执行行为难以实现有效监督和规范。为解决这一难题，佛山法院建成与执行案件流程管理系统全线链接，有效辐射各区法院，集执行远程指挥、数据挖掘及可视化智能展示、移动执行等功能于一体的执行指挥系统。

一是实时调度指挥常态化。通过执行指挥系统，全市法院初步形成了上下一体、协调统一、反应快速的执行指挥运行体系。上级法院与辖区法院之

间需要召开会议或协调事务时，可直接通过执行指挥系统会商模块发起；不同法院之间需要工作协调、联合执行、交叉执行时，也可通过执行指挥系统予以实现；市中院执行指挥中心可通过该系统实时查看两级法院任一执行实施现场，开展即时远程指挥。

二是执行行为监督全流程。执行指挥系统通过与办案系统、单兵系统的相互关联，实现执行监督的实时、全程、留痕。在开展执行行动时，单兵系统通过运营商覆盖网络将执行现场即时、清晰、全方位传送至执行指挥系统，执行指挥中心人员通过终端服务器即可了解执行现场情况，监督执行人员执行行为，并发出执行指令，及时有效处置执行现场突发情况。单兵系统与执行案件流程管理系统通过案号、立案日期等节点自动关联，执行人员开展执行行动前，在采集站领取单兵系统并填写案号，执行行动完成后只需将单兵放入采集站，视频音频资料即自动采集、整理、录入办案系统，并附案存档，省去了手动刻录的耗时与烦琐。

三　实效：佛山法院智慧执行的主要成果

依托智慧执行体系，佛山法院执行质效有了明显提升，执行工作模式实现重大转变，执行外部环境显著改善，基本解决执行难取得积极进展。2018年8月，30名驻粤全国、省人大代表到佛山法院专题视察决胜基本解决执行难工作情况，高度肯定佛山法院利用“互联网+”、大数据技术推动破解执行难的相关经验。佛山法院智慧执行系统的主要成效，体现在以下四个方面。

（一）执行质效显著提升

结案更快，效果更好。2017年，佛山法院共新收执行案件70505件，办结69477件，同比分别增长41.1%、48.5%；2018年上半年，全市法院在收结案均同比上升超过20%的情况下，结案率达到60.73%，实际执结率35.2%，分别高于全省平均水平13.1个和13.2个百分点，实际执行到位率、执行完毕率等多项执行质效指标位居全省法院前列。财产查控更便捷，佛山财产查控网上线运行后，财产查控扣平均周期缩短至 1 ~ 2 个工作日，2017 年，全市法院共发起财产查控请求 452.2 万次，同比增长 53.96%，涉及被执行人 59167 名，每年降低执行成本 2600 万元以上。财产变现更迅速，司法网拍借助二手房（车）评估系统、京东大数据系统实现再提速，2017 年，全市法院共发布司法网拍标的物 5652 个，房地产交易量全国第一，成交标的数顺德、禅城区法院分列全国第一和第六。2018 年上半年，全市法院司法网拍成交额 47.9 亿元，同比增长 39.3%。

（二）执行行为更加规范

以执行财产流转融平台、物联互通平台和可视化数据分析平台为核心的信息化执行监督系统，为实现“人民法院消极执行、选择性执行、乱执行的情形基本消除，无财产可供执行案件终结本次执行程序标准和实质标准把握不严、恢复执行等相关配套机制应用不畅的问题得到基本解决，有财产可供执行案件在法定期限内基本执行完毕”的目标提供了有力支撑。2017 年，佛山法院首执案件终结本次执行程序占比较 2016 年下降 22.4 个百分点，执行信访率连年下降，低至 0.52%；2018 年上半年，全市法院终本率同比继续下降 12.3%，终本案件合格率保持较好态势，执行过程更加公开透明、规范有序，人民群众对执行工作的满意度进一步提升。

（三）社会诚信基石更加稳固

联动型、网络化失信惩戒体系的建立，极大地提升了被执行人的失信成本，有效增强了失信惩戒的力度和效果，有力推动了佛山社会诚信体系建设。2017 年，佛山法院共公布失信被执行人 30019 名，发布执行悬赏公告 155 宗，迫使 6509 名失信被执行人自动履行债务 13 亿元，获评“全国有效实施失信被执行人名单制度示范法院”。2018 年上半年，全市法院共纳入失信被执行人名单 19968 人，限制高消费 23514 人次，司法拘留 291 人，并对 38 名被执行人依法追究刑事责任。

（四）综合治理大格局更加完备

在佛山市委统筹领导下，佛山法院依托大数据、移动互联等信息技术手段，推动执行网格与社会综治网格对接融合，促进执行数据与综治数据交互共享、在线传递、优势互补，形成768个基层组织广泛协助、5000多个综治网格对接执行、数万名网格员协助执行的执行综治网络，凝聚起解决执行难的强大合力。2018年上半年，佛山市基层综治网格员共协助执行案件2166件，协助送达执行法律文书339次，查找被执行人111人次，提供被执行人财产线索1774条，切实了打通执行联动“最后一公里”难题。

四　展望：佛山法院智慧执行的不足与期待

佛山法院智慧执行体系在助力基本解决执行难、切实增强人民群众的司法获得感等方面发挥了不可替代的重要作用，但同时也面临一些问题和不足，主要表现在以下方面。

一是部分执行信息化建设项目进度有待提高。受主客观条件制约，部分基础性、关键性信息化建设项目进度缓慢，影响了佛山智慧执行系统整体功能的发挥。例如，执行案件电子卷宗在实现结构化数据自动回填、格式化文书自动生成、关键节点信息自动推送等方面具有重要意义，但该项目仍处于立项讨论阶段；移动执行App对于突破执行法官办案时空限制、提高执行工作整体效率也有良好效果，但该项目进度仍需加快。

二是不同系统之间的对接融合程度有待提高。从法院内部来看，执行案件流程管理、财产查控、智慧执行等各个运行系统之间的技术壁垒仍然存在，信息孤岛现象尚未完全破除；从外部来看，国土、工商、税务等各执行联动单位均有相对独立的业务系统，数据存储和格式传输不一，有的部门信息和数据管理分散，与人民法院进行数据对接时存在这样那样的技术障碍，有的部门之间信息共享和互联互通的程度不高，财产查控、联合信用惩戒等数据利用的实际效果有待进一步提升。

三是执行大数据的挖掘利用水平有待提高。由于数据信息尚未全面覆盖、系统功能深度开发不足，佛山智慧执行系统在通过采集整理、分析利用每天产生的人、财、物、行为等各类碎片化信息，为执行法官提供个性化、精准化、智能化的信息对比、财产分析、违法惩处信息等方面，还较为欠缺。尤其是利用大数据挖掘技术对被执行人消费习惯和行为规律进行智能分析，为寻找下落不明的被执行人、发现隐匿的财产线索、收集和固定打击拒执违法犯罪的证据等还存在短板。

以大数据、物联网、人工智能为代表的新一轮科技革命浪潮，正在引发超越历史、创造未来的颠覆性变革，为深化执行工作机制创新提供了新的历史机遇。接下来，佛山法院将继续拓展执行信息化工作领域，不断完善智慧执行体系功能，全力推动执行工作模式实现新发展、新变革。一是进一步打破技术壁垒，力争实现各联动单位、各系统之间的互联互通，推动“点对总”系统对接，促使执行信息在更大范围内公开共享。二是进一步强化智慧执行系统的应用广度和深度，提速执行案件电子卷宗智能生成系统、移动执行办案 App、法院微执行等信息化项目，为拓展执行干警办案空间、规范执行行为、提升办案效率效果提供强有力的技术支持，切实实现“执行过程辅助智能化、执行质效监管精细化、执行公开阳光化”。三是进一步加强执行大数据的挖掘利用，深度分析执行案件信息资源，助力精准执行，强化执行监督，服务绩效考核，并监测社会治理存在的突出矛盾，预判经济社会发展变化趋势，为党委政府和上级法院科学决策提供参考。

B.19

南通法院移动执行系统应用调研报告

江苏省南通市中级人民法院课题组*

摘　要： 执行工作的特点决定了执行人员需长期外出办案。传统实施模式中，执行人员外出办案往往处于“断网状态”，执行措施信息不能及时录入执行案件管理系统，执行文书不能现场制作和打印，执行案件管理不能实时操作，造成执行流程节点信息更新滞后、执行效率低下、执行案件管理缺失等问题。为解决上述问题，南通市中级人民法院借助“互联网+”技术，研究开发了移动执行系统，执行人员在外办案通过该系统可以实时录入相关执行数据，实现本地、跨域执行数据统一管理，“让数据多跑路，让执行人员少跑腿”，成功破解执行法官外出办案“断网”难题，实现了执行案件管理的智能化、规范化、便捷化，大大提高了案件执行效率。

关键词： 移动执行　外出办案　执行管理　执行公开

---

* 课题主持人：曹忠明，江苏省南通市中级人民法院党组书记、院长。课题组负责人：卢旭光，江苏省南通市中级人民法院党组副书记、副院长。课题组成员：钱锋、符东杰、周峰、范加庆。执笔人：钱锋，江苏省南通市中级人民法院执行局局长；符东杰，江苏省南通市中级人民法院研究室副主任；周峰，江苏省南通市中级人民法院行政装备处副处长；范加庆，江苏省南通市中级人民法院执行局法官助理。

一　建设背景：基于执行工作形势和执行案件特点的现实考量

（一）“基本解决执行难”对执行工作的高标准、严要求

根据最高人民法院《关于落实“用两到三年时间基本解决执行难问题”的工作纲要》，“基本解决执行难”的目标有四个方面：一是使被执行人规避执行、抗拒执行和外界干预执行现象基本得到遏制；二是执行法院消极执行、选择执行、乱执行的情形基本消除；三是无财产可供执行案件终结本次执行的程序标准和实质标准把握不严、恢复执行等相关配套机制应用不畅的问题基本解决；四是有财产可供执行案件在法定期限内基本执行完毕，人民群众对执行工作的满意度显著提升，人民法院执行权威有效树立，司法公信力进一步增强。执行难问题长期累积，形成因素复杂，用两到三年时间予以基本解决，任务十分艰巨，难度系数很大。执行不仅仅是个法律问题，也是个社会问题、政治问题，这项对人民群众作出的庄严承诺必须如期兑现、如期完成。这一时代背景要求我们坚持以信息化建设和信用体系建设为抓手，强化执行规范化建设和专业化建设，推动执行模式、执行体制、执行管理、执行机制、财产变现、规范体系、监督方式、专项活动等各环节的深刻变革。

（二）执行难的系统性特征带来的执行管理难题不容忽视

执行难往往体现在被执行人难以找到、财产的真实状况难以掌握、协助执行人不愿配合、执行标的物难以及时处理等方面。大数据战略的时代背景和近年来法院信息化的发展为解决这些难题提供了契机和丰富的手段。近年来，全国法院通过信息化的查控系统、协作机制、联合惩戒等方式，有效解决了上述问题。然而，执行难在现实中还体现在随着执行案件的连续大幅度增长所带来的管理难题，执行工作管理存在效率

不高、信息不全、数据失实的问题，这些问题的产生与执行案件实施过程中执行人员长期在外办案、难以同步录入有关数据密切相关，而事后补录往往欠缺全面性、准确性，容易造成失真和错漏。同时，在执行办案方式、执行公开等方面，传统的实施模式已无法适应新时期执行工作的现实需求。

（三）执行案件的迅速增长对执行效率提出了更高要求

以南通法院为例，2015 年，两级法院受理执行案件 33763 件，结案 27565 件，受理案件数同比增长 17.13%；2016 年，共受理执行案件 41964 件，结案 30827 件，受理案件数同比增长 24.29%；2017 年，共受理执行案件 50595 件，结案 37285 件，受理案件数同比增长 20.57%。近两年来的执行案件总量呈年均 20% 以上的增幅，而两级法院执行人员相对平稳，仅少量增加，执行工作领域的案多人少矛盾异常突出，给执行效率带来了空前巨大的压力。如果仍然按照传统的执行实施流程，按部就班地办理执行案件，提升执行效率的空间极其有限，执行人员“5+2、白加黑”地工作也无法从根本上解决问题。因此，这一现实呼唤着一种全新的执行实施模式，如何方便执行人员外出办案、如何实现“让数据多跑路，让执行人员少跑腿”成为首要目标，移动执行系统正是在这一背景下被提上执行信息化建设的议事日程并不断深化研究和开发的。

（四）执行实施过程的复杂性需要一体化的智能系统予以规范

执行案件在执行过程中的大部分工作，如调查、核实、扣押、查封、冻结、评估、拍卖、划拨等执行措施，均需要执行法官在院外的执行现场快速处理。执行标的或线索形态各异，分布在不同的登记机关、被执行人的相关现场，需要执行法官广布撒网以期获取最多的执行线索；执行线索的核实、财产的处置等法律程序规定严格、执行措施各异、处置环节繁多，需要执行法官耐心、细致地遵循法律规定开展执行工作；执行过程中还经常存在被执行人躲藏、隐匿财产、拒不执行等抗拒执行行为，恶化了执行法官的工作环境。同时，执行法官不仅要保护申请人权益，还要保护被执行人及案外人的合法权益，提升了执行实施的复杂度。在执行裁判文书制作方面，传统模式下，执行法官外出办案随身携带已盖章的格式化空白文书，一方面存在文书规范性问题，另一方面，文书制作过程、用印过程存在管理问题，潜在风险较高。此外，现有的查控系统尽管取得了一定成效，但是仅限于线索调查且覆盖面尚待进一步扩大。在线索核实和后续的财产处置环节，还需要执行法官继续使用传统的工作方式。如何复用查控信息服务于后续执行工作，如引导法官办案、预警各类执行措施的期限、辅助法官制作执行文书等，成为现阶段提升执行效率效果的主要问题之一。所有这些问题和节点均需要予以规范和科学管理，传统的人工管理、手动管理成本高、易疏漏，借助一个专门的信息系统，根据执行过程中各个流程节点的特点，科学设置管理内容，既可以方便执行法官对案件进程的把控，又能够提升执行管理的精细化、科学化水平。

（五）执行公开的新要求需要建立当事人了解案件信息的新平台

2013 年，最高人民法院提出推动司法公开三大平台建设，执行信息公开平台作为三大平台之一，肩负着阳光执行的使命。最高人民法院建成“中国执行信息公开网”，向当事人和公众公开与执行案件有关的各类信息，主动接受社会和当事人的监督。但就执行案件当事人而言，电脑终端的查询方式仍然存在诸多不够便利之处，如果将执行公开嵌入可移动的信息化系统，则更加方便当事人查询案件信息，无疑又将执行公开向前推进了一大步，智能手机的广泛应用亦为这一思路提供了契机。具体而言，开发一个当事人可安装使用的手机 App，执行当事人可以凭证件号码和密码登录，实时查询了解执行立案、执行人员、执行程序变更、执行措施、执行财产处置、执行裁决、执行结案、执行款项分配、暂缓执行、中止执行、终结执行等信息，让当事人及时、全面掌握案件执行情况，把执行过程“晒”在阳光下。

二 技术攻关：充分利用各类移动终端的灵活性和应用软件运行的兼容性

（一）建设概况

移动执行系统建设的技术难点在于将移动网络技术运用到执行案件管理、执行实施的全过程，并实现与现有案件管理系统的全面兼容和深度融合。南通市中级人民法院于2017年2月抽调执行法官和信息技术人员组成项目建设调研小组，3月启动项目调研论证工作，5月经政府招标采购选定合作技术单位，同步成立各项目实施小组，明确各小组的工作职责，10月完成需求调研和分析设计、开发工作。2017年11月，移动执行系统在南通市中级人民法院安装上线，开展试运行；2018年1月，完成试运行总结和功能优化，并开始在南通市法院系统内推广运行。

（二）技术架构和技术特点

移动执行系统由移动终端、移动通信网络、移动接入网、安全隔离网、法院信息网等五大部分组成（见图1）。移动终端包括智能手机、具备无线功能的PDA、便携机、车载移动设备等可移动的智能终端；移动通信网为各种公共移动通信网；移动接入网实现移动请求接入；安全隔离网采用经国家保密部门认证并由公安部有关部门同意使用的安全隔离产品；法院信息网

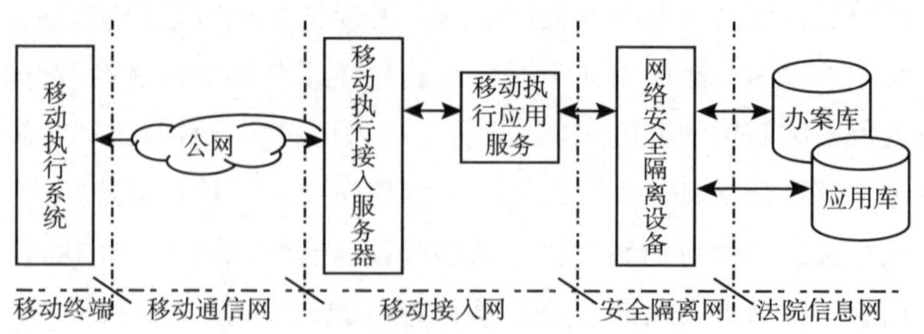

图1 移动执行系统结构

为移动执行应用提供信息和服务支持。移动执行系统应用拟采用直接访问数据的模式，以在保证系统性能的同时，兼顾应用灵活性及其他应用运行的一致性。

移动执行系统与法院现有执行流程管理系统实现对接，移动端、电脑端共享同一数据资源，确保数据存取无延迟，保证数据一致性，呈现以下主要技术特点：一是将移动网络技术引入人民法院，拓展了人民法院专网的网络空间；二是基于移动网络、移动终端，尝试人民法院业务相关的App应用研发；三是通过移动应用建设，将业务应用从专网拓展到移动网，拓展法官办案所需要的信息化支撑空间；四是坚持专网、移动网在数据层的高度统一性，避免数据交换、数据结构变化等工作及其带来的潜在风险；五是数据层的高度统一性，有力支持各个网系业务系统业务逻辑的一致性。

（三）网络接入和系统安全

（1）承载网络方面。系统采用营运商的4G/WiFi移动网络，并支持承载网络向5G/LTE网络的平滑过渡。法院移动接入系统通过数据专线与运营商接入骨干网络相连，并通过运营商提供的安全措施（APN或VPN）增强系统的安全性。

（2）通信方式方面。考虑到网络兼容性和技术优势等方面，移动接入及应用系统的主流通信协议采用TCP/IP协议。SMS/MMS是手机终端广泛支持的通信方式，能有效解决法院信息移动应用的基本需求，可以作为TCP/IP协议的有效补充。通过多种通信方式的使用，以智能手机通过无线网络连接为主，以短消息应用为辅，点面结合，既突出重点，又普及基础应用，实现移动执行终端在广大一线执行干警中的大范围普及和覆盖，真正发挥移动执行的作用。

（3）终端类型选择方面。根据大多数执行干警的业务操作需求和使用环境要求，选择智能手机、平板电脑等相应的移动终端，考虑到安全接入系统及移动执行专用安全SIM卡的要求，智能手机选用安卓操作系统。

（4）网络安全方面。作为法院信息化建设的有效继承与必然发展，移动执行系统必须从网络安全、传输安全、终端安全、数据安全四个方面来共同保障内网安全性及数据保密性。系统同时采用下列措施保障网络安全：从公共网络中开辟虚拟专网并仅供经注册 APN 的用户访问；对经过 HLR 认证的客户进行核查验证后方可接入子网；移动专网与法院内网直接采用隔离措施，在无线接入子网与运营商公网链接中设置防火墙，阻断全部非必要的网络访问通道；不能相互访问，进而降低法院内网不受外来攻击的可能。选择获得最高人民法院明确认可的设备设置物理阻断未经允许的网间交互行为；对必要的数据存储和传输采取加密措施；严格权限管理，仅限合法用户访问。移动专网采用 VPDN 接入，可实现绑定 SIM 卡认证、账号密码认证等多种形式，如果发生移动终端丢失等情况，也能通过手机卡、账号密码挂失等手段迅速封堵风险。

这样的架构设计，保证移动终端可以和内网业务系统实时交换数据，嵌入业务系统流程，迅捷完成业务功能，并且无须考虑安全数据交换的问题，简化了整体系统的网络环境，增强了可靠性。

三　核心功能：以执行法官工作需求为主要视角的六大板块设计

与已有的执行信息化建设成果相比，移动执行系统主要关注的是执行法官的工作流程、工作要求，特别是外出办案期间的需求，故在功能版块设计方面，始终坚持以执行法官为第一视角，力求全面实现执行办案流程节点的信息化和智能化，既方便执行办案，又提升监督管理的效果。

（一）“我的案件”板块

展示当前执行法官承办的执行案件，提供筛选及查询操作，方便法官根据案件状态筛选案件，并可根据高级查询条件进行更精确的查询；可进一步查阅案件信息和操作案件。

（二）“案件信息展示”版块

展示案件的基本信息、执行主体信息、浏览电子卷宗、查阅案件的财产清单、执行工作日志、调阅和上传执行视频。具体包括：①查阅基本信息：展示案件的基本信息，包括案件的收立案信息、执行依据、执行标的、结案等信息；②浏览电子卷宗：可查看该案件的电子卷宗信息，可在线预览电子卷内容，并可通过 WPS 编辑文书内容并回传入卷；③查阅执行主体信息：可浏览该案件下不同诉讼地位的当事人详细信息以及其代理人信息；④查阅财产清单：可查看案件涉及的各类财产信息，包括调查、查控、搜查发现的财产，并提供财产信息登记入口；⑤执行日志管理：可查看并登记执行法官日常办案信息，系统支持自动生成的执行日志和手工记载执行日志；⑥执行视频管理：在流媒体服务器支持下，可集成移动执法 App，移动执法 App 可现场拍摄视频并上传，移动端支持播放已上传的现场执行视频。

（三）“办理案件”板块

着眼办案流程和重要工作节点细化功能设计，依照最高人民法院关于执行案件办理的 37 个节点，设置 13 个实务操作内容，基本涵盖案件办理的全过程。具体包括：①谈话笔录：可根据当前案件自动生成谈话笔录文书，可支持离线语音录入，并可纳入电子卷宗管理；②勘验笔录：可根据当前案件自动生成勘验笔录文书，可支持离线语音录入，并可纳入电子卷宗管理；③现场调查笔录：可根据当前案件自动生成现场调查笔录文书，可支持离线语音录入，并可纳入电子卷宗管理；④财产调查记录：查看、登记财产调查信息，提供财产登记入口并自动建立财产—调查措施关联关系，可根据调查登记信息生成协助执行通知书；⑤财产登记：登记案件相关财产信息，其中包括各类主流的动产、不动产类型的财产信息，如房产、地产、银行账户等等；⑥执行线索：查看、登记执行线索信息，登记线索核实信息；⑦实施查封：查看、登记查封措施和相关财产信息，并可依据登记的信息生成协助执

行通知书、查封裁定书等相关文书；⑧实施冻结：查看、登记冻结措施和相关财产信息，并可依据登记的信息生成协助执行通知书、冻结裁定书等相关文书；⑨实施扣押：查看、登记扣押措施和相关财产信息，并可依据登记的信息生成协助执行通知书、扣押裁定书等相关文书；⑩实施搜查：查看、登记搜查相关信息，并可根据现场登记的信息自动生成搜查令、协助执行通知书等相关文书；⑪文书呈批：可在电子卷宗及相关文书功能中，将文书呈送审批；⑫证据上传：与南通市中级人民法院自主开发的执行视频回传软件系统（见图 2）对接，可通过移动执行系统上传常见格式的实体文件，并支持拍照、上传；在流媒体服务的支持下，还可拍摄、上传视频文件；⑬执行外勤：可对执行外勤工作进行排期，并可借助执行 App 上传拍摄的视频。

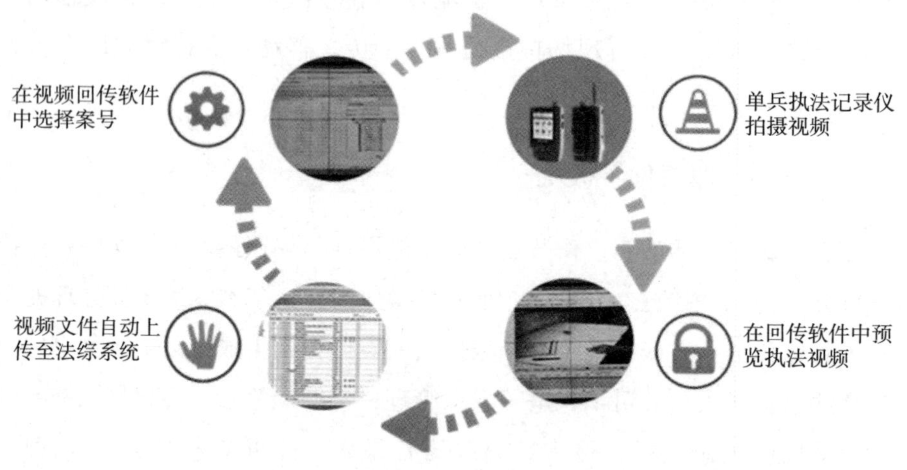

图 2　执行视频回传软件系统

（四）“审批管理”板块

根据执行局长、副局长、审判长、执行法官的不同管理权限，突出执行文书、执行期限、执行款支付、执行结案四个方面的重点，实现对执行案件的科学动态管理。①执行文书审批：查看承办人提交的文书审批事项信息、审批流程信息及其关联的背景案件的信息，登记审批意见，并可作进一步流转或退回处理。②执行期限变更审批：查看承办人提交的执行案件期限变更事项，及其相关的流程信息、相关的背景案件信息，登记审批意见，并可作进一步流转或退回处理；执行期限变更经审批同意后，系统自动变更呈报的执行案件的期限。③执行款支付审批：查看承办人提交的执行款支付审批事项，及其相关的流程信息、相关的背景案件信息，登记审批意见，并可作进一步流转或退回处理。系统提供严格的执行款审批额度等级控制机制。执行款支付审批通过后，支付信息流转到执行款管理系统的财务端进行后续处理。④执行结案审批：查看承办人提交的执行案件报结案事项，及其相关的流程信息、相关的背景案件信息，登记审批意见，并可作进一步流转或退回处理。启动流程时，系统自动检查结案条件是否具备；经审批同意后，系统自动结案。

（五）“预警提醒”板块

主要是对执行案件的办理期限进行及时提醒。①滚动提醒：首界面滚动提醒全院或个人（依据权限范围，下同）的案件到期、超期、超长期未结、财产处置措施、案款到账等情况的实时数量；②超期案件：显示即将超期的案件清单，提醒进行跟踪或处理；③到期案件：显示已经超期的案件清单，提醒进行监督或处理。

（六）“监督和协调”板块

因实践中案件执行往往需要上下级法院以及法院内外的协作和联动，故设置该板块，主要针对执行案件的财产查控情况和重大执行案件的实时指挥和协调指导。具体包括：①全院查控情况：可查看全院查控情况，内容包括查控标的额、日期、协助机构、查控财产所有人等信息；②全市查控情况：可查看全市查控情况，内容包括查控标的额、日期、协助机构、查控财产所有人等信息；③我的查控情况：可查看个人承办案件的查控情况，内容包括查控标的、日期、协助机构、查控财产所有人等信息；④执行会商：可在辖区内向其他执行人员直接发起双方、多方的视频会议，领导可进入“会议室”参与实时指挥、协商、指导等相关工作；执行会商功能在电脑端也提供对应功能，同样可从电脑端发起会议。

在以上六大板块功能设计的基础上，系统运行过程中，南通市中级人民法院将移动执行系统与自主研发并已经上线运行的诉讼服务手机 App 对接打通，充分利用诉讼服务 App 中当事人查询案件信息的功能模块，实时查询执行案件信息。此外，根据执行案件的特点，在一些特殊流程上作了拓展设置，如执行案件当事人还可以向执行法官在线提供执行线索和执行建议等等。移动执行系统通过手机短信功能将承办人现场录入采集的信息自动发送给当事人，当事人随时了解办案进程。执行案件当事人甚至可以通过手机 App 实时或事后观看执行实施的全过程，有效杜绝当事人“找不到承办人，不了解执行进程”的现象，实现执行内部监督和执行公开两个效果的有机统一。

四　运行效果：移动执行系统上线运行以来四个维度的梳理

2017 年 11 月，移动执行系统在南通市中级人民法院安装上线，经过一段时间的培训、适应和调整，其在执行案件管理、提升执行效率等方面的功能优势逐渐显现，为“基本解决执行难”提供了有力的技术支撑。

（一）第一个维度：执行案件办理质量、效率和效果显著提升

移动执行系统主要由执行案件承办法官、执行辅助人员使用，其上线运行最直接、最显现的效果就是极大地提升了执行案件的办理质量、效率和效果。同时，该系统与执行指挥系统、执行查控系统、司法网拍系统、联合惩戒系统、诉讼服务系统等已有信息化成果的协调运用，扩大了执行信息化建设的综合效应。

首先，移动执行系统的应用对执行办案效率产生积极影响。2018 年 1 ~

8 月，南通两级法院共新收执行案件 39618 件，执结 31882 件，同比分别上升 0.84% 和 56.02%；执行到位金额 54.52 亿元，同比增长 29.12%。执行收案数和结案数增幅的明显对比，到位标的额的显著增长，充分体现了该系统的运用对执行效率所带来的良好效果。

其次，移动执行系统的应用提升了执行指挥中心对各类事务的集约化办理水平。执行指挥中心承担着执行事务集约化办理，执行案件统一指挥、统一管理、统一协调的重要职能。通过移动执行系统第一时间将执行现场信息实时反馈至指挥中心，便于指挥中心快速作出判断和反映，精准发出指令。2018 年 1 ~8 月，南通市中级人民法院执行指挥中心累计进行远程指挥、视频会商、线索处理、跨地执行、协同作战 118 次，对被执行人财产查控 122566 人次。

再次，移动执行系统的应用极大地便利了集中执行行动、专项执行行动的开展。近年来，南通法院系统常态化开展假日执行、凌晨执行等集中执行活动以及针对涉民生案件、强制腾房等专项执行行动。在推进执行攻坚常态化的过程中，因案件面广量大、执行难度高等因素，往往存在执行过程掌控不精准、执行信息录入不及时、执行联动不顺畅等问题，移动执行系统的灵活性、机动性有效解决了上述问题，提升了集中执行、专项执行的效率效果。2018 年 1 ~8 月，南通法院共组织各类集中执行、专项执行行动 58 次，出动警力 2281 人次、警车 489 辆次，共实施搜查 163 次，司法拘留 195 人，罚款 249.95 万元，以涉嫌拒执犯罪移送公安机关侦查 3 件 3 人，执结了一批骨头案、钉子案。

最后，移动执行系统的应用带动了执行案件各项具体事务办理的效能提升。执行工作是一项系统工程，移动执行系统抓住了人（即执行法官）和事（即执行流程节点）两个核心要素，对于信用惩戒、执转破改革、司法网拍等工作开展起到了良好的带动效应。在失信联合惩戒方面，2018 年 1 ~8 月，南通两级法院及时向最高人民法院报送失信被执行人 8037 人，限制高消费 13327 人，与市委统战部联合开展非公有制经济人士信用评价工作，对 119 名非公有制经济人士进行了评价。在执转破工作方面，充分利用移动执行系统，构建简易审理机制，南通市法院 82 件案件进入“执转破”审查，2924 件关联案件通过这一程序化解。在财产处置方面，加大司法网拍工作力度，2018 年 1 ~ 8 月，南通两级法院共上传拍品 907 件，成交 562 件，成交金额 11.95 亿元。

（二）第二个维度：执行管理实现规范有序、全程留痕

消极执行、选择执行、乱执行的情形基本消除是基本解决执行难的四大目标之一，执行权的规范行使异常重要，不仅关系到执行难问题的解决，更直接影响到社会公众对执行工作的认知，影响到执行公信力和司法权威。因此，强化对执行权的监督管理对于基本解决执行难意义重大。与传统的执行管理模式相比，信息化的管理方法更加全面精确、不留死角，有助于将执行权关进技术的“笼子”。这也是南通市中级人民法院移动执行系统的重要研发初衷之一。

首先，移动执行系统的应用使执行流程标准化得到有效执行。如前所述，最高人民法院对执行案件流程管理设置了 37 个节点，包括执行立案、分案、查控、约谈、财产分配等多个方面，每一个步骤都有严格的实施标准，完成标准化动作以后才能进入下一个环节，这对执行管理实务提出了非常高的要求。如果按照传统的案件管理模式，稍不注意就会出现疏漏，造成管理方面的缺失，影响执行案件办理质量和效率。移动执行系统的核心功能模块涵盖了执行案件流程管理的主要内容，将节点控制由领导督办变为系统跟踪，只要按照该系统设置的流程规范操作，执行流程标准化的要求将得到不折不扣执行。同时，37 个流程节点中，大部分需要执行法官通过现场执行予以执行和落实，移动执行系统具有现场采集录入执行流程节点信息的功能，确保第一时间、第一现场完成节点任务，实现信息采集录入与执行案件办理同步进行，避免了信息录入的滞后性和疏漏。

其次，移动执行系统通过现场执行可视化实现对执行行为的实时控制。执行信息化的快速发展使财产查控、处置更加便利高效，使凭借网络查控平台足不出户办理执行案件成为可能。但执行案件的复杂性决定了现有网络查

控系统在办案实践中具有局限性，绝大部分案件仍然需要执行法官外出办案、现场办案，根据个案的实际情况采取搜查、扣押、查封、扣划、罚款、拘留等各类强制措施，执行人员现场执行是否规范、到位显得尤为重要。南通市中级人民法院移动执行系统与执行指挥系统、视频回传系统全面对接，执行人员现场执行情况可以通过移动执行系统同步传送到执行指挥中心，实现执行现场全程可视化。在全国法院执行指挥中心连接互通的情况下，上级法院也可在任何时候远程指挥和监控，有效加大了执行监督的力度。同时，执行现场的全程可视化还有助于针对执行过程中的特殊情况，灵活果断处理各类执行突发性事件，确保安全稳定。

最后，移动执行系统发挥了在终本案件管理中的应有作用。终本案件管理是执行案件管理的重点内容，其管理核心是避免终结本次执行程序的滥用。2016 年，最高人民法院出台《关于严格规范终结本次执行程序的规定（试行）》，江苏省高级人民法院专门开发了终本案件管理系统，对终本案件实行单独管理、集中管理。南通市中级人民法院于 2017 年下发通知，明确十种情形不得作为终结本次执行程序结案，给终本案件划了一条“红杠”。在移动执行系统设计开发过程中，将上级法院管理规定和本院所划定的“十种情形”全面嵌入管理功能模块，实现终本案件管理的信息化、智能化。在“我的案件”中单独设置“我的终本案件”，并实现提醒、查询等功能。南通法院已将历年来累积的 84819 件终本案件全部录入终本案件管理系统，其中，累计 10677 件终本案件查控到财产。

（三）第三个维度：来自执行案件中不同角色的良好用户体验

检验任何一项信息化建设成果的运行效果，既要看客观上对相关工作的推动作用，也要看实际使用者即用户的主观体验。移动执行系统的用户主要涉及三类人群：一是执行法官和执行辅助人员、二是执行工作管理者、三是执行案件当事人（主要是申请执行人）。从该系统运行以来反馈的信息来看，用户普遍反映该系统方便了执行办案，优化了执行管理，深化了执行公开，受到广泛好评。

就执行法官而言，移动执行系统是法官办案尤其是外出办案的得力助手。系统实现了执行案件移动办理、异地执行和本地管理，集中管理、共享复用移动数据、异地数据与本地数据，提高了信息传输效率、业务利用率。法官在执行现场对执行查封、冻结、扣押、拘留、搜查等各种措施形成的实施行为、实施标的、实施结果等业务数据、文字、图片、视频进行现场采集，并自动上传到相对应的执行案件流程节点，避免了事后补录的重复劳动，减轻了事务性工作负担。同时，对于流程节点标准化要求落实不到位的，系统会自动推送到主页面，提醒关注和处理，解决了法官的后顾之忧。在文书制作方面，执行法官通过该系统在执行现场制作相关法律文书，回传至文书管理签发系统，院长、执行局局长、员额法官对相应法律文书进行远程审核签发，并与法院电子签章系统对接，现场形成电子文书，通过蓝牙打印机在执行现场打印文书，并依法送达，极大地方便了法官办案，提升了执行效率。

就执行案件管理者而言，移动执行系统是对案件执行过程实施精准管控的技术保障。院长、分管院领导、执行局长、员额法官对个案执行均具有相对应的管理职责和管理权限，移动执行系统根据权限设置了不同的用户管理操作方案。在案件执行尤其是大规模集中执行、专项执行行动中，执行指挥中心对执行法官现场采集并上传案件管理系统的执行信息进行实时研判，对现场执行工作作出相关指令，实现指挥中心与执行现场互通与监督。从南通10家法院执行局局长反馈的情况来看，移动执行系统给执行管理带来的更突出的效果在于，对执行案件节点管理的全流程、无死角，自动预警、提醒的功能设置，使他们对执行案件的管理更加具有针对性和实效性，极大提升了管理的效率效果，也减小了他们的管理负担和管理难度。

就申请执行人而言，移动执行系统是执行信息公开和与法官进行互动的有效平台。申请执行人最关心关注的是自己案件的办理进程，该系统通过短信功能将承办人录入采集的信息自动发送给当事人，当事人可随时随地了解自己案件的办理情况，因此受到了申请执行人的一致好评。移动执行系统与诉讼服务手机 App 整合后，当事人还可通过诉讼服务 App 了解执行案件信息，与执行法官实现互动。比如，申请执行人在了解或掌握执行线索后，除了传统的线索提供方式外，可以通过系统将执行线索发送给执行法官，法官及时作出处理。再比如，对于已经到期的查封财产，通过系统及时告知当事人申请续封，或及时采取相关措施，避免当事人利益受损。同时，该系统在执行信息公开、当事人与法官互动方面的功能设计，也使当事人和社会公众更加深入地了解执行工作、理解执行工作，对解决执行信访难题、优化执行工作外部环境起到了积极作用。

（四）第四个维度：系统的先进性

相比部署在互联网端主要服务当事人的移动业务系统。出于数据安全交换的原因，与内网业务系统数据交互存在延时，并且无法嵌入业务系统原有业务流程。移动执行 App 对接了部署在内网里的执行流程节点管理系统、执行款管理系统、点对点网络查控系统，使用相同的工作流程设计，可以无缝实时对接业务系统。移动执行系统支持格式文书自动生成，对接执行业务系统实现自动签章，并可通过无线打印机现场打印。执行系统支持执行措施的现场录入，信息可直接同步实时上传执行业务系统。

五　前景展望：始终坚持以问题为导向的应用研发思路

（一）移动执行系统面临的问题

在移动执行系统运行过程中发现，无论在技术运用和处理方面，还是在业务功能方面，都有一些亟待改进的地方。

在技术方面，专网使用的 3G/4G 网络仍不同程度存在网络带宽不足问题，现场执行的视频录像如果时间稍长会导致文件网络上传时间较长，影响执行业务运作效率。移动专网尚未形成规模；尚难以充分支持业务协同。不同厂家、不行型号的智能手机、平板电脑，对系统自适应各种终端设备提出了更高的要求，专网使用需要涉及手机网络切换，系统层面的软件使用还不能实现脱离人工干预。移动网间数据交换尚有提升空间，系统建设时如能充分考虑独立的数据传输模块后台，统一共享交换机制，才能实现移动执行系统与执行案件系统的数据共享与融合。

在业务功能方面，该系统基本实现了移动办公办案，并开启了移动执行的初步智能应用，为深度挖掘和应用提供了核心支撑。但业务功能具有一定的局限性，在解决执行实施中的突出难点问题方面还有很大的拓展空间。移动执行业务拓展应立足于辅助法官切实解决实际问题、紧密围绕执行工作需要，符合司法规律、不能脱离法律常识，结合技术手段提高法官办案效率。

（二）移动执行系统发展展望

移动执行系统的未来发展将坚持问题导向和服务宗旨，紧密契合执行工作实际，进一步挖掘信息技术的独特功能，在便捷化、智能化方面狠下功夫。

一是扩容专网宽带，建设法院移动专网。扩容专网，建成大容量、高稳定性、不间断运行的专网。建设移动应用支撑平台，实现法院移动执行终端的安全接入，并通过移动专网与法院专网间的安全隔离交换，支撑移动办公、外出执行等业务安全运行。

二是实现 OCR 智能应用，简化文书自动生成。系统应具备智能化特征，能够完成文书、信息、数据相互自动转化。利用 OCR 技术对财产结构化信息进行识别提取，并自动回填到文书模板，大幅度减少手工录入工作量，提升文书制作的质量。

三是实现本地、跨域执行数据统一管理，可视化展示。将法院移动执行工作的各项数据纳入执行可视化平台，对本地、跨域执行的数据实时分析、动态监控，并通过数据可视化技术，将信息在大显示屏展示，实现对移动执行数据统计和业务动态的监控，为执行工作的科学决策提供数据支持。

四是实现与执行指挥中心联动，随时随地视频会商。结合移动网络、GPS 定位技术，执行人员现场视频取证，实时回传到法院执行指挥中心，实现执行过程实时视频信息共享和执行任务管理，提升指挥决策和执行准确度。执行人可通过手机端 App 进行视频推送、双向视频对讲、多终端与院方进行互动，打破了网络、地域、设备限制，随时随地可以拉起多方视频会商，参与协商指挥。

移动执行系统的上线运行明显提高了执行工作效率和执行管理水平，受到执行法官、案件当事人和社会各界的普遍好评。南通市中级人民法院将紧密围绕“让执行人员满意、让当事人满意”的研发初衷，始终坚持问题导向，不断完善执行 App 的各项功能，使之成为采集案件信息的“中继站”、促进执行公开的“连心桥”、提升执行质效的“助推器”，在“基本解决执行难”工作中发挥独特优势，促进法院执行工作实现新跨越。

B.20
蒲江法院“网格陪执+e悬赏”系统建设调研报告

四川省蒲江县人民法院课题组*

摘　要： 2018年是“用两到三年基本解决执行难”攻坚决战之年，在全国法院破解执行难的热潮中，四川省蒲江县人民法院牢牢把握信息化这一重大变革，对“基层社区的网格化管理体系+法院执行”进行了有益探索，利用信息化手段，在“智慧执行系统”的大框架下首创了网格陪执机制推动全域追查，并积极探索执行悬赏保险推动全员追查，研发“网格陪执+e悬赏”系统，强化科技手段支撑形成“智能追查”，解决执行难的首要难题——查人找物难，使被执行人下落和财产无处可藏，让“执行难”不再难。其探索实践，为全国法院破解执行难提供了一个可资借鉴的蓝本。

关键词： 网格化管理　网格员陪执　执行信息化

引　言

所谓“网格化”管理，即依托统一的城市管理以及数字化平台，将城

---

* 课题组负责人：张保川，四川省蒲江县人民法院党组书记、院长。课题组成员：欧伟艳、陶炳煜、何娇、杨宝艳。执笔人：欧伟艳，四川省蒲江县人民法院审判委员会专职委员；杨宝艳，四川省蒲江县人民法院研究室法官助理。

市管理辖区按照一定的标准划分成单元网格，通过加强对单元网格的部件和事件巡查，建立一种监督和处置相互分离的管理形式①。自 2004 年北京市东城区率先在全国创建“网格化”城市管理模式以来，经过多年探索与发展，如今“网格化”管理已在全国推广、遍地开花。“网格化”管理体系以其超强的普适性在全国各地的基层社会管理中得到广泛应用，同时也不断被探索应用到新的领域。“网格化”俨然成为社会管理的一场变革，网格化与智慧城市、“互联网 +”的有机结合，更为政府、市场、社会进行体制性、制度性、方式性改革提供了有效路径。

2018 年是最高人民法院提出“用两到三年基本解决执行难”攻坚决战之年，在全国法院共破执行难的热潮中，四川省蒲江县人民法院率先尝试将基层社区网格化管理体系应用于法院执行工作，利用信息化手段，在“智慧执行系统”大框架下首创网格陪执机制。所谓网格陪执机制，是指在基层社区网格管理体系的基础上建立县、乡镇（街道）、村（社区）三级陪执网络，通过吸纳基层网格员、“五老”调解员、村社主任等基层力量为网格陪执员，充分发挥其了解社情民意、基层经验及信息丰富的优势，协助法院查找被执行人行踪及财产线索，陪同执行、协助执行和解、参与执行信访维稳工作机制，以此推动全域追查，同时积极探索执行悬赏保险推动全员追查，强化科技手段支撑形成“智能追查”，丰富现有查控手段，使被执行人和财产无处可藏，解决执行难的首要难题——查人找物难。

一　网格陪执系统建设的时代背景和实践基础

（一）网格陪执符合党中央对法院工作的要求

习近平总书记在 2018 年全国网络安全与信息化工作会议上指出，“信息

① 叶青：《统计网格化管理怎么做?》，《四川省情》2017 年 9 月 4 日。

化为中华民族带来了千载难逢的机遇”。国家大数据战略亦求打通各政府部门间的信息壁垒，建立完整、统一、无缝隙的高效公共服务体系，解决信息孤岛现象，改变各部门单兵作战的局面。蒲江县人民法院在解决“执行难”攻坚决战中，牢牢把握信息化这一重大历史变革，认真贯彻落实大数据战略、“互联网＋”行动计划，加快法院审判与执行工作信息化建设，探索执行社会化的长效机制，动员社会基层力量参与执行、协助执行，拓宽执行渠道，提高执行工作效率，确保生效裁判得到依法、及时、有效的执行，扎实践行党的十八届四中全会关于“要切实解决执行难，依法保证胜诉当事人及时实现权益”的要求。

（二）网格陪执具有法理上的正当性

司法是公民权利保障的最后一道防线，而执行则是公正裁判取得实效的重要保障。没有强制执行作为坚强后盾，法院的裁判将变成一纸空文。执行工作关乎群众的切身利益能否实现，更关乎法院的司法公信力能否树立。因此，网格员能否陪执必须具有法理上的正当性才有实践探索的价值。一方面，网格员陪执是群众监督司法的必要途径。人民群众直接进行的法律监督是当代中国法律监督体系的基础和力量源泉。宪法规定中华人民共和国的一切权力属于人民。人民依照法律规定，通过各种途径和形式管理国家事务，管理经济和文化事业，管理社会事务。人民群众的法律监督权是中国公民所拥有的国家权力的必不可少的表现形式和组成部分。相对审判而言，执行工作的监督机制相对薄弱，执行成为司法腐败滋生的敏感环节。网格员参与执行，在一定程度上能提高执行调查、执行措施采取、执行案款收付等执行活动的透明度，进而预防权力滥用，保障司法公正。另一方面，社区网格化管理与网格陪执职能契合。根据《蒲江县专职网格员职责清单》的规定，社区网格化管理体系中网格员的职责主要是指在城乡社区网格内发现、搜集和报告问题隐患，采集人、地、事、物、组织等基础信息，排查劝解一般矛盾纠纷，参与社会治安防范、参与流动人口和特殊人群服务管理、突发事件报告、政策法规宣传等，具体的门类包括社情民意类、社会治安类、环境保护类、劳动保障类、城市管理类、文化出版类、森林管护类、食品药品监管类、教育监管类以及其他公共安全类。而执行工作的重要内容之一便是查人找物，其关乎执行案件能否顺利办结，执行申请人的合法权益能否落到实处。网格员在工作中收集到的流动人口信息、房屋租赁信息、社区企业信息等都可能成为执行工作中的重要线索。同时执行工作是社会信用体系建设的重要环节，与社会治安、城市管理等休戚相关。

（三）当前执行工作具有迫切的现实需求

一是“案多人少”矛盾突出。随着经济社会的发展，以及立案登记制的深入实施，法院系统“案多人少”矛盾日益突出。蒲江县人民法院近三年收案量呈现持续递增趋势，且大量案件存在被执行人不申报财产、去向不知所踪等情况，与此同时四川省蒲江县人民法院执行局共有 15 人（其中员额法官 2 名，法官助理 3 名，书记员 10 名），人均年办案量逾 300 件，查人找物力量严重不足。二是“财难找”“人难寻”困境难破。近三年来，蒲江县人民法院执行案件有财产可供执行到位率分别为 82.87%、83.99%、88.25%，但整体执行到位率却仅维持在 20% 左右；因直接送达受阻而选择邮寄送达的案件占比 65% 左右，而邮寄送达中 40% 的邮件因拒绝签收、受送达人不在指定地址、无人在家等原因被退回；现有查控手段如“总对总”“点对点”可以查询被执行人银行（含互联网银行）、国土、房产、工商登记、车辆等信息，但是隐形财产如农村土地承包经营权等只在当地集体组织备案的财产以及在外债权等信息，除非申请执行人或者第三人提供相应线索，否则很难被排查到，而“登门临柜”查人找物的方式成本高、效率低，难以满足执行办案需求。此外，一些被执行人故意躲避法院执行，执行通知书、财产报告令、查冻扣裁定书等执行法律文书无法及时有效送达，致使拘传、拘留等强制措施无法发挥应有的法律效果。破解“财难找”“人难寻”问题成为攻坚执行难的关键。

（四）完善的网格管理体系为网格陪执奠定基础

蒲江县位于四川省三个市的交汇处，是“进藏入滇”的咽喉要道。全县辖区面积583平方千米，下辖8镇4乡，有107个村、25个社区、1392个村民小组、89个居民小组。截至2017年，全县常住人口25.62万，其中农村人口占72.2%，农村居民多散居，给基层社区治理带来了不小的挑战。近年来，蒲江县全面深化网格化服务管理体系建设，在全县全域内建立了“全覆盖、无缝隙”的网格化管理体系，取得了良好的社会反响。①网格划分科学。蒲江县遵循“全域覆盖、分类划分、规模适度、动态调整”原则，综合考虑行政区划、地域特征、城市部件、人口密度、企业分布、河流矿场分布等因素将全县划分为317个一般网格和19个专属网格。一般网格主要针对人口居住区，按照300～500户或1000人划分网格。专属网格主要针对各类园区、学校医院、机关事业单位等进行划分。专属网格与一般网格不重叠、不交叉。②网格员配备充分。网格员是由政府统一购买服务，在城乡社区网格内从事网格化服务管理工作的人员，分为专职网格员和兼职网格员两种性质，一级网格员、二级网格员和三级网格员三种级别。一级网格员即专职网格员，是专门从事网格化服务管理工作的人员。二级、三级网格员是兼职网格员，指协助开展网格化服务管理工作的治保会巡逻队员、城管执法协管员、综合执法队员、民兵预备役人员和其他人民群众。每个网格配备一名专职网格员和多名兼职网格员，从而构建起以一级网格员为核心，二级网格员为支撑，三级网格员为补充的社会协同、多元共治格局。③网格化管理体系运行顺畅。2016年，蒲江县依托成都市“多网合一、多方联动、多元共治”的“大联动、微治理”体系建设，整合了公安、水务、教育、国土等视频资源和交运、安监、城管、网格化管理、阳光信访等部门职能，将县、乡镇（街道）网格化服务管理中心与公安指挥中心和数字城管中心以及网络理政平台对接，搭建大数据管理平台，建立了县级“大联动”中心。规范指挥调度流程、发现报告流程、事件办理流程、联动联勤流程，实行“前端统一受理、后台分流移交、部门协同处置、全程跟踪督办、办结回访问效”的链条式闭环运行机制（见图1）。

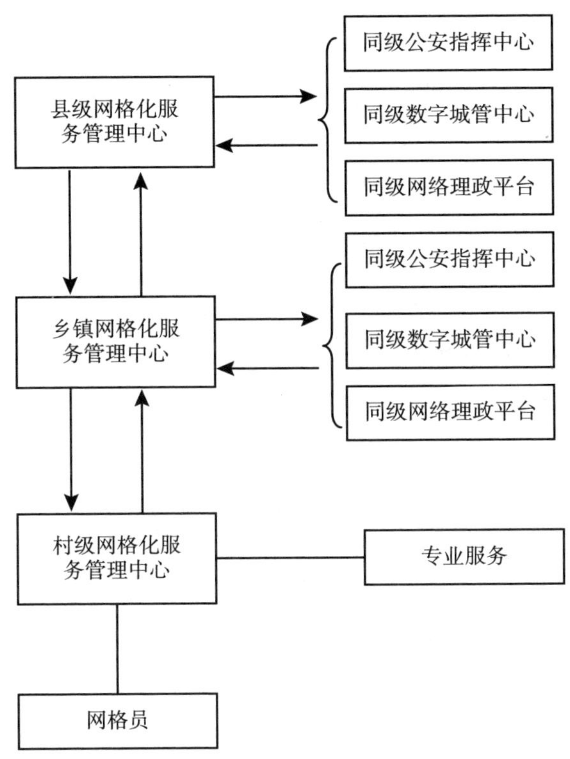

图1　蒲江县“大联动、微治理”平台运行机制

2018年1～8月，“大联动”系统新增社情民意类、环境保护类、社会治安类以及其他公共安全类事件69287件，全县网格员发送流动人口、特殊人群、治安管理隐患信息3395条，网格员月均办理案/事件35件。“网格化”管理系统作为前端问题的发现者和问题解决方案的反馈者，为“大联动”工作提供了有力的保障，亦为网格陪执工作奠定了基础，为法院执行“查人找物”提供了捷径。

二 网格陪执系统构建的实践探索

蒲江县人民法院依托信息化手段，与县综合治理办公室打通了信息共享壁垒，构建了线上线下辅助执行法官查人找物的“网格陪执+e悬赏”系统。线上研发网格陪执App、悬赏执行App和微信小程序，整合了陪执协助事项、执行案件查询、悬赏执行公告和附近的失信被执行人查询等功能模块，拓展了执行法官与网格陪执员的沟通渠道；线下划分陪执网格体系，建立网格陪执员人才库，完善网格陪执制度保障，为法院的执行工作插上了现代化的“翅膀”。

（一）建立“网格陪执+e悬赏”执行系统，实现数据、信息实时共享

1. 即时发起和反馈陪执协助事项，执行法官与陪执员实时互动

执行法官在自己的智能手机上对具体的执行案件和被执行人发起协助事项，系统自动根据被执行人登记住址（包括居住地地址和户籍所在地地址）自动匹配对应网格的网格陪执员，并选择具体的协助事项，包括协助司法送达、行踪查找、财产调查、婚姻家庭情况调查、人际关系反馈、执行风险反馈和协助信访维稳等发送给陪执员，陪执员在网格陪执App中根据执行法官发送的相关文书信息、被执行人的姓名、身份证信息、照片等，利用熟悉社情民意的优势，将被执行人的财产、行踪等信息通过发送定位、照片等方式发送给执行法官，从而协助法院查人找物。网格陪执员还可通过电话、视频等方式主动联系法官反馈执行线索，系统全程记录留痕，全程可视。

2. 执行案件信息与被执行人所在网格自动匹配，陪执员有效掌握执行信息

“网格陪执”系统自动匹配执行案件中已经登记的每一位被执行人的居住地址、财产位置，将执行案件传送至对应的网格陪执员。陪执员可以在工作中对应执行案件的信息留意相关线索，第一时间反馈给执行法官，使网格陪执机制化被动为主动，加大协作力度，提高执行效率。同时，网格陪执系

统陪执员可以通过“失信查询”模块，查看本网格内被列入失信被执行人的人员失信信息，方便陪执员主动关注被执行人的行踪和财产线索，将获知的信息提供给对应的承办法官。

3.多元化发布执行悬赏公告，扩大执行线索来源范围

蒲江县人民法院与中国人保财险蒲江支公司签署合作协议，采取司法强制执行与金融服务合作的方式引入社会资源，借助群众力量，共破执行难题。执行申请人在投保后，法院通过法官智能手机向网格执行App、悬赏执行App和微信小程序发布悬赏公告。网格陪执员可以在网格执行App的“悬赏执行公告”栏查看悬赏执行案件信息，社会公众可以扫描二维码下载悬赏执行App或者直接搜索微信小程序即可看到悬赏执行案件的信息。比如，被执行人的信息、住址、悬赏金额、裁判文书信息等，通过输入被执行人行踪、财产线索、添加相关线索文件的方式发送线索。执行法官接到举报线索即迅速核实并及时执行，待找到被执行人或者执行案款到位，将此情况反馈给保险公司，保险公司即可向举报人发放悬赏金。悬赏执行App和微信小程序在向社会公众发布执行悬赏公告的同时也提供关于执行工作的诉讼服务，如失信查询、执行风险、执行规范、执行指引、执行费用计算、执行问答等。

4.指挥中心远程在线管理陪执工作，执行法官实时监督指导

人民法院指挥中心实时掌握所有协助事项的反馈情况、执行法官对执行线索的核实情况等，对于进度缓慢的可以随时进行视频督办、远程指导。并通过统计网格陪执员反馈信息的数量和有效性等数据来服务于执行管理，以满足“网格陪执”机制运行过程中对海量协助信息进行管理、催办以及统计管理陪执员信息和工作量等现实需求。

（二）搭建陪执网格体系和网格陪执员人才库，强化陪执工作人力保障

建立县综治办、县法院—乡镇（街道）—村（社区）的三级纵向陪执网络，与县综治办成立网格陪执工作联席领导小组，进行统一协调、督导，在乡镇（街道）成立相应的联络机构，负责全县基层陪执网络的设立、运行及管理，

实现陪执工作三级立体联动配合。依照行政区划将全县划分为12个执行片区、134个执行网格，并在12个乡镇设立执行工作联络点，由乡镇（街道）综治办专职副主任担任基层陪执联络员。在蒲江县12个乡镇的村（社区）选聘熟悉辖区内的人和事，了解社情民意，熟悉村社人员家庭情况、生产生活规律，在当地有影响力的基层经验丰富的村（社区）主任、“五老”调解员、基层网格员等人员为网格陪执人员，建立网格陪执人才库，吸纳优质社会力量跟踪执行工作信息、直达群众动态，发挥基层资源优势，协助“找人查财”。

（三）健全网格陪执配套工作制度，规范陪执工作有序运行

蒲江县人民法院在试点开展网格陪执工作的实践中研用同步，2017年7月与县综治办联合发文《蒲江县综治办、蒲江县人民法院建立基层网格陪执机制的实施意见（试行）》，随后相继出台《网格陪执工作规程》《网格陪执员选聘办法》《网格陪执工作考核制度》《网格陪执员培训指导办法》等制度，不断完善网格陪执机制的配套保障。

1. 明确网格陪执员工作职责

协助人民法院查找被执行人下落及其财产线索；协助人民法院化解执行过程中的社会矛盾和冲突，向人民法院及时反馈被执行人风险评估，对执行可能发生暴力抗法情况做好劝阻疏导工作；协助人民法院送达执行通知书、财产报告令等法律文书，张贴执行公告；对需要当场证明的执行行为提供证明；协助人民法院宣传、贯彻落实执行工作方面的法律、法规、政策；协助人民法院做好执行案件的信访工作以及法院要求其协助执行的其他事项。

2. 设置陪执工作流程

法院案件系统将相应区域内的执行案件信息推送至相应区域网格陪执员案件系统，并同时向相应网格陪执员手机发送提示信息。网格陪执员登录自己的账号便可查询相关案件信息。执行案件信息推送至网格陪执员系统后，陪执员在15日内查找相关被执行人下落或者财产线索等，并登录系统及时反馈有效信息，必要时可电话联系承办人。陪执员在系统内填写的反馈信息自动导入法院案件系统，同时向承办人手机推送提示信息，承办人在三

日内处理，并可根据案件具体情况联系网格陪执员实施下一步执行措施（见图2）。

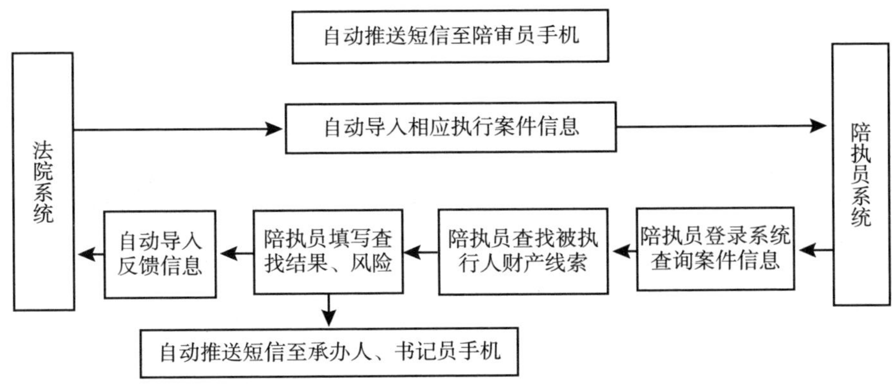

图2　网格陪执系统操作流程

3. 加强培训指导，提高陪执员专业素养

法院结合执行工作实际，定期开展信息反馈、执行和解、信访防控等业务知识和操作技能培训，同时定期召开意见交流会议，及时总结推广网格陪执工作先进经验，提升网格陪执员法律素养和网格陪执工作专业性，引导“网格陪执员”正确履职，提升陪执成功率，确保网格陪执工作高效专业运行。

三　网格陪执机制的运行实效

（一）运行成效

1. 执行质效提升显著

自2017年网格陪执试点运行以来，查人找物环节执行力量和力度得以充实，在执行案件数量增幅较大、执行法官人数变动不大的情况下，执行周期不增反降，平均缩短30天左右；执行案件执结率同比上升13个百分点，找到被执行人率和财产率同比分别提升10个、15个百分点。截至2018年8月，网格陪执员共提供执行线索480条次，根据提供线索执行到位1900余万元；参与执行390件次，占执行案件总数的25%；参与化解执行案件信访风险69件次，帮助达成执行和解216件，工作成效显著。

例如，在江某申请强制执行李某买卖合同纠纷一案中，李某欠江某合同款60余万元，但案件进入执行程序后，李某却迟迟不肯现身。江某主动投保“执行无忧”悬赏保险，向人保蒲江支公司缴纳保险费300元，由保险公司承保3000元悬赏金，用于悬赏寻找被执行人李某的下落。承办法官迅速通过网格陪执App、今日头条号、法院微信公众号发布悬赏执行公告，并将公告张贴在李某住所地附近的公共区域。不久，被执行人李某的行踪便被发现。举报人马某向法院电话举报李某行踪线索，执行人员立即赶赴现场，顺利找到被执行人李某，并将合同款执行到位。举报人马某也如愿领取了执行悬赏金3000元。

2. 执行力量持续壮大

网格陪执机制着眼于大局，立足实际，强化与有关部门、群体的联动，坚持党委、政府、法院、相关组织团体共同参与，充分整合社会资源，发动社会力量参与执行，提高工作效率，丰富了基层社会治理方式，在全县全域形成强大的执行合力、强大的舆论氛围、强大的执行工作新优势。同时引入的“执行悬赏保险”制度，降低了申请执行人的诉讼成本，也通过保险公司这个商业运营平台和网格悬赏执行App，让社会上更多的人参与到执行工作中，成为打击老赖的重要力量。

3. 社会诚信体系进一步完善

网格陪执工作机制引入社会资源协助法院执行工作，激发社会各界力量查找老赖及线索，网格陪执员在日常走访中不仅注重对执行线索的搜集，同时也肩负着宣传国家执行工作政策法规的责任，有利于在基层社区营造打击“老赖”的舆论环境，对隐藏、转移财产的被执行人产生强大的心理压力，督促“老赖”主动履行义务。网格陪执机制试运行以来，截至2018年8月，共有165名失信被执行人主动到法院履行还款义务，金额共计4100万余元。执结涉蒲江企业经营、投资经营、项目建设、劳务纠纷等类型案件共计590件，执行到位标的5300余万元，该类案件执行到位率达91%，助力县域企业诚信发展。及时将执行信用信息发布到全国城市信用状况监测平台，进一步完善社会信用体系建设。

（二）问题检视

“网格陪执＋e悬赏”执行系统是在坚持综合执行、协同执行、规范执行的理念指导下，旨在实现执行法官与社会协执人员协同联动，以提高执行效率。但目前仍存在一些问题，有待进一步解决。

1. 多系统融合不畅通

综治系统针对本身既有业务已建有成熟的办公系统，目前网格陪执系统未与综治系统已有的办公系统进行整合，二者融合不畅通。首先，从网格员使用层面来看，多系统的操作方式带来的后果是操作负担重，容易遗漏、混淆任务。其次，从法院与综治办的管理对接方面来看，网格员的协执任务管理由法院单方面进行，网格员的工作任务完成情况未能直接反馈到综治办已有的办公平台，不能有效发挥综治办在协执任务执行过程中的管理作用。最后，系统易用性有待提高。陪执人员在年龄、文化程度、业务素质上差异较大，系统功能设计要以简单易用为主导方向，且应逐步完善线上培训功能。

2. 陪执经费保障不充分

调研走访中不少陪执员反馈称：陪执的很多工作大多数都不为人知，到处查找线索到头来可能竹篮打水一场空，找不到有效线索，所有的工作便都白费了，工作又辛苦，赚的钱还少。陪执员的话糙但理不糙，也反映了广大网格陪执员的心声。网格陪执经费有限致使给予陪执员的工资不多，任务重、工资低在一定程度上降低了陪执员的主动性和积极性，也妨碍了监督考评工作的有效实施，长此以往将制约陪执工作的开展。加强陪执工作经费保障，成为当前亟待解决的问题之一。

3. 监管机制缺乏实效性

当前网格陪执工作监管机制主要利用网格陪执网络平台来掌握每个网格

陪执员的陪执工作进程和总量，实现对网格陪执员管理的透明化和可视化。并通过对陪执员反馈信息的有效性、协助送达工作量、协助化解执行过程中的社会矛盾和执行案件信访量等，进行综合考评给予相应奖励，实现对陪执员的一种“被动型”监管。然而，陪执员队伍中的大多数中老年同志，信息化网络技术平台的操作水平较低，同时“被动型”监管模式的积极作用很大程度上有赖于巨大的市场效益，但是年终的综合考评和奖励对陪执员激励作用不大，实践中该模式收效甚微。从网格陪执机制的长远发展看，应建立相对“主动型”的监管机制。

四　网格陪执系统的改良和展望

（一）建立联合指挥平台

将法院执行指挥中心与县综治中心整合，建成联动联席指挥中心，实现网格陪执工作的统一指挥，统一部署，统一协调。首先，向县综治办申请依照网格化服务管理事项准入制度，将陪执工作纳入网格员职责清单。其次，重新划定陪执网格，实现陪执网格的设置与社区管理网格完全重合，并将网格陪执系统与“网格化”管理系统对接，方便进行统一工作部署和监督管理。再次建立联动运作机制，实现工作事务闭环。依托联动指挥中心形成社会综治事项发现、处置、督办、反馈的工作闭环。在法官发起线索查寻、综治中心分流、网格员反馈过程中，形成执行网格线索查寻的事务闭环及督办机制。

（二）强化陪执工作经费保障

所谓经济基础决定上层建筑，充实的经费保障是一项工作得以有序开展的必要条件，也是相关机制能否落地落实的关键所在。执行工作攸关法院的司法权威，亦攸关群众对司法工作的满意度和获得感。网格陪执工作作为决战“基本解决执行难”的有力举措，财政部门应当为其正常运作提供必要的经费保障。随着网格陪执工作的成效显现和推广，法院应加强与政法委的沟通汇报，通过政法委条线取得上级部门对网格陪执工作的认同，在上级部门的牵头下为网格陪执工作的运行赢得适当的经费保障。一方面，要提高网格陪执员的劳动报酬。参照本地村（社区）两委委员待遇标准对陪执员的基本工资予以保障，同时为激发陪执员的工作积极性，还应对有效线索信息进行适当奖励。另一方面，应对信息化建设和培训工作给予必要的经费保障。信息化建设大大提高了网格陪执工作的效率和便捷性，然而目前网格陪执员多为中老年同志，对信息化系统的操作能力较弱，应加强相关培训并给予经费保障。

（三）完善陪执工作组织体系建设

当前网格陪执员队伍中村（社区）主任和“五老”调解员的主要职能侧重于对执行工作政策法规的宣传以及对执行过程中纠纷矛盾的化解，网格员的主要职能侧重于执行线索的收集。然而同一网格中仅有一名陪执员，其身份的局限在一定程度上也妨碍了陪执工作的成效，因此应严格网格陪执员准入和退出机制。在建立陪执员准入制度时，对其调解、宣传以及线索搜集能力进行全方位的综合考量，通过设置一定的考试机制，提高陪执员准入门槛。同时要结合陪执员考核成绩建立退出机制，对考核成绩不合格、群众普遍不认同的陪执员及时予以辞退。

信息化促进优质服务

Promoting Good Service through Informatization

B.21 浙江移动微法院：让公平正义触手可及

李金铭　夏辰雪*

摘　要： 浙江法院顺应互联网发展趋势，依托微信小程序的技术优势和平台优势，建设应用移动微法院，力争打造建设集约、服务集聚、数据集中、管理集成的一站式移动诉讼服务体系。移动微法院前后历经4代更新迭代，于2018年9月在浙江全省法院上线运行，具备网上立案、查询案件、在线送达、在线调解、在线庭审、申请执行、网上缴费等多项功能，实现从立案到执行全流程在线流转，实现诉讼服务事项跨区域远程办理、跨层级联动办理、跨部门协同办理，切实解决老百姓问累、诉累、跑累的问题，让群众打官司"最多跑一次"甚至"一次不用跑"成为可能，促

* 李金铭，浙江省高级人民法院审判管理处应用服务科科长；夏辰雪，浙江省德清县人民法院案件管理中心副主任。

进法院审执工作质效提高，推动司法信息公开，提升司法公信力，让人民群众在每一个司法案件中感受到公平正义。

关键词： 移动微法院　移动诉讼　多元纠纷化解

近年来，浙江法院始终坚持司法为民、公正司法的理念，不断深化司法体制改革，切实履行宪法与法律赋予的职能，各项工作均取得了较好的成效。2017 年，浙江全省法院共受理各类案件 170.99 万件，办结 166.83 万件，同比分别上升 14.83% 和 14.56%，一线法官年人均结案 314.90 件，同比增加 46.60 件。浙江法院收案数、结案数和法官人均办案数位居全国前列，表明浙江法院一线法官办案压力大、案多人少矛盾突出。随着经济和社会的不断发展，各类矛盾纠纷逐渐增多，新型案件、涉互联网案件、涉外案件等层出不穷，不断发展的社会情势给法院工作提出了新的要求。新类型案件的增多，要求人民法院转变传统的工作思路，加快信息化建设，拓宽纠纷解决渠道，以适应不断增长的案件数量和不断发展的社会形势。

当下，信息技术不断创新发展，以数字化、网络化、智能化为特征的信息化改革在各个领域兴起。《“十三五”国家信息化规划》中明确提出，要服务民主法治建设，建立健全网络信息平台，建设“智慧法院”，提高案件受理、审判、执行、监督等各环节信息化水平，推动执法司法信息公开，促进司法公平正义。浙江法院始终坚持司法为民，立足“智慧法院”建设，积极探索多元纠纷化解平台，不断推广应用各项便民服务措施，在提高办案效率、提升人民群众满意度方面取得了较好成效。为响应国家信息化规划要求和浙江省委“最多跑一次”改革，浙江法院试点应用移动微法院，打造一站式移动诉讼服务平台，丰富浙江法院“互联网 + 司法服务”品牌内容，不断提升人民群众的司法获得感和满意度。

一 浙江移动微法院介绍

浙江移动微法院是浙江法院联合技术公司，共同推出的一款基于微信小程序平台进行开发的移动诉讼平台。截至2018年底，浙江移动微法院已具有网上立案、查询案件、在线送达、在线调解、在线庭审、申请执行、网上缴费等30余项功能，可基本实现案件全流程网上流转。浙江移动微法院4.0版已于2018年9月10日在浙江全省范围上线推广。

（一）浙江移动微法院应用背景

浙江移动微法院是立足于微信小程序开发的新型移动诉讼平台。自2011年微信这一为智能终端提供即时通信服务的免费应用程序面世至今，微信应用已覆盖全国94%以上的智能手机，全球月活跃用户突破10亿，用户覆盖200多个国家。作为现阶段用户覆盖度最高的即时通信应用之一，微信已成为移动互联的重要平台和沟通交往的重要渠道，在普通民众间有很高的使用率和良好的接受度。2017年1月，开发公司在微信的基础上，又创新研发推出微信小程序平台。微信小程序是一种不需要下载安装即可使用的应用，用户通过搜索或者扫描二维码即可打开小程序并进行相关操作，实现了应用的“触手可及”。微信小程序以其打开方便、操作简洁、内容丰富等优势迅速进入广大微信用户的视野，并普及使用。截至2017年底，微信小程序平台共有各类小程序2万余个，内容涉及衣食住行、医疗服务、公共服务等各个领域，同时，很多政府部门也开始借助微信小程序提供政务服务，为政务公开拓展了新的渠道。

基于微信小程序平台，浙江法院开发推出了移动微法院，充分发挥微信小程序的技术优势和平台优势，界面设计沿用微信聊天和应用界面，操作简便易上手。移动微法院平台利用人脸识别身份验证、多路音视频通话、语音识别功能以及非税费用缴纳等多项前沿技术，实现当事人的身份查验、在线查阅文书、远程视频调解、远程庭审、在线执行送达、庭审记录等多种司法应用场景；实现了诉讼服务事项跨区域远程办理、跨层级联动办理、跨部门协同办理；实现了当事人通过微信端与全省法院的互联互通，切实解决问累、诉累、跑累的问题，有效提高了人民群众的司法获得感和满意度。

（二）浙江移动微法院功能介绍

浙江移动微法院是在余姚微法院的基础上，经过多个版本的更新迭代，从最初的 1.0 版升级至 4.0 版。移动微法院 4.0 版针对不同人员角色设置了不同的功能栏目，主要分为公众服务栏目、当事人服务栏目以及法官栏目三大块。用户在第一次进入浙江移动微法院后，可点击进行实名认证，实名认证分手机验证、证件核验和人脸识别三个步骤，通过实名认证并阅读移动诉讼相关事项告知书并留存电子签名后，即可开始使用移动微法院。

在公众服务栏目中，移动微法院提供了计算工具、智能问答、法规查询、法院导航等基础功能模块，该类功能模块用户无须经过实名认证即可使用，不与案件相关联。用户通过该功能模块，可以进行案件受理、执行、保全费用计算、相关法律法规查询、全省各级法院地址导航和常见法律问题智能咨询等活动。这些针对公众的基础功能模块，能够基本应对常见民事纠纷的诉前答疑和准备工作，为用户进行诉讼解决基础性问题，减少法院立案窗口工作人员诉前答疑咨询的工作量，同时也可以将部分简易民事纠纷进行诉前化解。

在当事人服务栏目，移动微法院提供了网上立案、我的案件查询、证据提交、在线调解、在线庭审、申请执行等功能。当事人在移动微法院中选择“我要立案”，即可进入网上立案程序，在该界面，当事人可以根据需求选择审判立案或执行立案。同时，浙江移动微法院在立案界面还特别增设了风险评估功能，可对租赁合同纠纷、买卖合同纠纷、民间借贷合同纠纷、生命权健康权/身体权纠纷、离婚纠纷、机动车交通事故责任纠纷等十类常见民事纠纷，根据案件的具体情况进行诉讼风险评估，当事人在进行评估时仅需

根据小程序提供的诉讼中常见情形的选项进行选择即可，便于操作的同时还可以使当事人对自己准备起诉案件的诉讼风险有全面的了解。当事人进行立案时，可以直接在移动微法院的立案界面中拍照或扫描上传起诉状、身份材料和证据材料等诉讼材料，选择立案法院后进行提交，即可完成申请立案程序，并能在移动微法院中实时查看立案审查情况。案件完成立案后，当事人即可进入“我的案件”中查看案件的进展情况、与承办法官或案件其他当事人进行交流、接收法律文书、提交证据材料、进行证据交换和质证、在线与对方当事人进行调解、在线参与庭审等。在案件审结后，当事人还可以提起执行立案，并在移动微法院中实时接收执行法官推送的重要执行节点信息、反映被执行人财产线索、进行终本约谈等。

作为案件的承办法官，移动微法院则提供了电子送达、手机阅卷、在线调解、视频开庭、执行节点推送、终本约谈等多种功能。利用移动微法院，案件承办法官可以组织双方当事人进行调解，通过移动微法院向案件当事人和代理人送达法律文书，在线进行远程视频开庭等，极大地方便了异地案件当事人和代理人的诉讼活动。在案件的执行阶段，执行法官可以通过移动微法院实时拍摄上传执行过程的照片和视频，及时向案件当事人推送执行案件各流程节点信息，使案件执行过程公开透明。同时，申请执行人也可以通过移动微法院向执行法官提供被执行人的财产线索并发送定位，有助于执行法官及时、迅速、准确地掌握被执行人的财产信息，提升执行效率和执行效果。此外，通过移动微法院，执行法官还可以对申请执行人进行终本约谈并制作约谈笔录。现阶段有较多申请强制执行案件是以终本方式结案的，对于申请人来说，未能强制执行被申请人的财产，还要耗费额外的时间、金钱来到法院进行程序性的终本约谈，是增加了其负担，抵触情绪较为强烈。因此采用移动微法院进行终本约谈，同时制作并送达约谈笔录，切实减轻了强制执行案件申请人的诉累。

（三）浙江移动微法院应用成效

2017 年 10 月，浙江省余姚市人民法院在全省范围内首先上线基于微信小程序的余姚微法院，试运行 3 个月后在浙江省宁波市两级法院开展试点。2018 年 2 月 1 日，浙江省高院联合腾讯公司召开新闻发布会，宣布推出浙江“微法院”集群平台；2018 年 8 月，浙江移动微法院经过在宁波两级法院的试点应用后，在嘉兴地区上线运行；2018 年 9 月 10 日，浙江省高院召开新闻发布会，宣布浙江移动微法院 4.0 版在全省法院范围内上线运行。在浙江省宁波市两级法院试运行期间，截至 2018 年 8 月 31 日，移动微法院平台共流转案件 80525 件，其中民商事案件 56068 件，占同类案件的 70%，执行案件 24457 件，占同类案件的 60%，用户人数超过 15 万人，日均访问量稳定在 1.7 万人以上，总访问量已超过 260 万人次。

移动微法院由于具有无须下载安装、无须添加好友、保密性强、不泄露用户私人信息等特点，便于诉讼，公众接受程度较高，在试运行过程中统计，约有 94% 的案件当事人愿意选择使用移动微法院，尤其是住所不在受理法院所在地的当事人以及代理人，使用移动微法院的意愿更为强烈。宁波知识产权法庭就有 600 余件案件应用移动微法院办理，较好地解决了集中管辖给案件当事人和代理人带来的距离负担问题。从年龄层来看，更多的中青年当事人和代理人愿意选择使用移动微法院。现阶段，当事人在移动微法院在线申请立案数量已达 22658 件。以宁波市宁县人民法院为例，该院 2018 年上半年收案同比增加 23%，到诉讼服务中心办事的人数却减少了 1876 人次，同比下降 5.38%。移动微法院的应用，积极响应了浙江省委“最多跑一次”改革，让群众打官司“最多跑一次”甚至“一次不用跑”成为可能。

移动微法院作为移动诉讼平台，在服务当事人的同时也改变了人民法院法官、法官助理和书记员的工作模式。各类在线功能，进一步提升了法院的送达、调解、审判、执行各项工作质效。截至 2018 年 8 月 31 日，浙江省宁波市两级法院通过移动微法院微信送达各类诉讼材料 76755 件次，在大幅提升送达效率的同时节约送达成本。在线签订调解协议和在线撤诉案件 11631 件，法官在线组织庭前会议、证据交换、开庭及询问 6304 件次，跨省、跨市调解或开庭案件1549件，跨国、跨境调解或开庭12件，案件原被告双方均进入移动微法院接受调解案件6816件，调解成功5488件，调解成功率达到81.52%。同时，移动微法院的应用，有效促进了审判团队的科学分工，充分发挥法官助理的审判辅助作用，将法官从大量的事务性、重复性劳动中解放出来，集中精力处理司法核心业务。2018年上半年，宁波两级法院法官人均结案117件，同比增加22件，人均执结数150件，同比增加19件。2014~2017年，宁波两级法院案件平均审理天数从不到40天逐渐延长到55天，而2018年1~8月，该地区法院在收案增加8%的情况下，平均审理天数同比减少11%。

移动微法院全程公开、即时沟通、全面留痕的特点，进一步拓宽了司法公开的范围，提升了司法过程的透明度和司法的公信力。2018年上半年，浙江省宁波市两级法院利用移动微法院发送执行送达、执行节点、交流联系和终本约谈等信息35万余条，平均每件执行案件发送17条，充分保障了当事人的知情权和监督权，有效降低了因信息不对称、沟通不畅等司法信息公开问题所引发的执行信访，浙江省宁波市中级人民法院接待的执行信访当事人数量由2017年上半年的407人次下降至2018年上半年的192人次，降幅达到52.83%。同时，还有效解决了案件承办法官难找的问题，有效促进了当事人和法官的交流沟通，以往12368司法服务热线约有三分之一的来电系投诉反映找法官难的问题，而该部分问题的来电占比在应用移动微法院后降至16%。

利用移动微法院，浙江省余姚市人民法院于2017年11月成功调解一起被告远在非洲赞比亚的跨国追偿权纠纷案件，通过微信联络到了长期未与家人联系的被告人，将其引入移动微法院平台，在线送达了相关诉讼材料，并通过移动微法院组织双方在线进行举证、质证，还原案件事实，最终成功调解该案。移动微法院的应用，不仅避免了该冗长的公告程序，大幅降低了送达成本，同时减轻了被告回国应诉的诉累，系移动微法院平台运行以来的首起跨国线上调解案件。此外，在试点过程中，浙江省各级法院积极探索移动微法院的应用场景，拓宽移动微法院的应用范围，宁波市北仑区人民法院应用移动微法院进行实时在线勘查现场，象山县人民法院运用移动微法院召开破产案件债权人会议，浙江省宁波市中级人民法院在移动微法院平台召开庭前会议并在线开庭，均取得了良好的应用效果，获得了当事人的好评。

二　浙江移动微法院的应用价值

浙江移动微法院作为移动诉讼平台，着力于打造诉讼服务、智能办案和司法公开三大平台，既服务于案件当事人的诉讼需求，又兼顾解决法院工作的堵点、难点和痛点，同时提升司法的公开透明度，促进了诉讼经济、诉讼效率和诉讼公正。

（一）便民利民，提升人民群众的司法获得感和满意度

在司法实践中，对于住所不在受理法院所在地的当事人和代理人来说，一次次前往法院进行签收程序性文书、提交证据、参加调解等诉讼活动，给其增加了很大的诉讼负担，“诉累”一直是案件当事人和代理人普遍反映的焦点问题，也是社会公众对改进法院工作的重点诉求。为切实减轻当事人和代理人的诉讼负担，真正做到“让人民群众在每一个司法案件中感受到公平正义”，浙江法院一直坚持司法为民原则，积极探索诉讼便民措施，推出了移动微法院平台。

浙江移动微法院利用了人人都可以获得，同时也最为熟悉的终端手机为载体，基于拥有海量用户的微信平台搭建，让公众能通过微信这一最熟悉、最便捷、最贴近生活的方式参与诉讼。与个人电脑、诉讼服务一体机等其他终端相比，移动微法院利用的手机微信终端使诉讼活动不再局限于法庭等固定的场所内，当事人在手机端通过手指点击，随时随地均可进行诉讼活动，真正实现了“指尖诉讼”。这一应用既符合公众越来越多地使用手机、平板电脑等移动终端上网的偏好变化，又延伸了诉讼活动的时间和地域范围。同时，诉讼作为一种对普通公众来说是低

频次行为，微信小程序使用时无须下载安装、不占用手机内存、不泄露个人隐私、用完即走的特点，使其更容易为当事人接受，也更易于向公众普及、推广。

移动微法院通过对当事人进行身份证匹配和人脸、语音双重识别，创设“一案一空间”，贯通立案、调解、审判、执行全流程，真正做到案件办理“一入口、全链条”。在每一个诉讼环节，移动微法院均设置了相关诉讼事项的告知、提示、提醒或释明，便于当事人学习操作步骤，了解诉讼风险。同时，充分考虑手机用户的操作习惯，移动微法院中大部分文件均支持拍照上传，并内置文书模板，常见文书可填写必要信息后由系统自动生成，简单易学，便于操作。移动微法院的推广应用，切实解决了老百姓的问累、跑累、诉累问题。

（二）辅助办案，提高法院审判执行工作质效

移动微法院作为新型的移动诉讼平台，与浙江法院现有的各审判、执行系统及多元化解平台均可对接，平台之间数据实现实时双向交互，贯通从立案到归档全流程，为法官提供了一个突破时间、空间限制的全新的全流程办案平台。目前，除刑事案件外，占法院大部分办案量的民商事、行政、执行案件均可适用。移动微法院将法官的办案过程从办公室 PC 端复制到了移动终端，将办案模式从传统线下模式转变为线上线下相结合模式，从而有效拓宽了法官的办案空间。由此，法官可以在手机端实时查看所有承办的未结、已结案件信息，进行案件立案、审查、调解、庭审、归档、执行任一流程，充分利用碎片化的时间处理一些简单的程序性事务，极大地压缩了程序性、事务性工作的时间占比，提升了法官的工作效率，缩短案件的办理时间。

现阶段，司法体制改革进入向纵深推进的新阶段，如何科学组成审判团队，如何充分发挥审判团队中各成员的作用，各地法院都在积极进行相关探索。这其中，如何利用好法官助理这一角色，充分发挥法官助理的办案辅助作用，是摆在每一个法院面前的新问题。移动微法院的应用，为充

分发挥法官助理的办案辅助作用提供了一种全新的思路。现在法院中大部分的法官助理均来源于未能入额的审判员和助理审判员，此类人员本身就具有丰富的办案经验，利用移动微法院，法官助理可以独立完成案件调解、证据交换、庭前准备等工作，为法官审理案件做好准备，促进审判团队的科学分工，充分发挥法官助理的审判辅助作用，使法官能够集中精力处理司法核心业务。

送达一直是困扰各级法院尤其是基层法院的难点、痛点，直接送达找人难，邮寄送达、公告送达耗时长等问题尤为突出，极大地延长了案件的办理流程，降低办案效率。移动微法院的应用，将电子送达引入送达流程，书记员或者法官助理，在微法院中引入相应的诉讼文书，点击选择受送达人，即可一键精准送达，极大地提升了送达效率；当事人点击文书后，法院工作人员即可在微法院中看到已读回执，送达时间更加准确。此外，移动微法院具有的文书自动生成功能、案卷归档功能，与人民法院电子卷宗随案生成、电子卷宗无纸化归档等改革相适应，有助于进一步推动法院审判模式的转变。

（三）定纷止争，提供多元纠纷化解平台

过去，老百姓遇到矛盾纠纷，尤其是涉及金额较小的争议，往往不太愿意选择诉讼这一时间和经济成本均较高的纠纷解决途径，宁愿息事宁人或通过自行协商等私力救济途径解决，这不利于矛盾纠纷的最终化解，也为社会和谐增加了不稳定因素。移动微法院的应用，为社会公众解决矛盾纠纷提供了新的渠道，为诉讼活动提供了省时、经济的新方法。利用移动微法院，当事人可以足不出户进行诉讼、申请执行，极大地节约了当事人的时间成本和经济成本，引导当事人更愿意选择人民法院作为纠纷的解决途径，真正发挥人民法院定纷止争、维护社会和谐稳定的司法职能。

20 世纪 60 年代初，枫桥镇创造性地提出了发动和依靠群众，坚持矛盾不上交，就地解决，实现捕人少、治安好的“枫桥经验”。21 世纪以来，浙江省广大干部群众结合时代发展，在几十年经验积累的基础上创造了立足基层组织，整合力量资源，就地化解矛盾，保障民生民安的“新枫桥经验”。

浙江法院一直致力于深化“枫桥经验”、深化“平安浙江建设”，积极探索多元纠纷化解途径。结合当下互联网飞速发展普及的社会现状，依托微信“连接一切、跨界融合”的理念和技术，浙江法院利用移动微法院平台，将人民调解员、综治网格员、执行协助单位等各方力量引入，在线参与、配合调解和执行等工作，推动矛盾纠纷多元化解和综合治理执行难。移动微法院与浙江在线矛盾纠纷多元化解平台实现对接后，可以充分利用社会综治力量，借助入驻浙江在线矛盾纠纷多元化解平台的21000多名调解员开展在线调解，形成涵盖矛盾排查、预防化解、财产查控的“网上大调解”“网上大协同”格局，丰富了浙江法院“互联网 + 司法服务”的品牌内容，打造了一个全新的多元纠纷化解平台。

（四）全程留痕，构建实时监督、司法公开平台

移动微法院贯通了一个案件从立案、送达、调解、审判到执行的全过程，法官和当事人在案件办理过程中的所有交流过程、各方诉讼参与人的诉讼活动、执行法官的执行行为，均可以做到全程留痕、有据可查。诉讼活动全程留痕，可以督促案件的承办法官进一步端正工作作风、规范办案流程、提升办案质效；同时也有利于保障法官、书记员等人员的合法权益，减少当事人的无理信访。利用移动微法院，案件当事人、上级领导和纪检监督部门还可以实时对法官、法官助理、书记员等人员的案件办理过程进行监督，及时发现办案过程中的不规范、不合法之处，使法官的办案过程更加透明。

移动微法院在审判和执行过程中的应用，进一步促进了司法公开。当事人随时随地都可以在微法院中查询到自己案件的办理情况，充分了解案件的进展，缓解了当事人普遍反映的人民法院“见面难”“问事难”等突出矛盾，减少因与案件承办人沟通不畅、信息不公开等原因引发的投诉和涉诉信访，人民群众的司法满意度获得有效提升。此外，审执信息在移动微法院中的即时推送、及时公开，也为人民法院进一步推动司法公开工作提供了新的平台。尤其是对于执行工作来说，移动微法院支持法官外出执行场景，执行

法官在外出采取保全、查封、扣押等强制执行措施时，可以利用移动微法院以图片、语音、视频、定位等方式推送给申请执行人，实时公开重要执行节点信息，方便申请人与执行法官的沟通，减少申请执行人对人民法院消极执行的担忧，增进当事人对法院工作的理解和信任，提升人民法院的司法公信力。

（五）构建标准，探索未来诉讼发展方向

浙江移动微法院起步于余姚微法院，从设计之初就定位为打造可向全国法院推广的移动电子诉讼平台，最高人民法院领导高度重视移动微法院的试点工作，并多次作出重要批示。经过四个版的迭代升级，现阶段的移动微法院4.0版在设计上充分考虑了在全国法院部署的要求，采用微服务架构设计，实现了标准化界面、标准化接口、规范化模块。目前移动微法院具有立案、送达、证据交换、调解、开庭、执行六大基本模块，在功能设计上坚持一功能一模块，后续开发受到前期设计的约束较小，增加功能仅需开发新模块上挂，各个法院可根据自身工作需要开发增加模块，快速实现功能扩展和迭代升级。浙江移动微法院的应用，是对移动诉讼平台标准的探索和实践，为建立标准化的移动诉讼平台积累了丰富的实践经验。

加强司法审判与互联网的进一步结合，推进审判体系信息化、现代化、智能化建设，是人民法院适应信息网络发展的必然要求。移动微法院作为投入少、见效快、认可度高、影响面广、可复制性强的项目，代表了未来诉讼的发展模式，为移动端诉讼平台的未来发展提供了标准化、规范化、智能化的模板和方向，为打造以当事人、律师和社会公众为中心的一站式诉讼服务平台，在保证信息安全的基础上实现内外平台的数据互通，为形成态势感知全面、实战应用智能、业务协同流畅、部门联动灵敏、具有强大信息服务支撑能力和高智能化水平的信息化体系作了具有重要意义的探索。

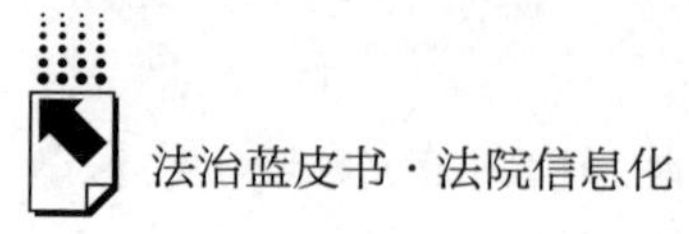

三 移动微法院的未来发展

浙江法院将结合移动微法院先期在浙江宁波、嘉兴两级法院的试运行结果和审判实际，坚持问题导向、需求导向，不断改进和完善移动微法院的各项功能，努力为人民群众提供更优质、更便捷的司法服务，为一线办案人员提供更全面、更高效的办案平台，让人民群众在每一个司法案件中感受到公平正义。

（一）进一步提升移动微法院的智能化水平

结合“智慧法院”建设，将移动微法院作为浙江审判新模式的重要组成部分，与道路交通一体化、电子送达、文书自动生成、电子卷宗随案生成、无纸化归档等功能深度融合，打造浙江审判新模式。不断完善移动微法院的功能，秉持让软件适应法官办案需求而不是让法官适应软件的理念，推进软件学习，利用人工智能、知识图谱等前沿科学技术，不断提升微法院的智能化水平，为法官办案和群众诉讼提供最大化的便利。

（二）进一步扩大移动微法院的适用范围

现阶段，移动微法院的适用范围仅限于民商事案件、执行案件和部分行政案件，虽然该部分案件量已占到人民法院收案量的大部分，但仍未做到全覆盖，刑事案件等其他类型案件亦是法院工作的重要组成部分。今后，浙江法院将继续积极探索移动微法院在刑事附带民事案件甚至刑事案件中的应用途径和应用方式，扩大移动微法院的适用范围，让智能化、信息化建设惠及全民。

（三）进一步加强人民法院现有各类系统整合对接

移动微法院作为一个全流程覆盖的移动诉讼平台，需要与人民法院现有的审判信息系统、执行信息系统等各类系统进行对接，其中还涉及内网与外网数据传输问题，需要人民法院做好各平台、各系统、各部门、各区域、各网络之间数据的互联互通，充分利用现有的资源和数据，为移动微法院应用打好数据基础。

（四）进一步深入推进网上诉讼的法律制度研究

网上诉讼是应互联网发展而生的新兴诉讼模式，同时也给法院工作带来了新情况、新问题，尤其是法律制度方面，并无成规可循。浙江省高级人民法院通过大量的调查研究和专家论证，出台了《浙江法院网上诉讼指南（试行）》，在此基础上，还需要结合移动微法院下一步的实践运用，继续深入研究网上诉讼面临的新型法律问题，不断完善网上诉讼的法律制度，适应网上诉讼的法律需求。

B.22
“4 +1”重庆智慧法院新生态

重庆市高级人民法院课题组*

摘　要： 重庆法院在最高人民法院领导、支持下，围绕科技以人为本理念，大力开展科技创新，倾力打造以“易诉、易审、易解、易达”四易平台及“法智云中心”为核心的“重庆智慧法院新生态”，发挥智慧法院建设成果的积极作用，让人民群众更加理性地选择纠纷解决方式，让案件审理过程更加智能便捷，让当事人对裁判结果能接受、可预期。通过智慧法院系统和平台的使用，让人民群众切身体会到智能化和智慧法院带来的便利。

关键词： 智能化　智慧法院新生态　服务人民群众

智慧法院是依托现代人工智能，围绕司法为民、公正司法，坚持司法规律、体制改革与技术变革相融合，以高度信息化方式支持司法审判、诉讼服务和司法管理，实现全业务网上办理、全流程依法公开、全方位智能服务的人民法院组织、建设、运行和管理形态。这个界定已经不再囿于纯技术的角度看待智慧法院，而是上升为法院工作本应具备的一种状态。智慧法院的根本目标与核心特征在于“三化”。“网络化”是指全业务网上办理，从审判

* 课题组成员：孙启福，重庆市高级人民法院党组成员、副院长；陈浩，重庆市高级人民法院信息技术处处长；张伟，重庆市高级人民法院信息技术处副处长；谢伟，重庆市高级人民法院信息技术处信息管理科科长；卿天星，重庆市高级人民法院信息技术处干部。

执行、审判管理、司法政务、纪检监察，到司法公开、诉讼服务、法治宣传等各个业务领域，都要提供网上办理方式；"阳光化"是指全流程依法公开，立案、庭审、执行、听证、文书等审判执行各个流程都要整体化、立体化向社会公开；"智能化"是指全方位智能服务，面向法官、诉讼参与人、社会公众和政务部门，努力运用先进信息技术手段提供智能化服务。重庆法院在推进网络化、阳光化、智能化工作中，不断探索智能化与审判工作实际和司法体制改革的深度融合，通过智能技术手段为人民群众参与司法诉讼提供便利。

2018年以来，重庆法院坚持信息技术与审判工作深度融合，因时因地制宜倾力打造"4+1重庆智慧法院新生态"，通过"4+1"（4即易审、易诉、易解、易达4平台，1即法智云中心）的核心架构，形成聚合众多平台系统、整合内网外网数据、服务多元对象主体的智能化生态体系。将智能化平台在面向审判执行工作、面向人民群众、面向管理决策的实际工作中应用、实践，总结经验教训。

一 易诉平台——重庆网上智能法院

由于重庆地处内陆，集大城市、大农村、大山区、大库区为一体，辖区地形复杂，边远区县很多地方交通仍不便利，群众诉讼成本相对较高，加之重庆在外务工人员较多，如有诉讼在身异地往返多有不便。"易诉"平台将大多数案件的立案、缴费、证据交换、庭审、送达从线下全流程迁移到线上，正好回应和满足了老百姓的司法新需求，真正实现"让数据多跑腿，群众少跑路"。

（一）"易诉"平台的核心功能

"易诉"平台通过互联网与法院专网无缝对接、安全的数据交换、系统间一体化整合等信息化支撑，推行"互联网+电子诉讼"新模式，为群众提供经济、方便、快捷、有效诉讼的新途径。

——网上立案。当事人或者代理人只需登录重庆法院公众服务网，在完成用户注册、基本资料填录、身份认证后，即可按照平台操作指引进行网上立案。平台采用先身份审核、后立案审核，当事人身份自动和人工比对两种审核方式，确保当事人和案件起诉的真实性。

——网上缴费。通过法院专网、财政非税网、银行专网、互联网内外四网数据交互，自动生成案件缴款通知书及编号，当事人可以直接利用网银网上缴费，做到一案一款一账户精准对应。未来平台还将开通支付宝、微信等诉讼缴费通道。

——案件查询。通过“案件受理通知书”提供的查询编码、密码登录平台后，系统自动查询案件相关信息和办理情况，当事人随时随地就能掌握已诉到法院的案件进展情况。

——网上质证。双方当事人上传证据后，直接利用“易诉”平台进行证据交换、查看证据并提出质疑。在正式庭审阶段，法官仅对双方有异议的证据进行法庭质证，简化庭审过程，提高审判效率。

——网上开庭。多方互动的网上庭审系统和个性化界面设置，满足实体科技法庭、网上视频开庭多种模式需求。双方当事人直接通过互联网参加诉讼，网上庭审、证据展示、法庭调查、法庭辩论、最后陈述、笔录签收等庭审流程各环节全部网上进行，确保法庭威严的同时最大化支持多方当事人参与。一根网线、一台带摄像功能的电脑、“易诉”平台，就能实现“网络诉讼”。

——电子送达。当事人可以通过各种途径签收法律文书，包括“易法院”手机终端签收、全国法院12368手机短信签收、“易诉”平台网站端用户名和密码查看签收、诉讼服务一体机终端文书查阅签收。当事人确认签收后，送达回证自动生成并回传至法院专网案件管理系统，提高司法文书送达效率。

（二）“易诉”平台的主要特点

其一，诉讼服务无差别化。“易诉”平台服务与人民法院诉讼窗口功能全面一致，公众可享受实体法院柜台无差别的司法诉讼服务。通过互联网平台当事人足不出户，即可享受诉讼服务不受地理、交通、空间区域等条件限制，减少排队之苦、等候之累。其二，诉讼范围全面化。“易诉”平台受理案件范围包括刑事自诉一审、二审案件，民事一审、二审案件，行政诉讼一审、二审案件，以及执行实施案件等大多数关系百姓民生的案件。其三，应用操作便捷化。“易诉”平台无缝对接人民法院办案系统，在确保数据安全的情况下，建立内外网“互联通道”，实现当事人与法官双向互动、全面联动的电子诉讼服务。平台采用开放式设计，并与“易解”“易审”等平台衔接，当事自主登录自行选择调解、网上立案等各项功能模块，满足多元需求。其四，业务办理协同化。随着智慧法院建设的深入，人工智能的应用，内外系统互联互通，包括网上缴费、网上阅卷、视频开庭、网上证据交换、电子签章、电子送达等各项功能全面应用于“易诉”平台，当事人、代理人、法官分别在外网、专网三维立体空间无感知协同办理，使当事人诉讼服务体验全面升级。

（三）应用推广情况

“易诉”平台于2018年1月22日起在重庆12家法院试点运行，8月底在重庆三级法院全面推广应用。截至2018年10月24日，已成功受理案件5万余件。诉讼费网上缴费共5483笔，金额总计16388218.76元（见表1）。通过易诉平台的建设应用，实现了重庆全市三级法院网上诉讼的各项功能，为群众参与诉讼提供了便利。

表1　“易诉”平台运行情况统计

（数据期间：2018年1月22日至10月24日）

单位：件

法院	申请数	待审核	已退回	已收案	已立案	转易解
市高级法院	1	0	1	0	0	0
市一中法院	28	0	21	0	7	0
江北区法院	8016	0	48	0	7895	73
沙坪坝区法院	3588	0	130	18	3296	144

续表

法院	申请数	待审核	已退回	已收案	已立案	转易解
北碚区法院	160	3	11	1	145	0
长寿区法院	52	6	9	0	33	0
渝北区法院	3781	305	439	113	2764	132
合川区法院	452	1	42	0	400	9
潼南区法院	532	0	23	7	502	0
铜梁区法院	35	0	2	1	32	0
大足区法院	516	40	21	2	446	0
璧山区法院	104	20	15	0	69	0
铁路运输法院	7	0	4	0	3	0
市二中法院	407	3	52	0	352	0
万州区法院	3442	177	147	9	2758	351
开州区法院	515	10	58	2	434	0
忠县法院	910	4	19	15	872	0
梁平区法院	997	16	72	45	719	145
云阳县法院	657	2	25	0	629	1
奉节县法院	2303	0	42	21	2220	20
巫山县法院	236	9	18	1	202	0
巫溪县法院	422	0	29	0	391	2
城口县法院	27	0	4	0	23	0
市三中法院	25	0	2	0	8	0
涪陵区法院	228	5	8	1	211	3
垫江县法院	280	0	15	2	262	1
南川区法院	86	2	14	0	70	0
丰都县法院	219	0	4	2	204	0
武隆区法院	106	11	10	1	81	1
市四中法院	327	5	23	0	298	0
石柱县法院	475	58	32	10	374	1
秀山县法院	32	0	7	2	18	0
黔江区法院	90	4	7	5	63	1

续表

法院	申请数	待审核	已退回	已收案	已立案	转易解
酉阳县法院	26	0	5	0	21	0
彭水县法院	289	7	15	0	262	5
市五中法院	225	0	21	0	204	0
渝中区法院	11592	563	135	60	10834	0
南岸区法院	3863	96	136	15	3616	0
九龙坡区法院	1860	69	87	6	1662	0
巴南区法院	1522	54	94	12	1362	0
大渡口区法院	210	0	11	0	169	0
江津区法院	1342	2	25	3	1158	0
永川区法院	868	0	66	0	684	118
綦江区法院	81	6	9	0	66	0
荣昌区法院	672	13	28	0	631	0
合　计	51606	1491	1986	354	46450	1007

二　易审平台——重庆智能辅助办案平台

重庆法院“易审”平台是以实现电子卷宗随案同步生成和深度应用、智能辅助法官办案、优化审判流程、方便法官高效协同办案为主要目的，在现有办案系统基础上，借助先进的机器学习、图文识别、自然语义分析等技术研发的智能办案平台，已在重庆三级法院同步上线。

（一）“易审”平台的核心功能

一是智能回填。系统自动识别、回填电子卷宗图片中的文本信息，减少输入工作量，降低差错率，为法官援引电子卷宗内容撰写法律文书提供便利。二是自动归目。纸质诉讼材料通过扫描等方式上传后，系统立即在后台进行智能识别，自动命名并准确归类至预设的电子卷宗目录，法官、司法辅助人员不必在线等待，可有效节约时间成本，大大提高工作效率。三是左看右写。利用宽屏显示器优势，将电子卷宗展示页面与信息、文书录入页面同时分设于屏幕左右两侧。法官、司法辅助人员可以通过网上批阅等方式，在电子卷宗里制作个性化的阅卷笔记；在查阅电子卷宗的同时，还可以录入案件信息、撰写文书，全面支持法官网上办案。四是类案智推。通过对案件材料的深度分析，从而实现法律法规推送、类案推送、关联案件推送等功能，为法官提供参阅信息，实现对电子卷宗材料的深度有效利用。五是智能文书。依托人工智能技术，全面实现法律文书的一键生成、一键签单、一键签章、一键送达。六是二维码识别。使裁判文书自动、准确归入相应的电子档案目录，提升电子卷宗归档的智能化、及时性。七是前审后续。实现任何案件在全市法院从一审、二审、再审、执行、信访数据的全程展现和互通共享。八是案件关联，实现案件当事人等数据的智能关联。

（二）“易审”平台的主要特点

其一，智能创新与继承相结合。“易审”平台在功能创新时，注重与现行办案系统深度融合，坚持一体化研发，最大限度避免“链接跳转”方式，引入智能辅助办案模块。既沿袭了现行办案系统的界面设置和操作模式，方便法官、司法辅助人员快速上手和熟练操作，也为新增智能辅助办案功能提供了大量人性化的操作提示。

其二，通用智审与类案专审相结合。一方面，“易审”平台对所有类型案件，都能够使用“智审”功能，通过自动识别案件共性要素，实现自动填充案件信息等网上办案要求；另一方面，对金融、工伤行政案件等“类案专审”，仍能提供更为精细化的信息要素提取等功能。通用智审与类案专审的有机结合，让所有案件均实现了智能辅助功能的全覆盖，以信息技术提升审判质效、提升司法公信力，迈出全新步伐。

其三，信息生成与智能辅助相结合。“易审”平台研发的主要目的，就是实现智能辅助法官办案，减少审判事务性工作。通过进一步优化办案系统，通过简化电子卷宗目录设置，通过“易审”平台已经具备的信息自动回填、格式文书一键制作、电子卷宗自动归目等功能，能够将法官、司法辅助人员从烦琐的信息录入、文书填写、电子卷宗采集及整理工作中“解放”出来，有更多的精力用在审判核心事务上。

（三）“易审”平台的应用情况

“易审”平台于2018年4月23日正式上线。根据平台数据统计，截至2018年8月31日，智能文书使用率96.82%，智能信息回填使用率27.57%，自动归目使用率52.3%。从使用情况看，立案环节使用率不高，操作人员仍旧习惯自行录入。平台设置的智能提取后信息确认环节，实际应用中被直接忽略的情况较普遍。智能文书功能使用情况较好，文书自动转换为图片并进入档案，以及文书附带二维码，纸质扫描后直接替换的功能节约了操作人员工作量，较受欢迎。

三　易解平台——重庆法院纠纷多元化解一体平台

“易解”平台是重庆法院从创新纠纷协调机制、有效化解社会矛盾的现实需求出发，充分运用“互联网+”思维，积极探索大数据多元化纠纷解决机制的新途径，依托全市法院专网和互联网这“两张网”，打造省级层面统一的纠纷多元化解一体化平台，为老百姓解决矛盾纠纷提供“全流程”“一站式”服务，便利了当事人诉讼，促进纠纷化解工作更加专业、规范、高效。

（一）“易解”平台的核心功能

“易解”平台有调解申请、调解管理、诉前诉中调解、司法确认、电子送达、网上调解、案例资源等功能模块。调解申请模块为公众提供了快速注册入口，注册登录后，可以直接在平台上提交调解申请，查看审核情况、办理进度、排期情况、文书等。调解管理模块向各调解组织提供调解员管理功能，可以在线编辑调解员信息，为调解员提供在线调解工作平台，具备在线格式文书自动生成功能，帮助调解员提高效率。数据对接模块，与市司法局主导的“巴渝和事佬”等调解平台实现数据共享，法官可在案件管理系统中将需调解的案件发送至“巴渝和事佬”进行调解；调解结束后，调解结果通过平台直接反馈至法官的案件管理系统界面。诉前、诉中调解功能，法官在收到起诉状或者口头起诉之后、正式立案之前，对可以调解的案件一键推送到“易解”平台，委派给特邀调解员、特邀调解组织进行调解；案件受理立案后，如需委托调解，直接在案件管理系统中申请委托调解，将案件委托给特邀调解员、特邀调解组织进行调解。司法确认功能，调解成功的，申请人、被申请人可以选择在线司法确认，人民法院予以确认的，办理完成后将结果及文书传递至易解平台；不予确认的，按照填录地址向各方送达民事裁定书并告知其可以继续调解或选择其他纠纷解决途径。在线诉讼功能，调解后仍不能达成一致，需要向法院提交诉讼请求的，申请人打开调解失败的案件信息，点击申请立案，可直接将案件提交至法院。调解成功并申请效力确认的案件办理完毕后，直接在网上进行文书送达。当事人在平台上查收盖有电子印章的法律文书。网上调解模块，通过互联网实现网上视频调解，当事人、调解员直接在平台上参与调解活动，足不出户就可以化解矛盾纠纷。

（二）“易解”平台的主要特点

其一，数据共享。以“易解”平台为纽带，整合司法调解、人民调解、行政调解、行业调解等多方调解资源，实现全市法院诉讼与人民调解、行业调解、行政调解大数据的实时共享；实现与矛盾纠纷综合调处系统、仲裁机构和公证机构的数据衔接，建立信息关联点，实现资源整合的最大化与实际运用的最优化。

其二，机制共建。发挥平台作用，多元化解机制是关键。自平台开展试点以来，通过不断强化人民法院与地区综治办、人力社保局、公安局、司法局、医疗纠纷人民调解委员会、保险行业协会、相关街道人民调解委员会等单位的工作衔接，完善涉及婚姻家庭、邻里纷争、交通事故、保险、医疗纠纷等领域的矛盾纠纷多元化解机制。

其三，诉调对接。在确保安全的前提下，通过文件交互的方式建立数据通道，实现“易解”平台与法院案件管理系统的互联互通，建成了真正意义上覆盖全市的诉调对接大平台。当事人达成协议，流程可随时终结；若前一流程不能化解纠纷，则自动进入下一矛盾纠纷化解环节。调解成功的，经当事人确认自动生成调解协议书，转至法院进行司法确认；调解不成功，征求当事人意愿后，直接通过网上流转至法院立案。

其四，智能引导。提供参考案例库、典型调解案件，提供调解时间、费用等成本要素计算、对比功能，突出网络调解的高效便捷性、突出调解方式的权威性和契合性、调解结果的效力性，引导当事人结合自身争议焦点、比较调判案例、预估案件结果，自主选择最为合适的纠纷解决方式。

（三）“易解”平台的应用情况

2017 年 7 月，平台率先在重庆市合川区人民法院开展试点，2018 年 8 月起在全市法院全面推广。截至 2018 年 8 月 31 日，共接受调解申请 5047 件，调解成功 4722 件，完成调解效力司法确认 1237 件。委托调解共计 2317 件，调解成功 2063 件。

四　易达平台——重庆法院智能送达平台

近年来随着案件数量的“井喷”，“送达难”问题更加凸显，破解“送达难”问题已刻不容缓。送达地址确认难、送达效率低下、送达事务管理落后等困难严重困扰送达效率提升。重庆法院在制度保障的前提下，通过数据复用、数据共享、智能分析等手段，建成送达事务智能管理平台——“易达”平台。

（一）“易达”平台的核心功能

第一，送达流程全程掌控。旧工作模式中，法院专递交寄后，法院工作人员需收到纸质回执后才能确信和分辨是否已真实送达当事人，以便启动下一步程序。法院专递管理系统利用网联技术，在法院、邮政速递公司和受送达人之间架起了一座闭环高速通道，送达过程和信息实时共享，自动流转，全程留迹，让沟通变得简单，让送达不再困难，解决绝大多数重复送达的困难。第二，送达信息智能分析。为每个当事人建立专门的送达信息库，通过全市法院诉讼服务中心、公众服务平台，并正在探索第三方即公安、社保、

邮政、通信运营商、律协等联系方式和送达地址共享模式，多渠道采集获取当事人送达地址。同时结合该当事人以前的送达信息和送达方式，利用大数据分析，系统自动向法院工作人员智能推送该当事人的最佳送达方式、最优送达地址和送达难易程度供参考，让法院工作人员按部就班地完成送达工作，节约司法资源。第三，专递送达单自动识别打印。通过套打实现法院专递烦琐的填单工作，系统智能提取地址信息和联系方式，自动打印专递送达单，彻底解决了字体潦草、字迹不清晰、地址联系方式不准确而导致的回退。委托专业公司研发了能自动识别专递送达单号的打印机和高拍仪，通过自动打印识别和拍照识别专递送达单号实现流转信息的自动采集，并逐案进行送达关联。递送信息实时交互。通过与中国邮政速递物流系统的数据交互，实现送达进度实时提醒，方便法院工作人员跟进办案进程。专递送达单信息，寄、收件人信息自动导入邮政速递物流系统，专递结算费用由邮政工作人员定期上传到法院办案系统，方便财务结算。第四，自动生成电子回执。邮政速递机构专邮人员使用带条码识别的高拍仪、手机将签收信息拍照后形成电子回执实时反馈。通过数据交互自动将电子回执回传至案件管理系统，并同步生成送达回证等电子卷宗材料。第五，送达信息主动发布。利用重庆法院公众服务网的案件流程信息公开平台，将送达情况和进程及时公开，让当事人全程参与监督，随时了解办案进程，避免出现不必要的误会。同时通过该平台，让当事人可以随时变更送达地址和联系方式，并推广当事人选用电子送达。

（二）“易达”平台的主要特点

其一，送达工作智能实现。法院专递管理系统是一套法院专递送达流程智能管理系统，创新实现了送达方式智能推送、送达难度智慧判断、送达地址自动选择、送达情况实时反馈，让法院专递真正活起来，点点鼠标就完成送达。全市三级法院实现了法院专递全程管控、专递流程送达信息实时互通、当事人送达地址和联系信息全市共享、电子送达回执自动反馈等目的，还实现了法院专递投递单扫码打印、个案投递难易度分析、专递费用的统计分析等功能。

其二，送达流程精细管理。细分送达各流程节点和工作责任，重新定义每个岗位职责，全程记录各个节点的耗时，合理优化改进。通过互联网和重庆法院专递微信群实现数据互通共享，将法院工作人员与派送人员之间的信息实时交互，提高送达效率和成功率。同时实现案件信息、送达信息和费用信息逐一匹配，满足个案评估和精细化管理的需要。

五 法智云中心——重庆法院大数据中心

“法智云中心”是重庆法院的数据汇聚、挖掘、分析中心，主要有“智搜”“慧析”两大功能模块，目前已汇聚起千万量级审判、队伍、政务等基础数据，并融合各类社会公共信息资源，依托大数据、云计算、机器学习等技术，实现重庆三级法院“案件—人事—财物—外部数据”一体化分析。

（一）“法智云中心”的核心功能

“法智云中心”由法智云、管理云、审判云、公开云、政务云和队伍云构成。法智云包含智搜、慧析两大功能，综合利用案件、人员、文书和电子档案等海量数据，通过高效的信息检索机制，实现了各类信息的查询、深度挖掘和关联追溯。智搜平台通过引入人工智能行业技术领先公司，结合国内现行标准和法院实际情况，建立大数据智能搜索系统。通过智能一键搜索，实现结果的精准匹配和排名，让法官快速、直观浏览、搜索各类与案件相关的详细信息，有效为法官办案提供参考。慧析平台向全市法院干警提供智能化的数据共享、数据分析和数据预测等服务，提供差异化的司法大数据分析服务。实现智能化的主题分析、即席查询、热点分析和数据挖掘。一是拓展定制分析的范围，纳入更多的分析专题，实现定制化分析的扩容，常用分析图表实时生成；二是实现非结构化数据分析，利用智能化技术实现对文书和电子卷宗信息的分析。管理云面向审执工作，提供案件管理监控预警、审判智能决策等功能。公开云依托重庆法院公众服务网、智能终端手机 App 等向当事人提供网络化诉讼服务。审判云通过对立案、审判、执行、信访等流程和案件质效评估系统进行整合，形成审判业务扁平化、审判过程实时监控的一体化管理。队伍云依托重庆法院大集中人事系统，实现全市法院干警人事信息数据化，集中管理、统一录入标准，为全市法院人员分类管理提供依据。政务云采用开放式模块设计，除涉密事务，其他政务办公事项均通过网上运行，实现公文流转一体化、流程管理标准化。

“法智云中心”还建成了各类数据资源库。其中的档案库将2009年全面网上办案以来的全部案件电子档案和历史档案入库，可以检索1949年以来的案件档案材料。庭审视频库已集纳全市法院庭审视频，其中的“今日开庭”栏目可以远程观摩正在开庭的视频直播，也可以通过“历史点播”查看庭审视频录像。

（二）“法智云中心”的主要特点

其一，数据标准统一。标准不统一是制约法院信息化建设的最大壁垒。通过坚持整体规划和顶层设计，始终确保同一系统、同一平台、同一标准，并将其作为信息化建设的“基石”。不管是高院还是中基层法院、人民法庭的法官，都用的是同一套系统，系统中所有的流程、节点、信息的标准都完全相同。

其二，数据实时真实。数据实时真实是信息化的生命。从案件立案到结案，强力推行同步录入、同步扫描，杜绝事后补录，确保数据而不是统计意义上的数字即时生成、全面准确。所有案件相关的信息都可以依权限进行查看。随意点击一个案号，即可按照权限查看起诉书等卷宗材料。每个生效的案件，都可以查看详细信息、电子卷宗和庭审录像。

其三，实现深度融合。坚持信息化系统与审判流程深度融合，坚持系统与系统之间的深度融合。基于标准化顶层设计，重庆法院各系统均依托同一底层数据库架构研发，系统之间不需要对接，审判管理系统、队伍管理系统、信访管理系统、审判业绩系统的信息通过案件和法官自动关联。

“法智云中心”已于2017年正式开放，为全市法院干警提供数据检索、挖掘分析、态势研判、绩效对比等智能化服务。

六 亟须解决的问题

（一）建设成果向应用成效转换的问题

全国智慧法院建设中，通过以语音识别、图像识别、OCR和NLP为代表的人工智能技术、大数据技术的运用，涌现了一大批智能化的系统、平台和其他成果。重庆法院也进行了智慧法院新生态的打造。但实事求是地讲，从后续监控和统计分析发现，这些智能化平台的推广应用远比想象中复杂，每个平台的应用都是一项系统工程。首先，人的习惯转变难度极大。以易审平台为例，虽然提供了左看右写、网上阅卷和电子标注的功能，但多数法官仍然更愿意使用纸质卷宗，因为这是他们长久以来形成的习惯。根据最高人民法院发布的《电子卷宗随案同步生成和深度应用工作月报》，这个问题在全国法院较为普遍。这一方面是工作习惯的问题，另一方面也反映了目前提供一些智能化功能还不能让法官积极主动使用，这是技术层面仍需努力的。其次，配套的制度要及时跟上。以“易诉”平台为例，在基层法院运用成效显得参差不齐。有的法院没有出台配套制度，当事人网上申请的案件直接卡在审核环节无人处理。这些问题智能化系统无法解决，必须要靠管理、靠监督、靠各级法院各条线形成合力才能有效化解。此外，还需要转变以往重建设轻应用的情况，项目建设必须坚持需求至上，把着眼点转移到应用上，后期应用情况跟踪和项目持续优化完善升级始终是重中之重，智能化始终只能是手段，而不是目标。

（二）拥抱前沿技术与保持理性的问题

目前，以深度学习、自然语言处理、语音识别等为代表的人工智能前沿科技可谓风生水起，但客观来讲，这些技术都还有待进一步成熟，特别是算法作为人工智能的核心，其深度学习等在裁判文书等非结构化数据的运用上还非常局限。但是审判工作又具有高度的智慧性，法官办案不是简单地将法律法规套用在纷繁复杂的矛盾纠纷和社会万象上，而更像是一门高超的技能与艺术，融法、理、情于一体，每一份裁判都体现着法官的法律素养、社会认知、综合能力。因此，法院对人工智能的要求和期望值非常高，甚至已经超出目前科技能力所及。从这个角度而言，应该保持一种理性。因为至少在当下和短期来看，人工智能只具有辅助功能，目前只具备工具属性，不可能替代法官办案。

（三）系统平台总体规划和业务协同的问题

最近几年，法院信息化建设突飞猛进，取得了骄人成绩。最高人民法院也研发上线了一系列重要的平台、系统，一些全国性的平台取得了良好效果。但是也存在平台较多、数据对接难度大、多头管理、个别平台法官需要重复操作的问题。这就涉及统分结合的问题，建议从更高的层面进行总体规划，综合考虑全国各地法院的实际，避免重复建设。已经落地的项目，后续对接、完善，运维的持续跟进也需要予以关注，真正发挥各平台和系统的实效。

（四）智慧法院建设的资金保障极为困难

目前，重庆市三级法院都存在信息化资金支持不能满足智慧法院建设需求的情况，争取资金支持已成为智慧法院建设的当务之急。在市级层面人财物统一管理的大背景下，项目申报、审核和采购流程变化极大，而总的资金投入却在压缩。以 2018 年为例，仅保证了三级法院基本的信息化运维经费，新的建设项目基本未予支持。按照规范管理的要求，每年信息化项目要提前申报，未列入清单的项目，相关部门不予审批，财政也不予安排资金，而且明确要求各单位也不得利用自有收入建设，这导致最高人民法院要求在本年度完成建设的项目难以争取到资金。加之重庆正积极打造西南地区内陆开放高地和长江上游金融中心，财政资金投入优先保证经济民生，对各部门信息化支持力度减弱。每年预算资金除去日常专网线路租赁、设备采购和运维保障费用后，智慧法院建设的经费捉襟见肘。虽然通过各种途径节约资金，目前仍有较大缺口，严重影响智慧法院建设进程。

B.23
花山法院打造物业纠纷诉调对接一体化平台调研报告

徐 飞　肖澎湃　童映光*

摘　要： 深入推进多元化纠纷解决机制改革，是人民法院深化司法改革、实现司法为民、公正司法的重要举措。安徽省马鞍山市花山区人民法院以“互联网+”和“移动互联网”为创新基础，通过打造物业纠纷诉调对接一体化平台，物业纠纷在数据层面实现互联互通，促进人民调解、行政调解、行业调解、司法调解相互衔接和相互配合，多方联动在线调解，诉调实现无缝对接，构建预防为主、多方联动、调判结合、案结事了的纠纷化解工作机制，取得良好实践效果。

关键词： 物业纠纷　诉调对接　网上数据一体化　移动互联

随着互联网的高速发展，在信息技术的强有力支持下，纠纷多元化解的方式正在发生深刻变化。2018 年 5 月 17 日，全国首家物业纠纷诉调对接数字一体化平台在安徽省马鞍山市花山区人民法院（以下简称“花山法院”）上线运行，标志着多元改革“马鞍山经验”进一步提档升级。

---

* 徐飞，安徽省马鞍山市花山区人民法院党组书记、院长；肖澎湃，安徽省马鞍山市花山区人民法院信息办主任；童映光，安徽省马鞍山市花山区人民法院研究室主任。

一　物业纠纷诉调对接一体化平台运行机制

花山法院充分运用信息科技带来的新动能，构建物业纠纷“网上数据一体化处理平台”，实现了数据共享，办案平台统一，推进了物业纠纷多元化解特色品牌提档升级。物业纠纷诉调对接中心工作机制可以这样概括：一个中心、三级平台、四位一体、五调联动、智慧建设。截至 2018 年 10 月，共受理物业纠纷 4231 起，人民调解员诉前调解结案 1396 起，调解成功率达 33%。

（一）一个中心

花山区物业纠纷诉调对接中心成立于 2015 年 10 月 19 日，是由花山法院物业法庭与区物业纠纷人民调解委员会相互衔接，支持、配合和指导区物业纠纷人民调解委员会开展调解工作，负责对全区物业纠纷诉调工作实行统一调度和管理，积极引导当事人、业主委员会、基层组织和专业委员会采取和解、调解等方式与人民法院形成分层分阶段有序解决纠纷机制。

物业诉调对接中心由调解区、办公区、审判区、综合服务区四个区域组成，充分发挥了预防纠纷、化解矛盾的作用，提升了物业管理水平、提升了文明创建水平、提升了城市管理水平、提升了社会治理水平。

中心设主任一名，成员单位为区综治办、区住房管理中心、区司法局、区法院。物业纠纷诉调对接中心负责对全区物业纠纷调解工作统一组织、统一管理、统一指挥、统一调度，统筹协调解决物业纠纷调解与物业管理工作中存在的困难和问题，总结物业纠纷调解和物业管理工作经验，不断完善物业纠纷调解和物业管理工作机制。

根据当前公租房、安置房管理和物业行业监管的形势和要求，为进一步加强住房管理工作，强化物业纠纷诉调对接工作，2016 年 11 月，经花山区政府常务会议和区委书记专题会议研究，对全区住房管理工作体制进行改革，撤销区房改办，成立区住房管理办公室，实行建管分离，区住房管理办公室下设综合科、住房保障科、物业管理科、安置房管理科，区住房管理办公室与区物业纠纷诉调对接中心合署办公，中心主任由区住房管理办公室主任兼任，并要求各街道成立相应的住房管理分中心和物业纠纷诉调对接中心，分中心主任由镇和街道分管领导担任，对物业纠纷实行分层化解和预防。

（二）三级平台

物业诉调对接中心设立三级平台，以中心辐射，在各街道和乡镇设立物业诉调对接分中心，在全区各社区设立35个社区物业诉调对接工作站。结合法院法官工作室、法官便民联系点和社区网格化工作，基本形成物业诉调对接在全区的全面布局。通过物业纠纷诉调对接中心、街道分中心、社区工作站三级平台，分层化解物业纠纷，让小纠纷不出社区、大矛盾不出街道。

（三）四位一体

负责对全区物业公司的监督、管理、考核，开展物业纠纷行政协调和行政调解工作，加强对物业调解员的日常管理。

负责开展物业法律宣传、法律咨询、法律援助，参与纠纷调解；负责对物业纠纷人民调解员的业务指导和培训。

负责对分流和导入中心的物业纠纷开展线下和线上调解工作。对调解达成协议需司法确认的，移送区法院物业审判法庭进行司法确认；对在规定的调解期限内调解不成的，则引导当事人到区法院提起诉讼。

负责物业纠纷委派、委托、邀请调解等诉调对接工作，负责司法确认、诉讼调解、开庭审判，负责对物业纠纷人民调解员的业务指导和培训。

（四）五调联动

形成人民调解、行政调解、行业调解、诉讼调解、在线调解“五调联动”，构建“一个中心、三级平台、四位一体、五调联动”工作机制，合力推进全区物业纠纷一体化处理、多元化化解，进一步提升全区物业纠纷化解和预防水平。

（五）智能平台

2018 年 5 月 15 日，马鞍山市花山区物业纠纷诉调对接数字一体化平台正式启动。这是全国首个物业纠纷诉调对接数字一体化平台。该平台以“互联网 +”和“移动互联网”为创新基础，通过物业纠纷诉调对接工作机制，树立物业纠纷调解优先工作理念，坚持把人民调解作为化解物业纠纷的首选方式，充分发挥人民调解的优势，促进人民调解、行政调解、行业调解、诉讼调解、在线调解相互衔接和配合，构建预防为主、调判结合、案结事了的物业纠纷多元化解机制。通过诉调对接平台，进一步畅通纠纷化解互动渠道，实现物业费统一计算、数据信息联网共享等各项功能。

二　物业纠纷诉调对接一体化平台建设主要内容

物业纠纷诉调对接一体化平台系统是实现调解、立案、分案、司法确认、诉讼办案、在线庭审等一系列相关流程的综合处理系统，方便物业纠纷的管理和处理。

（一）平台建设思路

1. 诉调对接业务平台

物业纠纷诉调对接一体化平台根据纠纷化解流程进行设计，将物业纠纷的调解进行前置，由物业纠纷诉调对接中心进行集中办理。按照当事人提交申请、调解中心受理、调解员调解、法院司法确认或接收诉讼案件的流程进行管控设计，实现调解与诉讼在线办理无缝衔接。

2. 互联网办案平台

依托互联网技术，实现在线视频调解、在线举证、在线质证、多方案情沟通、在线视频庭审，实现调解、诉讼业务互联网办理，降低诉讼成本，提高办案效率。

3. 多方联动协同平台

打通业主与物业公司的沟通联系壁垒，并建立物业纠纷数据层面的互联互通机制，将纠纷数据、调解数据、诉讼数据、物业行政管理数据汇聚于平台内，让区综治办、区住房管理中心、区司法局、区法院充分发挥各自职能，形成工作合力，多方联动化解物业纠纷。

（二）平台建设架构

平台通过统一门户为当事人及其代理人、调解员、法官提供统一登录入口。当事人及其代理人平台支持在线申请调解、提起诉讼、费用缴纳、案件查询；诉前调解平台提供纠纷调解、纠纷接收、纠纷移送等调解功能；法院办案平台提供立案、诉讼、司法确认、调解、案件查询等功能；微信小程序提供纠纷查询、案情沟通功能。建立平台大数据库，形成物业行政管理、物业服务公司、业主、调解、诉讼、庭审等各类数据库，并依托云端网络环境及网络安全防护体系保障系统的安全、稳定运行，为调解机构、人民法院提供决策支持辅助功能。

（三）平台功能模块

1. 当事人平台界面

当事人平台界面主要包括我要起诉、我要应诉、费款缴纳、我要调解、我要举证、查看证据、我要质证、补充证据、案件进度、案情沟通、案件流程、查看卷宗、司法邮箱等栏目。

当事人在申请调解时需要按照证据指引的要求上传证据材料信息，确保证据确实充分，符合收案要求。同时平台预置了本地区物业小区物业服务阶段、物业服务等级与收费标准关联关系，当事人可以通过设置物业小区坐落位置、物业服务等级、物业服务阶段等信息，平台自动计算该小区的物业公共服务费收费标准，对当事人申请调解的各项费用进行审查与提示。当事人申请调解可以自主选择调解中心或调解点进行调解，并查看调解的办理过程及调解文书。

调解达成后如果选择线上缴费，系统会自动计算物业收费金额，缴费方式可选择支付宝、微信、银联支付；当事人如果庭前达成调解协议，可申请调解书或申请司法确认，法院办结后当事人可在司法邮箱中接收到裁判文书；当事人如未达成调解，可选择线上开庭，当事人可以看到原告信息、被告信息、诉请信息、事实理由、办案阶段，通过系统视频开庭功能进行远程视频开庭，庭审过程中，当事人可以点击查看证据信息，在线举证、质证；庭审结束后，当事人可在线查看最终的判决信息，并在司法邮箱中接收判决文书。

2. 诉前调解员平台界面

在调解员页面，显示当事人坐落位置、小区名称、房屋地址、建筑面积、小区类型、是否有电梯、物业服务阶段、交付手续办理日期、物业费形式、物业服务等级、欠缴日期、是否有业主委员会，并显示不同情况的纠纷数量和调解达成协议的概率，以及当事人、调解金额、调解人、调解点、调解时间、纠纷状态等待办事项，还可添加当事人申请信息、调查记录、调查笔录和调解结果。调解员可查看当事人提交的证据信息，对证据缺失的可以要求当事人进行补充。

在调解过程中，调解员可实时查询各小区业主对物业公司的投诉记录及住房管理中心对物业公司的考核评分情况。根据业主投诉情况，核实物业公司在物业服务过程中存在的问题，为调解提供依据。对调解成功的纠纷，系统根据当事人信息、证据信息、调解笔录、调解结果等内容自动生成调解协议书，调解员上传签字版调解协议，电子版调解协议书自动发送至当事人司法邮箱。当事人申请司法确认或申请民事调解书的，调解员提交纠纷至法院进行司法确认，或提交法院进行民事调解书制作。对于未达成调解协议的纠纷可在线发起诉讼，调解卷宗一键转入诉讼环节。

在纠纷处理信息中，调解员可查看本人当前调解纠纷数、今日调解纠纷数、本周调解纠纷数，以及本周、本月、本年度纠纷调解情况及调解成功率；调解中心主任可查看调解中心的调解纠纷总体办理情况。

3. 法官平台界面

法官通过平台对司法确认、申请调解、提起诉讼的案件进行收案、立案、分案，进入办案环节。对于物业纠纷案件，法官可以通过平台查看诉前调解的经过、证据、文书。

进入诉讼程序后，法官首先组织双方进行庭前调解或在线调解，并确认调解方案。如果法官庭前调解结案，系统根据平台信息自动生成撤诉裁定文书或调解书；如果未达成调解并准备开庭的案件，法官可以通过平台看到在调解阶段的具体信息，包括申请人信息、被申请人信息、事实理由、调解信息等，并可以查看原告、被告上传的证据信息。

进入庭审环节前，当事人通过平台缴纳诉讼费后可申请视频开庭，法官启动视频开庭后，双方当事人远程接入，法官在线展示证据材料，组织在线举证、质证。如果当庭调解或判决，平台可以自动生成法律文书，并通过司法邮箱发送给当事人。平台在法官办案的关键环节，均通过短信的方式通知当事人案件立案信息、开庭信息、判决结果信息等关键内容，让当事人实时了解案件进程。

4. 微信小程序界面

为了满足简便、快捷的应用要求，花山法院积极顺应“移动互联网”新形势、新要求，组织开发了物业纠纷诉调对接一体化微信小程序，为业主、物业公司、调解员、法官、住房管理中心工作人员提供统一入口，当事人可在线查询纠纷办理进度、补充提交证据，减轻当事人诉累。对于达成调解协议的纠纷，当事人可通过支付宝、微信、银联支付入口快速缴纳物业费，提高履行效率。微信小程序为调解员、法官、住房管理中心工作人员提供案情关注及沟通功能，进行线上实时文字、语音、图片沟通，促进多方联动化解物业纠纷。微信小程序还具有在线视频调解功能，当事人足不出户即可完成调解流程，有效提高了调解成功率。

（四）平台智能辅助

1. 诉求服务集约化

物业纠纷作为类型化案件，平台为物业服务公司、业主提供了一键批量申请调解、一键批量起诉功能，案件信息、证据材料通过网上批量流转，减少当事人往返法院的诉讼成本，提升司法服务效率。

2. 核心数据联通化

住房管理中心实时获取物业服务公司基础数据、业主投诉建议数据、物业服务公司服务评价数据。打通物业纠纷诉调对接数字一体化平台与住房管理中心的核心系统数据，充分利用共享数据为调解、裁判提供辅助决策，促进物业纠纷多元化解，提升法院办案质效。

3. 案情沟通实时化

集成于法官、调解员、当事人及住房管理中心工作人员的手机微信端，案件相关人员可在指尖实现即时在线沟通、语音沟通及视频沟通，当事人通过自行定义争议焦点，向各方阐述观点，进行多方联动案情沟通，提升案件调解成功率。

4. 费用计算自动化

根据地市物业费收费标准及住房管理中心物业服务公司服务评价标准数据，对申请物业费金额进行折扣计算，内嵌人工智能算法模型为法院判决、调解员办案提供物业费折扣自动计算服务，使调解结果与法院判决结果趋向统一，提高案件调解成功率。

三　物业纠纷诉调对接一体化平台建设成效

物业诉调对接中心是多元化纠纷解决机制改革的有益探索，从运行效果来看，对基层法院处理类型化案件、化解社会矛盾具有非常重要的指导意义。

（一）建立物业纠纷诉调对接数字一体化平台，有助于便捷化解物业纠纷

物业纠纷诉讼材料“一次提交、多次利用”，可在线完成调解、诉讼、司法确认、诉讼文书签收、支付诉讼费等。当事人起诉立案“最多跑一

次”。通过诉调对接平台综合处理系统，实现诉前调解、起诉应诉、开庭审理均在一个平台进行，通过语音、文字、视频、文件即时沟通，做到多方联动、一网办案、快速处理，真正让数据多跑路、群众少跑腿，物业纠纷解决更方便、更快捷。

（二）建立物业纠纷诉调对接数字一体化平台，有助于公正化解物业纠纷

一体化平台有助于形成类案同判机制。物业诉调对接中心在处理物业纠纷案件中，事实上考虑到类案的同质化，在充分保障争议双方诉讼权利的同时，积极推动要素式审判模式改革。将类型化案件的主要事实部分和争议焦点部分进行要素归类，在诉前处理过程中，由双方当事人进行确认，由此在案件转入诉讼程序时，对无争议事项不再审理，只对争议焦点进行审理，简化流程，更方便快捷地处理物业纠纷。

（三）建立物业纠纷诉调对接数字一体化平台，有助于高效化解物业纠纷

以往物业案件的办理过程中，物业方、业主对立情绪严重，导致庭审过程争议大，需查明事实往往又缺乏证据支持等情况，最终进行调解结果让双方均心悦诚服的难度都很大。后续执行过程中，业主不愿履行裁判确定义务导致业主与法院矛盾激化更是常见，容易引发群体性事件，导致案件执行难。通过物业诉调对接中心特别是类型化物业案件在法院处理结果的明确化，大部分物业方和业主对于诉讼预期基本有较为明确的认知，无论是诉前调解工作还是审判执行工作，双方更容易接受调解组织和法院的最终处理结果，基本案结事了，矛盾得以化解。通过诉调对接平台，集成司法局、住房管理中心、物业纠纷调解中心、物业法庭四大机构，形成人民调解员在线调解、物业服务监督管理、物业纠纷专业调解、人民法院视频开庭“四位一体”物业纠纷解决机制，多方联动在线调解，诉调实现无缝对接，促进物业纠纷高效处理。

（四）建立物业纠纷诉调对接数字一体化平台，有助于公开化解物业纠纷

通过互联网办案平台，实现在线快捷举证、线上同步质证、证据卷宗电子留痕、在线视频庭审、在线视频调解，并通过微信小程序实现案情网上沟通，整个流程公开透明。

（五）建立物业纠纷诉调对接数字一体化平台，有助于智能化解物业纠纷

通过互联网办案平台，向当事人智能推送物业纠纷常见法律问题解答，当事人可线上线下快捷缴纳诉讼费、物业费。根据电子卷宗信息、诉调对接流程，办案平台智能生成调解协议，进行司法确认；未达成调解协议的，智能生成起诉状；在线开庭、调解，智能生成法律文书。

（六）建立物业纠纷诉调对接数字一体化平台，有助于破解案多人少司法难题

在物业诉调对接中心成立以前，物业案件难送达、难调解、难执行的问题非常突出，占据了法院大量的司法资源，且处理效果和社会反响均不高。在物业诉调对接中心成立一年半时间里，共处理了物业纠纷 4231 起，大量纠纷在诉前即通过社区、街道和调解组织得以解决，而进入诉讼程序的，也通过前期工作，舒缓了矛盾，固定了案件基本事实和证据，对于缩短诉讼处理流程和取得良好诉讼效果都有积极作用。目前该中心的日常运作涉及法院部分，基本由花山法院速裁团队三名法官在审理其他案件时兼顾完成。可以说，通过其他组织的共同参与，极大地缓解了法院案多人少的矛盾。

（七）建立物业纠纷诉调对接数字一体化平台，有助于促进物业工作健康发展

通过打造网上数字一体化平台，有效地整合了各部门职责，构建了完善

的物业纠纷诉调衔接机制，探索出了一条具有花山特色的多元化纠纷解决路径。物业纠纷诉调对接数字一体化平台建立后，各大物业公司认识到新形势下的物业竞争，不仅仅是物业收费的高低，更是物业服务质量，预防和减少物业纠纷直接关系到公司的信誉度，有利于整个物业服务行业的健康良性发展。

四　物业纠纷诉调对接一体化平台经验启示

通过建立物业纠纷诉调对接一体化平台，形成了物业纠纷化解的“花山模式”，在横向上有效打破了各个部门之间的信息壁垒，在纵向上实现各个部门化解纠纷的无缝衔接，形成了数据共享、公开透明、标准统一、便捷智能等整体优势。推进诉调对接平台建设，特别是专业化、矛盾多发领域的平台建设，努力实现“四个新突破”。

（一）进一步扩大与行业、专业调解组织联动覆盖新突破

要在诉调对接对象上从重点突破向全面开花发力，在诉调对接操作规范上从零散向系统整合发力，让更多的矛盾纠纷通过非诉解纷渠道解决，通过国际贸易、知识产权、司法鉴定、行业鉴定、政府法制、金融管理、房地产、医疗、证券、信访、旅游、仲裁、贸促等部门协会，建立起广泛的专业化调解网络，实现更大范围的覆盖。

（二）新类型、高端领域的衔接导入要有新突破

把诉调对接工作的提升放在打造“创新型三个强省”、建设五大发展美好安徽的高度来定位、把握和推进，紧紧围绕安徽省科技创新、产业创新、企业创新、产品创新、市场创新的法治需求，围绕加快融入国家“三大战略”长三角一体化、创建自由贸易实验区等，加强调查研究，加强分析研判，在运用新类型、高端领域的专业调解上不断探索创新。例如：网贷的专业调解，网络支付纠纷案件的审理与调解，知识产权、创新开发区的专业调解，电子商务法庭、互联网法庭调解，“一带一路”国际商事调解，电子督促程序创新，等等。

（三）多元化纠纷机制的地方立法要有新突破

在工作理念上，要突出纠纷的分层递进化解和共建共治共享。在主体责任上，形成“党委领导、政府主导、社会参与、多元并举、法治保障”的工作格局。在程序衔接上，通过立法明确政府机关及其职能部门、人民法院、调解组织、仲裁机构的协调联动，推动和解、调解、行政裁决、行政复议、仲裁、诉讼等不同纠纷解决途径的程序衔接、无缝对接，使矛盾纠纷高效快捷化解。在解纷力量建设上，明确人民调解、行政调解、司法调解及其他各类调解组织的组建、工作职责等，促进解纷力量规范发展。在组织保障上，对相关物质经费保障、调解人员的报酬予以明确，支持商事调解组织、行业调解组织等按市场化运作。

（四）调解团队组建要有新突破

除已有的调解模式外，尤其是要在调解团队的组建上进一步更新理念，创新突破。按团队化建设思路，整合各类资源，打造“团队化”调解新模式。要立足法官化解主导地位，引导调解人员的跨界融合，解决探索“1 + N”调解模式，如“法官 + 人民调解员”“法官 + 人民陪审员”“法官 + 人大代表”“法官 + 政协委员”等等。不论是基层人民调解员，还是专业的法律职业人员，或者是德高望重的社会人士，都可以吸纳到调解团队中。此外，要在组建专业法官调解工作室、专业法庭、专业审判庭、网上法庭上积极探索，打造多元解纷的专业场地，为多元解纷工作插上科技翅膀。

习近平总书记所作的党的十九大报告高度重视社会治理问题，从统筹推进“五位一体”总体布局和协调推进“四个全面”战略布局的高度，对社会治理问题进行了阐述，明确提出要打造共建共治共享的社会治理格局。这一系列新思想新举措，是推进诉调对接平台建设的行动指南。在习近平新时代中国特色社会主义理论指引下，秉持以人民为中心的发展理念，马鞍山市两级法院将不断拓展矛盾纠纷数字一体化处理新领域，让多元改革“马鞍山经验”更加丰富。

B.24

合川法院“互联网+多元化解”调研报告

重庆市合川区人民法院课题组*

摘　要： 信息技术的飞速发展让工作生活更加便捷高效，给法院带来了机遇；党中央对完善多元化纠纷解决机制进行部署，对法院提出了要求。重庆市合川区人民法院充分运用“互联网+”思维，积极探索大数据多元化纠纷解决机制的新途径，将信息技术与矛盾纠纷多元化解相结合，整合了线上线下资源，建设了重庆法院纠纷易解平台的应用子平台——“合舟共济e+”平台，不断完善平台功能、强化各类矛盾纠纷化解平台衔接、健全诉调对接机制，力争打造具有西部特色的新时代“枫桥经验”，促进矛盾纠纷化解便捷化、规范化、高效化。

关键词： “互联网+”　多元化解　“枫桥经验”

党的十八届五中全会通过的“十三五”规划明确提出，实施网络强国战略以及与之密切相关的“互联网+”行动计划。人民法院信息化3.0版的主体框架已经确立，智慧法院形态初步构建，信息化技术在中

* 课题组成员：谢宝红，重庆市合川区人民法院党组书记、院长；黄艳，重庆市合川区人民法院党组成员、政治处主任；龙玉梅，重庆市合川区人民法院研究室主任；殷坤炙，重庆市合川区人民法院研究室副主任。

国、在中国法院备受关注，应用前景广阔。最高人民法院将司法改革和信息化建设比喻为人民法院发展的“车之两轮、鸟之两翼”[①]。重庆市合川区人民法院（以下简称“合川法院”）紧跟社会发展形势、立足工作实际，借助司法改革大势推动信息化技术与法院工作深度融合，借助信息化技术智能、方便、高效的优势推进和巩固司法改革成效，同时主动传承和发扬新时代“枫桥经验”，始终坚持以服务为宗旨，服务群众解纷、服务法官办案，不断推动矛盾纠纷多元化解工作，实现矛盾纠纷的源头化解和综合防治。

一 “互联网＋多元化解”工作情况

合川法院积极顺应社会治理新要求，准确把握新时代“枫桥经验”在互联网时代的深刻内涵和实现方式，充分运用“互联网＋”思维，从创新解纷机制、有效化解矛盾的需求出发，在上级法院和地方党委的支持下建设了重庆法院纠纷易解平台的应用子平台——“合舟共济 e＋”平台。平台以“数据共享、机制共建、诉调对接、纠纷易解”理念为引领[②]，整合司法调解、人民调解、行政调解、行业调解等所有调解资源，为群众解纷提供“全流程”在线服务。平台在设计上坚持“用户需求”导向，设有“我要解纷、解纷导航、合作机构、数据分析”等栏目，具备网上调解、参考案例、

① 罗书臻：《牢固树立五大发展理念　大力弘扬改革创新精神　为实现“十三五”规划营造良好法治环境》，《人民法院报》2016 年 1 月 24 日，第 1 版。

② 数据共享，是以平台为纽带，汇集整合司法调解、人民调解、行政调解、行业调解等多方调解资源，实现全市法院诉讼与人民调解、行业调解、行政调解大数据的“实时共享”。机制共建，是以平台建设为契机，进一步促进人民法院与地区综治办、人力社保局、公安局、司法局、医疗纠纷人民调解委员会、保险行业协会、相关镇街人民调解委员会等单位的工作衔接，切实完善涉及婚姻家庭、邻里纷争、交通事故、保险、医疗纠纷等领域的矛盾纠纷多元化解机制。诉调对接，是指平台依托互联网和人民法院专网“两张网”，在确保数据安全的情况下，建立内外网“互联通道”，实现易解平台与法院案件管理系统的互联互通，当事人可以直接在网上申请调解和立案。纠纷易解，是指通过易解平台（尤其是诉调对接、典型案例、法律释疑），引导矛盾纠纷主体理性选择纠纷化解方式，促进纠纷“易解”、实现“规则之治”。

类案指引、咨询服务等功能，可以实现资源共享、智能评估、智能流转、统计分析等，方便当事人解纷的同时，也方便调解员和法官开展工作，力促实现“一个平台解纷、一致规制共治、一套数据共享”，为人民群众化解矛盾纠纷提供更加方便、快捷的服务。合川法院以平台为依托，推行“互联网＋多元化解”模式，充分发挥人民法院在矛盾纠纷多元化解中的引领、推动和保障作用，努力打造具有西部特色的新时代“枫桥经验”。自2017年9月上线以来[①]，通过平台分流调解纠纷6780件，约占该院同期民商事受理案件的35%，其中，调解成功5190件，已对在线提起申请的1480份调解协议进行司法确认[②]。该平台在2017年10月荣获电子政务理事会颁发的政府网站栏目精品奖。同时，随着“合舟共济e＋”平台这一子平台功能建设相对完备、系统运行相对成熟，自2018年下半年起重庆市其他基层法院也开始逐渐使用易解平台。

（一）突出平台实用功能，建立资源共享“汇集点”

1. 智能评估强化工作指引

当事人遇到矛盾纠纷，可以登录平台，若是初次使用对平台的操作流程不熟悉，可先点击平台操作流程示意图，查看解纷流程和步骤，了解通过平台化解矛盾纠纷的程序和方法。之后，当事人可以进入“解纷导航”，了解纠纷类型、化解方式、相关的法律名词解释以及疑难问题等，以便其综合评估纠纷情况，理性选择解纷方式。点击“在线工具”，可进行诉调计算，查看案件的诉讼收费标准，根据案件情况输入时间、金额等相关内容，平台会自动完成相关费用的计算，当事人便可了解金钱赔偿类案件可能涉及的医疗费、营养费、住院伙食补助费、护理费等各类赔偿项目、赔偿标准，也可大致获知案件的获赔费用。点击“参考案例”，根据自身需要点击选择或输入查找同类型的案例，查看同类案件中双方争议焦点、法院审理要点、最终裁

---

① 《提供纠纷化解“一站式”服务　重庆市法院开通纠纷易解平台》，《重庆日报》2017年9月20日。

② 数据统计至2018年11月8日。

判结果等，同时比较同一类型案件判决和调解所耗费的诉讼时间和诉讼费用。通过一系列的计算、对比，实现对案件的智能评估，帮助当事人评估案件处理所需时间、经济成本及预估结果，促进当事人选择更经济、更省时省力的方式协商解决矛盾。

2. 数据共享凝聚解纷合力

进入“我要解纷”板块，当事人可以选择调解、公证、仲裁等各种方式化解矛盾纠纷，该平台已实现与相关组织机构的工作联通。选择仲裁，则将矛盾纠纷先行移交与法院建立对接机制的人力社保局，由行政调解的专职调解员进行处理。选择公证，可以了解国内公证和国外公证的各类用途，并直接在网上申请办理出生公证、亲属关系公证、结婚证公证等事项。平台将直接把当事人的公证申请推送到已关联的公证机构，由工作人员进行初步审查后，根据情况通知当事人补交资料或是到公证处进行相关认证、确认等。若当事人有调解意愿的，选择调解，注册登录后，进入“调解资源”板块，根据自身案件的类型选择调解组织，同时也根据调解类型，在调解员库中选择特定调解员主持调解工作。平台将调解组织分为专职调解团队（即司法调解）、人民调解、行业调解、行政调解四类，调解组织及调解员信息由法院先行在后台录入。合川法院目前已对接调解组织 36 家，并由各机构推荐优秀的调解专家入驻平台，参与相关纠纷的调解。通过有效整合法院与相关部门、行业、组织间的资源和信息，平台能够实现指导人民调解、确认调解协议效力的“一对多”；同时，借助第三方调解组织的智力资源和优势，法院通过平台委托、委派调解员对案件进行调解，实现纠纷整体化解“多对一”。

3. 智能流转突破时空障碍

平台依托互联网和人民法院专网“两张网”，在确保数据安全的情况下，建立内外网“互联通道”。平台采用开放性设计，设有当事人自主登陆、选择调解、在线调解、网上立案衔接等功能模块，满足当事人的多元需求，若当事人通过平台化解了纠纷，达成了调解协议，流程可以随时终结；若前一流程不能化解纠纷，程序则自动流转进入下一矛盾纠纷化解环节。换言之，当事人愿意调解的，登录界面，提出调解申请、提交证据资料，调解员便根据双方当事人的申请，组织“线下”座谈调解或是“线上”远程视频调解。案件调解成功，录入双方当事人信息即自动生成调解协议书，需要对调解协议申请司法确认的可在平台一键流转至法院，由法院进行审查和确认，为当事人化解矛盾纠纷提供“全流程”服务。若前期调解不成，当事人可以向法院申请立案，调解员只需点击自主立案，案件的相关证据材料、前期调解记录等资料就可全部通过网络平台直接流转到法院立案，努力实现让群众“最多跑一次”“马上办、网上办”“网上调、马上结”，省时省心省力（见图1）。

4. 建立台账实现规范管理

进入平台“大数据统计”板块，平台根据已经受理的纠纷申请及处理结果进行数据归类，对纠纷调解的数量、纠纷类型、调解成功的总量、对调解协议进行司法确认的总量进行统计，建立完整的诉调对接工作台账。平台对委派和委托调解工作情况、各调解资源工作占比情况、平台受理纠纷分布情况、各调解组织化解纠纷情况进行统计，自动记录每个调解员以及调解组织的调解成功案件量，以便对工作进行横向和纵向比较，作为对各调解组织及调解员工作质效评估的依据，实现科学规范管理。根据平台受理纠纷情况，分析纠纷发生领域、发生频率等，向相关部门发出司法建议，督促相关部门加强管理、规范工作。同时，还可以借助大数据分析纠纷新动向、新特点，结合全市法院案件审判态势和平台处理案件情况，预先评估其他地区已发生可能会向类似区域发展蔓延的情况，总结纠纷处理过程中发现的社会问题，及时向地方党委汇报，为其居中决策、规范管理提供预见性参考。

（二）强化多平台互联融通，资源共享形成解纷“一条线”

当前数字信息技术已经运用到诸多领域和行业，一些行业或解纷组织早已研发了网络办公系统或网络解纷 App 等，其优点在于群众可以直接网上提交申请，方便、快捷，而其不足之处在于系统的独立性，各在线解纷系统

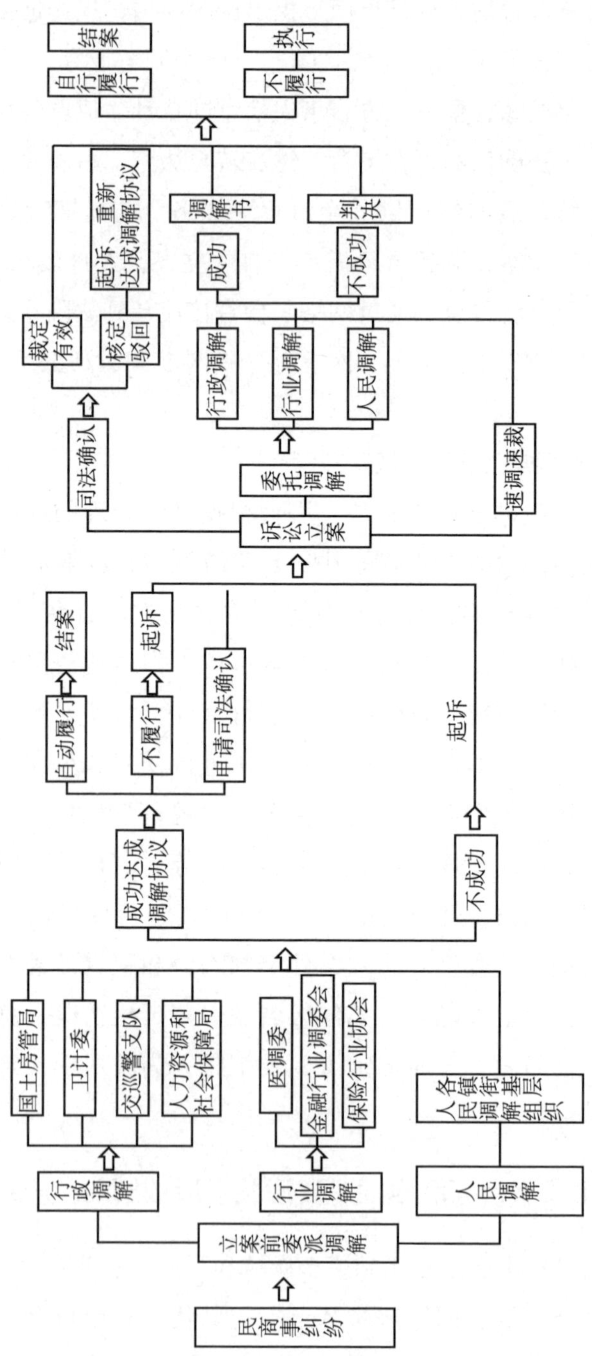

图1 合川法院多元化解和诉调对接工作流程

之间无法实现关联，同样的数据需要在不同主管部门的系统上重复录入。而“易解”平台的优势在于，秉承开放共融的设计理念，注重兼容并包，不仅为所有愿意入驻平台的调解组织和调解员提供网络账户、共享数据信息，而且还积极与其他矛盾纠纷化解信息平台对接联通，实现资源共享、优势互补，整合各类解纷资源，推动纠纷化解更容易、更高效。推进各平台的数据对接，联通矛盾纠纷化解各渠道、各途径、各环节，实现矛盾纠纷化解“一站式”“全流程”办理，让矛盾纠纷化解更方便、更多元，既为人民群众化解矛盾纠纷提供便利，也将更多的矛盾纠纷化解在诉前，减轻法院、法官的工作压力。

1. 强化诉前资源汇集

加强“易解”平台与重庆市司法局“巴渝和事佬”、基层人民调解平台及律师调解平台等网络解纷平台的合作对接，打通金融、保险、物业、道路交通事故、家事等领域调解力量与法院的工作对接。强化与辖区司法局、律师协会的工作对接，由律协派驻专职律师每周定期到法院开展接访工作，解答群众法律问题、化解群众纠纷。同时，由保险行业协会等机构委派的 2 名专职调解员长期入驻法院诉讼服务中心，负责纠纷调解、分流引导。通过整合法律知识丰富的律师等专业力量和调解经验丰富的资深力量，进一步强化矛盾纠纷的前置化解，将更多的矛盾纠纷化解在诉前、消除在基层。同时，通过诉前调解，最大限度地消解矛盾，修复因纷争而受损的社会关系和社会秩序。

2. 注重全流程融通

调解的效力性、保障性以及调解不成功是否会给后续起诉工作增加麻烦等因素，都是当事人在考虑选择网络解纷平台时考量的重要因素，而“易解”平台不仅与法院办案专网联动，还打通具有网上立案、网上诉讼功能的“易诉”平台和具有类案智审功能的“易审”平台的连接障碍，当事人可选择通过“易解”平台处理纠纷，若调解不成功，案件可直接转入“易诉”平台进入诉讼程序，再由法院排期进行开庭审理、裁判；若是当事人通过“易诉”平台直接提起诉讼，在案件办理过程中有调解意愿的，诉前、诉中均可流转至“易解”平台进行调解，实现平台间的无缝衔接、自由流转，数据共享、资源共用，既尊重当事人的意思自治、自由选择，又实现矛盾纠纷化解多样组合、灵活调整，打通纠纷化解与司法服务的“最后一公里”。

3. 加强综治信息融合

坚持党委领导、综治协调，积极融入“合川区矛盾纠纷综合调处信息系统”建设，实现“易解”平台与区内网格化服务管理信息系统、其他矛盾纠纷化解平台的互联互通，打通与各镇街、部门在矛盾纠纷调处过程中的信息壁垒和衔接壁垒，建起矛盾纠纷汇集、分析、化解的总平台，实现将法院处理的矛盾纠纷、收集的工作线索纳入全区社会治安综合治理进行考量，在全区大治安整体统筹中介入，为矛盾纠纷源头防治提供有效支持。

（三）线上线下齐头并进，拓宽社会共治“辐射面”

传承“枫桥经验”中依靠社会力量参与和共治理念，强化司法主动参与，加强与行政调解、行业调解、人民调解组织衔接，更专业、更快捷地化解矛盾。以线上信息化技术、平台建设为辅助，以线下诉调对接为实体支撑，整合线上线下资源优势，赋予“枫桥经验”在“互联网+”时代的新内涵，助力构建全区共建共治共享的社会治理格局，有效预防和化解各类社会矛盾，维护社会稳定。

1. 健全工作体系

推进“纠纷分层递进化解”，充分发挥每个渠道的分流化解实效。平台以信息技术为手段，以诉调对接为支撑，同时建立以法院诉调对接中心为核心、以诉调对接平台为支点、以各领域调解员为延伸的“1+3+N”诉调对接工作体系，加强与区综治办、人社局、公安局、司法局、医调委、保险行业协会、相关街道人民调解委员会等单位的工作衔接，完善涉及婚姻家庭、邻里纷争、交通事故、保险、医疗纠纷等领域的诉调对接，逐步实现各领域诉调对接的全覆盖，不断夯实平台的实体支撑，扩展平台的线下“覆盖面”，打通司法为民的“最后一公里”，同时，也有助于提高社会治理的系统性、科学性、预见性和智能化，助力多元化解、协商共治的法治社会建设。

2. 凝聚内部合力

将多元化解工作与法院繁简分流、人员分类管理等工作相结合，调整法院内部工作力量安排，为多元化解工作提供人员支撑。

一方面，整合诉讼服务中心工作资源，组建快审中心，推动案件繁简分流、矛盾分类化解，提升“分流、调解、速裁”工作实效。自2018年8月中旬起运行，第一个月便收案1569件，诉前分流1435件，调解成功586件，其中促成当事人和解、撤回立案申请405件，确认调解协议效力181件。首先，明确职能职责。快审中心负责诉前引导、繁简分流、简案速裁、诉调对接、指导调解以及在线解纷平台的建设、推广等工作。根据案件事实、法律适用、社会影响等情况，区分简案与繁案，采用速裁方式审理交通事故、医疗纠纷、小额债务、物业合同、相邻关系、家事纠纷、劳动争议等7类“简案”，并根据工作开展情况逐步扩大速裁案件范围。其次，明确团队构成。快审中心包括2个办案团队，每个团队实行“1+2+2”团队办案模式，即由1名员额法官、2名法官助理和2名书记员组成。员额法官负责案件办理，法官助理负责案件调解、组织证据交换、草拟法律文书、送达等事务，并指导书记员做好记录、结案、归档等工作。明确工作流程。当事人到法院立案，属于上述7类纠纷的，由立案窗口工作人员先行引导至快审中心，由行业调解组织、人民调解组织的2名驻院调解员进行诉前调解，依托“易解”平台和已经建立的线下诉调对接机制，开展矛盾纠纷多元化解工作。最后，明确工作目标。立案后，属于快审中心受案范围的采用速裁方式审理，严格限定快审中心案件回退、流转至业务庭的比例，扩大速裁方式审理案件的范围，实现简案快审、难案精审，快审中心运行首月仅向业务庭流转案件10件。采取“要素式审判+类案格式”文书的方式，通过制作各类民事案件的要素式审查表和判决书、调解协议、其他文书格式模板，进一步简化办案流程，提高办案效率。

另一方面，探索人员分类管理，用好用活法官助理，最大限度地发挥法官助理辅助法官办案的作用。建立专职调解员制度，由各业务部门指定1～2名法官助理担任专职调解员（联络员），让法官助理更多地参与到诉调对接工作中，从事组织调解、指导调解等工作，现已有专职调解员12人。案件登记受理后，根据各业务庭办案职责分工，将适宜调解的案件，委托专职调解员先行调解，争取将更多的纠纷化解在开庭前。

3. 强化外部联动

在辖区各镇街建立集巡回审判、诉调对接、普法宣传、工作联络为一体的综合点，整合法庭干警、村社干部、便民诉讼联络员等各种解纷力量，充实壮大“N”，将诉调对接的“触角”从中心、对接平台逐步扩展至各村社、各调解员，逐步实现全域覆盖，铺就诉调对接的整体工作网，努力将矛盾纠纷化解在基层。目前，合川法院已在合川区交警支队、合阳城街道、云门街道、渭沱镇等地建立了诉调对接工作室。同时，结合纠纷类型和合川城乡地域情况，快审中心4名法官助理对口联系纠纷数量较多的城区4个街道办事处，每周定期前往开展指导调解和调解协议司法确认的审查工作，5个人民法庭的法官助理则每周分别去往非法庭驻地的乡镇开展业务指导和调解工作。此外，法院还通过加强线下对基层调解组织、调解人员的专题业务培训，进一步引导调解人员将法律规定、审判规则与行业准则、乡约民俗结合起来，将法治与德治结合起来，依法依规开展调解工作，以可预知的规则促成当事人接受调解方案，助力实现“规则之治”，推动实现矛盾纠纷自治解决。选取典型案例编撰以案释法系列读本——《身边的法律故事》，走进村社、学校、企业发放读本开展普法宣传。支持基层自治团体建设，培育多元共治土壤，如为“老兵说法团”等合川当地的志愿者团体编写普法教材，通过自治团体宣扬政策法规等，预防和化解矛盾纠纷。

二　存在的问题和困难

从合川法院一年多来建设运行的情况看，“易解”平台建设已基本成熟、初具规模、成效显现，矛盾纠纷多元化解工作正稳步开展，但工作中仍然遇到一些困难和问题，需要从全局的角度统筹解决，从而破解工作中的梗阻，打通平台建设和纠纷化解的“快车道”，以提升矛盾纠纷多元化解机制建设的成效。

（一）信息化建设保障不足，平台线上功能仍需完善

平台已具备了智能评估、数据共享等功能，但因法院信息化建设经费有限、专业人才不足等现实情况，平台与信息技术的融合力度还不够，效果还不明显，在智能咨询、电子送达、网上调解等方面还需要不断研发和完善。“易解”平台虽与其他矛盾纠纷化解平台实现了对接，但在机制建设、内容共享方面仍有不足，部分单位开放性、共享性不够，单位间的协作配合还不够密切，平台与平台之间的兼容不够、共享不畅、合力不足，矛盾纠纷化解的效果还需进一步提升。

（二）单位组织间联动不足，线下诉调对接机制仍需完善

平台现已建立了保险合同纠纷、道路交通事故纠纷、劳动争议纠纷、邻里纠纷等领域的诉调对接，实现了与相关行业组织、行政组织、人民调解组织的工作对接，初步建立了涵盖重点领域的诉调机制，但线下对接入驻平台的调解资源仍不够多，调解资源的覆盖面不够广，矛盾纠纷多元化解的力量还需继续整合。有的地区、有的行业、有的组织虽与法院建立了诉调对接机制，但其工作实效未能真正发挥，部分调解员由于经费保障不足工作积极性不高，部分调解员仍沿用以往的工作方式，对“互联网 + 多元化解”工作模式认识不够、热情不高，诉调对接工作的运行机制、保障机制仍需不断完善。

（三）现实状况评估不足，平台广泛使用受到限制

囿于法院仅能对调解人员进行业务培训指导，以及相关单位没有就在线平台使用纳入工作要求予以考核等因素，部分调解人员使用平台不熟练，没有充分认识平台目标、把握平台定位，对平台的宣传效果有限。且在移动互

联网不断发展的当下，人民群众更愿意使用手机，重庆法院纠纷易解平台也正在顺势研发和推广手机 App 或小程序，让广大群众能更方便、快捷地使用解纷平台。而就目前网络平台的使用情况来看，信息的传输（尤其是图片资料的上传、下载、视频调解）大量依赖数据传输系统的稳定性、当事人自持设备的兼容性以及当事人对手机网络流量的可接受性等。平台建设本是希望通过互联网为群众解纷提供方便，促进矛盾纠纷就地就近化解，但在乡镇农村地区，一些当事人往往因为不会使用智能手机或者不愿意承担流量费用，加之内心对传统解纷方式更为信任，故而平台在此类地区的使用和推广受到一定社会条件的限制。

三 展望：进一步提升“互联网+多元化解”应用实效

随着合川法院试点工作的不断推进、经验的不断积累、机制的日益健全，平台也将在更大范围内进行推广和适用，成为重庆法院“4 易”+“1 慧”智慧法院建设的重要组成部分，同时，也会成为重庆法院探索纠纷分流化解、源头化解的重要渠道。然而，平台作为线上的纠纷解决机制，还需要完善相关线下机制和保障。换言之，要解决“互联网+多元化解”工作中遇到的问题，一方面，需要不断优化平台功能，从当事人的现实需求出发，完善快捷操作方式，提升用户的体验感；另一方面，需要法院健全工作措施，强化与各组织、机构的衔接，从全局的角度统筹整合各类工作资源，不断完善矛盾纠纷多元化解工作机制，以便更好地化解和预防各类矛盾纠纷。

一是进一步优化平台功能。加大技术研发力度，整合法院内部信息技术力量，根据矛盾纠纷化解需要优化完善平台功能；加强与专业的科技公司合作，发挥其专业优势，不断将新兴的技术运用于平台建设中，不断完善平台功能模块，让在线咨询、纠纷化解、数据共享、平台衔接等功能更加完备，为群众解决矛盾纠纷提供更多便利。加强大数据的深度运用，引入人工智能辅助案件评估、引导智能调解、精简办案流程、强化执行协助，实现在线评估、调解、立案、审判、送达、执行的一体化、智能化，提升工作效率，减少当事人“来回跑路”。健全类案推送功能，提供标准统一、公开透明的审判规则，引导人民调解、行业调解、行政调解、诉外和解等非诉解纷程序规范有序开展，从而实现矛盾纠纷的源头防范、分流处置和实质化解。开发智能咨询功能，建立智能咨询系统，自动回答当事人提出的问题，为当事人解答法律和司法程序等方面的疑问，既为当事人解决矛盾纠纷提供指引，又节约司法资源。

二是进一步强化线下诉调对接。积极向地方党委汇报诉调对接工作情况，争取由政府支持、政法委牵头，汇聚更多的人力、资源、组织，建立健全诉调对接工作体系，推动构建共建共治共享的社会治理体系。法院加强与辖区人民调解、行业调解、行政调解等各调解组织的对接，让更多的调解组织、调解员进驻平台、使用平台。同时建议上级法院在部分领域先进行顶层设计，自上而下建立整体性的对接机制，以便基层顺利建起相关条线的诉调对接机制，不断扩大平台推广适用的线下实体支撑。

三是进一步加强平台宣传推广。要加大宣传力度，特别是向基层倾斜，法院要用好人民法庭干警、便民诉讼联络员，发挥其驻在基层、贴近基层的优势，强化与基层调解组织、村（居）委会的协作，借助基层村（居）委会成员、调解人员在工作中向群众宣传平台，不断提升平台的知晓度，让更多的人民群众知悉平台、了解平台、使用平台，让人民群众化解矛盾纠纷更省时省心省力。丰富平台宣传方式，将传统宣传方式与新媒体宣传方式相结合，在城镇地区更多地采用新媒体方式宣传，增强宣传的活泼性、新颖性、可接受性；乡村地区更多地与实际结合进行宣传，邀请群众近距离参观体验平台使用情况，直观地接触、感受平台带来的便利，从而愿意主动使用平台。

附　录

Appendix

B.25
2018年中国法院信息化大事记

一月

1月5日　人民法院“智慧法院导航系统”和“类案智能推送系统”正式上线运行，该系统将在提供普通导航服务的基础上，建立迎合导航服务和诉讼服务的全新服务模式，让群众诉讼更加方便。

1月25日　最高人民法院召开全国法院电子卷宗随案同步生成和深度应用工作视频会议，会议强调，电子卷宗随案同步生成是全业务网上办理的基础性工作，将对智慧法院建设起到至关重要的作用，全国法院电子卷宗随案同步生成和深度应用工作要在2018年全面完成。

1月29日　电子卷宗智能标注编目系统在苏州两级法院全面上线并成功运行。该系统的运行，实现了自动、快速、准确、详尽地标注电子卷宗目录和材料名称，方便快速定位检索、可视化利用电子卷宗内容，为电子卷宗的深度应用奠定了坚实基础，在全国尚属首创。

二月

2月2日 浙江省高级人民法院召开新闻发布会，全国首个“微法院”集群平台上线运行。当事人可利用微信小程序，点击“浙江微法院”直接进行浙江全省三级法院的民事、行政案件立案、开庭、调解和执行立案等。

2月5日 第二十一次全国法院工作会议在北京开幕，会议强调，要坚定不移深化司法改革，大力加强信息化建设。要主动拥抱新一轮科技革命，把握信息化三大规律，加快推进智慧法院建设，推动现代科技与法院工作深度融合，强化拓展司法大数据功能，促进审判体系和审判能力现代化。

2月7日 中国社会科学院法学研究所、社会科学文献出版社联合主办的“法治蓝皮书《中国法院信息化发展报告 No. 2（2018）》发布暨2018年中国法院信息化研讨会”在北京举行，首次发布了全国法院信息化建设的应用效果第三方评估报告。

2月28日 人民法院调解平台正式上线，在全国法院试运行。该平台能够集合人民法院的审判调解资源和全社会的纠纷化解资源，共同做好纠纷调解工作；能够打通线下线上多种渠道，灵活组织开展调解；可以实现在线制作调解协议和在线司法确认，提高调解效率；对调解不成功的案件，法官引导当事人在线申请立案。

三月

3月9日 十三届全国人大一次会议在北京人民大会堂举行第二次全体会议，最高人民法院院长作工作报告。报告指出，深入推进智慧法院建设，开放、动态、透明、便民的阳光司法机制基本形成，信息化建设实现跨越发展，以网络化、阳光化、智能化为特征的智慧法院初步形成，实现全业务网上办理、全流程依法公开和智能化服务。报告要求持续深化司法公开，加快建设智慧法院，将社会主义司法体制的优越性与现代科技紧密结合起来，努力创造更高水平的社会主义司法文明。

3月13日 最高人民法院工作报告系列解读之三“加快建设智慧法院”全媒体直播访谈活动举行，指出当前人民法院信息化3.0版的主体框架已经确立，智慧法院的全业务网上办理基本格局已经形成，全流程依法公开基本实现。

3月26日 中国与葡萄牙语国家最高法院院长会议在广州举行，以“法院信息化与智慧法院建设”为主题的专题研讨活动指出，中国法院将积极推动大数据、云计算、人工智能在司法领域的全面运用，着力把现代科技从强调工具性的浅层运用推向更深层次的规则治理和制度构建，破解传统手段无法有效解决的诉讼难题，实现诉讼制度体系在信息时代的跨越发展。

3月29日 全国法院决胜“用两到三年时间基本解决执行难”动员部署会召开，会议强调，要进一步提高执行信息化水平，继续拓展完善网络执行查控系统，加强与监管部门和金融机构的合作，扎紧“制度铁笼”和“数据铁笼”，不断提高查人找物能力，继续推广应用网络司法拍卖系统，切实推进执行指挥中心实体化运行。

四月

4月3日 最高人民法院召开网络安全与信息化领导小组2018年第一次全体会议。会议强调，要努力攻克以智慧法院人工智能技术为标志的一批关键技术，推动全国法院全面实现电子卷宗随案同步生成和深度应用，建成覆盖全国各级法院的执行指挥平台，推动电子诉讼和移动电子诉讼的部署应用，要加大人才和资金保障力度，推进智慧法院建设不断取得新的成效。

4月13日 全国法院决胜“基本解决执行难”信息网正式上线运行，要求切实加强网站建设和应用，充分发挥网站平台阵地作用，为全国法院决战决胜“基本解决执行难”营造良好氛围、提供有力支持。

4月21日至25日 数字中国建设成果展览会在福州举办，其中“智慧法院建设成就展”集中展现了近年来法院系统在信息化建设方面取得的成就。主题馆分别展示了司法公开、诉讼服务、智能审判、高效执行、大数据分析以及顶层设计和基础支撑，内容包括最高人民法院和全国各地智慧法院建设的成就，地方馆分别展示了北京、吉林、河北、四川、深圳、苏州等六地的智慧法院特色成果。

4 月 22 日 首届数字中国建设峰会在中国福州隆重召开，“人民法院大数据管理和服务平台”及“杭州互联网法院探索互联网司法新模式”成功入选首届数字中国建设年度最佳实践成果。

4 月 26 日至 27 日 全国法院第五次网络安全和信息化工作会议在河北石家庄召开。会议强调，要紧紧抓住新一轮科技革命和加快推进科技强国、网络强国、数字中国建设带来的重大战略机遇，认真总结经验，不断改进完善，狠抓工作落实，把智慧法院推向全面建设的新格局。

五月

5 月 25 日 最高人民法院参加第十三次上海合作组织成员国最高法院院长会议并作专题发言，指出中国法院将坚定不移走科技创新之路，在智慧法院初步形成的基础上，全面推进智慧审判、智慧执行、智慧服务、智慧管理，开创具有中国特色的智慧审判运行模式，建立健全符合时代要求的执行工作模式，进一步提升诉讼服务质效、规范司法行为、提升司法能力，把智慧法院推向全面建设新格局，实现诉讼制度体系在信息时代的跨越发展。

六月

6 月 14 日 最高人民法院举行信息化合作商廉洁保密承诺活动，强调要突出重点环节，筑牢防线，确保廉政工作细化落实，确保安全保密万无一失。各信息化合作商签订了《廉洁承诺书》和《保密承诺书》，并开展了廉洁保密提示活动。

6 月 28 日 杭州互联网法院上线全国首个电子证据平台，并同期发布

《杭州互联网法院电子证据平台规范》《杭州互联网法院民事诉讼电子证据司法审查细则》。电子证据平台有效连接电子证据，实现了“证据融通快车道、安全存储有保障”的价值功能，这是杭州互联网法院深度促进法网融合机制的又一创新之举。

七月

7月7日 最高人民法院设立国际商事法庭，其中英文网站正式上线运行，对提升国际商事法庭的透明度、方便域内外当事人处理纠纷、建立共商共建共享的国际商事纠纷解决机制具有重要意义。

八月

8月26日 最高人民法院国际商事专家委员会正式成立并召开首届研讨会，会议强调，中国法院深入推进司法体制改革，加强智慧法院建设，司法更加公开透明，司法权运行更加规范顺畅，多元化纠纷解决机制建设取得显著成效，下一步要不断提升涉外审判信息化水平，尽快建立“一带一路”建设参与国法律数据库，为法官和专家委员提供智能化服务。

九月

9月9日 北京互联网法院揭牌成立，将以“全程在线”为原则，实现案件受理、送达、调解、证据交换、庭审、宣判、执行等诉讼环节全程网络化。北京互联网法院电子诉讼平台不仅能自动生成简易案件的法律文书，异地远程开庭审案，而且24小时不打烊，当事人可随时登录平台递交材料、查询案件诉讼进展，让公平正义触手可及。

9月10日 浙江省高级人民法院和最高人民法院信息中心共同启动浙江移动微法院4.0版，标志着新的移动微法院在浙江省正式上线。

9月12日 最高人民法院召开网络安全与信息化领导小组2018年第二次全体会议。会议强调，完善人民法院信息化3.0版、全面建设智慧法院，要处理好中央机关与地方、基础与应用、内需与外需、安全与开放、重点与一般、预算与执行、开发与运用、管理与服务等八个方面关系。

9月18日至19日 最高人民法院率中国法院代表团对越南进行友好访问，并应邀就“中国法院司法体制改革与智慧法院建设”为越南法院学院和越南773家法院作视频讲座。

9月19日 最高人民法院、公安部、司法部、中国银行保险监督管理委员会联合召开道路交通事故损害赔偿纠纷“网上数据一体化处理”改革试点工作推进会。会议强调，要切实增强道路交通事故损害赔偿纠纷一体化处理改革的能动性，健全完善切实有效的工作格局，完善平台功能、提高使用效率，用好用足道路交通事故损害赔偿纠纷一体化处理机制，确保改革取得实效。

9月26日 2018年全国法院信息化工作培训班在国家法官学院新校区开班。本次培训邀请多位专家学者就“互联网+”和区块链等前沿信息技术、智慧法院建设的总体思想、先进法院的典型经验等内容进行授课，切实提升了全国法院推进人民法院信息化工作的能力。

9月28日 广州互联网法院正式挂牌成立。广州互联网法院着力打造“六个一键”办理，即“一键立案、一键调解、一键调证、一键审理、一键守护、一键送达”，使诉讼各环节在线完成，并充分运用大数据、司法人工智能等新技术，建设智慧审理平台，为当事人带来极简化的诉讼服务体验。

十月

10月10日 全国法院审判执行工作会议暨全国法院审判管理工作座谈会召开，会议强调，要聚焦服务审判执行和促进管理优化，全面建设智慧法院。要始终把服务审判执行作为信息化建设的出发点、立足点，积极回应法官办案信息化需求，加强中国审判流程信息公开网建设，提高审判效率，方便群众诉讼。

10 月 10 日　杭州互联网法院召开新闻发布会，向社会公布该院司法区块链正式上线运行。这是全国首家应用区块链技术定分止争的法院。司法区块链让电子数据的生成、存储、传播和使用全流程可信。

10 月 31 日　杭州互联网法院召开成立一周年座谈会，会议强调，要积极探索互联网司法新机制新模式，充分发挥互联网法院作为网络空间依法治理“孵化器”“试验田”的作用，紧跟大数据、云计算、人工智能技术发展步伐，完善网上诉讼规则、加强信息互联共享、推进司法区块链应用，促进网络空间治理法治化。

十一月

11 月 13 日　中国裁判文书网访问总量已突破 200 亿次，文书总量突破 5500 万份。上述数据代表着最高人民法院在推动裁判文书上网、司法公开方面所取得的突出成效，人民群众的司法公开满意度和获得感进一步提升。

11 月 27 日　全国各级法院依托中国庭审公开网累计直播案件庭审超过 200 万场，网站总访问量超过 130 亿次。单日庭审直播最高超过 1.3 万场，单场庭审最高观看量达 3363 万人次。仅用两年时间，庭审直播量就从 7.7 万场增长到 200 万场。

11 月 28 日　第十届长三角地区人民法院司法协作工作会议举行，浙江、安徽、上海、江苏四地高院签署了《关于全面加强长江三角洲地区人民法院司法协助交流工作的协议》。协议提出的 26 条任务措施包括：推动信息化查控及协助执行网络的无缝衔接，推动跨域立案诉讼服务，构建区域全覆盖、操作规则明确的委托送达工作机制，共同推进刑事案件智能辅助办案系统的推广应用，打造“智慧法院”信息数据资源共享平台等。

11 月 29 日　最高人民法院召开全国法院“基本解决执行难”视频会议，会议强调，要加快升级应用现代信息技术，加强办案系统和指挥系统的规范应用，完善网络执行查控系统，进一步推广网络司法拍卖，实现执行办案模式和执行管理模式的现代化变革。

十二月

12 月 4 日 最高人民法院执行局与中国人保财险股份有限公司在最高人民法院签署战略合作备忘录。近三年来，通过建立完善“总对总”网络查控系统，建设联合信用惩戒体系，加快推进执行信息化建设等，基本实现对被执行人主要财产形式“一网打尽”，失信被执行人“一处失信，处处受限”，综合治理执行难大格局初步形成，“基本解决执行难”工作取得重大阶段性成果。

12 月 12 日 “法信（智答版）”在最高人民法院上线。该平台的上线运行，标志着国内首家法律专业智能问答服务平台正式诞生。

12 月 12 日 最高人民法院印发《最高人民法院关于开展 2018 年全国智慧法院建设评价工作的通知》，发布智慧法院建设评价指标体系（2018 年版），部署全国四级法院评价工作。

Abstract

The year 2018 has been a year of further improvement of Version 3. 0 of the People's Courts Informatization System and construction of intelligent courts in a comprehensive way. In this year, China has seized the historical opportunity to promote the informatization of people's courts with courage and open mind, and achieved remarkable new progresses in the improvement of Version 3. 0 of the People's Courts Informatization System, especially in promoting the idea of justice for the people, assisting the trial work and judicial administration, and providing services to the state and society. With respect to justice for the people, courts at various levels have actively responded to people's concerns, adhered to the idea of servicing the masses of people, innovated convenience-for-people measures, advanced the deployment and application of e-litigation, made continuous efforts in creating platforms of judicial openness and on-line litigation, providing convenient services, and enhancing the people's sense of gain. With respect to assisting the trial work, courts at various levels have actively applied such technologies as cloud computing and big data to advance the development of AI in the field of court trial and promoted the extensive use of a number of intelligent auxiliary case-handling systems, represented by the Faxin System. Moreover, the construction of the court informatization system has also played a positive role in boosting judicial openness, assisting state decision-making, and expediting dispute resolution. In the future construction of the court informatization system, courts should, on the basis of clear orientation, take the establishment of long-term auxiliary trial and enforcement mechanisms as their objective, break through bottlenecks and overcome difficulties to improve the accuracy and connectivity of data and the security of judicial information, and deep-going development of informatization of courts.

This book assesses the current situation of informatization with respect to assisting trial and enforcement work, expanding the function of litigation service, and realizing the automation of judicial supervision and administration, summarizes the relevant experiences and achievements of local courts, and looks into the development of court informatization in the country in 2019.

Keywords: Court Informatization; Construction of Intelligent Courts; Judical Big Data; Third-Party Assessment

Contents

I General Report

Abstract: In 2018, people's courts in China, in the process of court informatization under the overall strategic arrangement of the Central Government, have seized the historical opportunity with courage and open mind, endeavored to synchronize the court informatization work with the destiny of the country and the pulse of the times, and made achievements that have attracted the attention of the world. They have made marked progresses in improving Version 3.0 of the People's Courts Informatization System, which has made new contributions to realizing justice for the people, assisting the trial and enforcement work, and servicing the state and society. Meanwhile, the continuous and deep-going development of court informatization has been impeded by such tendencies as favoring construction over application, technology over effect, system over coordination, the whole over details, research and development over safety, knowledge over talents, and speed over demonstration. In the future development of court informatization, China should, on the basis of clear orientation, take the establishment of long-term auxiliary trial and enforcement mechanisms as the objective, break through bottlenecks, improve the accuracy and connectivity of data, attach importance to the safety of judicial information, cultivate interdisciplinary talents, strengthen the interaction with the legal theoretical circle, so as to further improve the work of court informatization and write a new chapter in the development of intelligent courts.

Keywords: Court Informatization; Intelligent Courts; Big Data

Ⅱ Assessment Reports

Abstract: In 2018, the Innovation Project Team on the Rule of Law Index of CASS Law Institute carried out a third-party assessment of the situation of constructing "intelligent courts" in China. The assessment was commissioned by the Supreme People's Court for the purposes of objectively evaluating the progresses and achievements made by people's courts throughout the country in the construction of "intelligent courts", analyzing the problems and inadequacies in this development, and exploring the future trend of the development. The project team, in accordance with the principles of strict compliance with laws and regulations, ensuring the objectivity of assessment, giving prominence to key issues and advancing gradually in due order, has conducted comprehensive and objective assessment of the level of informatization of 3510 courts in the country in such aspects as assisting trial and enforcement, strengthening trial administration, and servicing the parties.

Keywords: Court Informatization; Intelligent Court; Third-party Assessment

B.3 Third-Party Assessment Report on Intelligent Trial of Courts in China (2018)

Innovation Project Team on the Rule of Law Index, CASS Law Institute / 044

Abstract: In recent years, with the improvement of Version 3.0 of the People's Courts Informatization System, the role played by informatization in assisting judicial adjudication has become more and more prominent. In 2018, the Innovation Project Team on the Rule of Law Index of CASS Law Institute was commissioned by the Supreme People's Court to carry out third-party assessment of the situation of "intelligent trial" in people's courts in the whole the country, with a view to objectively assessing the progresses and achievements made by people's courts in the development of "intelligent trial", analyzing the problems and inadequacies in this development, and exploring the future direction of the development. The assessment shows that, in 2018, the automatic generation of electronic case files in synchrony with the handling of cases and other groundwork of intelligent trial have been advancing steadily, the routine work gradually replaced by AI, the trial assistance function of the system continuously improved, and mobile handling of cases on the rise. Meanwhile, many problems in court informatization, such as regional differences in development, lack of connectivity between internal and external data of courts, and insufficient utilization of big data, remain to be solved, and informatization needs to be further extended towards the trial in order to truly become a good assistant to judges in the trial of cases.

Keywords: Court Informatization; Intelligent Trial; Electronic Case File; Assessment Index; Third-Party Assessment

Abstract: In recent years, with the continuous deepening and improvement of Version 3. 0 of the People's Courts Informatization System, the role played by informatization in improving the quality and efficiency of the enforcement work of people's courts has become increasingly prominent. The results of the assessment show that, in 2018, enforcement cases have been generally incorporated into the case-handling system of people's courts throughout the country, thus avoiding their circulation outside the system, the online property inquiry and control system has been continuously improved and optimized, the difficulties in the liquidation of property effectively mitigated by informatization, a joint-punishment mechanism established by relying on credit platforms, the effect of openness and publicity of enforcement amplified by Internet new media, and "enforcement on palm-top" and "enforcement at fingertips" realized through the development of mobile terminal applications. However, because of such factors as functional dislocation and restrictions by the old system, there are still some short boards in the current enforcement informatization system in such aspects as system friendliness and the application of big data. In the future, China should have a clear overall thinking about the enforcement informatization system, continuously improve and optimize this system by being demand-and service-oriented, construct supporting systems that are compatible with the development of informatization, enhance the system's capacity for big data analysis, and ultimately establish a long-term enforcement mechanism on the basis of informatization.

Keywords: Court Informatization; Intelligent Court; Court Enforcement; Assessment Index; Third-Party Assessment

Abstract: Informatization is the key to improving the administration of trial and promoting judicial reform, as well as the only road to judicial modernization. In 2018, the Innovation Project Team on the Rule of Law Index of CASS Law Institute has carried out third-party assessment of the informatization of trial administration in people's courts at various levels in China. The assessment shows that fruitful results have been achieved by people's courts at various levels in intelligent office, automatic inspection, silent management, system completeness, and big data analysis. In the future, continuous efforts should be made by Chinese courts in the application of technology, data security, and data analysis, so as to ensure the steady progress of court informatization.

Keywords: Court Informatization; Trial Administration; Intelligent Court; Assessment Index; Third-Party Assessment

Abstract: Servicing the masses of the people is the primary content of the "three services" principle to be adhered by people's courts in the process of informatization, as well as a necessary requirement of the people-centered development ideology and the idea of administration of justice for the people. In 2018, the Innovation Project Team on the Rule of Law Index of CASS Law Institute was commissioned by the Supreme People's Court to carry out third-party assessment of the situation of provision of high-quality informatized service by people's courts in China. The assessment shows that the situation in the country

Ⅲ Local Practice of Court Informatization

Keywords: Electronic Litigation; Online Litigation Service; Blockchain

B. 8 Practice of Building a Comprehensive Handheld Integrated Court Service System in Guangzhou City

Project Team of Intermediate People's Court of Guangzhou City, Guangdong Province / 113

Abstract: In recent years, the Intermediate People's Court of Guangzhou City has implemented in a deep-going way a series of major decisions and arrangements made by the Central Government, including the National Cyber Development Strategy, the Internet Plus Action Plan, and the National Big Data Strategy, carried out comprehensive exploration in the field of "Law Plus Internet", realized the deep integration of mobile Internet technology and court business, developed the WeChat applet "Guangzhou Wechat Court", and such mobile phone apps as "Lawyer's Assistant", "Judge's Assistant" and "Mobile Enforcement", created a full-service handheld integration mobile court service system in Guangzhou City, so as to satisfy the litigation needs of various subjects, and promote the modernization of the trial system and trial capacity. This system realizes the whole-process online handling of litigation matters, further reduces the litigation burden of parties from "one visit to the court at most" to "no visit to the court necessary", provides customized professional litigation service to lawyers to facilitate their work and enhances their collective sense of honor, creates mobile case-handling conditions for judges to free them from the constrains of time and space in their work and enable them to read case file and hold collegial panel online, and enhances the quality and efficiency of trial and enforcement.

Keywords: Comprehensive Online Court Service System; Handheld Integration; "Judge's Assistant" App; "Mobile Enforcement" App

Abstract: The construction of intelligent courts is an important content of as well as a strong motive force for the deepening of the judicial reform in a comprehensive way China. This report, by introducing the current situation of the informatization of the People's Court of Dengfeng City, Henan Province, analyzes and summarizes the various problems faced by people's courts in the process of informatization, such as the constraint by traditional thinking, the imbalance between software and hardware construction, the shortage of technological personnel, and the lack of depth in the application of informatization technology, and puts forward some suggestions on the construction of intelligent courts.

Keywords: Court Informatization; Platform for Independent Litigation by Parties; Auxiliary Case-Handling System

Ⅳ Improving the Quality and Efficiency of Trial through Informatization

Abstract: This article introduces the background, the significance, the guiding ideology, the content and the process of the construction of the Intelligent Auxiliary Civil, Commercial and Administrative Case Handling System of Courts in Shanghai, describes in detail the 27 basic functions of the system, especially the six innovative new functions that embody the deep application of AI in the judicial field, summarizes the results of application of the system in three different aspects on the basis of the data collected since the beginning of the operation of the system, objectively analyzes, on the basis of practical experiences, the deficiencies in the system with respect to basic hardware platform, standard of case file scanning, functions, and operational mechanisms, and puts forward some rational suggestions on the further development and upgrading of the system.

Keywords: AI; Auxiliary Case-Handling System; Deep Utilization of Electronic Case Files

Abstract: To truly overcome the difficulties in the service of judicial documents, which reduces the efficiency of enforcement of judgments, people's courts in Fujian Province have adopted the informatization thinking and adhered to the ideas of shared governance and interconnection, and established a unified system of service of judicial documents in the whole province. By taking comprehensive measures and pooling their wisdoms, they have constructed an innovative mechanism for the service of judicial documents characterized by coordination and distribution of responsibilities, intensiveness, high efficiency, standardization, orderliness, openness and transparency, and actively explored different approaches to overcoming the difficulties in the service of judicial documents, thereby creating a new mode and new situation of service of judicial documents.

Keywords: Concentrated Service of Judicial Documents; Evidence-Taking Mode of Service of Judicial Documents; Sharing of Information; Informatization

Abstract: The E-center for the Reception, Transfer and Dispatch of Litigation Materials was created by people's courts in Jiangxi Province to solve the problem of heavy caseload and shortage of staff, overcome the difficulties in the transfer of case files, and separate auxiliary affairs from the trial work. This article introduces the background of the establishment and the main functions of the e-center, which is problem-oriented, accumulates experience through practice, uses informatized methods to realize the restructuring of the process of reception, transfer, and delivery litigation materials, completely separates the auxiliary affairs relating to litigation materials from the trial and enforcement work, and constructs an intelligent framework of deep utilization of litigation materials. The report focuses on the innovative mode of technology plus management, application value and actual results of the e-center, and looks at the future development in this field.

Keywords: Informatization of Electronic Case File; Auxiliary Trial Affairs; Intensification

Abstract: Informatization of people's courts is an important part of the national informatization strategy, as well as the key to upholding social justice and satisfying the people's judicial needs in a new era. In recent years, the People's Court of Kunshan District, Suzhou City has implemented the pilot project "One

Thousand Lights Court" by taking the construction of version 3. 0 of the People's Court Informatization System as the goal and servicing the people, the trial and enforcement, and judicial administration as the mainline, the Suzhou Mode of Intelligent Court as the basis, and "electronic case files + panoramic voice + intelligent service" as the main content. During the implementation of the pilot project, the court has paid special attention to such basic works as the generation of electronic case files in synchrony with the handling of cases and intelligent cataloging, creatively developed intelligent middle base, taken intensive management and outsourcing of non-core and auxiliary trial affairs as the safeguarding mechanisms, promoted the reengineering of the trial process, realized the paperless online handling of cases, and developed a replicable and easily popularizable "Suzhou Mode-One Thousand Lights Plan" of integrated intelligent trial.

Keywords: Electronic Case File; Intelligent Cataloging; Paperless Handling of Cases

B. 14 New Model of Paperless Case Handling in Monorail System of Yantian Court

Abstract: Today, many courts in China have already realized the online handling of cases through the deep application of the system of automatic generation of electronic case files in synchrony with the handling of cases. However, because most courts have adopted the "double-track" operational mode of electronic and paper case files, the role of the system in improving the quality and efficiency of trial has not been given full play to. In the process of deep application of the system, the People's Court of Yantian District, Shenzhen City has broken through the bottlenecks of the single-track online case-handling system with respect to thinking mode, trial efficiency, supervision method, case file management and service path by constructing a network system that matches the new thinking mode and adhering to the principle of giving priority to the adoption of institutions and regulations, thus realizing the single-track, whole-process, and paperless handling of cases and providing a vivid practical model of construction of intelligent court characterized by online handling of all businesses, lawful openness of the whole process and all-around intelligent services.

Keywords: Court Informatization; Single-track System; Whole-Process; Paperless; Digitalization

V Strengthening Trial Supervision through Informatization

Abstract: In order to effectively establish a proper idea and style of court trial among adjudicative personnel and strengthen the whole-process supervision over the adjudicative power, the Higher People's Court of Hebei Province has carried out researches on ways of strengthening the administration of judges and reducing violation of law and disciplines by them, emphasized the necessity of establishing a "system of automatic inspection of court trial" and, by combining "recording of each court trial" through the high-tech court system and "inspecting each trial" through intelligent inspection system and using seamless and uninterrupted management methods, simplified the traditional inspection, which requires a large amount of manpower, into a "one-key operation of real-time inspection" and realized the intelligent assessment of and supervision over trial activities and court equipment, and the comprehensive examination of the whole process of court trial, thereby greatly improving the efficiency and the quality of inspection, standardizing judges' court trial behavior, turning judicial justice into a visible justice, and enhancing the credibility of the judiciary.

Keywords: Trial Supervision; Trial Administration; Autonomic Inspection

B. 16 Report on the Practice of Nanjing Courts of Establishing a New-Type Platform for the Supervision over the Operation of Adjudicative Power

Project Team of Intermediate People's Court of Nanjing City, Jiangsu Province / 227

Abstract: The core idea of the judicial responsibility system is to ensure that "triers shall render judgment and judges shall be accountable", which consists of two themes: "delegation of power" and "supervision". As far as trial supervision is concerned, currently there are four main supervisory systems: supervision over litigation, supervision over judicial openness, external supervision, and internal supervision. Among them, the one that has been affected the most by the reform is the internal supervision system-especially after the de-administration of courts, when the president of the court is faced with the question of how to manage trial supervision. The Intermediate People's Court of Nanjing City has, in accordance with the requirements of the reform of judicial responsibility system, taken the construction of new-type platform of supervision over the operation of the adjudicative power as the core, relied on the informatization method and big data analysis, integrated the various internal supervision and management mechanisms, and, through the operation software platforms, systematized, standardized, and visualized the supervision over and management of trial and made them real-time and traceable, thereby further improving and strengthening the supervision over the adjudicative power and ensuring that it is exercised independently in accordance with law.

Keywords: Operation of the Adjudicative Power; Supervision and Management; Informatization; Judicial Responsibility System

Abstract: In recent years, the Intermediate People's Court of Jiangmen City, Guangdong Province, basing itself on the development need of deep integration of trial administration and informatization and in light of the existing problems in the current work of enforcement of judgments, such as the long interval between the trial of the first instance and the trial of the second instance and between the trial and the enforcement of judgment, and the poor supervision and management, has developed a system of linkage among case-filing, trial and enforcement, which basically realizes the whole-process node administration of and automatic supervision over the linkages between the trials of the first and the second instance and between trial and enforcement, thereby providing technical support for improving the quality and efficiency of the trial and enforcement work and reducing the litigation burden of the parties.

Keywords: the Linkage among Case-Filing, Trial and Enforcement; Process Reconstruction; Note Control; Administration of Justice for the People

Ⅵ Overcoming Enforcement Difficulties through Informatization

B. 18 The Experience of Foshan Courts in Overcoming the Difficulties in Enforcement through "Intelligent Enforcement"

Project Team of Intermediate People's Court of Foshan City, Guangdong Province / 261

Abstract: In recent years, the People's Court of Foshan City, Guangdong Province, in order to achieve the objective of "basically overcoming the difficulties in enforcement in two to three years", put forward by the Supreme People's Court, has made continuous efforts to standardize and raise the efficiency of enforcement through informatization, closely integrate modern informatization technology and enforcement work, deepen the application and analysis of big data, promote the formation of an intelligent enforcement system with investigation into and control of property through the Internet, disposition of property through big data, dynamic disciplinary enforcement measures and intelligent enforcement standards as its core, and endeavored to overcome the difficulties in locating persons and properties subject to enforcement, in the disposition of property, in credit punishment, and in the supervision over enforcement, thus markedly raising the quality and efficiency of enforcement, standardizing enforcement actions, strengthening the foundation of social honesty, improving the overall pattern of comprehensive management, and making continuous progress in basically overcoming the difficulties in enforcement work.

Keywords: Intelligent Enforcement; Informatization; Big Data; Internet of Things; Basically Overcoming Difficulties in Enforcement

Abstract: The characteristics of the enforcement work has determined that enforcement personnel need to spend a lot of time doing field work. In the traditional mode of enforcement, the enforcement personnel are often in an "offline" condition, in which they are unable to input the information about their enforcement work into the enforcement case management system, generate and print enforcement documents on site, or carry out real-time management of enforcement cases, resulting in the delay in updating of information at enforcement process nodes, low efficiency of enforcement, and poor management of enforcement cases. To solve these problems, the People's Court of Nantong City, Jiangsu Province has developed a mobile enforcement system that applies the Internet + technology to enable enforcement personnel to input real-time enforcement data into the system while handling cases in the field, thereby reducing the distance travelled by personnel by increasing the distance traveled by data, realizing the unified management of local and cross-regional enforcement data, successfully solving the problem of "Internet outage", making the management of enforcement cases more intelligent, standardized and convenient, and greatly raising the efficiency of enforcement.

Keywords: Mobile Enforcement; Handling Cases in the Field; Enforcement Management; Openness of Enforcement

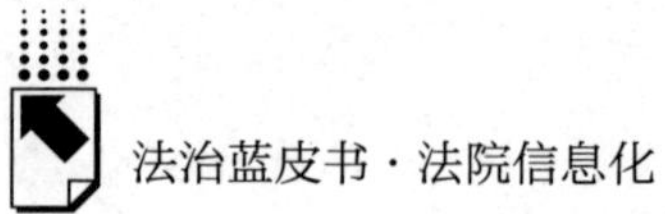

B. 20 Investigation Report on the Construction of "Grade Enforcement Companions + E-reward" System by Pujiang Court

Project Team of People's Court of Pujiang County, Sichuan Province / 294

Abstract: In 2018, which was a crucial year in the implementation of the Supreme People's Court's plan of "basically overcoming the difficulties in enforcement in two to three years", the People's Court of Pujiang County, Sichuan Province has seized the opportunity of informatization to carry out useful explorations in the system of "grassroots grade administration + court enforcement", created through informatization a grade enforcement companion mechanism under the framework of "intelligent enforcement system" to track down persons and properties subject to enforcement, and actively explored the enforcement reward and insurance mechanism to encourage participation in the pursuit of persons and properties subject to enforcement, developed "the grade enforcement companion + e-reward system" to strengthen technological support to the "intelligent pursuit of persons and properties subject to enforcement", thereby overcoming the primary difficulty in enforcement-the difficulty in locating persons and properties subject to enforcement, and providing a blueprint for overcoming difficulties in enforcement in the whole country.

Keywords: Grassroots Community Grade Administration; Enforcement Assistance by Grade Members; Informatization of Enforcement

Ⅶ Promoting Good Service through Informatization

Abstract: In order to improve the quality and efficiency of trial work, increase judicial credibility of courts, and enhance the people's sense of gain and satisfaction, people's courts in Zhejiang Province have created the mobile Wechat court by following the trend of Internet development and relying on the technological and platform advantages of WeChat apps, thereby creating a one-stop mobile litigation service system characterized by intensive construction, agglomeration of services, concentration of data, and integration of management. After four upgradings, the Mobile Wechat Court went online in all people's courts in Zhejiang Province in September 2018. Through such functions as online case-filing and consultation of case files, online service of judicial documents, online mediation, online court trial, online application for enforcement, and online payment, it realizes the whole-process online handling of cases from case-filing to enforcement as well as the cross-regional remote handling, cross-level interconnected handling, and interdepartmental collaborated handling of litigation service items, thereby truly reducing the people's litigation burden, enabling them to solve their cases in one visit to the court only, or even without the need to visit the court, improving the quality and efficiency of trial and enforcement work, promoting the disclosure of judicial information, enhancing judicial credibility, and enabling the people to feel fairness and justice in every judicial case.

Keywords: Mobile WeChat Court; Mobile Litigation; Diversified Dispute Resolution

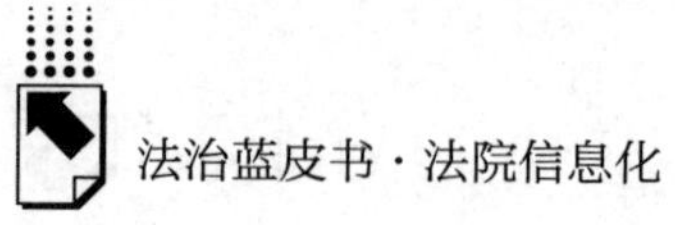

B. 22 The "4 +1" New Ecology of Intelligent Courts in Chongqing

Project Team of Higher People's Court of Chongqing Municipality / 322

Abstract: In recent years, people's courts in Chongqing Municipality, under the leadership and with support of the Supreme People's Court and based on the idea of "people-oriented technology", have constructed the "4 +1" New Ecology of Intelligent Courts in Chongqing, with four easy platforms-namely Easy Litigation, Easy Trial, Easy Mediation, and Easy Service of Judicial Documents-and one center-the Fazhiyun Center-as its core. This system gives full play to the active role of intelligent courts, allows parties to rationally choose the method of dispute resolution, makes the case handling process more intelligent and convenient, and the results of the trial acceptable and predictable to the parties, and enables the people to truly enjoy the convenience brought about by intelligent courts.

Keywords: Intellectualization; New Ecology; Benefit

B. 23 Investigation Report on the Creation of an Integrated Platform for the Connection between Trial and Mediation of Property Disputes by Huashan Court

Xu Fei, Xiao Pengpai and Tong Yingguang / 337

Abstract: The reform of diversified dispute resolution mechanism is an important measure for deepening judicial reform and realizing administration of justice for the people and judicial fairness. In recent years, the People's Court of Huashan District of Maanshan City, Anhui Province, by taking "Internet plus" and "mobile Internet" as the basis of innovation, has created an Integrated Platform for the Connection Between Trial and Mediation of Property Disputes, thereby promoting data connectivity in property disputes, strengthening the linkage and coordination among people's mediation, administrative mediation, industrial mediation and judicial mediation, realizing multilateral cooperative online mediation and seamless connection between litigation and mediation, and constructing a dispute resolution mechanism characterized by prevention, multilateral cooperation, combination of mediation and adjudication, and final settlement of disputes at the closing of cases, with good practical results.

Keywords: Property Disputes; Seamless Connection between Litigation and Mediation; Integration of Online Data

Abstract: The rapid development of information technology, while making people's work and life more convenient and efficient, has also brought new opportunities to courts. The Central Committee of the Communist Party of China, in making arrangements for the improvement of the diversified dispute resolution mechanism, has raised new demands on people's courts. In recent years, the People's Court of Hechuan District of Chongqing Municipality has applied the Internet + thinking to actively explore new approaches to improving the diversified dispute resolution mechanism, combined information technology and diversified dispute resolution, integrated online and offline resources, constructed the Hezhougongji e + platform, which is a sub-platform of the Easy Dispute Resolution Platform of Chongqing Courts, continuously improved the functions of the platform, strengthened the connection between various dispute resolution platforms, enhanced the mechanism for the linkage between litigation and mediation, and strived to create " the Fengqiao Experience " with the characteristics of western China in a new era, so as to realize the convenient, standardized and efficient resolution of disputes.

Keywords: "Internet +"; Diversified Solution of Dispute; "the Fengqiao Experience"

Ⅷ Appendix

✤ 皮书起源 ✤

“皮书”起源于十七、十八世纪的英国，主要指官方或社会组织正式发表的重要文件或报告，多以“白皮书”命名。在中国，“皮书”这一概念被社会广泛接受，并被成功运作、发展成为一种全新的出版形态，则源于中国社会科学院社会科学文献出版社。

✤ 皮书定义 ✤

皮书是对中国与世界发展状况和热点问题进行年度监测，以专业的角度、专家的视野和实证研究方法，针对某一领域或区域现状与发展态势展开分析和预测，具备原创性、实证性、专业性、连续性、前沿性、时效性等特点的公开出版物，由一系列权威研究报告组成。

✤ 皮书作者 ✤

皮书系列的作者以中国社会科学院、著名高校、地方社会科学院的研究人员为主，多为国内一流研究机构的权威专家学者，他们的看法和观点代表了学界对中国与世界的现实和未来最高水平的解读与分析。

✤ 皮书荣誉 ✤

皮书系列已成为社会科学文献出版社的著名图书品牌和中国社会科学院的知名学术品牌。2016 年，皮书系列正式列入“十三五”国家重点出版规划项目；2013~2019 年，重点皮书列入中国社会科学院承担的国家哲学社会科学创新工程项目；2019 年，64 种院外皮书使用“中国社会科学院创新工程学术出版项目”标识。

中国社会发展数据库（下设 12 个子库）

全面整合国内外中国社会发展研究成果，汇聚独家统计数据、深度分析报告，涉及社会、人口、政治、教育、法律等 12 个领域，为了解中国社会发展动态、跟踪社会核心热点、分析社会发展趋势提供一站式资源搜索和数据分析与挖掘服务。

中国经济发展数据库（下设 12 个子库）

基于“皮书系列”中涉及中国经济发展的研究资料构建，内容涵盖宏观经济、农业经济、工业经济、产业经济等 12 个重点经济领域，为实时掌控经济运行态势、把握经济发展规律、洞察经济形势、进行经济决策提供参考和依据。

中国行业发展数据库（下设 17 个子库）

以中国国民经济行业分类为依据，覆盖金融业、旅游、医疗卫生、交通运输、能源矿产等 100 多个行业，跟踪分析国民经济相关行业市场运行状况和政策导向，汇集行业发展前沿资讯，为投资、从业及各种经济决策提供理论基础和实践指导。

中国区域发展数据库（下设 6 个子库）

对中国特定区域内的经济、社会、文化等领域现状与发展情况进行深度分析和预测，研究层级至县及县以下行政区，涉及地区、区域经济体、城市、农村等不同维度。为地方经济社会宏观态势研究、发展经验研究、案例分析提供数据服务。

中国文化传媒数据库（下设 18 个子库）

汇聚文化传媒领域专家观点、热点资讯，梳理国内外中国文化发展相关学术研究成果、一手统计数据，涵盖文化产业、新闻传播、电影娱乐、文学艺术、群众文化等 18 个重点研究领域。为文化传媒研究提供相关数据、研究报告和综合分析服务。

世界经济与国际关系数据库（下设 6 个子库）

立足“皮书系列”世界经济、国际关系相关学术资源，整合世界经济、国际政治、世界文化与科技、全球性问题、国际组织与国际法、区域研究 6 大领域研究成果，为世界经济与国际关系研究提供全方位数据分析，为决策和形势研判提供参考。

法律声明